● 本书获 2023 年贵州省出版传媒事业发展专项资金资助

屯堡文丛 ◉ 专题研究书系（第一辑）

学术视野下的屯堡文化研究

（修订版）

李建军◎主编

贵州大学出版社
Guizhou University Press

图书在版编目（CIP）数据

学术视野下的屯堡文化研究 / 李建军主编. -- 修订版. -- 贵阳 : 贵州大学出版社, 2024.4
（屯堡文丛. 专题研究书系. 第一辑）
ISBN 978-7-5691-0863-7

Ⅰ. ①学… Ⅱ. ①李… Ⅲ. ①地方文化－文化研究－安顺 Ⅳ. ①G127.733

中国国家版本馆CIP数据核字(2024)第058429号

XUESHU SHIYE XIA DE TUNPU WENHUA YANJIU

学术视野下的屯堡文化研究（修订版）

主　　编：李建军

出 版 人：闵　军
责任编辑：杨小娟
装帧设计：曹琼德
内文版式：方国进

出版发行：贵州大学出版社有限责任公司
地址：贵阳市花溪区贵州大学东校区出版大楼
邮编：550025　电话：0851-88291180
印　　刷：雅昌文化（集团）有限公司
开　　本：787毫米×1092毫米　1/16
印　　张：31.5
字　　数：488千字
版　　次：2024年4月第1版
印　　次：2024年4月第1次印刷

书　　号：ISBN 978-7-5691-0863-7
定　　价：158.00元

《屯堡文丛》总序

毛佩琦

屯堡，自从在明朝初年出现后，就是一个生机盎然的存在，历600余年风雨晴晦而不衰，至今仍然长青！这是人类文化史上的一个奇迹，是中华民族的一件瑰宝。

明朝建立之初，国家还没有完全统一，元朝的梁王还在割据西南，而且多次杀害明朝派来的使者。洪武十四年（1381），明朝廷命颍川侯傅友德为征南将军，永昌侯蓝玉、西平侯沐英为副将军，率30万大军征云南。明军获得全胜，历时3个月，平定云南。洪武十五年（1382），明朝廷设置贵州都指挥使司，征南大军以卫所为编制戍守各地，卫所军士屯种收获以自给。这些卫所军士及家属所居之地就形成了屯堡。这是一次为维护国家统一的军事行动，也是一次大规模的移民。经过从洪武到永乐的数十年的经营，永乐十一年（1413），明朝廷决定设立贵州布政使司，划云南、四川、湖广、广西各一部，组建成一个新的省级行政区。当年散落在西南地区的屯堡，就主要分布在今天的贵州省内。屯堡的建设和贵州布政使司的设立，有效地维护了国家的统一和地方的安定，促进了地方开发和民族融合，也体现了古人高超的政治智慧和管理艺术。

600多年前，来自南直隶的应天府、凤阳府，以及江西、浙江的军士及其家属，扶老携幼，远离故土，到达西南，在贵州地区安下家来，成为屯堡人。屯堡人落地生根，坚韧不拔，胼手胝足，开发贵州，对贵州的发展做出了巨大贡献。他们既是地方的守护者，又是地方的开发者。屯堡人的勇敢担当和巨大的付出，至今仍然令人肃然起敬。他们开拓进取，给贵州带来了先进的生产方式，耕种、养殖、纺织、冶铁，也促进了贵州商业的发展，沈万三传奇性的商业故事就具有典型意义。明朝重视文教，朝廷在边疆军卫和土司地区都大力推广学校建设。由于儒学教育的发展，后来，在全国科举考试的激烈竞争中，贵州的学子曾经先后两次夺得文状元。

贵州地区民族众多，屯堡人与各民族人民交错杂居，却能和睦相处。不同文化保持了各自的特色又互相包容，和谐发展，是中华文化多元一体的具体写照。屯堡人至今仍然保持着故乡的生活习惯和文化传统，语言、服饰、建筑、戏剧，在今天屯堡的村寨里、田野上，在日常生活、节日集会中，随时随地可以见到这些活的历史风景。这些延续数百年的独特风俗，是屯堡人身份的自我认知，是肩负国家使命的一种标志，也表现了他们坚守传统、不忘根本的韧性。屯堡人对遥远的故乡有着割舍不断的深情。以安顺天龙屯堡人而言，他们自明初至今已繁衍20余代，四姓族裔达数万人，他们每年都要面向家乡南京遥祭。2005年6月，安顺地区的一支屯堡人曾经返回江南寻根。当他们在南京祖居地石灰巷与南京的乡亲们深情拥抱时，绵绵600多年的思念，如同长河打开了闸门，浓浓的亲情刹那间奔涌交融，场面令人泪奔。重视祖先传统，重视血脉亲情，在屯堡人数百年的文化传承和坚守中，展现了这种悠久的中华民族的特质，也让我们看到了中华文化源远流长的生命力和凝聚力。

屯堡是贵州地区生动的现实生活，是历史文化的活化石，也是一座丰富的宝库。历史的、文化的、民俗的、语言的、音乐的、美术的，乃至社会学、民族学、国家治理的诸多宝贝，琳琅满目，数不胜数。屯堡中也还有一些未解之谜有待开启。当代人有责任保护和传承这份宝贵的文化遗产，也有义务开发和利用这份宝贵的文化遗产。对屯堡进行深入研究，整理、研究屯堡的历史文化，深刻认识它的精神内涵，挖掘它的当代价值，是保护和传承屯堡文化的基础，也是开展保护和传承工作的前提。

对屯堡的研究，从20世纪20年代就开始了，到20世纪80年代成为一个热点。近二十多年，屯堡引起了社会各界更多的关注，许多学者和学术机构投入到屯堡的研究中，屯堡研究已经成为一个正在兴起的新学科。数十年来，在各个学科领域对屯堡的研究，已经获得了一大批成果，屯堡的历史面貌和文化价值越来越广泛地被认知。当前，在举国弘扬和传承中华优秀传统文化的形势下，有必要对以前的研究做一番梳理和总结，以推动屯堡研究开出新的生面。

2023年，中共贵州省委宣传部决定实施“四大文化工程”，把编辑出版《屯堡文丛》作为其中一项重要工作。《屯堡文丛》设计规模宏大、体例严整、内容丰富，包括历史文献、专题研究、资料整理、文学艺术和创造性转化创新性发展共5个书系。可以说，《屯堡文丛》囊括了有关屯堡历史文化的全部内容。《屯堡文丛》是对屯堡文献的全面的收集和整理，是对以往屯堡研究成果的完整总结，也是为今后屯堡的保护、研究和开发利用打下的坚实基础。对屯堡的历史文献和资料进行收集整理，本身也带有抢救保护的意义，让这些宝贵的文献资料不再丢失，将它们挖掘出来，服务于当代社会和文化建设。对前人的研究进行总结，同时是一项具有前瞻意义的工作。一切研究和实际工作，无不是在前人成果的基础上进行的，利用成果，汲取经验，以开辟新的路径，取得新的成果。《屯堡文丛》秉持全新的出版理念，精心编辑、精心制作，努力为全社会奉献出文化巨制、文化精品。相信，《屯堡文丛》的出版，将会为社会各界提供更多的方便，大大推进屯堡文化的研究、传布和开发利用。无疑，《屯堡文丛》的出版，也将进一步彰显屯堡的价值，助益于传承和弘扬中华优秀传统文化，助益于维护国家统一、促进民族融合的伟大事业。

2024年2月24日于小泥湾

《屯堡文丛·专题研究书系》序

钱理群

这一段时间，我这个远离尘世的养老院里的84岁老人，竟然因为这套《屯堡文丛》，获得新的生命活力，整天沉浸在对历史的回忆、现实的思考与未来的展望之中……

这里凝聚着“安顺三代人”的心血：从范增如的《安顺屯堡论稿》，到孙兆霞等的《屯堡乡民社会》、朱伟华等的《建构与生成：屯堡文化及地戏形态研究》，再到张定贵的《屯堡地戏与屯堡族群社会：基于仪式视角的研究》，这背后有多少不辞辛劳的田野调查，如痴如醉的思考，探索，争论！以后，又吸引了越来越多的外乡人（曾芸：《二十世纪贵州屯堡农业与农村变迁研究》），外国人（卢百可：《屯堡人：起源、记忆、生存在中国的边疆》）……

这就引发了我的好奇心：屯堡文化为什么有这样的不绝无尽的吸引力？它的魅力究竟在哪里？于是，就注意到屯堡文化研究兴盛的两大时代背景。

首先，尽管屯堡地处中国（更不用说世界）的边远地区，但屯堡文化研究的起始，及每一次重要发展，都有一个国际视野与背景。

最早注意到屯堡及其文化的特殊性的，是日本人类学学者鸟居龙藏。他在1902年路过平坝天龙镇，观察到屯堡人是“屯兵移居的明代遗民”，将其称为“凤头苗”，是“汉族地方集团”。

1986年，安顺地戏在法国、西班牙出演，其产生的轰动效应，引发世界关注，掀起了第一个屯堡文化研究高潮。

其次，到世纪之交，特别是21世纪初，屯堡文化研究再推高潮。我们所说的“安顺三代人”就是在这时聚集于屯堡文化研究，显然与“全球化提出的新问题”有着内在联系。

在这个时期，世界进入了全球化时代。随着2001年加入世界贸易组织，中国也更加融入了全球化的世界。世界经济一体化的浪潮席卷全球，形成了经济一体化背后的文化趋同。相伴而来的反向运动，就引发了国家、民族与地方文化知识重构的冲动——以多元性和多样性为支撑的地方性特征，成了制约全球化单一和趋同法则的平衡点。反应最为强烈的自然是在全球化中处于劣势，在努力追赶的包括中国在内的东方国家。因为长期处于鲁迅所说的“被描写”地位，就更要以独立、平等的地位与身份，参与全球事务。这就必须以“重新认识自己”作为新的起点，进而突破西方世界单方、片面的话语体系，重建中国叙事的国家、地方知识体系。

屯堡文化就在这样的全球化提出的新问题的背景下，引起了安顺几代人的关注与积极参与。也如安顺学者杜应国所说，屯堡文化吸引我们的，就是它的“独特性”与“唯一性”。其主要有四个方面。

1. 民族文化独特性。屯堡人作为贵州早期的汉族移民，自身有着强烈的汉族自我意识和归宿感，但后来的汉族移民却将其视为非汉族，加上它和周围的少数民族之间的复杂关系，都显示了汉族和少数民族的“民族学境界的流动性”。把屯堡文化放在近现代中华民族概念形成的大视野下，就具有典型意义。

2. 文化多元性。屯堡文化作为一种移民文化，在漫长的六百年间，既在周边异质文化挤压下，坚守了原发地文化的某些特质，又吸收了周边异质文化元素，产生了新的变异，形成意义、构成更为复杂的“屯堡文化”。为我们理解和把握贵州文化，观察中国文化的多元性形成过程、特质，提供了一个典型案例。

3. 国家、地方、民间文化特性。屯堡文化是明代“调北征南”“调北填南”国家政策的产物。在与周围少数民族杂居的过程中，屯堡人既为地方文化增添了新的色彩，也传播了国家观念与王朝意识，强化了“大一统”的地缘结构秩序。另一面，屯堡文化形成的必要条件却是屯卫变成村落，屯堡人由军事武力集团变为地域生活集团，个人身份也由军人变成农民。这就导致了国家意识淡化，民间社会特征突出，形成了国家与地方、正统与民间的复杂关系。

4. 儒家文化的世俗化。屯堡文化以儒家忠义伦理为核心价值，通过各种祭祀仪式建构了一个儒家伦理的礼俗世界。但在日常生活里，民间信仰又从不同方面突破儒家礼教，形成“儒、释、道、巫混杂”的现象。

可以看出，屯堡文化实际上是一个“大文化”，它把文化的国家性、民族性、地方性、民间性、主流性、边缘性全都融为一体，构建了一个独特的“多元文化”谱系。这就有了“甚至是国际性的研究价值与意义，拥有形成国际性文化研究的内在品质”（参看杜应国《关于尽快构建“安顺屯堡文化研究所”的倡议》）。正是基于屯堡文化对“贵州—中国—世界”的三重价值与意义，贵州大学教授张新民郑重提出：“应该像敦煌学、徽学那样，有组织、有步骤地建立地域性专门学科——屯堡学。”而这样的“屯堡学”研究，必然是多学科的人文学综合研究。如本文丛编辑设想里所说，它“涉及社会学、历史学、人类学、民俗学、民族学、语言学、建筑学、艺术学、农学、人文地理学……研究”等十余个领域：多么博大、兼容的研究天地！

屯堡文化研究在“1980—1990—21世纪初”的兴起，还有一个不可忽视的时代背景，即国内由传统社会向现代社会转型，由此提出了“乡村建设、改造与文化重建”的历史任务。屯堡文化就不只是一个历史文化，更是一个活生生的存在现实。我们对屯堡传统文化的关注，仅仅是一个出发点，我们的兴趣，更在于“过去（传统）—现实—未来的关系”，要探讨屯堡传统文化对于乡村建设的意义。这里有一个历史的教训：我在考察中国从“五四”开始的一个世纪的乡村建设的历史时，就痛心地发现，知识分子前仆后继地到农村去，结果都是“雨过地皮湿”，农村落后的面貌并没有根本改变。原因之一就在于其多是一种“外部强势资源的导入”，“村民始终处于被动接受的地位”。由此而提出的是今天的新农村建设，必须以“寻找农村发展的内发资源与动力”作为突破口。屯堡文化又在这一点上，显示了自己的特殊价值与意义。

2000—2004年，我曾经任教过的安顺师范高等专科学校的师生，参加了中国社会科学院支持的“中国百村经济社会调查”项目，到屯堡的一个大村落——九溪村做田野调查，最后写出了《屯堡乡民社会》一书。同时，从2003年开始，又有一批朋友投入屯堡文化与地戏研究，在2008年出版了《建构与生成：屯堡文化及地戏形态研究》一书。两次调查研究，使安顺学者对屯堡文化有了新的发现和认识，主要有两个方面。

首先被关注到的，是屯堡文化独特的“集体文化”性。这显然与其军屯传统有关。研究者发现，即使在今天，屯堡社区依然“存在着一个和传统社会与国家之间具有丰富内容的社会空间”，“这一空间作为第三领域”，“在多元的组织、组织中的精英的活动、社会舆论的控制等因素共同作用下，起着一种沟通一、二空间（国家与社会）的功能”；“这些公共空间是从传统农村的自主空间演变过来的”。这就为今天的重建村民自治建设，提供了传统资源。由此提出了“乡民社会”“自组织机制”“农村公共空间”等概念，为在今天的乡村建设中如何发挥农民的主体作用，保证其主动参与、独立做主的民主权利，以及相应的制度建设，提供了新的思路。

同时被注意到的，是整个屯堡社区并不是一个保存完好的“异域飞地”，而是村民重建的故土家园。屯堡文化也不是足资见证历史遗迹的单纯的移民文化，而是一种丰富、复杂的，生存性、建构性的族群文化。屯堡文化在形成过程中，有明显的“文化增容”和“文化重组”。这也同样启示我们：今天的乡村建设，不能简单地继承、移植传统文化，更要有新的文化增容与重组。对屯堡的新农村建设而言，就是要在对传统屯堡文化的继承、借鉴与扩容、重组的过程中，寻找一条“适合自己地情的独立自主之路”。针对黔中这一类喀斯特环境特征的农村的建设，是不是可以不采取通行的“乡镇工业和农业产业化”的道路，而是走一条把传统资源与现代经济运作相结合的新路。于是，就有了这样的设想：开辟“在屯堡乡民社会核心家庭经济结构基础上，发展乡村旅游，实行本地传统农村工业、副业、手工业的现代改造”的屯堡式的乡村建设之路。这样的设计或许还需要实践的检验，但在传统的继承与扩容、重构中“走出自己的乡村建设之路”，却具有普遍的意义。

这背后或许还有更深层的意义。当我们这些安顺学者将所研究的屯堡文化成果转化为屯堡（乃至贵州）乡村建设的内发性资源时，也就意味着自己从事的学术研究，以至自身的生命都发生了重要的变化。这就是参与屯堡研究的中国社会科学院王春光研究员所说的，“我们知识分子终于找到了一条全新的道路”：“从学术出发，又走出学术”，参与社会实践；更把自我生命与生养自己的脚下的土地、土地上的文化与父老乡亲密切联系起来。

我因此注意到，安顺三代学者提出的一个重大命题：“认识脚下的土地。”这也是全球化时代遇到的新问题：人们从农村流向城市，由小城镇流向大都市，从中国流向世界，这都是全球化给人们带来的新机遇；但如果因此在心理与情感上疏离了自己生长的土地，就成了“无根的人”，失去了精神的家园，那就会产生新的生存危机。离去者走上了永远的心灵不归路，即使不离乡土，也会因失去家园感而陷入生命的空虚。这不仅是人自身存在的危机，更是民族精神的危机。在某种程度上，“安顺三代人”的屯堡文化研究，也成了自我拯救。

这就是我总结的屯堡文化研究的真谛：既立足“地方”（安顺，贵州），又联结“全国”与“全球”，最后通向“自我”。

现在，时间到了2023年。贵州相关部门推出了“屯堡文化研究传播转化重大工程工作方案”，推动屯堡文化研究的“再出发”。这又引发了我新的好奇心：这背后有着怎样的动因，又提出了什么新问题？我因此注意到，当今中国与世界正处于“历史的大变动”中。我们所关注的“地方——国家——世界”的关系，“农业文明——工业文明”的关系，“乡村——城市，乡村文化——城市文化”的关系，“人与大自然”的关系……都会发生巨大的变化，需要在更大的视野、更深的层面重新思考。就乡村建设本身而言，也有一个在既有成就基础上，“要有怎样的新发展”的问题。我更因此注意到，有研究者提出了为乡村和乡村建设“找魂”的任务：青山绿水不仅是风景，更是一种“文化”，我们要寻找的就是青山绿水背后的“人”，以及“人的精神与文化”。这就要求更自觉地把地方文化研究资源融入乡村建设之中。在我看来，今天的屯堡文化研究的一个日显迫切的任务，就是如何把学术研究成果转化为旅游资源、教育资源、文化资源：这些方面都有极大的发展空间。

2023年，我回安顺参加了《安顺文库》的相关活动，有机会和“90后”“00后”的更年轻的一代进行交流。我向他们郑重建议：在面临精神的困惑，需要进行“价值重建，理想重建，生活重建”时，不要忘记就在你们身边的乡土文化，特别是屯堡文化资源。要从“土地里生长出来”的历史与文化里，寻找“变”中的“不变”。这样，你们也就在大变动的不确定的时代，获得了能够让自己安身立命的生命的确定性与永恒性。我也因此向安顺的“第四代”发出召唤：你们绝不是旁观者、被动的受教育者，更要投身于屯堡文化研究，在屯堡文化“再出发”中发挥自己这一代人的独特作用：这也是屯堡文化研究不断获得新的活力的关键所在。

2023年12月5日

屯堡文化研究的动力、方法、组织与困惑

——《学术视野下的屯堡文化研究》序

钱理群

1902年，当日本人类学者鸟居龙藏路过今安顺市平坝县[①]天龙镇，并写下了他的考察记录时，大概没有想到天龙镇会成为21世纪的一个旅游胜地，更不会预料到他已经开辟了一个“屯堡文化研究”的新领域，此后延续了一百多年，至今势头不减。这也是一个奇迹：不仅屯堡文化历经六百多年沧桑而不衰，连对它的研究也具有如此的生命力！这其中的奥秘，值得深思。

一、动力：全球化视域下的屯堡文化研究

于是，我注意到一个现象：屯堡文化研究，无论是它的起端，还是每一次重要发展，都有一个国际的视野与背景。鸟居龙藏在观察到屯堡人作为“屯兵移居的明代遗民”，却“渐渐受到清朝众多移民的欺压和蔑视”时，首先想到的是“这种情形跟日本旧幕时代的情况很相似”，他在这里发现的是中国和日本，乃至人类所共有的问题。或许正是这样的人类共通性问题的发现，成为他对这个中国边远地区的被称为“凤头苗”的“汉族地方集团”（这是他对“屯堡人”的第一个命名）进行人类学研究的最初动因。而如论者所说，20世纪80年代以后，屯堡文化研究掀起第一个高潮的直接契机，就是“安顺地戏于1986年赴法国和西班牙的演出及演出所引起的

① 清康熙二十六年（1687），平坝卫改为安平县；1914年，安平县改名平坝县；2014年，撤销平坝县，设立平坝区。本书关于平坝的地名，为保持原文时态，不做修改，以下也不再出注。

社会轰动”[①]；那么，正是中国结束了自我封闭，向世界开放，实行国际文化交流的需要，成为屯堡文化研究振兴的原动力。而在20世纪90年代，特别是21世纪初，屯堡文化研究再掀高潮，与全球化所提出的新问题的内在联系，更是为研究者所普遍认同。这也是我在阅读本书所收录的论文时，感受最为深切的一点。

像论者所指出，“世界经济一体化的浪潮席卷全球”，带来了“全球化与地方性的紧张、冲突”，并成为全球（当然也包括中国）学术界广泛关注的问题，“具有强烈地方性特征的屯堡文化”就在这样的背景下而引人注目。[②]

这看起来是一个悖论：恰恰是全球化引发了国家、民族与地方文化知识重构的新冲动，成为这样的知识重构的强大推动力。受到最大冲击的，反而是在全球化中处于劣势，而又在努力追赶的东方世界，这都是饶有兴味的现象。这是可以理解的，因为正是这些落后的国家、地区长期以来一直处在“被描写”的地位，现在，他们要以独立、平等的地位、身份，参与全球事务，就必须以“重新认识自己”为新的起点。就中国而言，正是这样的“被描写”的地位（顺便提一点，第一个提醒我们注意这样的地位的，恰恰是在中国最具独立性，因而被视为“民族魂”“骨头最硬”的鲁迅，这大概不是偶然的），使得我们关于中国社会、历史、经济、文化、文学的许多叙述，都是纳入到西方话语（也就是全球化的强势力量）体系里的。比如社会性质上的“封建社会”论，文学史上的“现实主义”“浪漫主义”论，等等。这样的话语体系，可能有助于一些中国传统话语体系中所没有注意、无法解释的现象的揭示，但毋庸讳言，也遮蔽了许多东西，有的更是削足适履。特别是这样的既定的关于中国叙述的话语体系，被僵化和神圣化以后，就成为我们发展自己的学术，科学地认识自己（国情、文化等等）的一个障碍。如何突破这样的由西方话语主宰的话语体系的束缚，重建关于中国叙述的国家、地方文化知识体系，就成为全球化时代的中国学术的新的历史使命，这是整个中华民族“文化重建”的一个重要方面。——这是我们今天需要讨论的一个大的学术背景。

---

① 参看本书杜应国的《屯堡文化研究概述》，第108页。

② 参看本书杜应国的《屯堡文化研究概述》，第109页。

具体到我们所讨论的屯堡文化，它在这样的国家和地方知识体系的重建中，能够发挥什么样的作用，这恐怕是更应该关注的。于是，我注意到许多论文的作者，都不约而同地谈到，这些年人们在重新考察中国社会、文化时都注意到它的几个基本特点：多民族性，文化多元性，国家与地方文化的共同建构性，主流文化与民间文化的共同建构性。当人们进一步讨论“这样的多民族社会、文化结构、多元文化格局是怎样形成的？国家意识形态与地方文化之间，主流文化与民间文化之间，有着怎样复杂的关系？”时，就不能停留在宏观的把握与讨论，而要进入具体的研究，进行历史与现状的两个方面的考察，以获得具体的认识，在进行“面”的研究时，还必须有“点”的个案研究。

屯堡文化正是在这样的研究的客观需求下，进入了人们的视野：它至少在四个方面，显示出一种典型的意义和价值。其一，屯堡人作为明代汉族移民，自身有着强烈的汉族自我意识和归宿感，却被后来的汉族移民视为非汉族，以及它和周边的少数民族之间的复杂关系，就构成了一部“汉族下位集团形成史”，并显示了“汉族和少数民族的民族学境界的流动性”。这样，如果把屯堡研究放在“近现代中中华民族的形成过程”的大视野下，就具有了一种典型意义，由此生发出的是“对民族集团应该怎样研究”的方法论意义。[①] 其二，屯堡文化作为一种移民文化，在漫长的六百多年间，它既在周边异质文化的挤压下，坚守了原发地江南文化的某些特质，同时又吸收了周边异质文化的元素，自身也产生了新的变异，形成了意义、构成更为复杂的“屯堡文化”。这样，屯堡文化的形成史，在形成过程中所发生的坚守、吸取和变异，就为我们理解和把握贵州文化，以及中国文化的多元性的形成过程与机制、特质，提供了一个典型案例。[②] 其三，如论者所说，屯堡文化是“中华文化涵盖下的有自身个性特征的地域文化”，其最重要的特征，就是它是明代所执行的“调北征南”和“调北

---

① 参看本书（日）塚田诚之撰文、黄才贵译的《对民族集团应该怎样研究——以贵州“屯堡人”为例》，第3—4页。

② 参看本书熊宗仁的《六百年的延续与变易——屯堡文化研究之我见》，第99—107页；朱伟华的《黔中屯堡文化性质新探》，第163—172页。

填南”国家政策的产物，“大规模的军事移民不仅代表了国家意志的远距离控制，而且更象征着国家力量的直接性介入，在与周围的少数民族杂居相处的过程中，屯堡人既为一体多元的地域文化增添了新的色彩，影响了其他差异性的民族文化，同时也传播了国家观念或王朝意识，强化了大一统的地缘结构秩序”。另一方面，屯堡文化形成的必要条件却是“屯堡人由军事武力集团变为地域生活集团，屯卫逐渐变成村落”，“个人身份也从军人变为农民”，其结果又必然导致“国家意志特征淡化而民间社会特征突出”：这样的国家与地方、民间生活的复杂关系，同样也为我们对中华文化发展中的国家与地方、民间社会的共构关系及其内在机制的考察，提供了一个典型个案。① 其四，屯堡文化的一个显著特征，就是它以儒家忠义伦理为其核心价值，并通过各种祭祀仪式，“建构了一个儒家伦理的礼俗世界”，但他们的日常生活和民间信仰，又在不同方面突破了儒家礼教，形成了“儒、道、释三家混杂的现象”，如论者所说，“这正是儒学深入民间世界之后，社会下层通俗文化反过来对其施加影响的结果”，这样，屯堡文化就为我们“了解和体认儒家文化如何不断地世俗化、生活化的长时段历史过程，提供了一个难得的生活世界的活文化具体范例”。② 显然，以上四个方面的概括是不全面的，不仅有些重要侧面未能论及（如妇女在屯堡文化建构中的作用及其普遍意义③），而且随着研究的深入，屯堡文化的意义，还会有新的呈现与认识。但讨论到这里，我们可以肯定地指出，屯堡文化研究是对于全球化时代所提出的“重新认识我们自己，自己描述自己，进行文化重构”的历史命题的一个回应，并因此而获得了不可忽视的研究价值。如张新民教授所说：“在这一意义上，也可以说，理解屯堡文化，其实也就是理解我们自身，既理解我们的传统文化，也理解我们的现代性处境；既了解中国社会的城市化发展进程，也了解原来固有的乡土性特征。区域文化或汉民族支

---

① 参看本书张新民的《屯堡文化与儒学的民间化形态——在屯堡文化学术研讨会闭幕式上的致辞》，第 46—47 页。

② 参看本书张新民的《屯堡文化与儒学的民间化形态——在屯堡文化学术研讨会闭幕式上的致辞》，第 48—49 页。

③ 参看本书孙兆霞、张建的《家园的守护者与有意义的生活——对九溪妇女“佛事活动”的社会人类学考察》，第 395—406 页。

系文化的解读，必然有利于更大范围的中华文化的解读。”①

张新民教授的上述分析，谈到了屯堡文化与我们“固有的乡土性特征”和“我们的现代性处境”的关系，是一个重要的提醒：屯堡文化不只是一个历史文化，更是一个活生生的现实存在，也就是说，如果我们仅仅把屯堡文化看作是一个历史的“活化石”，也会遮蔽许多东西。我们的目光，不只在“过去”，而更在“现在”和“未来”，“我们对屯堡文化历史传统的关注，仅是一个出发点，我们的兴趣更聚集在传统、现实与未来的内在联系”。

于是，屯堡文化在“全球化背景下中国社会转型期的乡村改造与建设”中的资源性意义就浮现出来，成为另一个研究动力与问题意识。②而且在这方面已经有了一些重要的收获，如“乡民社会”“乡村公共空间”等概念的提出，都表现出一种自觉的努力：“在具有传统中国农村特点的屯堡社会形态中，发现具有一般意义的积极因素”，从而跳出“在农业社会与工业社会、传统与现代、城市与农村之间非此即彼的解读模式”，在传统农村社会内部，寻找西部新农村建设的“内在的发展动力和机制”，以实现传统乡土社会向现代乡民社会的现代性转换。③而另外一些学者则将屯堡文化与旅游研究有机结合起来，试图建立新的旅游文化，并为正在兴起的屯堡旅游提供文化的内涵与理论的资源。④如论者所说，“现代性的建设事业不能脱离人类学的基础，也不能脱离地方文化资源的实际”⑤，“通过对屯堡文化的研究与开

① 参看本书张新民的《屯堡文化与儒学的民间化形态——在屯堡文化学术研讨会闭幕式上的致辞》，第 46 页。

② 参看本书钱理群的《学术研究与乡村建设的有机结合——从〈屯堡乡民社会〉谈开去》，第 40 页。

③ 参看本书孙兆霞的《屯堡乡民社会的特征》，第 52—62 页；吕燕平、张定贵的《乡村社群与社区和谐发展——对黔中屯堡村落 J 村的社群研究》，第 416—427 页。王春光等：《村民自治的社会基础和文化网络——对贵州省安顺市 J 村农村公共空间的社会学研究》，《浙江学刊》2004 年第 1 期。

④ 参看本书陈瑶的《面对凝视：“屯堡人”的选择与适应——对贵州中部汉族亚文化族群人际传播特征的人类学研究》，第 447—459 页；陈玉平的《“弃新复旧”：村寨旅游开发中的新景观——以贵州省平坝县天龙屯堡为例》，第 438—446 页。

⑤ 参看本书张新民的《屯堡文化与儒学的民间化形态——在屯堡文化学术研讨会闭幕式上的致辞》，第 51 页。

发，'在传统与现代之间'寻找'一条可通达的桥梁'"[①]，还有很大的空间。

二、建立"屯堡学"：方法、组织、困惑

我们在讨论屯堡研究的动力时，即已经发现，它所引发的是多个学科的研究兴趣。因此，屯堡文化研究从20世纪80年代至90年代中期，对历史学、民族学、文学、美学、经济学等传统方法的运用，到20世纪90年代中期至21世纪初，民俗学、文化人类学、旅游学、社会学、宗教学、统计学、社会性别学等多学科理论与方法的大量引入，是一个必然的发展趋势。[②]它显示的是随着研究的深入，研究视野的扩大，屯堡文化的多重意义的逐渐呈现，以及它的内在的综合性的逐渐被认识。可以说，我们现在已经形成了对屯堡文化进行多学科的综合研究的基本格局。同时提出的还有进一步扩大视野，进行比较的、溯源性的研究的要求。[③]还有提出向微观和宏观两个方向开拓的要求：微观方面进入"村落组织、个人生命史等具体的对象"；宏观方面，则有"更高的学术视野中的整体关怀"，"从研究屯堡到以屯堡为切入点研究中国社会形态及其变迁"。[④]这都表明，屯堡文化研究正处在需要进行整体提升的阶段。因此，2005年张新民教授在安顺召开的屯堡文化学术研讨会上提出"应该像敦煌学和徽学那样，及早有组织、有步骤地建立地域性的专门学科——屯堡学"，可以说已经是水到渠成。

有了这样的总体目标指向，就进一步提高了我们研究的自觉性；同时提出的是学科建立和建设的组织工作的问题。有研究者注意到，屯堡文化研究正"逐步从个体研究进入团队研究"[⑤]。不过，我还是主张个体研究与团队研究的结合，这才能做到优势互

① 参看本书钱理群的《学术研究与乡村建设的有机结合——从〈屯堡乡民社会〉谈开去》，第35页。

② 参看本书吴羽、龚文静的《屯堡文化研究现状及趋势分析》，第121—139页。

③ 这方面已经有了初步的成果，如本书古永继的《从明代滇、黔移民特点比较看贵州屯堡文化形成的原因》，第259—269页；万明的《明代徽州汪公入黔考——兼论贵州屯堡移民社会的建构》，第143—162页。

④ 参看本书吴羽、龚文静的《屯堡文化研究现状及趋势分析》，第135—136页。

⑤ 参看本书吴羽、龚文静的《屯堡文化研究现状及趋势研究》，第135页。

补，而且团队研究也必须以个体研究为基础。因此，在我看来，学科建设的组织工作，也应该有两种形式：一种是民间的组织形式，如正在筹建的贵州省屯堡研究会；另一种是在大学或研究院里建立专门的研究机构，如安顺学院的屯堡文化研究中心。前者有助于民间研究力量的整合，国际学术的交流，实现资源和信息共享；后者则可以用体制的力量，制订研究规划，更有计划、更有规模地推动屯堡文化研究，做到循序渐进、逐层推进。我们需要这两种力量的通力合作，以形成较为系统的“屯堡学”的研究体系与构架。

这里，我想对安顺学院的屯堡文化研究中心多说几句。安顺学院是我的母校，我是从那里走出来的：1973—1978年，我曾在这里任教。我对她的感情自不待言，我也一直在关心、观察、思考着她和像她这样的地方院校的发展。记得2005年我在贵州大学的一次演讲中，提到了安顺学院所创造的“校村挂钩”的经验：他们选择安顺屯堡的九溪村作为点，组织教师与学生深入村寨做社会调查与研究，同时积极参与九溪的乡村建设，获得了乡民和乡村精英的极大信任，也反过来促进了学校的建设；不仅取得了具有全国影响的科研成果，出版了在屯堡研究中具有开拓性的《屯堡乡民社会》一书，而且将其转化为教育资源，开设了相关课程，开创了以屯堡文化为中心的本土文化教学新领域。他们的这一经验给了我很大的启发，就在这次演讲中，我提出了地方院校应成为“培养乡村建设人才的基地”的教育理念。[①] 而现在，屯堡文化研究中心的建立，又使我想到，或许还应该加上一点：地方院校应该成为“建构地方文化知识体系的中心”。这一个“基地”，一个“中心”，都关系着地方院校的发展方向，以后有机会还应做更深入的讨论。

有意思的是，安顺学院所创造的这两个经验，都是在屯堡研究中产生的，这大概不是偶然的。也就是说，无论是“校村挂钩”，还是“建立研究中心”，都为如何开展和组织屯堡文化研究提供了经验。“建立研究中心”提出的是发挥地方院校在屯堡研究中的核心作用的问题，前文已有论述；而“校村挂钩”对屯堡研究，以至学

① 钱理群：《我的关于地方院校教育的畅想与空谈》，载《那里有一方心灵的净土》，中国文联出版社，2008，第214页。

术研究的意义，我曾有过这样的阐述：“他们的工作是从学术出发的，但最后又内在地需要走出学术，直接参与到乡村（九溪）的改造与建设的实际工作中来，这既是学术研究的成果的现实化，又为学术研究的发展提供新的可能性；而现实的实践对屯堡文化内在潜力的激发，又会反过来加深对屯堡文化的体认，这是一个良性的互动过程。而在这一过程中，课题的参与者、研究者自身也会越来越深切地感到，自己的学术、教学工作，以至自我的生命，与生育自己的这块土地，与乡村改造、建设之间，存在着一种密不可分的联系。有了这样的感受，学术研究、文化研究才会显示出其真正意义与价值，它不再为外在的功利目的所驱使，而是社会发展的内在需要，也是自我生命发展的内在需要。在我看来，这正是学术研究、文化研究的真谛。”[①] 这也是屯堡文化研究的根本。

以上所说，多少具有理想主义色彩，因此，我们还需要回到现实来。屯堡文化研究既有着广阔的前景，又有着发展的机遇；但同时也存在着研究者所说的巨大的“困惑”。困惑首先来自生活本身，来自屯堡自身发展困境，屯堡文化自身的命运。这就是许多研究者所指出的：“目前，在现代化与市场化的强劲冲击下，屯堡文化已出现衰变现象，屯堡文化研究也有可能丧失原初形态及意蕴。”[②]“衰”是我们必须面对的现实，“变”则是对我们的研究提出的新挑战。顺便说一点，这“衰”与“变”不仅是屯堡文化所遭遇的问题，而且也是全球性的。我最近有一次“阿拉斯加之旅”，我本期待这是一次“文化之旅”：沿着当年淘金者的足迹，去寻求北方的原始的荒野文化。但我所见的，却都是满足今天大多数的旅游者的娱乐需求的、已经充分商业化了的文化符号，其文化内涵已经空洞化了，而且大多数旅游者也都不再关心这些文化内涵，痴迷文化如我者，只能在永恒不变的大自然（雪山、冰川、河流）和杰克·伦敦的小说里的历史与文学记录里，在想象中勉力体会当年的文化意蕴了。我最终获得的是一次“休闲之旅”，尽管我也从中得到了身心的享受，但总有一种挥不去的失落感。而且我很自然地就联想起一直关心的屯堡文

---

① 参看本书钱理群的《学术研究与乡村建设的有机结合——从〈屯堡乡民社会〉谈开去》，第 40 页。

② 参看本书吴羽、龚文静的《屯堡文化研究现状及趋势分析》，第 121 页。

化的命运，这其实是显示了我们一开始就讨论的“全球化”与“地方性”关系的另一侧面：在这全球化的时代，所有的地方问题都是全球问题；在这个意义上，我们在这里讨论与寻求走出屯堡文化困境之路、屯堡发展之路的努力，是具有世界意义的，是全球性的挣脱发展困境的努力的一个有机组成部分。

当然，我们更要面对的，是屯堡文化研究自身的困境。首先是这个学科的先天不足，这就是研究者所指出的，“有关屯堡人的史料比较缺乏，我们看到更多的是屯堡人的现存生活状态”，而“对屯堡历史较为了解的民间老艺人一方面缺乏传人，另一方面随着他们相继去世，屯堡文化正处在迅速消解的过程中”，而我们的一些研究者又习惯于重复使用第二手史料，“很少有人去探究原始资料”，不重视田野调查，“对史料运用的不慎重、不规范，导致了人们对屯堡文化的一些误解”，以至造成了某种混乱。这都表明，我们要建立“屯堡学”，首先要确立的是“史料是第一位的工作”的观念；所有的研究都必须建立在充分、翔实、可靠的史料基础上，要花大力气做好史料的收集、辨别、整理、分类的工作，并采取一切手段，包括运用现代科学技术，对“日渐消亡的活态文化进行抢救性发掘与保护”。[①]

对史料运用的不慎重，不规范，反映的是学风和学术规范的问题。这就谈到了必须正视的另一个方面：我们所处的整体学术环境并不理想，学术体制与评价体系的缺陷，以及社会与学术空气的浮躁，都会影响到屯堡文化的研究。一篇研究述评指出：“在已经发表的近400篇（本）的研究成果中，有一半以上是重复性、描述性的文章。”“大量研究仍然处于表浅的研究层面。”[②]这样一个基本的研究现状，是不能不引起注意和担忧的。这里固然有研究水平的问题，但更有急于出成果的浮躁心态，以及以成果的量作为评价标准这些更为内在的原因。而且我担心，如果真的出现“屯堡研究热”，这样的低水平的重复研究还会大量出现。学术研究从根底上说，是需要“沉潜”的。我由此而想到，或者说我想发出这样的呼吁：我们需要用屯堡人的精神来研究屯堡文化。在关于屯堡人的描述中，最触动我的，是屯堡从事“佛事”的老年妇女，她

① 参看本书吴羽、龚文静的《屯堡文化研究现状及趋势分析》，第137页。
② 参看本书吴羽、龚文静的《屯堡文化研究现状及趋势分析》，第132页。

们那份虔诚，那举重若轻的气定神闲，正是我们所缺少的，而又是真正的学术研究应有的境界。

2008 年 8 月 24 日

目　　录

理论与研究综述

屯堡历史与文化

屯堡文化事项研究

屯堡开发与利用

理论与研究综述

对民族集团应该怎样研究

——以贵州“屯堡人”为例

[日] 塚田诚之撰文　黄才贵译

一、追溯近代以前的民族集团

中国是全世界众所周知的多民族国家，由汉族和55个少数民族构成。中国民族的首要特征，是具有历史性、多样性和民族关系的复杂性。费孝通先生指出，那是由于以广大的国土作为长期的活动空间，众多民族集团经过广泛接触，经历复杂的历史过程而逐渐形成的。还有，许多民族中的经济基础相对稳定，汉族吸收了许多其他民族的成分而不断发展，这是中华民族发展的总趋势。[①] 费先生还说，汉族的少数民族化，少数民族的汉族化，在民族内部的分化和民族名称的多样性，等等，围绕民族问题有着复杂的历史现象。[②] 依据费先生所说，现在包括“汉族”在内也有下位集团，而且并不限于纯粹的汉族后裔。

对此，濑川昌久关于汉族下位集团（民系）的“客家”，即汉族的他民系与畲族的关系的考察，以迁徙传说为焦点，对自我意识形成的机制进行分析，指出汉族和少数民族的民族学境界的流动性，关系到长江以南地区文化的传统，对民族形成过程的再探讨十分有必要。[③] 我认为，以地域为基础条件，以特定的民族集团为焦点，进行深入细致的探讨很有必要。

---

① 费孝通：《中华民族的多元一体格局》，《北京大学学报（哲学社会科学版）》1989年第4期。

② 费孝通：《关于我国民族的识别问题》，《中国社会科学》1980年第1期。

③ 濑川昌久：《客家——华南汉族のエスニシテイーとその境界》，风响社，1993。

中国民族的特征之一，就是政治性，这也是村田雄二郎所关注的。[①]而铃木正崇所关注的，是1949年中华人民共和国成立后国家的政策和现实生活中人们的同一性及其相互关系，还分析了与民族国家的政策相关联的一些问题。[②]中国近现代建立的民族概念，是经过政府的“民族识别工作”而加以认定的。从村田雄二郎、铃木正崇开始，再到濑川昌久，都一致认为国家政策的意义非常重大。

从中国民族的特征考虑，对于个别的民族集团，从近代以前民族集团的民族学境界的流动性和民族关系的动态的视野入手，追踪调查研究该民族集团的形成过程，再重新认识近现代时势中具有重要意义的问题，这样的工作也是不可欠缺的。

符合这种情况的好事例有一个，那就是以贵州安顺为居住中心的“屯堡人”。他们的祖先是在明代初期即14世纪末，为了“征南”从江南作为“屯军”移民而来，居住在称为“屯”或“堡”的聚落，成为共同体。现在因其作为汉族的自我意识而被公认为汉族。曾基于文化的不同特点，后来的汉族移民将其视为非汉族而产生视角的差异。还有，他们中的一部分人，曾出现过再移居的情况。现在，有一些人已被融合为少数民族中的彝族。在历史的演变中，“屯堡人”有可能形成了共同体的雏形，可能被选择为在近现代中具有人们共同体特征的处于同一性动态过程的汉族下位集团的归属。在这一点上，重要的调查研究方法，就是采集与下位集团有关的全部资料。本文就是以“屯堡人”为研究对象，对该汉族下位集团形成史进行探讨。

二、来自鸟居龙藏的研究

首先，关于对“屯堡人”先行概略研究的切入，鸟居龙藏一开始就把握了问题所在。

构成先行研究的共有三人的研究成果：（1）鸟居龙藏的记录。[③]（2）杨昌文的文

① 村田雄二郎：《中华ナショナリスムと〈最后の帝国〉》，载莲实重彦、山内昌之编《いおなぜ“民族力”》，东京大学出版会，1994。

② 铃木正崇：《创ちねた民族——中国少数民族と国家形成》，载饭岛茂编《せめ苦あう“民族”と国家》，ブカテシア出版会，1993。

③ 鸟居龙藏：《中国の少数民族地带をぬく》，朝日新闻社，1980。

章。[1]（3）是姜永兴的论文。[2]鸟居龙藏于1902年10月至11月到贵州省西部做实地调查，在安平县的饭笼铺（今天龙镇）调查了被称为“凤头鸡”的人群共同体。鸟居龙藏认为，“凤头鸡”的人们共同体主要分布在驿道沿线，“处处都可见到他们居住的村落”。在明朝洪武年间（1368—1398年），朝廷对中央的统治权还没有到达的贵州和云南，进行了大规模的军事远征，镇压苗族（广义的）人民，事后为了守备而设置了屯田兵。“凤头鸡”就是这些屯田兵的子孙，变成了农民化的土著人。他们主要出身于江南，其中以凤阳府（今安徽省凤阳县一带）居多。其妇女的头饰，“前发高束，形似凤凰的头状”，故称“凤头鸡”。这种发型，遗留着明代江南的样式。在偏僻的贵州，处于“街市地以外皆苗族”的环境之下，“没有接触到新的文化”，鸟居龙藏对这种发型产生了好奇感。除此之外，她们还佩戴较大耳环，头包白布帕，上衣紫色，袖子宽大，不缠足。这种装束，与清代汉族移民有明显的区别。由于这种“明代遗民”与后来移民有文化方面的不同，而“被视为异样”。于是，后来的汉族移民“忌避”与其通婚，他们受到了有差别的待遇。

其次，看看“（2）”和“（3）”两者的记述。从屯堡人的分布上看，除鸟居龙藏指出的地区以外，还包括长顺、紫云、普定等县也有少量人口居住。据1989年统计，屯堡人分布在安顺市的有17.6万余人，平坝县有2.3万人，其他地方约5万人，合计约25万人。在来历方面，“（2）”“（3）”两说均与“（1）”同。“（3）”又特别指出，屯堡人还包括从明洪武末年至永乐年间一部分屯军后代流动的人口。

在名称方面，各有不同。“（1）”统称为屯田兵，“（2）”“（3）”有“军屯”和“民屯”的区别。“（2）”认为“屯堡”中的“屯”即“军屯”，“堡”即“民屯”。“（3）”认为在“征南”从军的士兵中，还包括为了开垦土地而被强制押送“填南”的农民。至于出生地，“（1）”说在江南，以凤阳人居多；“（2）”“（3）”两说主要在江苏、安徽，还有江西、湖南、山东、河北等省。

---

① 杨昌文：《屯堡人述略》，《贵州民族研究》1993年第4期。

② 姜永兴：《保持明朝遗风的汉人——安顺屯堡人》，《贵州民族学院学报（社会科学版）》，1988年第3期。

关于已婚妇女服饰的特征，除“（1）”说上衣袖口较大、戴耳环、不缠足外，“（2）”“（3）”均有上衣宽袖称“大袖子”，上衣很长，有“长袍”之称。“（3）”还特别强调，服装颜色多为黑、蓝两种，前襟有刺绣花边。“（2）”还说这种长袍与“二码裾”有明显区别，下装着长裤，名为“大裤”，脚穿绣花翘尖布鞋。妇女的发型，“（2）”“（3）”均为在头后部挽圆髻，与“（1）”说的完全不同。“（2）”引用1932年刊行的《平坝县志·民生志》记载的“妇女头上束发作凤阳妆，绾一笄，故又呼‘凤头笄’”，还指出“日本学者鸟居龙藏误将‘凤头笄’写成为‘凤头鸡’”。三者均将妇女独特的服饰与其保持出生地习俗的动机联系起来理解。

至于民族关系，“（2）”认为，在1949年以前，屯堡人与后来的汉族移民很少通婚，一般多与当地的仡佬族和布依族通婚。“（3）”认为，屯堡人不缠足，而后来的汉族有缠足的习惯，后来的汉族称屯堡人为“大脚”，屯堡人受到了差别待遇。“（2）”“（3）”均指出，屯堡人“自认为是老汉人”，而称后来的汉族为“客籍汉人”。屯堡人与后来的汉族发生了文化上的差异，于是使后来的汉族产生了对屯堡人的差异视角。在这一点上，“（2）”“（3）”两者与“（1）”的看法是一致的。“（2）”“（3）”两者还指出，屯堡人和后来的汉族对当地仡佬族和布依族的称呼都是一致的。对于屯堡人，“（1）”是将其列入汉族的范畴来把握，而“（2）”“（3）”则指出历史上往往将屯堡人列入“苗”的范畴。

在谋生手段方面，“（2）”“（3）”说以农业为主，有铁制手工业加工、酿酒和豆腐等副食品加工，并从事小规模的商品买卖活动等“多角经营”方式。而且，在经济生活中妇女承担了主要的任务。另外，还有祭祀祖先和其他神祇的活动，在举行祭祀仪式时，要演“地戏”和“花灯戏”。在语言方面，由于长期定居的结果，屯堡人深受汉语安顺方言的影响，但仍保留着其祖先出生地的方言的卷舌音特点，与汉语安顺方言有明显的差异。

像上述的研究，对屯堡人的基本情况算是了解到了。但是，以上的先行研究只涉及一般的问题点，对民族集团的论述也只是静态的，还没有经过调查而做出生活实况的报告。对于文化的变化和人们的同一性的判断，还处于不确定状态。对于发生的各种各样的现象以及在历史演变过程中形成的民族下位集团的实像，都没有明显地反映出来。例如，“（1）”和“（2）”“（3）”记述的服饰情况就完全不同。从时间上看，“（2）”“（3）”所记述的是服饰变化以后的情况，而对于变化之前的情况则完全没有涉及。毕竟，“（2）”引用了“（1）”研究过的内容，但是，对其做出了几乎不正确的评价，“（3）”引用后也有同感。诚然，对于屯堡人共同体，“（1）”一直认为，他们自从离开江南加入屯军而移民后，在数百年间就一直定居在一个地方，处于孤立的不变的状态。在600多年间经历了激烈的流动性时代，他们还得以在原初居住地一直定居不变吗？对于这一点，“（2）”“（3）”也是同样的看法，认为不仅屯军，而且屯民也包括在内，他们移居后的生活方式与原籍地没有区别。这完全没有注意到，屯军移居后所形成的共同体的民族学境界的流动性。也就是说，“脱离”和“加入”屯堡人的流动性都同时存在，其中有一部分人再移居他地以后加入了当地少数民族的行列。

最后，关于后来汉族对屯堡人的歧视问题，“（1）”“（2）”“（3）”面对事实却终止了提示，更没有进行分析研究。至于对文献资料的引用，“（1）”好像是论文又好像是调查记录，两种完全不同的体裁，引用史料也不全。“（2）”“（3）”也存在只引用史料片段的问题，而且平铺直叙，对史实理解不深透，应用也不灵活。

本文根据先行研究的问题点，对屯军的移民史进行再探讨，其次包括文化变化和民族间关系，就屯堡人的形成过程逐渐展开研究，进一步接触其少数民族化的问题，按程序抓紧解明屯堡人的全貌。

三、天龙镇的四姓

平坝县天龙镇镇政府所在地的天龙街在平坝县城西南方向12千米处，在狭长的山间盆地上形成了密集的街道和巷道。天龙旧称饭笼铺，是从贵州至云南的古驿道上设置的一处休息站。据1993年的调查统计，天龙镇的总人口有18932人，其中：汉族有17000余人，占90%；苗族有400余人；另有少数的仡佬族人口居住。在汉族中，有将近1万人口是屯堡人。据1990年的调查统计，平坝县的汉族人口有22

万人，其中屯堡人的人口占10%左右；全县的屯堡人，约有一半人口仍然居住在其入黔始祖定居的地方及其周边。在天龙镇中，天龙街和二官村是屯堡人的主要居住地。据1990年的资料统计，天龙街约有3000人口，其中80%是屯堡人，其余是后来的汉族人口。

天龙街的屯堡人主要有郑、陈、张、沈四个姓氏。相传，其入黔始祖是于明洪武十四年（1381年）参加屯军而从“南京应天府”来到此地的。据新修《郑氏族谱》记载，洪武十四年至次年，征南将军傅友德、左副将军蓝玉、右副将军沐英，率30万大军远征云南、贵州。战事结束以后，一部分军士按照屯田制度而择要地驻守屯垦，自给军粮。在此之际，郑氏始迁祖郑洪佐首居今天龙地区。

但是，四个姓氏的入黔始祖在明代初年一同定居天龙的传说，难以使人相信。可以想象得到，明初以降包括屯堡人先民在内有许多人都会来到这里。在天龙街，为了抵抗不法的纳税要求而被判处死刑的陈万镒，被当地人奉为义士，并立有陈万镒公显彰碑。他是陈姓入黔的“第三世祖”，而据民国《平坝县志·人物志·忠义》记载：“陈万镒，明季饭笼铺人。”那么，陈姓人不可能在明初定居饭笼铺。还有，从现在遗留的地名上看，有“张家院”“沈家院”“郑家院”之名，而无“陈家院”之名。而且，陈姓的居住地均处于其他姓居住地的外延。从街道、村落的发展史上看，陈姓定居饭笼铺的时间比其他姓氏稍晚。

四、屯军的军事移民

关于平坝县屯军的设置，据道光七年（1827年）《安平县志·地理志·建置沿革》卷二记载：明洪武（1390年）闰四月，“平坝卫”因“苗夷远窜，地广人稀”，由“湖广长沙”等地，实行“三丁抽一”，征发而“充实该地”。在此之际，一“卫”之下设5个“千户所”共50个“屯”，卫配置兵额5600名，其中各千户所统兵1120名，各百户所统兵112名，各设屯堡，构成军事指挥系统，故统称军屯。屯堡，是该军事系统的基层单位，是屯军的驻屯地。平坝县在屯、堡制度上的区别并没有明显的界限，史料将其视为同义词。

前述道光《安平县志·食货志·户口》卷四记载：当时，平坝卫管辖下的军屯的屯军数是5400户。屯军移民的到来，迫使当地的少数民族不得不向别的地方移动。于是，以军屯为中心地形成了新的社会环境。所谓“地广人稀”的状况，也就是军事移民所造成的“苗夷远窜”。对于军屯来说，就构成了汉族居中间、少数民族居住其周围的分布格局。

例如天龙镇，最早在这里定居的是苗族。在屯军到来之际，苗族只好向山里移居。当地屯堡人相传，至今在天龙镇还保留着当时苗族构筑的城寨遗址。屯军到达，“披荆斩棘建立村落，开垦田亩种地屯粮”[①]，于是长期定居此地。一般来说，贵州地方“山多田少，地瘠水冷，刀耕火种，子粒秕细，鲜有收获”[②]。在天龙街，现在仍以姓氏为主聚居一处，是在原有“张家院”“沈家院”“郑家院”之地名上更加密集居住。屯堡人集中居住在天龙镇的小坝子上，少数民族散居在山冲地带，今天的分布格局，正是往日居住形态变迁的结果。

上述研究成果显示：在平坝县的少数民族聚居地设置屯堡，分割和削弱了少数民族的势力。然而，后来鸟居龙藏访问那里时，在今天龙“街市地以外见到过苗族”，一个屯堡中有100户人家，看来以屯堡为据点的守备特征依然存在。在省城贵阳近郊，在政府当局的统治下，有一部分少数民族还拥有相当实力。如果在广大区域发生大规模的武装起义，哪怕有数万人的军事力量，也是难以单独对付的。这就导致了屯军的流动性。

五、屯军是从哪里来的

关于屯军的出生地，前述《郑氏族谱》记载有“南京应天府”，“(1)”认为其来自以凤阳为中心的江南一带地方，论文“(2)”“(3)”也涉及了广大地域，道光《安平县志》说的是从“湖广长沙”来的。根据民国《平坝县志·民生志》的记载，经询问

---

① 陈氏入黔始祖“皇明诰封通政大夫陈典”墓志铭。墓始建于清乾隆五十七年（1792年），1988年重修。

② 《明英宗实录》卷一，宣德十年正月。

县民发现，当地人原籍多系江南、江西、湖广等省，实际上，是包括安徽凤阳在内的江南一带和江西、湖广（今湖北、湖南、广西、广东、贵州）等广大地区。关于移民的时间，《郑氏族谱》说的是洪武十四年，实际上也是这一年。论文“(3)”说在明朝建文帝至永乐帝时期（1399—1424 年）为了“逃难”而来，还有包括在此以后迁徙来的人们。传说是在建文帝时移民的，只不过屯堡人是所有移民中的一个类型。从民间传说的背景来看，屯堡人不是在洪武年间迁徙来的，那是容易得到理解的。前述天龙陈氏就是在明代中期以后来的。关于移民的契机，《郑氏族谱》反复强调，其入黔始祖是“征南”来的，而不是“填南”来的。对于这一点，道光《安平县志》记载，只有一般农民被征发而来，才称为“填南”。论文“(2)”将“屯”等于“军屯”，将“堡”等于“民屯”进行分类，还说平坝县有“九堡十二屯”，并逐一介绍了有关屯、堡的传说及其地理方位，这仅仅依据民间传说进行分类，而没有涉及制度史的深层次问题。像这种情况还有不少，从其传说用语上分析，就包括了配置到各地民屯的大量农民。还有，后来的汉族移民和被屯军镇压的对象，在少数民族间也有传说是从“江西”或“南京”为了“征南”而来的，像这一类的传说在贵州相当普遍。

综上所述，出生地和迁出地的不同，还有屯军和屯民来历的不同，都来到贵州地方相会，形成一个共同体，对于后世的当事者来说，均共同关注于“征南”的经历。

六、军屯的衰退和战乱

明代中期以降，军屯制度逐渐衰退。到景泰四年（1453 年），“贵州卫所、站（驿站）、堡、旗甲军人往差逃亡，十去八九”，① 这就如实地记录了当时屯军的状况。平坝县也是如此，“自天启（1621 ～ 1627 年）以后，连年兵乱，百不存一”②。到清代，军屯制度被废止，但耕地的种类仍继续沿用屯田名目。到清康熙二十年（1681 年），平坝县仍残存屯军 184 户，235 丁。③ 军屯制度衰退的主要原因，是赋税的过重

① 《明英宗实录》卷二二五，废帝郕戾王附录第四十三，景泰四年正月。

② 刘祖宪修，何思贵等纂《安平县志》卷四，道光七年刻本。

③ 刘祖宪修，何思贵等纂《安平县志》卷四，道光七年刻本。

负担、士兵逃亡和明末清初的战乱。

关于屯军的负担，从天龙街“第三世祖陈万镒公显彰碑”墓志铭上记载的明末所加重的赋税情况就可窥见一斑。不难看出，作为士兵除了参加军事行动以外，还要交纳屯田课税（屯粮），负担土木建筑等徭役。《郑氏族谱》记述郑氏中的一部分人再移居他地的情况，其主要原因就是当地赋税的负担过重。这与明代中期贵州军卫的情况相似，“良田为官豪所占，子粒所收百不及一，贫穷军士无寸地可耕，妻子冻馁，人不聊生”①。

关于战乱，其延续的时间较长。在明代，曾有势力较强的“水西土司安氏”对地方流官的暴虐的反抗斗争，这被视为“反叛”而镇压所引起的战乱；清初，有在贵州肃清明王朝势力的影响而引起的战乱，在云南、贵州有肃清吴三桂势力的战乱；19 世纪下半叶，太平天国运动时期，又有贵州各民族农民大起义受到清政府残酷镇压而引起的战乱。例如，道光《安平县志》卷三记载，顺治四年（1647 年），流贼孙可望攻陷县城。在此之际，城内士民大半被杀戮。还有《平坝县志》记载：在道光、咸丰（1821—1861 年）以降，“每经各村寨多见空地”。盘问之，回答是：有“十之二三”已“迁徙”，有“十之七八”已“绝亡”。战乱的影响是引起居民结构变化的重要原因。

说起有关屯田制度的大问题，那就是，原先拨给的屯田面积大体处于固定化状态，经过几代人以后的人口增殖，其需求必然超过了土地的承载能力，屯田士兵的生活自然成了大问题，伴随而来的，只有迁徙或逃亡。

总之，明中期以降军屯衰退，到清代军屯废止。屯兵既有灭于战祸者，也有继续向其他地方迁徙者。对于这种状况，屯军后裔定居一处而不发生变化这种说法，不就发生了问题吗？这一点，从屯堡人共同体形成之初，就成为重要的问题。

① 《明英宗实录》卷八十，正统六年六月。

七、脱离与加入屯军

平坝县白云镇白云村的陈氏，其入黔始祖在明初从江南加入“征南”队伍而来到平坝，并世袭“百户”之职。在明末清初的动乱时期，陈氏购集荒芜土地而转化为地主，应试科举而成为仕宦。清代废止军屯制度，失去了军官之职，陈氏依然继续发展，到清代中期已是中央高官辈出，变成白云庄的大地主。现在，陈氏已丧失了屯堡人的自我意识。还有，陈氏已不再与周边屯堡人那样属于同一范畴了。从某种意义上说，这成为“脱离屯军”的典型事例。

还有，安顺市郊外的云山坉村落，利用险要的山形地势，以加工的石料垒砌有漂亮的城墙，作为要塞而成为景观。李业成认为，那是“典型的屯堡人的集落”[①]。据笔者调查了解，“坉”与“屯”是有区别的。各种“坉”，实际上是清末以来人们为了避免战祸与掠夺，临时聚集在村落周边的地方而形成的，而且城墙也属清代所建。虽然那里的人们穿着与屯堡人完全相同，也不能将“坉”与“屯”相混淆。所谓“屯军后裔”，是继续定居屯堡的人们，这种情况确实存在。例如，天龙街的人们，大多数人已迁离此地，到别的地方定居。在天龙的四姓人当中，并不都是最初入黔就定居在这里的屯军移民。经过清代至现在，只有世代传袭继承的人们才继续定居下来。像前述那样的“脱离”或“加入”的流动性情况比比皆是，自入黔移居后就一直定居不动的，始终只有少数人。所谓屯堡人共同体，“(1)”“(2)”“(3)”均一致认为，就是明初移居入黔以来一直定居在一个地方的屯军后裔，还认为，所有的人们并没有经历复杂的离合集散过程，最后形成共同体。

对于这一点，民国《平坝县志》记载：“屯堡人一名词，初本专以之名住居屯堡者。而凡住居屯堡者，工作农业，妇女皆不缠足，从事耕耘。厥后即不住居屯堡，如其妇女不缠足，从事耕耘者，率皆以屯堡人呼之。则屯堡人之意味又不专就住居论矣。”到民国时期，人员流动和离散的现象时有发生，以居住地作为分类标准则是

---

① 李业成：《贵州屯堡文化概述》，《贵州民族研究》1995 年第 4 期。

非常困难的。《平坝县志》又载："真正之屯堡人即明代屯军之裔嗣。"为此，使用明确的概念规定很有必要，然而"真正之屯堡人"则为数不多。

自明代末期以降，从外地入黔的移民开始增加。明嘉靖三十八年（1559 年），"贵州军民鲜少，多系江西川湖流民侨居……"[①]，实际上，屯军的数额已由其中的一部分移民补充。《平坝县志》还记载，在清代以降，云南、广西、湖南、四川的移民"接踵而来"，纷纷迁入当时属后进地带的贵州，在这里容易谋生致富，这成为当时移民的重要原因。对接踵而来的后来移民及其与屯堡人关系的探讨，以及对上述文化变化和人们同一性动态的探讨，对于探寻屯堡人共同体的形成过程有着重要的意义。

八、与后来移民的关系

首先，我们来看看屯堡人与后来汉族移民的关系。在天龙街的北侧，残留着一条狭窄的古驿道。沿驿道向西就进入一座门楼，并通向一条街市。这里，现属安顺市大西桥镇石板房村，居住着许多的后来汉族。1949 年以前，天龙街的屯堡人与石板房村的后来汉族之间，是互不通婚的，也就是鸟居龙藏所说的"忌避结婚"，其原因是生业和文化的不同。

关于生业，在 1949 年以前天龙是以农业为主，而石板房是以商业为主。鸟居龙藏访问现今天龙时，其村落有"五六十户"人家，据上海东亚同文会在 1920 年对这里的调查，说天龙是仅有"四十户人家的村落"，而石板房足有一百户人家，并称旅客的休息处所为"街上凑热闹的地方"。

光绪十六年（1890 年），邹元吉撰、俞培钊绘《百苗图咏》，将当时贵州地方的少数民族泛称为"苗"，并逐一描图撰文。其中卷五《凤头鸡》记载："凤头鸡者，多在路旁腰店贩卖蔬饭茶酒营生。"前述论文"（2）"也指出：以农为本，善于交易和手工业的"多角经营"，是屯堡人传统的生产方式。确实，现在的天龙街，商店林

---

① 《明世宗实录》卷四七一，嘉靖三十八年三月。

立，成为当地活跃的集市。但是，这并不能反映屯堡“传统”的生产方式，农业仍然是生业基础。这种集市贸易的兴盛，实际上是在清末以降，受到后来移民的影响，将原先的交易方式进行延伸和发展。《平坝县志》记载：“屯堡人……工作农业。”诚然，这是县志编纂者对屯堡人在清末已经进行商业活动的记载产生了疑问，所以用“工作农业”才是屯堡人“传统”的生业方式作为观念反映。

石板房，素有“小荆州”“安顺街”之称，街道设施和繁荣景象，可以说与平坝县城没有什么区别，在当时，石板房的繁荣主要靠贩卖食盐支撑。《平坝县志·民生志·生活》曾记载，平坝一带地方的食盐，主要依赖于四川产的“川盐”，而石板房正处于川盐交易的集散地。四川省的自贡市是有名的“井盐”产地，经由贵州北部贩运进入，运往今安顺市再转卖他地。石板房的最盛期，就是作为安顺近郊贩卖食盐的一个定期市场时期，当地盐商数十计，外地盐商还有十余人。现今，当地还遗留着一些大商人的店铺。在商人中，将获取利润转为土地资本，出现了资本家兼地主。1949 年以前，天龙是以农民为主体，有自耕农和论文“(3)”说的众多的贫农。所以，石板房的人将天龙称为“乡下”，称天龙的屯堡人为“庄户人”。天龙的人去石板房时，称为“上安顺街”。相反，石板房的人去天龙时，称为“下屯头”或“下乡”。这种“上”与“下”的表现，是以所谓市街、商人地主与农村、农民的不同阶层为基础，在意识形态上的反映。

不仅如此，而且这两处地方还有“文化”的差异。1949 年以前，屯堡人的妇女都不缠小脚。石板房以及其他地方的妇女都有缠足的习惯。为此，屯堡妇女被称为“大脚妹”。缠足与不缠足的妇女，服饰和发型也各有不同。对于这一点，鸟居龙藏曾指出过。据上述《百苗图咏·凤头鸡》记载：“妇女的发髻梳在额前，状若鸡冠，所以被称为‘凤头鸡’；头披青帕，脚扎绑腿。”该文献资料，早在鸟居龙藏调查以前就已问世。而鸟居龙藏调查半年以后的 1903 年 4 月，日本建筑学者伊东忠太在访问平坝县时，也记录并写生描绘了“凤头苗”的形象。他说，“女子的额前发奇特”“发髻特别大”“多不缠足”；还有，伊东忠太在与镇宁州（今镇宁布依族苗族自治县）知州笔谈时，该知州特地写下了：“凤头苗，头裹五色布，高而尖，身发前扎，往上梳。”很明显，伊东忠太的调查记录和镇宁知州提供的情况，与《百苗图咏》记载和描绘的图画基本一致。

有关“凤头鸡”的名称，始见于清道光二十七年（1847年）罗绕典修《黔南职方纪略》卷一。他说：“民之种类，于苗民之外，有屯田子、里民子，又有凤头鸡，凡此诸种，实皆汉民，然男子汉装，妇人服饰似苗非苗。询之土人云，洪武间自凤阳拨来安插之户，历年久远，户口日盈，与苗民彼此无猜。”[①]罗氏所说的“凤头鸡”，是汉族受到了少数民族的影响。当“凤头鸡”被视为少数民族的情况下，罗氏觉得有疑问，才特地询问，并如实做了记录。对于这一点，特别引人注目。

从以上清末称屯堡人为“凤头鸡”到后来汉族所保留的独特的发型，均基于对文献资料的分析。该描述与鸟居龙藏早期的调查相符，并不是论文“(2)”说的是鸟居龙藏的“误记”。然而，论文“(2)”则仅仅是根据《平坝县志·民生志》关于“凤头笄”的记录，而并没有参考在此之前的文献资料，还有对“用笄挽髻”的说法，也没有对此以外的发型比较做具体说明。论文“(2)”“(3)”对屯堡人过去的发型并不了解，从某种意义上说，这是将“创造后传统”看作“古老传统”所产生的错觉。

九、清末民国时期的屯堡人观

屯堡人往往被他人看成是与“苗”族同样的人们共同体。“屯堡人”的称呼，始见于道光《安平县志》，《安平县志》将其列入“苗俗”中记述。光绪时重刻咸丰元年（1851年）版《安顺府志》说的“屯军堡子”的“子”，就表现为一种蔑称。最早的蔑称是出现在道光二十七年罗绕典《黔南职方纪略》对“屯田子”的记述。后来是将“屯田子”与“凤头鸡”区分开来，实际上两者是同一个人们共同体。还有，《百苗图咏》也是将“凤头鸡”列入少数民族内容记述。伊东忠太更是直接称为“凤头苗”。《黔南职方纪略》卷一说：“民之种类，于苗民之外，有屯田子、里民子，又有凤头

---

① 罗绕典：《黔南职方纪略》，成文出版社，1974，第33页。

鸡，凡此诸种，实皆汉民。”由于“历年久远，户口日盈，与苗民彼此无猜”。从以上文献资料来看，“屯堡人”是在清末被蔑视而称为“苗”，其自我意识好像也近似于“苗”。

对于这一点，到民国时期则发生了变化。受仲在《凤头鸡》一文中说：其“身份介于一般汉人与苗民之间”，其头饰“看成为苗族的一种”。1948 年刊行的《贵州通志·土民志》也说，其“女子挽髻于顶，与各苗迥殊，以凤头苗目之”。该书还引用了任焕奎关于“凤头鸡非苗人说”的观点。费孝通先生在贵州进行民族实态调查之际指出：被蔑称为“堡子”的人是早期军事移民的汉族，他们不可能回到故乡，于是娶当地少数民族的女子为妻，并长期同化。[①] 之后与后来汉族移民融合成为现今所见到的特殊的汉族。从这段叙述中可以推测，他们在民国时期已从“汉”和“苗”之间向“汉”一侧靠近。

综上所述，以“凤头鸡”作为屯堡人的别名，在文献资料中出现在自清末至民国时所见到“苗”的泛称。在这里必须指出，对于清末“不是苗而近似苗的意识”，是在民国时期处于“汉”与“苗”之间，并逐渐向“汉”一侧靠近，从而产生民族学境界所见到的动态情况。

十、“参加”汉族和文化变化

屯堡人加入“汉”的转变，是在民国时期，尤以 20 世纪 30 年代的表现最为明显。民国《平坝县志》中的“平坝县各族人类（民）装束现状概况表”记载的“汉族”一项，就包括“屯堡人”在内。民国《平坝县志》明确指出：“真正之屯堡人即明代屯军之裔嗣，决非苗夷之类也。”重新阐明“军民人等，军冠民上”的观念，依然显示屯军地位的高尚。自身不再是“苗夷之类”，而是属于“汉族”之列。其根据是有比一般民众优越的“作为屯军后裔的历史”。这可能是参加编纂《平坝县志》的屯军后裔的主张。在此，不管是“与苗民彼此无猜”，还是“不住居屯堡”，均属于

---

① 费孝通：《兄弟民族在贵州》，生活·读书·新知三联书店，1951，第 9 页。

"真正的屯堡人"。这里进行的再确定，必然是当事者的意志所起到的作用。受仲通过对文献资料的分析考证，已对屯军由来做了重新认识。还有，民国《贵州通志》转引任焕奎关于"凤头鸡非苗人说"的观点，并将"凤头鸡"的"鸡"，解释为是由于其发音接近"军"所致，同样阐明屯军由来说。

在这里引人注目的是对军人地位变化的解释。20 世纪 30 年代的后半期，贵州经过军阀混战以后，确立了国民党的军事统治体制，再度提高了军人的地位。在清末受到蔑视的"屯田子""屯军堡子"，到民国时期随着当地军人地位的提高，屯军后裔的处境也相应有所变化。

与此同时，以上主张还促使妇女的发型产生了变化。对于这一点，在安顺市杨武布依族苗族乡就有关于这方面的传说。1935 年，中国工农红军长征时，有一支部队经过了当地。当时，国民党当局强制老百姓改装，若不改装就视为异己。在此之际，当地的布依族、苗族和"凤头鸡"就成了改装的主要对象。梳髻于前额成鸡冠状的发型样式，就变成了挽圆髻于头后部的"粑粑髻"发型。还有，天龙街在 20 世纪 40 年代，按照国民党当局的政策，对"凤头鸡"进行了强制改装。从这两处的片段资料来看，关于改装之事，从 20 世纪 30 年代后半期至 40 年代后半期，在贵州各地相继发生，并非一下子全部改变。从受仲的调查报告来看，到 1945 年屯堡人中仍残留着一部分古老的发型。

关于发型和其他变化，天龙街和其他地方一样都发生了。论文"(3)"指出是挽"圆髻"于头后部。"凤头鸡"并非"凤头笄"，而了解这种发型的人已经不多了。论文"(2)""(3)"的作者，也只不过是见到现在的装束，正如《郑氏族谱》所说，早期妇女的发型是"凤头鸡"，后来她们的服装都发生了变化，子孙后代已不知道发型和"大袖子"等服装。发型及袖口宽大的上衣，都发生了变化。头帕由原来的盖头扎法变成了现在的折叠围扎法。

关于文化变化的原因，首先是来自政府对服装的改革政策。当时，统治贵州的是国民党当局。在此之际，以大汉族主义为基础，对少数民族的服饰和习俗实施强制性变革。在这一过程中，规定了变革的对象和范围，从而使汉族和少数民族即

“边胞”产生了前所未有的明确的民族学境界的意识。对此，从一份实绩报告书中可以窥视到，当时居于贵州省主席地位的杨森，在各少数民族地区实施强化政策。[①] 在这种政策实施之际，屯堡人中也出现了强制改装。

① 杨森编著《贵州边胞风习写真》，贵州省政府边胞文化研究会，1947。

贵州省西部民族关系的动态

——关于“屯军后裔”的调查研究

［日］塚田诚之撰文　黄才贵译

中国的56个民族，是以近代的“民族”概念为基础，是中华人民共和国建立后经过政府的民族识别工作认定的。所以，很有必要对近现代中国有关国家的政策进行研究。这是现今研究者没有关注的。在中国的众多民族中，由几个支系（即下位集团）构成一个民族的情况较多。费孝通先生指出：那是由于以广大的国土作为长期的活动空间，众多民族集团经过广泛接触，经历复杂的历史过程而逐渐形成的。①还有，作为历史发展的主流，也就是各民族的经济基础相对稳定，汉族吸收了许多其他民族的成分。②

费孝通先生在1950担任中央派遣的西南访问团副团长及贵州分团团长，负责民族识别工作的实际推进与监督把握。他在向中央的工作汇报中，就多次指出：贵州各民族的居住形态错综复杂，大体上是“苗家占山头，仲家（今布依族）占水头”“客家（汉族）占街头”，呈现出立体分布的状态。即或在一个村落里，也杂居有几个民族。这样，就出现了复杂的民族关系。汉族居住的“街头”，是当地政治、经济和文化的中心，占据着支配的地位。而且，掌握经济权的是移民而来的汉族，其中四川籍的人口较多。早先，“街头”多为屯军的军事据点，是汉族军事移民的住地。他们多娶当地的少数民族女子为妻，也包含着“同化少数民族”的因素。所以，在后来汉族移民的眼里，就将军事移民而来的汉族看成了少数民族，从而产生了

① 费孝通：《中华民族的多元一体格局》，《北京大学学报（哲学社会科学版）》1989年第4期。
② 费孝通：《关于我国民族的识别问题》，《中国社会科学》1980年第1期。

“堡子”“凤头鸡”“南京人”“穿青”“里民子” 等人们共同体的称谓。这是费孝通先生在报告中特别强调指出过的。同时，他还将早期移民的汉族统称为“汉裔民族”。①

这种民族错综复杂的分布态势，不能不与汉族势力的扩大相关联，从而构成了社会发展的历史主流。那么，在汉族当中的早期移民就被看成是从非汉化的其他部分变成了非汉族，这种事实可以说明汉族与非汉族的界限存在着流动性。这是我们需要特别注意的问题。这种事象的存在，也包括了近代以前的历史，从许多具体的事例中可以追溯到各民族以及各民族之间的关系史。当然，采取历史民族学的方法进行分析研究，是非常必要的。

我们研究的地域对象是贵州。现在，那里的民族构成是多姿多彩的，我们主要研究的是当中的 15 个民族。在历史上，到贵州的汉族移民有好几批，而且其中还有大规模大范围的移民活动。据 1990 年的数据统计，全省约有 3239 万人。其中：汉族人口约 2115 万人，占全省总人口的 65.3%；少数民族人口约 1123 万人，占全省总人口的 34.7%。李·琼斯（Lee James）撰写的《中国西南的移民传说》，是以云南为中心，包括贵州、四川在内的，经过长期研究的当地移民史。他说，南宋淳祐十年（1250 年），由于局势动乱，有少数汉族移居西南地区。到 16 世纪，定居西南地区的汉族人口已占当地总人口的 1/3。至 19 世纪，定居西南地区的汉族人口已占当地总人口的 60%。他还指出，汉族移民西南地区有两次高潮：元代至清初是第一次移民高潮，主要是掌握统治权力的军事移民和开垦土地的经济移民；18 世纪以后是第二次移民高潮，主要是工商业者和一般农民的经济移民。②

李·琼斯说的第二次移民高潮，也就是费孝通先生在前面说的从四川移居到贵州的后来变成了都市居住民的现象。还有第一次移民，在贵州有“军屯”“民屯”之说，他们是因明朝的移民政策被派遣而迁入贵州的人们，用费先生的话来说就是包括

① 费孝通：《兄弟民族在贵州》，生活·读书·新知三联书店，1951，第 9 页。费孝通：《贵州少数民族情况及民族工作》，载《费孝通民族研究文集》，民族出版社，1988，第 44—53 页。

② Lee James,"The Legency of Immigration in Southwest China, 1250-1850," *Annalesde Demog-raphie Historique* (1982): 279-304.

“汉裔民族”在内的人们。那些“屯军或屯民的后裔”，居住在今贵州西部地区。诚然，现在“民族”的概念，只能是汉族与少数民族的区分。当时的“屯军”，即现今称的“屯堡人”，主要居住在安顺市的平坝县、普定县、紫云苗族布依族自治县（简称“紫云县”），此外还有黔南布依族苗族自治州的长顺县等地。当时的“屯民”，有“里民”或“里民子”的称呼，主要居住在安顺市的普定县、镇宁布依族苗族自治县（简称“镇宁县”）、关岭布依族苗族自治县（简称“关岭县”），黔西南布依族苗族自治州（简称“黔西南州”）的晴隆县，六盘水市六枝特区等地。经过数百年的历史发展变化，“屯军或屯民的后裔”中的一部分已融合于当地的少数民族。这是从中国民族关系的一个侧面所了解到的人们共同体的情况。笔者曾进行过的研究，是避开民族的形成史，而单独对“屯堡人”进行的研究。① 这次所进行的研究，是围绕安顺市的汉族“屯堡人”和六枝特区的少数民族“彝族”的民族间的动态关系，以文献资料为依据来进行探讨的。本文关于“屯堡人”的研究，主要参考杨昌文② 和姜永兴③ 的研究成果，以及笔者在之前的研究中所提出的问题点④。

一、关于“屯堡人”的史料

所谓“屯堡人”，就是明代保持自我意识的“屯军的后裔”，属于汉族的地方支系。他们主要分布在安顺，集中居住在早先的驿道沿线。人口约有 25 万人，居住在安顺城区的约占现今居住的汉族总人口（54 万人）的 32%。关于“屯堡人”的来历、民族间的关系及其文化特征，地方志和有关的调查报告都有记载，现列举如下（括号内有笔者补注）：

---

① 塚田诚之：《民族集团はどのちうに作ろれるのか——“屯堡人”ほ汉族か?》，载可见弘明、国分良成、铃木正崇等编《民族こ読む中国》，朝日新闻社，1998。

② 杨昌文：《屯堡人述略》，《贵州民族研究》1993 年第 4 期。

③ 姜永兴：《保持明朝遗风的汉人——安顺屯堡人》，《贵州民族学院学报（社会科学版）》1988 年第 3 期。

④ 塚田诚之：《民族集团はどのちうに作ろれるのか——“屯堡人”ほ汉族か?》，载可见弘明、国分良成、铃木正崇等编《民族こ読む中国》，朝日新闻社，1998。

A. 清朝道光七年（1827年）刘祖宪纂修《安平县志》卷五。

原文："屯堡即明洪武时之屯军。妇女青衣红袖，戴假角。（原注：以银或铜作细练系簪上，绕髻一周，以簪绾之，名曰假角，一名凤头笄）女子未婚者，以红带绕头。已婚者，改用白带（补注：道光二年徐玉章编《徐志稿》）……男子善贸易，女子不缠脚。一切耕耘，多以妇女为之（补注：乾隆《贵州通志》）。家祀祭神，多力善战，间入行伍，衣冠与汉人无异。"①

《安平县志·风土志》原文："土人所在多有，县属西堡尤盛。相传为明洪武时，屯军之眷属亲戚，与屯军先后至者。因其居土日久，故曰土人，一曰旧人。一说土人，楚人也。元末从陈友谅反，及明太祖灭友谅，分兵剿其余党，反者皆逃入夷蛮中，以避诛戮。一名里民子，衣尚青，妇人以银索盘头，与屯堡人无甚差异（原注：见《徐志稿》）。妇女不缠足，男子娴贸易，耕作多妇人为之。称曰县民，以别屯军也。"②

B. 道光二十七年（1847年）罗绕典辑《黔南职方纪略》卷一。

原文："民之种类，于苗民之外，有屯田子、里民子，又有凤头鸡，凡此诸种，实皆汉民，然男子汉装，妇人服饰似苗非苗。询之土人云，洪武间自凤阳拨来安插之户，历年久远，户口日盈，与苗民彼此无猜。"③

C. 咸丰时常恩纂《安顺府志》卷十五。

原文："郡民皆客籍，惟寄籍有先后，其可考据者，屯军堡子，皆奉洪武敕调北征南。当时之官，如汪可、黄寿、陈彬、郑琪，作四正，领十二操屯军安插之类，散处屯堡各乡，家口随之至黔。妇人以银索绾发髻分三绺，长簪大环，皆凤阳汉装也。故多江南大族，至今科名尤众。""或父老口传，亦皆外省迁来，而本末别无考证者，列之于后。""里民子，相传皆外省籍，其流寓本末无考。衣尚青，妇人不缠足，

① 刘祖宪修、何思贵等纂《安平县志》卷五，道光七年刻本。
② 刘祖宪修、何思贵等纂《安平县志》卷五，道光七年刻本。
③ 罗绕典辑《黔南职方纪略》卷一，光绪三十一年补刊本。

耕田。""土人，相传自明初来，无考。"[①]

D. 光绪十六年（1890 年）邹元吉撰、俞培钊绘《百苗图咏》卷五。

原文："原籍凤阳府人，从明傅友德征黔流寓于此。男子衣服与汉人同，女子燕尾梳于额前，状若鸡冠，故名。头披青帕，腰系大带，足缠白布，善织带子，多在路旁腰店贩卖蔬饭茶酒营生，性朴厚，畏官守法。"

E. 鸟居龙藏著《到中国的少数民族地区去》，朝日选书，1980 年出版。

要点：明代初年，即 14 世纪末，政府向贵州和云南进行大规模的军事远征，镇压那里的少数民族，后来为了防备而择要地设置屯田兵。"凤头鸡"，是当时从江南派遣的屯田兵的后裔，也就是农民化的土著，"明朝的遗民"，继续保留着明代江南的服饰。他们不属于苗族体系的族群，原本为"纯粹的汉人"。女子"高束前发，其形若凤凰头"，以此称"凤头鸡"。从发型上看，与后来迁入的汉人"完全两样"，受到"差别待遇"。女子头包白布帕，佩戴大耳环。衣服多紫红色，衣袖"不太大"，不缠足。

"里民子"与"凤头鸡"相类似，均为汉族的"明朝的遗民"。后来受到土著化的"苗族"的影响，外貌"很像苗族"，具有"汉苗融合的风俗特征"。女青年在额前结发并向两侧分开，往后挽成发髻，余发由后部下垂。已婚妇女的发髻与后来的汉人有所不同，头包白布帕，系围腰，扎绑腿。

F.《伊东忠太见闻实录》，柏书房，1990 年出版。

要点：在安平（今平坝）附近见到了称为"凤头苗"的苗族，女子的前发梳整奇特，头包帕子，佩戴大耳环。

镇宁州知州笔谈原文："凤头苗，头裹五色布，高而尖，身发前扎，往上梳。身穿汉人衣，足穿花鞋，白布缠肘。"

G. 1932 年陈廷棻总纂《平坝县志》。

G1.《平坝县志 • 民生志》。

原文："在平坝县人中，有'屯堡人'。所谓屯堡，即屯军居住地之名称。以意

① 常恩纂《安顺府志》卷十五，咸丰元年刻本。

推测，大约屯军在明代占有二三百年之特殊地位（原注：五十屯屯军散居五所，另隶一军籍，另耕一屯田。政府文告每云：军民人等，军冠民上。可见其当日之特殊矣）。旁人之心理的习惯，上务欲加一种特殊名号列之。迨屯制既废，不复能再以军字呼此种人。惟其住居地名未改，于是遂以其住居地名而名之为屯堡人。实则，真正之屯堡人即明代屯军之裔嗣也。（原注：明祖以安徽凤阳起兵，凤阳人从军者特多，此项屯军遂多为凤阳籍，又此种妇女头上束发作凤阳妆，绾一笄，故又称之‘凤头笄’）决非苗夷之类也（原注：屯堡人一名词，初本专以之名住居屯堡者。而凡住居屯堡者，工作农业，妇女皆不缠足，从事耕耘者。厥后即不住居屯堡，如其妇女不缠足，从事耕耘者，率皆以屯堡人呼之。则屯堡人之意味又不专就住居论矣）。”[①]

G2.《平坝县志・民生志》中的“平坝县各族人类装束现状概况表”。

要点：“屯堡人”妇女佩戴耳环，多包头帕。上衣多加肘袖。多着绑腿。已婚妇女的发式有挽作三绺式者，着竹笄，即所谓凤头笄。还佩戴手镯、戒指、项圈。

H. 受仲：《凤头鸡》，《人世间》1945 年第 37 期。

要点：“凤头鸡”妇女，宽衣大袖，不缠足，佩戴大耳环。语言与普通汉人无大异，也有能讲土语的。尤其引人注目的是，发髻不是梳在脑后，而是束在前顶，“凤头鸡”之名的由来在此。她们的相貌，有些近于苗族，因为这个缘故，有的人就认为其是苗族的一种。而她们本身，谁也说不出自己的老家乡具体在什么地方。她们与苗族之间的界限，至少不及一般人分得那么严格，两者通婚的事并不是没有。她们也知晓苗语或土语，而且，有史为凭，贵州的屯军大部分是凤阳人，原为“凤头髻”者，若非苗族之一种，又非土著，则其祖宗是这些凤阳籍的屯军。据文献记载，受蔑视的“凤头鸡”的“鸡”是用以形容“小”的，与同样被蔑称的“屯田子”的“子”无区别。既而以其文化落后稍存看不起，故意以形容“小”的“鸡”字来混淆原来的“髻”字。“凤头鸡”之名，仅见于清道光年间罗绕典辑的《黔南职方纪略》。在此之前，也许这些遗民和一般汉人区别之点不甚显著，或不甚为一般人所注意。

---

① 江钟岷修、陈廷棻纂《平坝县志》，1932 年贵阳文通书局铅印本。

由于军屯制度的废除，外来移民人口不断增加，近百年来屯军后裔的地位也就落后了。

I. 民国时任可澄纂《贵州通志·土民志》。

原文："凤头苗……原系明初征苗来黔，其始祖皆凤阳人也。女子挽髻于顶，与各苗迥殊，以凤头苗目之，其习俗多与汉人同（访册）。"又："土人，相传自明初来，无考。"再有："里民子，相传皆外省籍，其流寓本末无考。衣尚青，妇女不缠足，耕田（原注：按此与永宁访册所载土人风俗同，故访册称土人为里民子也）。"

J. 1990 年重修《荥阳郑氏族谱》[原谱为咸丰五年（1855 年）修]。

要点：郑氏渊源可追溯到黄帝，至郑洪佐公历史不详。明洪武十四年，傅友德为征南将军，蓝玉、沐英分别为左、右副将军，在远征滇黔之际，留下一部分人就地屯田。由于征南，始迁祖郑洪佐公从南京应天府到贵州，与张、陈、沈三姓一同居住饭笼驿。为的是征南，而不是填南。对于"填南"，《明史》有记载，是从山西、河北等地征发农民进行开垦。以前，有许多外地人将他们误解为少数民族。实际上，他们是真正的汉族。之所以被误认为是少数民族，是因为妇女的头饰和服饰与当地少数民族无异，均为宽衣、大袖、不缠足，也都是务农。早期，妇女梳三绺头即凤凰头，又称凤凰汉族。后来，服饰发生了变化，子孙多有不知。

将以上的文献记载和要点分别列项整理如下：

（1）来历。明洪武年间随军远征贵州、云南之际而定居的称为"屯军"，上述 A、B、C、D、E、F、G1、H、I、J 都有记录。称为士兵"征南"者，有 C 说。为"征苗"而来者，有 I 说。不是为"填南"而来，而是为"征南"来的，有 J 说。出生在安徽"凤阳府"者，有 B、C、D、G1、H、I 说。出生在"南京应天府"者，有 J 说。出生江南的，有 E 说。出生不是在山西、河北等地的，有 J 说。只据口述史，而没有考证的，有 C 说。而忘记祖籍、来历和故乡不明的，有 H 说。

（2）居住地。继续居住屯堡而被称为"屯堡人"，而后不居住屯堡，妇女不缠足，仍从事农业，同样被称为"屯堡人"的，有 G1 说。

（3）生业。男子擅长贸易，女子从事田间耕作，有 A 说。皆为农民者，有 E、J 说。女子不缠足，从事耕作，有 G1 说。擅长织带，在路旁设摊营生者，有 D 说。

（4）女子的服饰和头饰。其称呼：称“凤头笄”的，有A说。称“凤头鸡”的，有B、D、E、H说。称“凤阳笄”的，有G1说。称“凤头苗”的，有F、I说。称“凤凰头”的，有J说。其形状：梳于前额部成“燕尾”状，形若鸡冠，有D说。高束前发，形若凤凰头，有E说。前发奇妙，髻高而尖，束于头前部，有F说。发髻不梳于头后部而是束于前顶部，有H说。早期妇女梳三绺头即“凤凰头”，而后的头饰有变化，为J说。头发挽成三部分，有A说。头饰为“三绺式”，有G2说。佩戴大耳环，有C、E、G2说。穿青布上装，有A说。上装的袖口较大，有E、H说。扎绑腿，有D、G2说。不缠足，有A、C、E、G1、I说。

（5）民族与民族间的关系。原为汉民，尔后苗汉难以分辨，有B说。“明朝遗民”的“纯粹汉人”，妇女的头饰与后来移民的“完全两样”，不与“凤头鸡”人结婚等，受到了“差别待遇”，有E说。被称为“凤头苗”，有F说。真正的“屯堡人”是屯军的后裔，而不是“苗夷之类”，有G1说。“凤头鸡”人是汉族，有G2说。妇女的头饰与苗族的近似，看上去很像苗族的一种，与苗族的界限不严格，并与苗族通婚；实属汉人，文化“落后”，受到蔑视，有H说。“凤头苗”的习俗与汉人同，有I说。实为真正的汉族，被误认为是少数民族，妇女的凤凰头饰和服饰与当地少数民族的不同，有J说。

（6）与“里民”的关系。“里民”的服饰与“屯堡人”的无异，妇女均不缠足，都从事耕作；作为屯军的“眷属亲戚”，和屯军“先后”到达目的地，有A等说；不过，对于两者的来历以及相互关系，语言表达较为暧昧。“凤头鸡”“屯田子”称谓相同，B说将其视为屯军；作为“县民”，与屯军有别，这是A的看法。至于“土人”和“里民子”的来历都有待考证，A、C、I三说都有同感。E说同样称“凤头鸡”，却认定为“明朝遗民”的汉族，之后受到土著化的“苗族”的影响；这与同书说的“汉苗融合的风俗”有明显的区别。

以上的整理工作，对于进一步探讨“屯堡人”共同体的特征打下了基础。

二、“屯堡人”共同体境界的流动性

以口述史为据，“屯堡人”的入黔始祖是从军事移民的“征南”军而来的。传说，明初洪武年间，朝廷对贵州、云南用兵，当时从军的大多数屯军是由江南一带迁入贵州安顺的。实际上，口头传说是不够准确的。根据后世的当事者的主张，不经过考证，（C、I）就会出现混乱。现在“屯军后裔”口述史也存在同样的问题，其入黔始祖是主动从军随“征南”军而来的军事移民，还是被强制的政治移民以“填南”的组织形式入黔，所持主张各不相同。在实际的史料上，很难将“征南”与“填南”严格区分开来。明王朝开拓政策的“填南”，以“民屯”的形式出现，其可能性是存在的。那么，其出生地就不一定准确，如明太祖的故乡，就有凤阳和南京应天府两种说法。当时的中国人，往往将先进的中心地区视为自己的故乡，并将这样的内容记录在自己的作品中。此举适得其反，导致了“谁也说不准故乡的名称”（H）的状况。而且，明朝初期成为征兵对象的地区，实际上是从江南到湖广的大片区域。道光时刘祖宪纂修《安平县志》卷二还说，现在的“屯堡人”没有遗留在汉族间“征南”传说的自我意识。

其中，最有代表性的事例，就是平坝县白云镇陈氏家族的情况。其入黔始祖陈旺，是在明初从扬州府从军，到平坝卫成为百户，通过明王朝对云南和贵州的征管，变成了世裔的军官。进入清代，军屯废止，陈氏丧失了军官之职。到清代中期，陈氏家族人才辈出，有陈法等人晋升为中央的高官。陈氏应是明白其入黔始祖的出身情况，然而其后裔并没有“屯堡人”的自我意识。诚然，在清代伴随其家族社会地位的上升，陈氏家族反而脱离了“屯堡人”的群体意识。

陈氏家族与历史的事实关系表明，作为“屯堡人”的自我意识，在当地部分汉族之间并没有继续保持下去。相反，在非汉族间则一直保留着“征南”的传说。例如，安顺市大西桥镇石板房村的汉族王姓，据说其入黔始祖是从“江南江宁府拾珠巷挂牌楼剪头街”在“征南”之际“统兵”来到贵州。王姓的后裔已经失去了“屯堡人”的自我意识，而被居住在附近的“屯堡人”作为后来汉人看待。还有，镇宁布依族苗族自治县黄果树镇石头寨的布依族伍姓，则传说他们的入黔始祖是从“江西吉安府泰安县沙子巷”从军来到这里。还有，在土司领地上的“白苗”（今苗族的一个支系）、“仲家”（今布依族），就连土司本身，推测也是非汉族（一说仡佬族）。中曹（今贵阳市花溪区中曹司大寨）长官司谢氏的原籍在“江西吉安府卢陵县大水桥”，其祖先“伯焘公”在元代考中进士及第，被任命为“应天府刺史”，“后来，家里变穷，不可能回到原籍，就在应天府金陵县乌衣巷定居”。到谢石宝一代人时，谢氏于洪武二年（1369 年）从军，参加征南军来到贵州，据说，“立有军功，被任命为土司”。

从南京和江西来到贵州的军事移民的事例不胜枚举。就像谢氏，可看到有南京、江西两个方面结合的传说。从片段的资料上看，将“屯堡人”移居传说与历史事实相对照，存在着明显的虚构现象。哪怕是很少部分的传说与事实的关系，同样有不明确的地方。从当时明王朝对贵州用兵的情况看，战地的最前线地带多由非汉族人口占领。而中央地带，才是由“奉洪武敕调北征南”（C）的军事移民占领。这对于后世的当事者来说，则是以社会的重要意义为背景加以说明，也许是对后继屯军的情况反映。

前述“从屯堡人中脱离出来”的陈氏家族的事例，产生“屯堡人”共同体界限流动性的叙事。实际上，在战乱和负担过重、屯田的贩卖、军屯制度的衰退和废止等等背景下，部分“屯堡人”脱离“屯堡人”共同体，或者是其他共同体的人们加入“屯堡人”共同体，这两种情况都可能存在。民国二十一年（1932 年）陈廷棻总纂《平坝县志・民生志》记载：在道光至咸丰年间（1821—1861 年），“每经各村寨多见空地”，盘问之，回答是有“十之二三”已“迁徙”，有“十之七八”已“绝亡”。道光至咸丰年间，正是贵州各民族人民受到清政府的残酷压迫和剥削而发动大起义的时期。李业成记述的安顺市七眼桥镇云山坉村，被理解为当地“屯堡人”典型的村落。[①] 实际上，云山坉是金炯奎为保护生命财产而选择险要的地势建筑的防御

① 李业成：《贵州屯堡文化概述》，《贵州民族研究》1995 年第 4 期。

性聚落。若有情况发生，周围的人可集中于此处避难，所以人们称其为“坉”，而非“屯”。① 这处坉址，与“屯堡人”村落原无直接关系，但是在战乱时人员移动，对离合集散起到了重要作用。也可以说，人员的移动是研究民族间关系的重要线索。

关于“屯堡人”的移民，从最初的整体行动的军事移民到后来的少数人的“再移居”，据《郑氏族谱》记载，仅仅在明代就出现了多次再移居的情况。见表 1。

表 1　在《郑氏族谱》中见到的再移居者

世代	谱名	时间	再移居地
第 4 代	国清	成化年间	安顺大西桥镇鲍家屯、背陇坡
第 4 代	（国字辈）	成化年间	关岭县凡化（含坡贡、五里牌、碓窝田）
第 ? 代	贵吾（邦字辈）	嘉庆年间	郎岱的折溪
第 7 代	登福、登方	嘉庆年间	安顺的阳武
第 7 代	登崇	嘉庆年间	郎岱的打志村
第 8 代	天祥	万历年间	平坝县白云镇上坝村

人们再向各地移居的事例不胜枚举。还有，在清末咸同年间动乱后，向天龙附近移居者更多。向他地移居的原因，主要有疫病流行、赋税过重、开垦有新的田土、投靠亲友等。从天龙续修《郑氏族谱》记载现在郑氏分布的情况，就可以看到。见表 2。（所属区、县名为笔者调查后补充）

表 2　在《郑氏族谱》中见到郑姓人口的分布情况

地名	户数（户）	人口（人）	备考（含小村寨）	所属县（市、区）
天龙	256	1092	包括天龙三街	平坝县
天台	41	201		平坝县

① 民国《续修安顺府志》卷六，一九八三年排印本。

续表

地名	户数（户）	人口（人）	备考（含小村寨）	所属县（市、区）
双硐	104	450	含打磨山、大山坳	平坝县
上坝	38	196	含牛草坪、骆驼山、周官屯	平坝县
曾周农场	13	68	含上安	平坝县
夏营农场	17	81	含九甲	平坝县
平坝城内	29	112		平坝县
狗场屯	5	43		平坝县
茂指	4	20		平坝县
背笼	47	204		安顺市（今西秀区）
杨武	119	571		安顺市（今西秀区）
凡化	8	20		关岭县
五里牌	18	72		关岭县
碓窝田	17	86		关岭县
打志	171	744	含附近村寨	六枝特区
折溪	249	1228	含附近村寨	六枝特区

这张表中所列的地名和数据均基于天龙郑氏家族方面的调查统计，数据的精确度还不是很高。但是，从这里还是可以看到中国境内或社区移民的一般特征。那就是，人们一旦迁往他地，还有返回原处居住的。至于迁居以后一直居住他乡的活动情况，对于日本学者来说，还是不能完全明白的。[①] 然而，从表中的地名位置上看，我们可以确认，郑氏家族的人从平坝县内各地、安顺东西北的六枝特区郎岱镇方向向安顺东南部的杨武方向迁徙分布。包括县（市、区）在内，郑氏家族的人口总数，在平坝县内最多，有 507 户，2263 人；其次是六枝特区，有 420 户，1972 人；再次

① 见西泽治彦的《村を出ゐ人・残ゐ人、村に戻ろ人・戻らぬ人》。

是安顺市（今西秀区），有166户，775人；关岭县43户，178人。其中，以平坝县的天龙和六枝特区的折溪、打志的人口为多。

由以上可知，“屯堡人”中的一部分再次迁徙时，离开县境后，选择了沿着明清时期的驿道线路移动，这一点是非常清楚的。前引文献资料G1，继续居住在原来的“屯军居住地”而被称为“屯堡人”，这只是一个方面。而另一个方面，不居住在原来的“屯军居住地”的情况依然存在，并保持着包括与“屯堡人”相同的文化特征，这种矛盾事象就有必要加以说明。在尝试以居住地为基准给“屯堡人”概念进行再定义时，会发现居住地和人们共同体的分布范围不一致的现状是非常明显的。这样，就不得不设定新的基准了。那么，屯军后裔就不再一定要固定地居住在一个地点上。

三、从“苗”到“汉”

至于“屯堡人”与其他人们共同体的关系问题，是在1949年以前，从与后来入黔的汉人之间的差异中反映出来的，“屯堡人”被称为“凤头鸡”“凤头苗”，也就是被视为非汉族人。其原因是“屯堡人”妇女“高束前发，其形似凤凰头”和“前发梳整奇特”。根据文献资料记载，认为“明朝的遗民”继续保持明代江南习俗的有E说，称“凤阳汉装”的有C说，均表示判断困难。在清朝末年以前，由于在“屯堡人”之后的移民不少，他们与一般汉人的区别已不显著（如H说），笔者就不再以推测的方式给后世人做解释。关于明代江南地方的服饰，很有必要进行比较研究。这是遗留给今后的一项课题。笔者现今打算对“屯堡人”在贵州再移居的逐渐发展情况做一些可能性研究。

在地方志中对“屯堡人”妇女的发型式样有各种不同的称呼，如“凤头笄”（A）、“凤头鸡”（B、D、E、H）、“凤阳笄”或“凤阳籍”（G1）、“凤凰头”（J）等等。名称的不同，来源于记事的内容有不少对其头顶部结发髻形式产生了矛盾。从这里可以看出，对挽髻于前顶与将头发分成三支向前挽髻即“三绺头”的说法不相矛盾。但是，从G1对“凤阳笄”的表述，很像是对其出身“凤阳”和作为饰物的“笄”（A、B）两者合并的再解释。所谓“凤阳籍”，是以原来的出生地为标志而命名，不是以像“鸡冠”的发髻形状的偏见来命名。J 说记述的“凤凰头”，是以形象的描述告诉子孙后代，而现在已经发生了变化。同样，J 说还明确指出，现在安顺“屯堡人”的头饰，是在头后部挽成圆形的“粑粑”髻，而头顶变得很平整。对于古代的头饰，现今“屯堡人”中知道的已经不多了。

这种变化是从什么时候发生的，其经过如何，在哪个地方构成了问题，均有待研究。从文献 G1 所记载的内容上看，其对于古老形状的发型并没有涉及。G 记事所收集资料的时间是在 1925 年至 1926 年，由此可以推测，其发生变化的时间就在 20 世纪 20 年代以前。与此相反，文献 H、I 还涉及当时所看到的这种独特的发型。从前后文献资料比较看来，从 G1 时期开始，各地“屯堡人”的发型已经发生变化，但绝对不是同时发生变化。诚然，所谓“屯堡人”共同体也并非像一块铁板那样不会改变。

关于“屯堡人”共同体最引人注目的，就是“决非苗夷之类”(G1) 和“真正的汉族”(J) 这样的主张。从这个主张里可以了解到，“屯堡人”在受他人蔑视的情况下，可以说正处于所谓“苗”和“汉”的中间，然后从被视为非汉族的状况下脱离出来，“参加”到汉族的行列，这就是“屯堡人”共同自我意识的变化过程。有关“屯堡人”的最初史料，是出现在文献 A 对于“苗”的分类之中。至于 B，从屯军后裔处于四周都是苗族的环境情况看，这就成了被视为苗族的关键所在，也就是受代言主张所产生的印象。将“屯堡人”视为苗族，是文献 E 所指出的后来的汉人。

对于这一点，21 世纪初在安顺从事布教活动的基督教传教士克拉克（Clarke • Samuel • R）有过记录。他说，在 14 世纪的“老汉人”中，就包含了作为屯军的移民。从贵阳到安顺府的驿道沿线居住有“凤头人（Peng—t’eo—renor’Phoenix—headed’）”以及安顺府的“屯（T’un）族”“堡（P’u）族”“喇叭（Lapa）族”“穿青（Ch’uan—chiin）”等等，他们“与当地的女子结婚后就变成了农民而定居下来”。还有后来的汉族“客家（Keh—chia）”以及与“苗（Miao）、仲家（Chung—chia）同样的人们”。他还特别指出：“他们来的人数很多，随时都有，非汉族（少数民族）吸收了后来汉人中的一部分人。"[①] 克拉克分别记录的"屯族""堡族""凤头人"，均为出身江西的军事移民或政治移民，都属于后来汉人的范畴。看来，他将八九世纪就早到贵州的"老汉人"也含混在里面。然而，他还做了比较，指明在清末才来到贵州的后来汉人、早先来的"屯堡人"与苗族、仲家不属于同一范畴的民族共同体。

关于"屯堡人"不是"苗"而是"汉"的自我意识，文献 G1、H 明确记载过。然则，比 G1 记载还要早 20 余年的是克拉克的记录。文献 G1 说过，早先"军"的地位在"民"之上，恰到民国时期"军"的地位才发生变化。所以，文献 G2 说，"普通汉人"与"屯堡人"没有什么区别，两者均为"汉族"，只有与"苗族"、"仲族"（今布依族）、"革老"（今仡佬族）、"杂色"（指蔡家）等共同体有明显区别。这一主张，不仅表明了军势的伸张和军人地位的抬高的时代趋势，而且还表明了"屯堡人"政治经济的地位仍在继续向上的前景。关于这个问题，当时还与此相连的政治的动向同样有探讨的必要，但篇幅有限，笔者只有另找机会再做深入研讨了。笔者在《对民族集团应该怎样研究——以贵州"屯堡人"为例》一文中，对平坝县天龙镇的"屯堡人"与其西邻石板房村的后来汉人之间的关系，以及民国时期天龙镇经济发展的动向，进行了这方面问题的概述。

不管怎么说，"屯堡人"之名称始见于清朝末期，从此其后裔受到了他人的蔑视而社会地位显得低下，最后达到被视为"苗"的境地。到民国时期，才有人主张将其从"苗"中脱离出来，正本清源而归属于"汉"。还有所谓"屯堡人"的民族学境界，笔者打算就其发展过程做一界定。其妇女的髻型包括服饰在内所发生的变化，被"屯军后裔"视作对其发展由来的强调，[②] 他们自称为"老汉人"，而称后来迁入的汉人为"客籍汉人"。然而，"老汉人"这一概念的构成，正是在汉 / 苗的境界线上才得以实现的。"屯堡人"从"苗"转变到"汉"的行列，是由哪些必要因素引起的

---

① 克拉克：《中国西南部部族》，成文出版社，1911。

② 据文献 I 统计，当时贵州有 85 种民族共同体。其中，苗族有 47 种，卢鹿族有 2 种，百粤族有 12 种，羌氐族有 9 种，百濮族有 3 种，汉族同化者有 12 种。"里民子""土人"均属汉族同化者之列。该文献的显著特点是，将汉族与非汉族进行了明确的划分。例如"蔡家""宋家"等人数较少的人们共同体，在文献 G 中则说"不是苗"，是"汉裔"即汉族的后裔。

呢？现在，“屯堡人”妇女的服饰是随着发型变为“圆髻”（俗称粑粑头）所产生的变化。这种变化了的服饰，与在其周围居住的苗族、布依族等非汉族以及后来汉族的服饰均不相同而具有独自的特点。

这样一来，实际上是在与土著的非汉民族和其他后来汉族的关系当中，具有多样来历的后来汉人逐渐形成了“屯堡人”这一独特的群体，他们拥有了与众不同的服饰和自我意识，并因此成为汉族下位集团中民族学分类的一个支系。然而，我们所看到的以往的研究，好像“屯堡人”是固定在一个孤立地维持着原本样貌不变的人们共同体，至于与他者的关系，包括顺应时代的变化，人们共同体的民族学境界中的流动现象，以及人们的服饰和归属意识，这些常常变化的要素也被看成是原封不动的了。

学术研究与乡村建设的有机结合

——从《屯堡乡民社会》谈开去

钱理群

我虽然在安顺生活了18年，对屯堡有所风闻，但对屯堡文化却一无所知。开始注意屯堡文化是近年的事，这也是我曾任教的安顺学院百村调查组的朋友大力灌输的结果。我和戴明贤老师主编的《贵州读本》，还专门写了“六百年屯堡”这一节；但仍限于历史文化的范围，把屯堡视为“历史的活化石”。而我今天在这里讨论屯堡文化，却有一个更现实的、也更宏大的背景：我们所面对的，是一个在全球化背景下的、中国社会转型中的“中国乡村改造与建设”问题。我们对屯堡文化历史传统的关注，仅是一个出发点，我们的兴趣更聚集在传统、现实与未来的内在联系。我们所要探讨的是，屯堡文化传统能否为迫在眉睫的贵州乃至整个中国西部的乡村改造与建设提供某种新的内蕴资源；也就是说，我们要通过对屯堡文化的研究与开发，“在传统与现代之间”寻找“一条可通达的桥梁”。正因为我们着眼于乡村经济、文化、社会的全面重建与发展，我们所讨论的屯堡文化，也必然是一个“大文化”的概念，在这方面，百村调查组的朋友提出的“屯堡乡民社会”的概念，是特别值得注意的。

一

我对于屯堡的传统与现实都不甚了解，没有多少发言权，只能结合《屯堡乡民社会》[①]一书的读后感想，就我所关注的乡村教育与地方文化研究发表一点意见。《屯

① 《屯堡乡民社会》系“中国百村调查丛书”，作者孙兆霞等，2005年由社会科学文献出版社出版，近年影响日益扩大。

堡乡民社会》一书在谈到屯堡乡民社会与公共空间时，特别强调了“乡村精英”的作用，对屯堡“三代精英”的成长历程以及改革开放以后乡村精英的产生机制与角色变化，有精细的描述与分析。我注意的是三代精英的教育背景与文化程度：70岁以上的第一代精英，他们的青年时期在民国，所受教育均不高或几乎没有受过教育。五六十岁的第二代，成长于20世纪五六十年代的中华人民共和国，有机会接受了小学、初中与高中教育，其中有的还担任过乡村小学或“戴帽初中”的教师。三四十岁的第三代，基本上是在改革开放的年代成长起来的，他们基本上都接受了高中教育，由于种种原因，上不了大学，就回到农村，又通过不同途径走出农村，在有了种种经历以后，再回到自己的本乡本土，成为乡村改造与建设的骨干力量。《屯堡乡民社会》由此得出了一个非常重要的结论：“教育发展，对精英人物的产生具有非常重要的作用和意义。一方面像第一代精英那样，仅仅依靠人品德行或辈分或资历，在当代农村社会已经不可能成为有影响的人了，教育水平逐渐使一个人成为农村精英人物的重要资本……另一方面，改革开放后农村也有一些年轻人考上大中专，然后在政府部门获得一定的职位，从而也影响到他们在农村亲属的地位。”[①] 应该说，这些年随着教育的发展，在农村中受过中等教育的人越来越多，这是乡村改造与建设的一个重要条件。

但也许我们更应该看到的是，乡村教育不能适应乡村改造与建设要求的这一面。在我看来，目前的乡村教育存在着四个方面的问题。首先是乡村教育在整个中国教育中仍处于被忽视的地位，也就是说，我们的教育还没有根本走出城市中心主义的误区，这导致了乡村教育的投入严重不足、办学条件恶劣以及农村学生辍学现象日趋严重，这些都是公认的事实，人们对此的议论也很多。但如果我们把对乡村教育的关注仅仅局限于此，也许会遮蔽掉一些或许是更深层次的问题。

其实，教育中的城市中心主义的一个更内在的表现，是整个教育设计中的“城市取向”。这样的“城市取向”的教育使乡村教育陷入了困境，而且这是一个全方位

① 孙兆霞等：《屯堡乡民社会》，社会科学文献出版社，2005，第269页。

的困境：在承受着远超出城市孩子负担的压力下，只有少数的农村孩子，以超常的努力，通过残酷的高考竞争，走进了大学，实现了“逃离农村”的梦，但也从此走上了永远的“不归路”。而绝大多数农村高考竞争的失败者，无望通过逐层竞争上爬，或者提早退出而辍学，即使在校继续学习，也因为无望而失去学习的动力与兴趣。这样，这些农村的孩子尽管“混”到了小学、初中、高中毕业，实际上并没有达到相应的文化程度。低质量的教育使得他们在离开学校以后，即使有机会以打工者的身份来到城市，也会因为自身文化素质不高，在另一种形式的竞争——市场竞争中处于被动、不利的地位；再加上城市的排斥、生存的艰难、人格的歧视等等原因，这些年许多到城市寻梦的农村青年又重新回到了农村，这就是《屯堡乡民社会》一书中提到的“打工者的回归”现象。但这些回乡青年却又在农村中找不到自己的位置，因为他们所受到的教育如前所述，是与农村生活无关的教育，他们既无从事沉重的农业劳动的体力与习惯，也没有从事多种经营，参与农村改造、建设的知识与技能；更重要的是，长期的“城市取向”的教育使他们的心灵已经远离了农村的家园，即使身在农村，也无心在农村寻求发展，他们中的有些人就成了某些学者所说的“农村无文化的八旗子弟”。在我看来，这是一些在城市与农村都找不到自己位置的“游民”。要知道，农民是用自己的血汗钱来支持孩子读书的，而城市取向的乡村教育却培养出了这样的“游民”，我们实在是愧对农村的父老乡亲。当然，农民也有自己的对付办法：既然教育让孩子成为“无用之人”，那就干脆及早让其退学回家。这也是农村辍学之风欲禁而不止的深层原因，是农民以他们自己的方式向我们的教育发出的警告。

我们由此应得出这样的警示：乡村教育必须面对全体学生，着眼于他们自身生命的健全成长，为他们以后多方面的发展打下坚实的基础，使之无论是留守农村，还是走出农村到城市发展，都能打开局面，即“走得出，守得住”。同时要加强教育与农村生活的联系，注重对乡村改造与建设人才的培养。

乡村教育的“城市取向”的另一个弊端与后果，就是乡村内在的教育资源的遗失。在城市中心主义的教育观念里，乡村教育是绝对落后于城市教育的，因此教育城市化是乡村教育的唯一出路，进而乡村教育的发展被简单地归结为教育硬件的现代化。这样，乡村教育的独特性及其独有优势，就完全被忽视。而事实上，乡村社会的传统文化资源是极其丰厚的，这是一份极其宝贵的教育资源。更重要的是，由此而形成了中国传统乡村教育的独特形态与体系，正如一位教育专家所描述的那样，这是“以书本知识为核心”的外源文化与乡村自身的“民俗地域文化”的“有机结合”，具体表现为“外来文化的横向渗透与民俗地域文化的纵向传承相结合，学校正规教育与自然野趣之习染相结合，专门训练与口耳相授相结合，知识的启蒙与乡村情感的孕育相结合”，这既是乡村教育的特点，同时也构成了其特殊优势。[①] 这样一个特点在屯堡社会同样表现得十分突出，它是屯堡文化的一个非常重要的组成部分。而在我看来，在强调素质教育的今天，乡村教育的这些特点与优势就更显示出其重要价值，对城市教育也有极大的启示与借鉴意义。但我们自己却把它丢失了，这叫作“抱着金娃娃讨饭吃”。

因而，开发乡村教育的内发性资源，对传统文化资源的传承本身具有重要意义。《屯堡乡民社会》这本书的附录中，有一个座谈会的记录，九溪村村主任说了一句话：“九溪的文化底蕴，我们这一代都模糊了，下一代对屯堡精神屯堡文化都不晓得了。”[②] 这是一个现实的，也是十分严重且不能回避的问题。在我看来，问题的解决途径，一是要加强研究，二是要将这样的文化资源转化为教育资源、社会资源，使其真正成为乡村教育的有机组成部分，通过教育将乡土文化传统世世代代传下去。

这里实际上还内含着一个乡村学校在乡村改造与建设中的地位与作用的问题，这也是长期以来被忽略的。也是在九溪座谈会上，就谈到学校里的老师对他们在乡村重建中处于边缘化位置的不满。安顺学院的老师因此提醒屯堡的文化精英要注意发挥老师的作用，同时提出了办夜校的问题，这都是抓住了要害的。记得当年晏阳初、陶行知他们就提出过要使乡村学校成为乡村改造与建设的中心的设想，这样一个思路对我们今天的思考与探索也是有启示意义的。乡村学校不仅要把学校自身办

① 刘铁芳：《乡村教育的问题与出路》，《读书》2001 年第 12 期。

② 孙兆霞等：《屯堡乡民社会》，社会科学文献出版社，2005，第 399 页。

好，而且应该积极参与乡村改造与建设工作，乡村教育不应是自我封闭的，而应是开放的，要发挥学校的外扩性的影响与辐射作用。它同时还应担负起村民教育的任务，通过办夜校等方式，使学校成为农村文化、教育的一个中心，成为乡村社会“家园”的象征与载体；而乡村教师也自然会成为乡村精英的重要成员和乡村改造与建设的骨干力量。

这进而引出了一个对乡村教师的培养目标的问题，也就是说，我们要培养的乡村教师不仅是一个乡村教育人才，而且应该是乡村改造与建设人才，由此涉及县、市、省三级师范教育的方向调整这样一些更大的问题。正是在这个意义上，安顺学院的老师、同学对屯堡文化研究与九溪乡村建设的积极参与，就具有了特别重要的启示意义。九溪村原村主任、支书、屯堡文化研究会负责人张文顺对此有一个很高的评价：“以前是工厂和农村挂钩、军民共建，还没有听到过‘校村挂钩’这一条。‘校村挂钩’可以说是21世纪农村发展的途径。”[①] 我认为，这样的评价是有道理的。在20世纪30年代的乡村建设运动中，南开大学、清华大学、燕京大学、协和医学院四所全国著名的大学就曾经成立了一个“华北农村建设协进会”。晏阳初先生称其为“中国大学教育史的新纪录，大学教育的一大革命”。他说：“农村建设运动是伟大的事业，必须以大学作基础，方能稳固。大学教育能走到乡村建设的路上来，比办几次识字运动，几个民众教育馆，其意义重要不知若干倍。有了大学源源不绝地培育农建人材，这运动才会发扬光大。”[②] 晏阳初先生的这番话引起了我思想上的极大震动。所以我认为从这一角度看，安顺学院所开创的“校村挂钩”的模式，不仅为乡村建设开辟了一条途径，而且也为市、省级的大中专学校的教育改革提供了一个重要的思路，他们的经验应该引起重视并认真总结。

二

我还注意到中国社会科学院社会学研究所研究员王春光先生对安顺学院与九溪

① 孙兆霞等：《屯堡乡民社会》，社会科学文献出版社，2005，第401页。

② 宋恩荣编《晏阳初文集》，教育科学出版社，1989，第168页。

的合作所做的这样一个评价："我们知识分子终于找到了一条能为老百姓和村里发展做事的路径。"这样的"路径"特殊之处，在于它不同于我们通常理解的下乡做扶贫工作，而是带着一个课题，去做学术研究、文化研究。而他们的学术研究、文化研究又有自己的特点，首先是有明确的问题意识，是从中国的现实问题出发的，这就是之前我所说的，学术研究、文化研究的背后有一个"全球化背景下中国社会转型期的乡村改造与建设"这样的大视野。这也就决定了他们对屯堡文化的研究，不是把它当作"活化石"，而是看作有待激发的文化资源，因此，他们的研究重心必然放在传统与现实的内在联系上，以寻找传统与现代之间的通道为自己研究的出发点与归宿，从而为屯堡文化的研究注入了新的活力。由此决定了他们的研究方法，也必然是以田野调查为主——历史文献的稀缺也是一个客观原因；同时注意理论的观照与概括，着力于屯堡文化普遍意义的提升，以及传统资源现实转换的可能性的探讨。

这也就注定了：他们的工作是从学术出发的，但最后又内在地需要走出学术，直接参与到乡村（九溪）的改造与建设的实际工作中来，这既是学术研究的成果的现实化，又为学术研究的发展提供新的可能性；而现实的实践对屯堡文化内在潜力的激发，又会反过来加深对屯堡文化的体认，这是一个良性的互动过程。而在这一过程中，课题的参与者、研究者自身也会越来越深切地感到，自己的学术、教学工作，以至自我的生命，与生育自己的这块土地，与乡村改造、建设之间，存在着一种密不可分的联系。有了这样的感受，学术研究、文化研究才会显示出其真正意义与价值，它不再为外在的功利目的所驱使，而是社会发展的内在需要，也是自我生命发展的内在需要。在我看来，这正是学术研究、文化研究的真谛。

事实上我已经谈到了要说的第二个问题：地方文化研究的问题。就我自己的感受而言，朋友们在私下交流中也经常谈到，现在在中国，特别是在贵州这样的边远地区，坚持严肃、认真的学术研究，包括地方文化研究是十分艰难的。除了学术外在环境的恶化以外，我们自身也有许多困惑。我们经常这样问自己，我们的研究究竟有什么意义与价值？它与现实生活，与中国老百姓，与我们自己的生命有什么关系？在我看来，这些年贵州安顺的屯堡文化研究正是力图对这一关系自身存在的问题做出自己的回答，而他们交出的答卷是富有启发性的，并且是能够增强我们的自信心的。我认为，这对全国的学术界、文化研究界都是有启示意义的。

这也让我联想到贵州安顺的朋友经常担忧的另一个问题，即当代世界全球化与经济、文化的大发展，与贵州安顺的经济、文化、学术研究的进一步边缘化。不可否认，这是我们必须面对的现实，但我认为，这样的边缘化，并不是必不可免的。首先要破除一个认识的误区，绝不能将“先进”与“落后”、“中心”与“边缘”绝对化。在学术研究上尤其如此，在有些落后与边远地区，仍然可以有前沿性的课题与成果。

在我看来，屯堡文化研究就是一个中国乃至世界的前沿性课题。因为它所要探讨的是贵州农村发展的内发动力的问题，是怎样走出一条符合贵州省情、安顺地情的现代化发展道路的问题，而这样的问题，正是困惑着当代中国和全世界的发展中国家的共同问题。屯堡文化研究，引起我国学术界与一些外国学者的关注，当然不是偶然的，这不仅是如鲁迅所言，“有地方色彩的，倒容易成为世界的，即为别国所注意”[①]；更因为在现代社会，在全球化的时代，几乎所有的地方问题都是全国的问题、世界的问题，而许多真问题的提出与解决，社会真正深刻的变化，都是发生在社会的底层，乃至边远地区的。

这样，我们就看到地方文化研究以及屯堡文化研究的意义。它是紧贴两头的：一面连接着脚下养育我们的这块土地，通向生活、劳动在这块土地上的父老乡亲；一面又连接中国与世界更为广阔的天空与大地，通向正在苦心探讨全国与全球健康发展道路的兄弟姐妹。

记得几年前我来安顺，提出了一个命题：“认识我们脚下的土地。”这两年来，我一再发现自己虽然在安顺生活了18年，但实在是不了解安顺这块土地。先是戴明贤先生的《一个人的安顺》，让我为自己对安顺普通百姓日常生活的陌生与隔膜感到羞愧；这一回又是《屯堡乡民社会》这本书，使我看清了自己对安顺乡村社会结构、

---

① 鲁迅：1934年4月19日致陈烟桥的信。

文化传统的无知。更引起我反省的是，该书详尽描述的屯堡老百姓的现实生存状况，屯堡乡民社会正在发生的深刻变化，所面临的空前复杂而尖锐的问题，我更是陌生；而这样的陌生，并不只限于屯堡、安顺一地，而是对整个中国农村的陌生，陌生的背后隐藏着一种冷漠。我们这些自称社会精英的知识分子，已经深陷于自恋与自怜之中不能自拔，早就失去了对中国大地上的普通民众生活的感受与体察能力，甚至连这样的愿望也没有了，我们事实上是越来越陌生了，甚至脱离脚下的这块土地了。现在很多人都在谈论中国的学术危机、思想危机，乃至知识分子的危机，在我看来，这或许是一个根本性的危机。坦白地说，我为这样的危机（我从来都把知识分子的危机看作是自己的危机）忧心忡忡已经有好几年了，但我一个人待在京城里，自己年龄也越来越大，真是一筹莫展。因此，可以想见，当我看到所熟悉的安顺的年轻朋友，走出校园，走向民间，扎扎实实地做深入的田野调查，并且写出了这样的真实反映中国农村的现实、深刻思考与谋划符合国情的乡村改造与建设之路的著作，我所感到的欣慰真是难言的。我确实从中看到了中国学术、中国知识分子的某种希望。

三

阅读该书，对我来说，还是一个重新认识中国农村社会、重新学习与思考的机会。比如当读书中在论述农村“自组织机制”时所说的一段话，我就为之一震：中国的农村改革“多数是一种外部强势资源的导入去推动村落的发展，但这种导入基本上没有考虑村落内部的文化网络和社会基础，因而效果欠佳”。[①] 这就使我想起了一直困惑着我的一个问题，这两年来，我在北京和许多高校的青年志愿者讨论知识分子到农村去的问题。我们注意到一个现象，从20世纪20年代开始，先后有六代知识分子投身于农村的改造与建设事业：五四运动的先驱算第一代；20世纪30年代的中国共产党人与梁漱溟、晏阳初这些乡村建设运动的发动者是第二代；抗战时期

① 孙兆霞等：《屯堡乡民社会》，社会科学文献出版社，2005，第213页。

以延安为中心的敌后根据地的知识分子是第三代；中华人民共和国成立以后成长于20世纪五六十年代的知识分子是第四代；“文化大革命”中的下乡知青是第五代；在20世纪八九十年代沉寂了20年之后，到21世纪初，又出现了下乡支农的青年志愿者，他们应该是第六代。我提出讨论的问题有两个：为什么这一个多世纪以来，知识分子几乎是“前赴后继”地要到农村去？但每一次去都是“雨过地皮湿”，农村的落后面貌没有得到根本改变，以至于不得不一次又一次地重新开始，这又是为什么？我们这里且不讨论第一个问题，而收效甚微的原因更是复杂，也不是我们在这里能够完全说清楚的。但该书所提出的“自组织机制”问题，确实给我们提供了一个思考与探讨的思路。

看来，一个多世纪的知识分子下乡运动，无论是知识分子自发组织的，如20世纪30年代的乡村建设运动，还是国家政府发动组织的，如“文革”时期的知青运动，都有一个共同问题：都是“一种外部强势资源的导入”，而缺少农村自组织机制的支撑。村民自治资源、乡村改造与建设内发动力的不足，就造成了农民主体性的缺失，农民始终处在被动接受的地位；这样，只要外部强势资源削弱或退出，农村变革就自然停顿乃至恢复原状，即所谓“人一走，茶就凉”。因此，我们在21世纪初重新发动农村的改造与建设，就必须吸取历史的经验教训，从一开始就要把“探讨农村发展的内发动力”作为一个重要理论与实践课题。百村调查九溪课题组的朋友的贡献，正是在于他们通过大量的调查，发现了存在于屯堡文化传统与现实中的“自组织机制”，致使“村民能够整合村落内部的相关资源，自我组织、自我管理以实现村落的自我发展”，并进而提出了“乡民社会”这一重要概念，这就为探讨“农村发展内发动力”这样一个关系全局、关系乡村改造与建设长远发展的问题，提供了一个思路和某种现实可能性。

我读《屯堡乡民社会》的另一个兴奋点，也是一个全局性的问题，即到哪里去寻找“国家”与“农村社会”对接的现实载体。我对这一问题的兴趣，其实是有个人家庭的原因的。我的父亲天鹤先生在20世纪三四十年代曾主持全国农业发展工作，五六十年代又是台湾农业复兴的领导人之一。

我在20世纪90年代整理父亲的遗作时，发现他在长期的领导工作中，逐渐形成了发展中国现代农业的一整套思想，其要点是："提高农产品的商业化程度，提高农产品的利润，以便在实质上提高农民的生活水平和生产积极性，这是发展现代农业的目的与关键。为此，就必须从工业、商业金融、贸易等各方面给农业以实际的扶植。"并由此提出了一个"农业与教育、科研、工业、商业、金融、贸易一体化发展"的思路。而作为一个现代农业的组织者，他更关注的是，这样的一体化发展在组织上的落实。于是他抓住抗战时期建立战时国家体制的时机，使"教育、科技、推广"一体化的农业机构体系得以建立，从中央一直延伸到县，但却发现仍缺少两个环节：一是县以下没有相应的组织，一切农业现代化措施都不能落实到农民；二是仅限于政府机构，缺少民间组织的辅助。现在看来，我父亲他们那一代农业、农村工作者所面临的正是我们在这里讨论的"国家与农村社会对接的载体"的缺失问题。后来他在台湾发现了"农会"，才找到了恰当的组织形式。台湾农会1900年即已成立，为兼营性合作组织，并且落实到村，具有深厚的民间基础。因此，台湾的乡村改造与建设的一个重要环节就是"农会的改组"：一方面从根本上改变原农会的官方性质，使其成为"真正的民治机关"；另一方面充分发挥原农会的合作功能，"除办理信用、运销及农业推广外，尚有提倡文化福利，排除会员纠纷，及供应家庭与农业用品等项服务"，这就终于找到了"政府与农民间的桥梁"，将"一体化发展"的设想全面落实到了每个农民头上。[①] 以后台湾农业的腾飞，农会是发挥了很大作用的。

回顾这一段历史，特别是对照台湾农村发展的经验，我们或许就能对九溪调查课题组提出的"农村公共空间的培育与拓展"问题的重要意义，有一个比较确切的体认。"农村公共空间"的概念是课题组从九溪历史与现实的调查中提升出来的，这是一个"介于传统社会与国家之间的具有丰富内容的社会空间，这一空间作为第三领域，在其社会基础和文化网络的支持下，在多元的组织、组织中精英的活动、空间中社会舆论的控制等因素共同作用下，起着一种沟通一、二空间（国家与社会）的功

---

① 钱天鹤：《农会与合作社合并改组（1949年）》，载《钱天鹤文集》，中国农业科学技术出版社，1997，第252—254页。

能”[①]。尽管“农村公共空间”这一概念本身也会引起讨论，在具体实践中会遇到许多问题，但它确实为建构国家与农村社会对接的载体，提供了一种新的可能性，而且因为它是深深地根植在乡民社会的历史传统与现实中的，因而也是具有生命力的。

课题组通过对屯堡乡民社会的深入调查与分析，提出的“乡镇工业和农业产业化并非农村发展的唯一选择”的命题，也同样具有重大的理论与实践意义。他们在报告中提出：“动辄单一的集约化、上规模、高科技取代人力投入的农业产业化并不一定适合像黔中这一类喀斯特环境特征的农村发展，其经济结构的要求也与原有基础之间存在难以逾越的鸿沟。”[②] 这些都引起了我的强烈共鸣。大前年我来贵州讲学以后，就一直在思考这个问题：贵州的发展，贵州农村的改造与建设，一定要走适合自己省情、地情的独立自主的路，西方国家的发展之路、东部地区发展之路、其他西部地区的发展之路，都只能借鉴，而不能照搬。而要走出自己的路，首先是要正确地了解我们自己，即所谓“认识我们脚下的土地”，这就要从对历史与现状的调查、研究做起。现在九溪调查组的朋友已经迈出了第一步，而且有了这么好的成果，这实在令人高兴。

最后，我们不要忘了，在这本书的背后，还站立着许许多多九溪的老乡、九溪的精英。他们才是屯堡文化、屯堡乡民社会的真正创造者，是该书的坚强后盾，该书的内在力量源自他们的心灵深处。因此，我们今天在这里讨论这本《屯堡乡民社会》，不能忘了我们对屯堡乡民的责任与承诺。真的，一切都还在开始，该书将在屯堡乡民社会新的改造与建设中继续“写”下去。

---

① 孙兆霞等：《屯堡乡民社会》，社会科学文献出版社，2005，第 307 页。

② 孙兆霞等：《屯堡乡民社会》，社会科学文献出版社，2005，第 354 页。

屯堡文化与儒学的民间化形态

——在屯堡文化学术研讨会闭幕式上的致辞

张新民

屯堡文化是汉族主体文化众多的次级支系之一，也是中华文化涵盖下的有自身个性特征的地域文化。大批军事移民集团长期定居贵州并不断本土化的过程，更突出了西南边地文化多样性的特征。从更广阔的文化视域看，我们也可以说，文化多样性是人类文明存在的基本形式，也是中华文化的结构性生存特点。贵州是多民族聚居的省份，文化的多样性和民族关系的复杂性也表现得最为突出。在不同的地理生境中，不同的民族相互之间的接触碰撞、交融互动以及历史变迁，造就了中华文化色彩斑斓的人文景观，形成了极为错综复杂的历史现象和文化现象，因此才有必要相互理解、尊重、解释、对话和交流。在这一意义上，也可以说，理解屯堡文化，其实也就是理解我们自身，既理解我们的文化传统，也理解我们的现代性处境；既了解中国社会的城市化发展进程，也了解原来固有的乡土性特征。区域文化或汉民族支系文化的解读，必然有利于更大范围的中华文化的解读。

区域文化或民族支系文化之所以重要，乃是因为它是中华文化整体结构不可分割的一部分。中华文化五千多年来生生不息、绵延不断的重要原因，即在于它是不同区域、多个民族、多种形态的地方文化的综合体。它包容了众多差异性，又明显地存在共同性，既有兼容的文化气度，也有特殊的生存智慧。屯堡文化现象的存在，便是一个明显的例证。大规模的军事移民不仅代表了国家意志的远距离控制，而且更象征着国家力量的直接性介入，在与周围的少数民族杂居相处的过程中，屯堡人既为一体多元的地域文化增添了新的色彩，影响了其他差异性的民族文化，同时也传播了国家观念或王朝意识，强化了大一统的地缘结构秩序。尽管朝代的更替会弱化或消解屯堡人代表国家意志的权力性存在特征，但移民社会丰富了区域文化的多元性结构却始终是一个长期的事实。

屯堡人是明代屯戍于贵州平坝卫、普定卫、安庄卫等地的军事集团后裔，他们长期保持着卫所军户世袭制和军屯制。明王朝灭亡后，原有的权力依托力量已为新的权力高压力量所取代，屯堡移民社会的军事性迅速消失（屯军身份的消失其实在明代后期就已经开始，原因是卫所制度已开始衰败），与中原联系的制度化渠道也明显不同于以前，但移民集团仍聚居在屯堡社区，保存着完整的明代江南汉族文化的生活内容和人文情趣，内含着一套完整的价值系统，这本身就是一个奇迹，值得花大力气加以研究。

屯堡人由军事武力集团变为地域生活集团，屯卫逐渐变成村落，国家意志特征淡化而民间社会特征突出，个人身份也从军人变为农民，说明生活世界才是最本源的世界。在生活世界中，他们维系和繁衍了族群的生命，也传承和发展了具有集体共在性质的文化。生活世界的经验构成了屯堡人意义系统的来源，也是他们存在的最根本的基础。研究屯堡人的生活世界，会发现屯堡移民集团并没有因为长距离、大幅度的时空迁移，而丢掉了他们原有的文化因子和宗教信仰。与此相反，由于中原文化与边地民族文化的落差，尤其是国家观念在乡民社会的巧妙融入，他们的文化自信心反而不断得到增加，他们对中原民族的同源性认同也明显有所强化，于是屯堡社区也形成了与其他民族文化迥然不同的文化景观。但我们也要看到，屯堡人在开发贵州的过程中，也在建构他们的生活世界，不可能将祖籍地文化原封不动地移植或复制过来。与生存环境一致的变异乃是必然的，因此，并不能把屯堡文化等同于江南文化。江南文化只是他们遥远的历史记忆，就像祖先的屯军身份是他们遥远的历史记忆一样。记忆图像的复活和模仿仍与现实有着很大的距离，虽然它也以各种各样的潜在方式暗中制约着屯堡人对生活世界的理解和创造。

依靠国家意志可以做到短时期、大规模的军事移民，但要使移民集团真正自愿地与陌生的地缘结合，世世代代在当地生活下去，当然仍需要生活世界的“吸纳”

及属于自身的社会建构活动。屯堡人的生活世界，诸如石头建筑、古代服饰、农事习俗、地戏艺术、宗教信仰等，都无不积淀着丰富的文化内容，代表着属于自身的生存方式和习俗形态，象征着特有的价值品性与建构追求。概括地说，无论节庆习俗或宗教仪典，都是他们与世界打交道的一种方式，没有任何矫作，也不需要强令，更无所谓局外人的欣赏，一切都来源于生活世界，又回归于生活世界，都极有地域文化特色，显示出族群生活特有的生存面相和发展势态。

令我感兴趣的是，屯堡文化是中国自明代以来汉民族民间社会生活实态的鲜活存在，为我们了解和体认儒家文化如何不断地世俗化、生活化的长时段历史过程，提供了一个难得的生活世界的活文化具体范例。早在洪武十五年（1382 年），朱元璋就明谕普定军民府知府说："王者以天下为家，声教所及，无问远迩，况普定诸郡密近中国，慕义来朝，深可嘉也！今尔既还，当谕诸酋长，凡有子弟，皆令入国学受业，使其知君臣父子之道，礼乐教化之事，他日学成而归，可以变其土俗同于中国，岂不美哉！"（《明太祖实录》卷一五〇"洪武十五年十一月"条）可见无论国家观念的传播或儒家价值的推行，都受到了行政系统的许可和鼓励。朱元璋很早就意识到国家如果要长久有效地控制边地秩序，就不能仅依靠行政的权力性规训强制力量，更重要的是要推行儒家教化的整合性化导体系。国家大一统权力控制意志和儒家移风易俗的教化目的，在贵州乡民社会的建构过程中明显地达成了一致。在儒家思想的范导性影响下，屯堡乡民社会不仅象征着国家行政体系在边地的延长，而且更意味着它已通过各种渠道融入了儒家伦理体系或教化体系。如儒学民间化的一个特点就是"尊祖敬宗"，屯堡文化的宗法特征极为明显，即使建筑的布局也以宗族为轴心，有家族式聚集错列布局的特点。屯堡的祠堂或祖宗牌位遍布各处，祭祀祖宗成为他们身份认同的一种重要方式，既聚集了族众的人心，强化了他们的价值感，以贴近人本身的方式扩大了生命流传的时空范围，也表现了儒家一贯提倡的"慎终追远"的思想，体现了一种"存有的持续观"，而大不同于西方"存有的断裂观"。屯堡人家族谱系的集体记忆是来源于江南或中原，因此，他们的祭祀活动还有请回原籍祖宗并送返故里的特殊仪式内容，说明这种"存有的持续观"不仅在时间上将世世代代的祖孙家族生命连成了一体，而且在空间上也把相隔甚远的祖籍地与移居地结合成了一片。至于修家谱、族谱，重视教育，兴办文教，也是儒家文化进入小传统，深入地方下层社会，积极发挥世俗世间伦理作用的历史性结果。根据有关文献初步统计，屯堡社区明清两代科举高中者数量颇多，仅明代镇宁州一地，中文举者便有19人，清代则高达72人，清初还产生了像陈法这样著名的理学人物，标志着屯堡地方文化向大传统提升的发展趋势。“富不丢猪，穷不丢书”等广泛流行的谚语，也从一个侧面反映了屯堡人崇教重教的普遍文化心理。

屯堡人的生活世界尤其是各种祭祀仪典，明显地反映了儒家文化的各种价值理念和教化思想。他们建构了一个儒家伦理的礼俗世界，整合与强化了族群秩序或地方秩序。无论为人、为官、为商或为医，屯堡人都奉行儒家的行为准则和人生哲学。更直接地说，儒家文化实际已成为屯堡乡民社会的公共意识，代表了屯堡民众的集体认同或建构认同。无论自觉或不自觉，主动或被动，他们大多都是儒家思想世俗化、生活化的实践者。在这一意义上，我们也可以把屯堡社区看成是汉民族儒家文化民间化表现形态的一个宝地。但这并不是说屯堡人对儒家文化就没有改造，“大脚妹”的存在就是对儒家礼教的一个大胆突破。在宗教信仰的天地中，也非仅儒学一家受到尊崇，儒、道、释三家混杂的现象十分突出，佛菩萨更有支配的力量，巫化（即本土化）的特征也极为显著。这正是儒学深入民间世界之后，社会下层通俗文化反过来对其施加影响的结果——尽管我们并不否认儒学移风易俗的积极“入世”改造活动，也极大地改变或调整了民间社会的精神结构和习俗结构。譬如屯堡人的五显、汪公信仰，就明显地移入了江西、安徽等地的文化因子，又经过了本土化的积极建构，一方面以世俗化的方式发挥了儒学推行教化的功能，一方面也杂入了傩或地戏的俗文化内容和因子，满足了民间信仰不能缺少人格化的保护神的需求。诸如此类的情况，正说明了儒学文化在乡民社会的植根与发展，是在国家价值诉求与民间社会需要的二元互动过程中实现的。当然，儒学在屯堡社区不断世俗化的过程，也与明代以来士大夫知识分子的“下行”发展路线相关，它或多或少都要受到本土文化的制约，是以动态的、变异的演进方式不断完成自己的民间化形态的。民间化的儒学既保存了大传统教化与礼治的精神性内涵，又明显具有小传统功利化和实用化的俗世性特征。

屯堡人农商并重，极擅长贸易。徐霞客曾经到过普定卫、平坝卫，他在《黔游日记》中感慨："城垣峻整，街衢宏阔……集市甚盛。"这是普定卫的情况，平坝卫则"城不甚雄峻，而中街市人颇集，鱼肉不乏"。嘉靖《贵州通志·风俗》载当地民众"居田者，以耕织为业；城市者，以商贩为生。务本逐末，恒相半焉"。可见经商者的数量，明代即已经不少。

《安平县志》卷五亦云屯堡"男子善贸易"，实际上，屯堡妇女参与商贸活动的也很多。这些文化现象，是否可以帮助我们更好地回应马克斯·韦伯提出的资本主义只能产生在西方的观点呢？根据余英时《中国近世宗教伦理与商人精神》一文的分析，士、商互动乃是明清以来的一个普遍文化现象，商人在中国的社会价值系统中，越往后地位就显得越重要，甚至士、农、工、商的传统秩序，也逐渐逆转性变成士、商、农、工的新秩序了。出生商贾家庭的士，或由士转化出来的商贾，分合流动之间，已不能绝然划界。以经商的方式来维护自己的自主或自立，逐渐成为明清两代士大夫知识分子的普遍共识。社会结构在不自觉中已发生了细微的变化。儒家思想为商人精神提供了伦理基础，商人精神则促进了儒家思想的自我突破与转向。屯堡社区盛极一时的经商活动，是否也代表着商人精神的自觉呢，儒家伦理又在其中发挥了怎样的作用？详细论证需要花费大量的笔墨，我拟另作文字详细解释和说明，也希望学术界的朋友能将这一问题的讨论深入下去。

地域学研究是当今的一个国际学术发展趋势，借用陈寅恪"预流"的说法，我们认为屯堡文化研究也以自己独特的方式，积极地参与了国际学术潮流。省内外的学者，尤其是安顺市的学者——他们都是本土知识的专家——已做了大量的基础性工作，包括田野作业、文献搜集，都取得了显著的成绩，同时也发表了一批有价值的学术研究成果。最近由孙兆霞教授主持编撰的《屯堡乡民社会》一书，就是屯堡文化研究的一项标志性成果。这些都足以说明，屯堡文化的研究者是国际学术潮流的积极"预流者"。因此，我认为，应该像敦煌学和徽学那样，及早有组织、有步骤地建立地域性的专门学科——屯堡学，以便更好地推动屯堡区域文化的研究。

当然，如同研究其他任何地域文化一样，研究屯堡个案也有必要注意挖掘地方性的文化资源，积累地方性的知识，从而更好地解决各种现代性的难题，尤其是本土性的地方经济文化难题，从而发展地方乃至整个中国的现代化建设事业。现代性的建设事业不能脱离人类学的基础，也不能脱离地方文化资源的实际。我个人认为，任何地方性资源的挖掘，都应该注意四个相互关联的方面：（一）自身内在资源（追求主体性和个人身心和谐）；（二）社会资源（社会关怀、社会良知、社会伦理、社会和谐）；（三）历史文化资源（加强文化认同，吸纳历史智慧，维护群体人格尊严，培养民族自豪感）；（四）天道资源（人与自然的和谐，人与天地的沟通，生存环境的合理开发，自然生态的有效保护）。最后的目的则是实现人自己的身心和谐，人与社会的和谐，人与文化的和谐，人与自然的和谐。《易经》讲："乾道变化，各正性命，保合太和。""太和"便是人类与宇宙总体性的和谐。这是我们开展学术研究和挖掘地方资源的终极目标。人文学研究的终极关怀是人，以人（包括生活世界的群体）及其相应的思想方式和行为方式为出发点，针对像屯堡这样特定的地域文化群体，多方面地搜集文献资料，开展形式多样的田野作业和学术研究，相信我们必定会有更丰硕的成果贡献给整个人类文明。

屯堡乡民社会的特征

孙兆霞

有明一代，随着明王朝“调北征南”的军事政治行动和后继的开发西南边疆的战略举措，大批中原和江南各省军士及其家属入驻西南，开始了贵州历史上第一次最大规模的开发，在黔中一带积淀为汉族移民独特的生活方式、礼仪习俗、语音语义、衣着服饰、宗教信仰及建筑风格等文化事象，并保持相对自我封闭状态，代代相传，相沿成习，在闭塞的山区条件下，组成独特的屯堡村寨，形成特殊的屯堡文化。由于当时屯兵占据的是贵州最富庶的黔中地区，屯堡文化也成为黔中重要的文化组成成分之一，影响着贵州多元文化格局的形成。尤其当年在四川、湖南、广西、贵州、云南大部分地域的移民与当地居民和后来移民均已实现地域性同化之后，黔中安顺屯堡文化就成为目前国内仅存的因汉民族六百多年前集团迁徙积淀而成的地域历史文化事象。本文认为：屯堡文化作为一种奇特的地域性社会历史文化现象，与本文提出的“屯堡乡民社会的特征”有着非常直接和紧密的联系。或者说“屯堡乡民社会的特征”对屯堡文化所进行的理论概括，意在从多角度和多层次去解读屯堡文化的丰富内涵。

一、黔中历史地理与屯田戍守同构

屯堡人在黔中地区呈联系紧密、散点分布、居住集中的分布状态。安顺东南方向的中心区近200平方千米的地域，习惯上被称为“田坝区”（今旧州、黄腊、东屯、周官、刘官、宁谷一带）；沿古驿道和今天的交通要道分布的七眼桥、大西桥、头铺、三铺、马官等地被称为交通线。这种分布受六百多年前“调北征南”“调北填南”军事行动中控扼要津、征服当地“夷民”、防叛、驿路通畅、屯田戍守等具体目标的导向，并与黔中地区地形、地貌等地理特征相适应。黔中地势平坦，河流纵横，冬无严寒，夏无酷暑，除了宜耕土地之外，地下的煤炭、山上的植被为人类提供了相对邻区较为优良的生存条件，例如九溪村历来被人们称为“水火济全”的“屯堡第一村寨”。从历史地理的角度看，黔中在“调北征南”政策实施之前，就是湖广通往云南的驿道必经之地，“调北征南”政策实行，贵州行省建立之后，黔中更成为“黔之腹、滇之喉”的战略要塞，是明王朝军事政治举措中屯田戍守的重要营地。外部有河、山自然阻隔，内部交通相对便利，开放度大，这为当初负有“七分屯田、三分征战”的使命，既要农耕自给，又要面对周边“夷民”叛乱等生存境遇和制度安排的屯堡先民，提供了内部通信呼应便捷，对外封闭阻滞，适宜迁徙而来的集约化族群稳定生存的条件。也正是黔中地区独特的地形地貌和自然资源，为大规模的屯堡先民及后续移民的安居、统一社区结构的形成以及文化、礼仪、宗教的涵化传承等提供了物质资料和互补的资源条件。

考察今天屯堡聚落的分布状况，仍可发现黔中地区地形地貌的特征和屯堡先民当初担负使命的对接相衔具有惊人的互构性。这既可以说是人地关系和谐相安的典范，也可以说是历史地理的内在整合，从中不难发现黔中地理环境的特征是屯堡社会得以存续至今的一个重要原因。群体生态学的理论认为：“聚落模式是一个群体在所处自然景观与社会环境两者之间协调出来的居住形式。影响的因素包括天然障碍、水源、气候、生产技术、政治组织、亲属关系、战争、意识形态等等复杂的互动关系。”①

二、屯堡聚落中人们的身份认同

黔中屯堡人居住的主要格局是大封闭、小开放。在边缘地区，有规模甚小的布依族、苗族、仡佬族和后移民汉族的村寨。正是连片的居住形态形成了屯堡人较强的身份认同特征，这与当地的少数民族和后移民汉族村寨的人们有明显的差异。

屯堡人身份认同具有历史的渊源，他们从中心城市和地区向西南边疆迁徙，经

① 庄孔韶主编《人类学通论》，山西教育出版社，2002，第141页。

历史变迁而被边缘化；而在从作为军事集团的优越心态到被后迁入的移民边缘化、边缘化后向自卑心态转化的动态过程中，也形成了一整套认同标准和机制。

屯堡人身份认同的标准从个体上看，其外显符号是妇女的服饰和说话的“北平夹二铺”的口音；从集体认同的指标上看，是历史上承袭下来的“屯堡村寨”；从文化交流的象征意义上看，是“跳地戏”与否；从心理归属上的指认来看，是否拥有祖上从江南奉命“调北征南”“调北填南”的荣誉感；从社会结构的婚姻子系统上看，是村寨之间是否通婚；从经济互动的区域上看，是是否在“十二甲子”的赶场圈内互通有无；从精神文化的超越性上看，是是否供奉相同的神灵如汪公菩萨等，中年妇女们是否有去朝山拜佛的习俗；从社区习俗礼仪上看，是是否具有相同的活动程序及其内涵。总之，屯堡人强烈的身份认同感与可指认标识具有完整性、系统性特征：“族群认同是情感—象征的，因为人们在自己族籍上附着了自己的信用、忠诚、荣誉、名望和尊严，它关系到人们的象征利益。……族群认同也是工具—政治—经济的。这不仅是因为它可以直接作为参与物化利益竞争和分配的单位，而且也因为忠诚、荣誉、名望和尊严毕竟与权力的生成有关联，即便在人们追逐的象征利益中也包藏了物的资本和利益。”[①] 象征利益和物质利益的双重特征，将屯堡族群由里到外地与当地少数民族和后移民汉族区别开来。

屯堡人身份认同的强烈内聚力与黔中屯堡村寨密集性相结合，一方面为将本族群与其他人群加以区别而形成相对封闭的社区社会和文化；另一方面为增强屯堡聚落内各村寨人们之间的内聚力及文化的传承与互动，内部变得流动起来，因而也更加稳定。可以想象，屯堡先民一旦安营扎寨居住下来，他们就要求发展，他们的身份认同便在族群共同生存和发展的机制中变得内在和重要起来。毕竟，无论是当时的戍守屯田，还是后来的农耕繁衍，“自己人”的规模和结构于个体生存而言，都具有了“前提性”的意义。后进入者也必须认同这一前提，才能真正融入“自己人”的结构之中。

---

① 庄孔韶主编《人类学通论》，山西教育出版社，2002，第357页。

三、屯堡人的文化

从符号学意义上看，屯堡人长期固守着一套自身的文化生活传统，并以系统的符号特征异于周边的汉族和少数民族。早在一百年前就有资料记载，屯堡人被误读为某个少数民族。1902 年，日本人类学者鸟居龙藏来到屯堡区，才廓清了屯堡人系“凤头苗”的民族识别误区，指出“屯堡人是六百年前老汉人”的事实。及至 20 世纪 80 年代，屯堡人日常生活中的文化符号透射的历史信息才渐被世人所了解。屯堡人的外显文化特征极为丰富：屯堡村寨在村落选址上，一方面体现坐西朝东的汉民族聚居群落择寨安邦的传统观念，另一方面还体现与喀斯特地形相结合的军事城堡特点。民居外部采用石条或石块砌墙、盖房，形成独具特色的建筑景观，堪称贵州之“怪”，即“石板当瓦盖”。内部则遵循汉民族江南建筑风格的秩序观和注重装饰的文化内涵。屯堡人的服饰特征，主要由妇女传承。突出之点继承了古时华夏族右衽制的大襟大袖长袍风格，并以青、蓝色为主要色调，以体现朴素大方的美学追求。与屯堡人的来历相扣，妇女向来不缠足，以“大脚妹”自称，“三绺头”发式，相传是明代妇女发式的简装。不同的年龄和在不同的场合中妇女服饰会有些微变化。

屯堡社区非常讲究社区特有的节日庆典和人生旅程中重大事件的纪念礼仪。出生、婚嫁、建房、参加工作、参军、读书（上大学）、去世等都要举行相应的活动，以特有的仪式进行纪念。特别是对丧礼的讲究，集中体现了屯堡人用超世的仪式和精神强化现世秩序和行为的价值取向。“丧礼强调个人在所属的社会中的价值，这是它的一大功能；它又帮助人们把分裂的群体重新结合在一起，使人们认识到应当建立新的关系，这是它的另一个重要功能。”①

屯堡人有自己的语言体系，因而“屯堡话”又称为“堡子腔”或“北平夹二铺”的“二铺话”，因其突出的语音特点而在属于北方方言的西南官话海洋中俨然如一“方言孤岛”，独树一帜，不仅与贵州其他各地汉语，即便与安顺城区方言相比也是

---

① 弗思：《人文类型》，费孝通译，华夏出版社，2002，第 146 页。

泾渭分明的。如同屯堡妇女的服饰、屯堡建筑、屯堡地戏一样，成为屯堡人的标签和屯堡人相互认同的标识。屯堡人的语言中，最为典型的是“言旨话”的使用。“言旨话”是用隐去成语或歇后语中关键字，以其义或谐音字来表示所指，间接突出此字含义的语言技巧。如“放点盐”说成“放点哑口无（言）”（言谐盐），“喝水”说成“喝青山绿（水）”。这一语言现象反映出屯堡人的机智和敏捷，并体现出他们对语言使用的社会学指称意义的丰富追求，这种追求具有普遍性、均质性及工具性的特征。

屯堡人的日常宗教生活以妇女的集体参佛修炼为标志。一般来说，凡到中年的妇女均要参加社区中一年四季持续不断的佛事活动。活动既可在村里庙宇中举行，又可到屯堡社区名山大寺中朝拜，每个村都有妇女佛事活动的自发组织，称“佛头组织”。妇女们的宗教组织不但服务于妇女个体，也以组织的名义参与社区中的几乎所有节庆和大型活动。

屯堡社区有大型、常规的祖先崇拜活动，“抬汪公”活动是其中之一种。每年正月初九到正月十三，许多屯堡村寨均要举行声势浩大的“抬汪公菩萨”活动。届时村中男女老少和周边村寨的人蜂拥而至，场面蔚为壮观。屯堡文化象征和标识的一个独特符号，是广泛存在于屯堡村寨的“地戏”组织和跳地戏的活动的。“地戏”是区别于贵州原始傩仪和古代军傩的一个独特文化事象。其形式为男人穿戴具有面具符号的服装，在平地围场出演以征战勇猛、为人忠义为主题的剧目。每年在春节期间和“七月半”时大型出演，俗称“跳神”，被誉为“戏剧活化石”，是屯堡人娱乐和社区交往的重要内容。

屯堡文化不论是从物质到精神，还是从以个人为载体的习俗到以社区族群为媒介的活动，都已被完整地构建起来，形成一整套传承有序、遵循有规的强大文化体系，其精致性和完备性对生活在其中的人们从出生到生命终点的每一个重要环节都进行了深入的文化解说，并借助超越性的宗教精神来加强现世已有的规范和秩序。

无处不在的独特事象，早已将人们牢固地聚合起来，使人们互相“理解”。生活于这些符号笼罩中的屯堡人，已经适应这种生活，有了“合适”感，但一经外部世界陌生感的冲击，其失落和危机感便必然而至，退缩和固守自然成为其文化传承的题中之义。

四、屯堡聚落的社会结构

费孝通先生曾用“差序格局”概念对中国农村的社会结构进行概括，意为以宗族血亲关系的远近为标准，像一块石头掉入水中，波纹向四周扩散的社会关系结构，是乡土中国社会关系的最基本结构。与理论界长期对中国农村社会结构的分析略有不同的是：屯堡社区的社会结构不是以单纯的血缘或地缘为基础，而是发生学上的地缘关系与后来族群内通婚形成的血缘关系二者结合的产物。由于屯堡先民在发生学上的特殊性，即是由军队建制召集起来的，只有军衔等级之分，并且在战争中形成以“忠义”为纽带的非宗族的地缘关系。在此社会结构和关系中，一个村寨内的人们团结一致，村寨之间的团结也是族群生存需要。笔者在对屯堡村寨的调查中发现：第一，许多村寨的名称虽是以最先到达的指挥官的姓氏命名，但经过六百余年的历史变迁，这些人的姓氏并不是村中大姓，有的还了无踪迹。第二，屯堡村寨多以核心家庭为基本经济、社会单位，而不像江南存在望族式的宗族集团。历史上，屯堡村寨很少有百亩（1 亩 ≈667 平方米）以上土地的大地主，即使有，也是清末民国初期才出现的。因此，族田鲜见、庙产不缺的现象广泛存在于解放前的屯堡村寨。第三，个别的屯堡村寨虽有宗族祠堂，但每到清明，屯堡家族也有上大众坟的习俗，这也只是象征性的。由于宗族活动仅限于上大众坟等个别“祭祖”场合，在日常生活中既缺乏家族活动的经济基础，又缺乏宗族组织的政治控制和家族性的威慑力和协调力，因此，在实际生活中，村邻关系更甚于家族关系。第四，屯堡村寨间的关系最基本的是通婚关系。屯堡有严格的通婚圈，即不与外族通婚，因而长期以来，由婚姻关系构成了屯堡村寨之间千丝万缕的“亲戚”关系、“血缘”关系，并且以女性（姨妈）关系的凸显为特征。第五，从屯堡人身份认同的依据上看，非宗族因素，崇尚族群一般特征的因素是最重要的，对祖先的认同，是对同样命运的肯定而非对宗族间差别的强调。

总之，屯堡人社会结构的血缘地缘性与屯堡社会的形成有密切的关系。如果将此问题放置到黔中社会历史地理环境之中考察，更能进一步认识到对负有特殊使命的迁徙族群来说，易守难攻的喀斯特峰林盆地有力加强了他们内部的团结。在特定的地域条件下，它既限制了其中一部分人巧取豪夺的空间，同时也牵制住了另一部分人外出发展的欲望。相对均等的对资源的占有，其生存智慧的产生与屯堡人发生学意义上的制度安排的契合，形成了屯堡社会以婚姻和核心家庭为基础的血缘关系与地缘关系相结合的社会结构。由此就不难理解屯堡内部社会分层不明显，社会公共活动丰富频繁，民间各种功能组织众多，人际关系和族群认同中女性色彩较浓，社会内稳态机制归位具有自发性、内生性等征象和特点。

五、核心家庭的经济作用

屯堡社区虽然处于安顺至贵阳的区域内，是大、中城市过渡区域，但现代产业要素并未真正在此扎根。域内有几个军工企业和地属、县属企业，但无论从体制上还是从业人员的组成上，均与当地农村经济、产业、人口无关。屯堡村寨和这些企业之间是各自封闭的状态，从经济主体上看，屯堡村寨与城市之间也是互相隔绝的。

在经济活动中，屯堡村寨之间是一个交易活跃、开放互补的系统，这个系统以传统种植业为主，小商品交易和与传统农村生活方式相关的小手工业、副业为辅。而正是因为经济生活的传统性和画地为牢的封闭性，使得经济活动呈内卷化的倾向。

在区域板块上，屯堡区有田坝区、交通线、散点之分。田坝区的村寨位于黔中腹地，那儿在六百多年前是最先设置屯堡的，坝子宽阔，小河纵横，土地肥沃，历来是贵州重点产粮区之一，有精耕细作的传统。交通线分布于田坝区的外围，与外部环境相接，位于交通线上的屯堡村寨亦农亦商，主要职能是使田坝区生产的产品在区域内流通，把外部生活用品输入进来。在这些村寨，妇女主要从事种植业和家务，男人主要外出赶场做生意。

在屯堡区中，犬牙交错的十二甲子场正是为人们互通有无提供的场所。妇女在家庭中实际地位较高，“有时传统的规则使妇女无能为力。但是这种限制往往只是在表面上的，在实际中没有在表面上那么严重。不论名义上妇女的社会地位如何，实际上妇女在社会上起着相当大的作用”。无论在田坝区、交通线还是散点区，从事小手工业和副业的大有人在。六百多年前与军籍相匹配，铁匠、木匠、泥瓦匠等行军打仗、驻扎安营的技术人员是以“匠籍”编制进入相应的卫所屯堡中的。随着日常生活的需要，这些行业日益活跃。“四匠”和经营“五坊”的人。作为屯堡农耕社会的“专业人才”，一直在其经济结构和社会生活中起着不可或缺的作用，成为其经济结构自足性的重要技术支撑。

农耕社会经济式样的完整性使社区经济生活的自足性得以满足，并产生内卷化的趋向，其结果使得经济结构僵滞，功能板结，分工分业的现代经济要素难以在这块土地上萌生。

再从生产单位的特点上看，屯堡社会的生产单位是核心家庭。由于家族和宗族的非主导性，核心家庭是经济生活和社会生活的最小最主要的单位。一方面亦农、亦商、亦副的家庭从业结构，使性别分工达到劳动力使用的最大极限，这种结构以个人劳动的最小弹性系数换来了家庭决策的最大自由度，二者互为作用，使核心家庭的经济功能更为稳定。另一方面，从社会生活的角度上讲，家庭对社区功能的归属感和依赖感又得到了加强。毕竟小家庭在经济活动中的活跃必然指向社会功能的外移，需要社区作为第二环境对家庭文化、社会关系等方面进行补充，以实现核心家庭功能的完整性的内涵。这一视域还体现出社区中的经济生活均质化特征。均质化既表现为收入差距的均质，消费结构的相似，生产、商品交易信息和技术的“人所共知”；也表现为人们经济观念上“不显富”的平均主义取向和日常交往行为中的互惠原则。

经济生活的均质化以及核心家庭与社会的同构性，反过来又加固了经济结构的稳定性，这既表现为传统农业经济要素和结构的稳定性和封闭性，也表现为分工分业现代要素缺乏内发机制和基础。因而，至今在屯堡社区，难以找到稍具规模的现代产业经济类型。从经济结构与社会结构的互构上看，以核心家庭为基本生产单位的经济结构，其均质化、稳定性的特征反过来对文化结构、社会结构的社区性提出了内在要求。单个家庭对社会生活、人际交往、精神需求的乏力承担，必然使社区共同生活的规则与仪式活动等在公共空间中获得更显著的体现和更大的发展空间。在屯堡社区，家庭与社区的互动以及结构网络的丰富性与互为建构性的案例颇多。如在家庭生活中克己俭朴的妇女在群体佛事活动中表现“慷慨”，近邻村友在办丧事时的自发“上前”，“四老会”“老人会”等自发组织的普遍存在，等等，均是“社会化生存”的具体表现，它最根本的原因是内部分层上均质化这一共同基础。每一个家庭一方面具有参与社会公共生活的内在需求和经济能力，另一方面作为社会性别的经济分工和社会分工的有机构成，一起成为社区公共空间文化类型的生存土壤，成为此空间中自组织机制的永恒动力，也成为屯堡乡民社会稳定持续地绵延其社会系统的坚固经济基础。

六、发达的社区公共空间

与当地后来迁入的汉族移民的村寨和少数民族村寨不同，屯堡村寨中存在着一个由诸多不同的功能、丰富的组织为基本构架的社区公共空间。除政治行政组织以外的其他组织，均属于自发形成的民间组织。这些组织与他们的精英及社区公共舆论一道，构成了村庄社会公共空间的主要载体。屯堡文化的传承、社区内聚力的延续、屯堡人生活的丰富多彩、屯堡社会内部结构的稳定等等均与丰富的民间组织及社区公共空间的存在密切相关。当然，传统文化对民间组织的孕育和自组织机制的形成也起到了滋养的作用。具体来说：

第一，屯堡社区存在着一个介于传统社会与国家之间的具有丰富内容的社会空间，这一空间作为第三领域，在其社会基础和文化网络的支持下，在多元的组织、组织中精英的活动、空间中社会舆论的控制等因素的共同作用下，起着一种沟通一、二空间（国家与社会）的功能，并自我建构，使封闭与开放、国家与社会、先在与后续、自我与他者等看似二元对立的范畴之间获得了一个涵化与整合、选择与吸纳的现实弹性空间和历史文化基础。如前述的以家庭为中心的经济结构的功能特征、社会文化心态的认同趋向、族群活动的节日仪式等都指向社区共同生活的场域空间。

第二，在这一空间中起重要作用的组织不是以血缘为基础的宗族组织，而是有历史传统（军队建制）的地缘性的众多功能各异的民间组织。如老人协会、四老会、老人会、独子会、喜事会、钱会、地戏组、花灯组、秧歌组、佛事组织（佛头）和宗族等，并有根据不同需要临时组建的活动组织。这些组织的社会基础是非血缘的村邻及寨友，是在地缘生活中长期形成的“认同”基础上的社会关系。这些组织的文化网络是社区传统中遵循的共同价值观、共同宗教精神及行为规范，由此规定了类别各异的组织从社会生活的需要上以其不同的功能共同建构社区的共同生活，更为重要的是，各种组织与社会公共空间中存在的自组织机制天然契合，前者是后者顺理成章的延续（结果）。

第三，这一空间中存在着比“组织”更为宽泛的构成要素和组分。如精英的活动和与空间的运作（活动）密切相关的精英遴选机制，对精英、组织、活动、行为进行评价的社会舆论空间和舆论机制。一般来说，精英及他的活动均依附于他的组织基础，精英的遴选是在特定的组织内，精英经过长期的行为表现，从而获得组织成员的“公认”；而多元组织在社区生活中的不可或缺性，又使得作为组织基础的社区文化网络、价值指向等无形的却又是具有传统力量的社会公共舆论，对组织实际起到一种规范和约束作用，这种作用促使社区中的精英、组织等均与“舆论”等因素一起构成一个内部有序的、互为作用的社会公共领域。对社区内的民众来说，可在这一舆论空间表达自己的价值观和意见。

第四，此领域的弹性功能和涵化机制，特别体现在社会与国家（外部输入）关系中的中介、吸纳、涵化和建构作用上。面对外部力量时，这一空间可在熟知本土利益的立场上定向开放并选择适宜本地利益的因素，是外来因素“进入”的传媒和过渡区域。在理解外来“意图”及价值含量的“先知”方面，这一空间较之深层的本土社会来说，客观地具备包容和解读的更大活力和能力，突出地表现为自组织潜能的力量。因此，屯堡乡民社会能在吸纳外部能量的过程中保持自身的稳定性和系统性，这一特点对于本土社会的非宗族性、非小集团利益性的公众性、社会性来说，无可替代，也无法消融，成为屯堡乡民社会结构的一个特殊形式和必然组分。

正是鉴于屯堡乡民社会存在着这一特殊的空间或领域，才使得其另外几个特征之间的内在关联和深层内涵成为可理解的系统特征，也正是这些特征的共同作用所建立起的逻辑网络关系，才成为屯堡乡民社会保持其独特的社会形态和独特文化的最根本原因。这明显区别于过去对中国农村研究理论所指称的对象和个案。

“公共空间”概念在此作为一个借用词是从“市民社会的公共空间”概念转义而来的，借用“公共空间”概念，可以发现前现代化社会中一些异质的内源性和自组织因素。如黄宗智提出的“第三领域”概念，杜赞奇提出的以宗族、士绅力量为代表与国家权力之间的二元主体关系等。如果我们仅就既有的“公共空间”理论对“公共空间”特征及功能的理论表述，特别是在黄宗智、杜赞奇等思想基础上进行拓展，不难看出，屯堡乡民社会“公共空间”与之的内在相似性。借用概念的目的，是想在不同的场域领域中找到共同的因素，再从共同因素中发掘出具有建设性意义的成分。笔者在此的意图也无非是想在具有传统中国农村特点的屯堡社会形态中，发现具有一般意义的积极因素，并通过历史性和超越性的认识获得在现代性视野中对本土社会的切近解读，从而力避在农业社会与工业社会、传统与现代、城市与农村之间非此即彼的解读模式的囿见，从中发现更为普遍的过渡地带及蕴含其中的历史文化底蕴和社会基础。

非物质文化遗产、知识生产与村落

——思考屯堡文化的一种路径

李　立

一、非物质文化遗产的“词”与“物”

从国家到地方，从学界到民间，非物质文化遗产日渐成为关注焦点。2005 年第一届国家级项目遴选时，各地提交申报的项目有 1000 多项，到 2007 年第二届遴选，各地提交的项目增至 2356 项。与此同时，人类学、民俗学、社会学、艺术学等学科或交叉学科的学者从保护、传承、文化生态、身份认同、公共文化、口头文化、民间信仰、民间艺术等角度发表或出版了数量不小的论著，也在国际性的非物质文化遗产主题会议上与国外学者频频交流。这种气象为相关研究创造了良好的氛围。不过，公允地说，这项事业仍需要个案与反思来补充和完善。

村落与人类学、民族学或社会学等注重实证的学科本已结缘，当非物质文化遗产被列为学界议题时，村落与学界的“联姻”就变得愈加紧密和频繁。绝大部分荣登非物质文化遗产名录的文化事象都散落在“民间”或村落。有了“非物质文化遗产”这个概念，就有了非物质文化遗产这回事，就有了更多发生在学界与村落、学者与村民之间的知识生产故事。这一事实为后面的思考奠定了先机与合法性。

从个案的角度说，学界推出并推广非物质文化遗产这一概念，也完成发现或命名的工作，村落是培育、保存、传承非物质文化遗产的“土壤”。学界持有非物质文化遗产的概念和议题（词），村落持有非物质文化遗产的事象（物），学界的议题必然要到具体的村落中检验，村落的事象也需要学界的表述与推广。从反思的角度说，需要将非物质文化遗产视为学界共同的严肃议题[①]，深入村落，体察民间“文化展演”的力量与诉求，视域不局限于非物质文化遗产本身（物），也不同于“保护与发展”的悖论性争论（词）[②]，而进入到非物质文化遗产的“词与物”之间，反思知识生产在“词与物”之间循环往复的微妙过程，发现更多的文化生态景观，也创造更精彩的议题：1. 在田野中反思知识生产与对象的互动。立足于知识生产与对象互动这一理论基点，透过村落情境中的非物质文化遗产事象，对非物质文化遗产工程与知识生产的关系做出反思。对照不同村落与学界互动的状况，以及不同的非物质文化遗产与知识生产的关系，进一步检验理论的效度与普适度。2. 研究者也纳入被研究对象。原来朴素的研究方法论是把田野中直接被观察、被访谈的人群作为对象，加上反思的维度之后，研究者与当地人的互动也被纳入“对象的结构”之中（对象要以一个多层结构来看待）[③]，田野的边界和视角有了新的转移。

二、有什么样的非物质文化遗产，就有什么样的研究逻辑

非物质文化遗产究竟是从村落到学界，从“物”到“词”，对原本存在之物的“发现”，抑或是从学界到村落，从“词”到“物”，对曾经有但已不复存在之物的“发明”（在霍布斯鲍姆“传统的发明”意义上）？

按照一种逻辑（可称为“发现的逻辑”），村落是非物质文化遗产的创造者、持有者和解释者。按照另一种逻辑（可称为“发明的逻辑”），学者才是非物质文化遗产的创造者、持有者和解释者。第一种逻辑乐观而不真实，第二种逻辑悲观但也未

---

① 保持清醒与理智的学者会意识到，尽管非物质文化遗产工程像某种上自国家下到民间的运动一样轰轰烈烈，却不乏滥竽充数与浑水摸鱼者，但他也不会因意识到这一点而陷入彻底的学术虚无主义，而是从中看到某种严肃研究的契机，因为非物质文化遗产这回事毕竟为学者创造了阶段性的共同议题。

② 作为活态的非物质文化遗产，其保护面临着学术、实践方面的诸多难题。有的学者认为，作为活态文化，非物质文化遗产是靠人传承下来的，因而对项目传承人的保护应该是重点；有的学者建议创立非物质文化遗产生态博物馆；有的建议把遗产传承纳入公共教育事业中。另外，“原生态”也是一个众说纷纭的概念。

③ 这一思路是笔者与自己的博士后合作导师高丙中教授多次交谈后清晰起来的。

必真实。假如没有存在于民间和村落的某种东西，学界不可能发明出非物质文化遗产，而“非物质文化遗产”这个概念也就无的放矢，无用武之地，愈发沦为空谈。假如没有学者在学界提出并讨论（或争论）非物质文化遗产，村落就不知道非物质文化遗产这回事，就不知道原来自己持有的某种东西就是非物质文化遗产，更不会声称自己是非物质文化遗产的持有者，并为此相互竞争。（谁持有的更多？谁更正宗？谁是假的？谁模仿谁？）总之，假如没有非物质文化遗产（词）就没有非物质文化遗产（物）——如果我们认为真的有非物质文化遗产，那么，这句话也可以反过来说。

笔者更相信第三种逻辑：非物质文化遗产在学界与村落、“词”与“物”之间，是学术与民间、学界与村落、学者与村民双方对话、协商、博弈的产物和共享物，是双方共同的“意向性客体”。围绕这一客体，学术与民间、学界与村落、学者与村民相互想象，相互期待，也分别和共同对非物质文化遗产展开想象。[①]不仅展开想象，也为各自的欲望而想象，想象对方，也想象非物质文化遗产之物。所以，非物质文化遗产，甚至互动的双方，又会成为某一方的“欲望介体”[②]。通过介体，主体实际上表达或达成的是作为客体的自身欲望。比如：学者通过“什么才是真正的非物质文化遗产”表达的是自己关于非物质文化遗产的立场，也就是自己在非物质文化遗产这项工程中的位置，掌握真理和话语的程度；对于村落，谁持有非物质文化遗产，就意味着来路正、谱系清、历史久、民风淳、文明程度高；学术下问于民间，说的是“告别书斋、象牙塔与扶手椅，回归生活的真实”，从而与闭门造车、不问民生的理论空想相区别，就像鄙弃了浮华都城的观光客到乡间去求“真”，也就表达了自己的求“真”；反过来，民间与学术“联姻”，不仅表达的是民间对现代文明和科学的向往，也是民间在整个文明空间中的地位；等等。在不同层面（学术—非物质文

① 这里说的“想象”不是指认识论上的虚构或弄虚作假，而是在更基本的意义上，比如在“人离不开想象”“离开了想象，人与人无法沟通”这样意义上的“想象”，其价值判断是中立的。

② 勒内·基拉尔：《浪漫的谎言与小说的真实》，罗芃译，生活·读书·新知三联书店，1998，第1—9页。

化遗产—民间，学界—非物质文化遗产—村落，学者—非物质文化遗产—村民）维持着一种三角关系：主体—介体—客体。用现在通行术语说，这是一种“共谋”。非物质文化遗产是“共谋”的产物，非物质文化遗产工程是一项“共谋”事业。并且，非物质文化遗产不仅是创造物，也是创造者；反过来，卷入这项工程的学者与村民不仅是创造者，也是创造物。从这个意义上说，作为台前或幕后推手的学者也在被一只更大的“看不见的手”所推动。

在更深的层面，上述问题隐含着“知识生产对象”[①]这一命题：知识是认识对象的结果，抑或对象是知识生产的产物？是从对象产生了知识，还是从知识生产了对象？对此，笔者的理论预设是：“知识生产”既生产了“知识”，也生产了“对象”。在改变村落走向的意义上，甚至可以说，“知识生产”也“生产”出某个村落。“知识”既包括先在的知识系统，也包括先在的知识产品；“对象”既包括村落中的事、物、人、心，还包括被后来的知识生产者视为对象的知识系统、知识产品；“生产”既包括学者的知识生产，也包括民间的知识生产，“知识生产者”既包括知识分子，也包括村民；“知识产品”既包括学者生产的论著，也包括存在于村民口头、身体和记忆中的知识（如话语、故事、传说、仪式，甚至某种人际关系模式）。

“知识生产对象”包含两个序列：学者的与民间的。这两个序列从来就不是全然分离的，或者说从来就是“互文的”，只不过在某些情况下看似分离，在某些情况下则明显地交织在一起，彼此“嵌入”。笔者想要考察的是后一种情况。在这种情况下，两个知识生产序列或前后交错，或并行不悖，或相互借用，或貌合神离，或对抗，或共谋，或一者将另一者化为自己的符号资本，或反之，或一者将另一者纳入

① “知识生产对象”是一个有歧义的词组：把它视为主谓结构，表达的是“知识生产出对象”这一命题；把它视为偏正结构，表达的则是“知识生产（的）对象”亦即“研究对象”这一范畴。在前一种含义中，知识生产者是施动者，知识是被他们生产出来的。在后一种含义中，知识仿佛成了施动者，知识生产者（包括研究者、对象以及他们之间的关系）是被知识本身所生产的。前者强调的是一种特殊的“生产”方式，后者强调的是一种特殊的对象类型；前者是动的（生产），后者是静的（对象）；在前者中的知识与对象是缠绕的、难分难解的权力关系（福柯意义上），后者中的知识与对象是可分离的认识论关系。

自己知识生产的对象系统，又或反之。如果说，在那些看似分离的情况下，这两个序列的关系需要一种长时段史学的方式来发掘，那么在目前这种情况下，幕后的、历史舞台背后的关系会以短兵相接的方式走向台前，以生动、具体、鲜活的形态显现出来。“知识生产对象”也包含一种先来后到的时间关系：先行者与后来者，先在的知识生产与后来的知识生产。先在的知识生产，包括它的知识产品、知识系统和知识对象，会成为后来者知识生产“瞄准”的对象。这种时间关系对于知识生产与村落的意义，也是笔者考察的对象。

具体而言，一个知识生产者到村落调查前所受的学科训练、知识储备决定了他的知识生产不是在一张白纸或一块白板上完成的，也需要参考他人此前对该村落或与之相关的论著，这便是先在的“知识系统”和“知识产品”的力量。他最后完成的文本是此次知识生产的产品，纳入某种“知识系统”，也成为此后他人关于该村落知识生产的参考。在他的知识生产过程中，除了最后的文本，容易被人忽略的是，还在该村落生产了某些事、物、人、心。比如在他建议下或以他的名义出现的某种活动、某个建筑，甚至某种仪式，比如与他交往、为他提供信息的某位村民成了村落中有影响力的人（类似于地方精英），也成了对外与学者打交道的专家（“职业报道人”），或者他的田野生活（作为一种奇特的村落景观）及与他曾经的交往改变了某些村民的观念和心态。在他之后的知识生产者，进入该村落做研究，要参考他的文本，参考他曾经的田野生活和人际互动方式，也不得不面对他在村中生产的事、物、人、心。也许，后来者的报道人（无论他自己主动去找，抑或村民推举）就是已经成为他前任朋友的那个村民。先行者的知识生产（包括文本、术语、与村民的关系网络）会被村民并入到自己的知识生产中，村民的知识生产又成为后来进村的调查者知识生产的对象。

理论探究需要落实到村落，在具体的田野情境中加以验证。围绕知识生产与对象互动这个主题，循着村落与学界互动的时间线索和谱系，在村落与当地学界展开调查，访问村民和学者，观察文化事象在“词”与“物”、“发明”与“发现”、学者的知识生产与村民的知识生产之间流动、变换的轨迹，可以检验理论预设。

三、田野的“生”与“熟”

笔者曾在两个村落做过细致的田野研究，一个是四川的藏族村落，另一个是贵州的屯堡村落。两个村落如此不同，以至于总摆脱不掉将它们放在一起比较的想法。在地域、民族、人口等方面它们有明显差异，不过，笔者想强调它们的另一种差异——作为人类学田野的差异。简言之，在笔者看来，作为人类学田野，前者是“处女地”或说“生地”，后者是“熟地”。为方便比较和论述，暂将前者称为A村，后者称为B村。到目前为止，只有笔者在A村做过田野研究（做植物分类研究的去过两个，也只匆匆路过），形成反差的是，B村学者云集，前赴后继，在笔者进入前已是被反复耕耘过的“熟地”了。从进入田野和知识生产的时间关系说，笔者算是A村田野知识生产的先行者，B村田野知识生产的后来者。

“生地”的价值在于其单纯或空白，它似乎被动地等待着研究者的到来，等待着意义空白的填补。相反，“熟地”的价值在于其复杂与充盈。在某种意义上，研究者不仅要与“熟地”之人交往，还要同时与曾经研究过它的学者交往。要“征服”“熟地”，必须同时“征服”它身上留下的那些研究印痕（从参考文献的角度说，可以谈论这些研究的优与劣，但绝对不能不谈论它们。漠视它们只能说明对“熟地”研究的无知）。这意味着某种额外的难度和挑战。形象地说，面对“生地”，只需要和一个人对话；面对“熟地”，则要和多个人对话。另外，与“生地”之人容易建立相对单纯的情感关系，而要博得“熟地”之人的“芳心”却不那么容易。所以，许多研究者宁愿选择“生地”而不是“熟地”作为自己的田野点①。

这些年来，村落研究做了很多。有的村落像A村，是田野“生地”；有的村落像B村，是“熟地”。随着学界对村落研究的重视，随着民族学、人类学或社会学专业

① 哪怕最学术化的描述和思考也可能充满形象化的隐喻。随着田野经历和叙述经验的丰富，笔者越来越觉得与田野、与对象的关系并不排除用这种形象化方式来传达的必要与可能。

硕士或博士学位的“通过仪式”对田野或社区调查经验、内容的强调[①]，会有越来越多的学者或“学徒”涌向各自的田野点，其中会有不少人，像笔者那样循着某种学术谱系，机缘巧合地闯入像B村这样因文化、历史或民俗资源丰厚而值得一做的田野点，在那些完成研究、已然离去的“田野前辈”的“阴影”或“庇荫”下，或在不期而遇、但又早已注定的“田野同志”的相互搀扶或较量中，艰难地前行。结果必然是，随着时间推移，像B村这样的“学术名村”或田野“熟地”会越来越多地涌现。

笔者的观点是，有什么样的村落，就有什么样的村落研究。我们不得不以一种不同于以往的方式来看待这种不同于以往的新情况，就像笔者不得不以不同于看待A村的眼光来看待B村一样。我们可以避而不谈田野的“生”与“熟”，按部就班地做自己的研究，也可以让这种区别成为研究的特殊前提甚至对象，认真对待后现代人类学热衷的议题，反思我们与他们、我们与我们、知识生产与知识对象等错综复杂的关系。只要立足于此，反思就不是一种隔靴搔痒、空穴来风的“时髦”，而是就事论事、实事求是的行动。一定程度上，研究者在田野“熟地”的遭际既是“田野前辈”和同伴遭际的“翻版”，也是许多后来者遭际的“缩影”。从经验抑或教训的意义上看，选择现象描述（如同保罗·拉比诺）抑或理论分析（如同布迪厄）的方式，把自己的田野遭际和知识生产变为追究这一“实事”的个案，贡献给准备进入田野的同行和正在完备自身理论的学科，应该是一件值得去冒险的事。

四、“屯堡”：一个例子

听说在笔者之前已经有那么多人研究过B村，许多人的第一反应是“你还能做什么”。不过，当笔者把自己的想法（“我要做什么”）说出来后，他们就明白选择研究B村的另一种意义了。

起初，笔者的使命是去B村考察一项非物质文化遗产，进而考察创造遗产者

① 如果严格遵照西方标准，一个没有做过田野的人类学系学生几乎不可能取得参加学位论文答辩的资格，田野是学术“成人礼”必不可少的环节，田野经历是一种学术履历中具有分量的“资本”。许多论著、教材郑重其事地如是说。

的日常生活，将它以民族志的方式呈现出来。进入田野后，笔者一直苦恼于如何在“遗产”与B村的其他文化生态元素比如历史记忆、经济活动、组织结构、民俗仪式等之间建立一种系统的、不只是简单枚举的串联关系。在这个问题上没有取得自己满意的进展。同时，A村的田野记忆也不时重现[①]，向笔者提示B村的某种特殊性和一种在研究思路上实现真正转换的可能与必要。于是，笔者开始重新思考自己的研究计划和重点。

笔者不再想面面俱到，而把目光聚焦在构造“遗产”和村落文化生态的一个特殊方面，亦即学者参与构筑的文化生态。这是B村有别于A村的文化生态，也是许多以非物质文化遗产闻名的村落共同的文化生态——如果A村像B村那样拥有自己被国家和学界认定的非物质文化遗产，作为人类学田野，它的局面和命运肯定与现在大不相同。围绕B村这样的村落，甚至可以勾勒出一个小小的“学术共同体”，梳理它的谱系，划分它在内部和相对于外部的边界。站在这样的角度，B村就获得不同于A村的研究价值，研究的性向就有了质的转折[②]。

B村是贵州省安顺市的一个村落，它持有一种称为“地戏”的非物质文化遗产。学者们称“安顺地戏”为“中国戏曲活化石”，认为它的唱腔是京剧唱腔的前身，也被视为明代汉族移民的“民族记忆背影”。学者的这些描述，对于它进入第一批“国家级非物质文化遗产名录”功不可没。持有这一遗产的人群被称为“屯堡人”，主要聚居在黔中一带。B村是该地区最大的屯堡村落，以地戏闻名。村落有复杂的人际网络、多层次的公共空间及其造就的舆论监控和自发、半自发的民间组织。从20世纪80年代开始，村落地戏在市场经济和传统文化再造（包括非物质文化遗产工程）的浪潮中起落。今天，它逐渐成为弘扬地方文化（“屯堡文化”）的附庸，淡出村民和

① A村的田野经历让笔者无法摆脱以它为参照来看B村，就像初恋对一个人后来的爱情生活具有抹不掉的影响一样。

② 与B村相似的例子是河北范庄，对那里“龙牌会”的研究也形成了一个由学者和当地人构成的知识生产共同体。详见岳永逸的博士学位论文《庙会的生产——当代河北赵县梨区庙会的田野考察》，北京师范大学，2004年。

外界视野的中心。[①]

对笔者而言，20 世纪 80 年代以来，B 村与学界的互动历程凸显出一种特殊的研究意义。B 村和地戏的发展路径与前景，不仅受到国家政令、意识形态、大众传媒和市场经济的影响，一定程度上也与学者的研究息息相关。在“村落大事记”中，与学界近 20 年的交往产生出一系列标志性事件或时间刻度，比如：20 世纪 90 年代，一位村民受民俗学泰斗之邀到北师大给博士生、硕士生表演地戏，被称为“地戏教授”，B 村人因为地戏获得了文化自信与自觉；2001 年“中国百村经济社会调查·九溪村”课题组数十人进驻村落，举村迎接；2002 年新春，在学者策划下，全村动员到市区进行文化巡演，给市民“拜年”；同年，在学者指点下，村落成立自己的文化研究会，它很快变成一种动员、分配村落内部资源，与外界尤其学界沟通、联合，构筑村落文化生态的新生力量[②]。

另一方面，关于该村的论著较多，引发了社会对它的关注，给它带来“学术名村”和“田野基地”的美誉。就像一种循环，越来越多的学人慕名而来，像“田野前辈”那样为学界，也为村落贡献自己的知识产品[③]。村落与学界的互动存在一波三折的诸多细节，结合对当事人（包括村民，也包括学者）的访谈和对文献的梳理，笔者希望发现村落与学界互动的关键时间点、事件和细节，“绘制”这一互动的“谱系图”，探究学者知识生产对村落和地戏的影响。

笔者发现，关于该村和地戏的研究之间有知识生产方式和观点的不同，从而呈现出不同的知识生产景观。许多文本都来源于在该村的田野经验，记录了大致相同的文化事象，但反映的“真实”却有区别，叙述体例和价值判断上也存在分歧。最

① 村民现在更关心另一种非物质文化遗产——“屯堡”。它代表“明朝”，代表“六百年遗韵”。这与政府的文化发展战略和学者研究兴趣的转变有关。

② 不过，大致从 2008 年以来，研究会的力量减弱，人员构成和与学界的关系也发生了微妙的变化。

③ 孙兆霞、吴羽等学者对屯堡文化研究（其中不少研究以 B 村为田野）的知识生产谱系进行了细致的梳理。这种梳理本身也是一种知识生产，参见孙兆霞的《地方专家学者与屯堡村的发展》和吴羽、龚文静的《屯堡文化研究现状及趋势分析》。

典型的例子，是同在2005年出版的两本著作《屯堡乡民社会》[①]和《明王朝移民部落：古屯堡游历记》[②]所呈现的差异。前者是集体调查、撰写的科学性知识产品，受社会学统计模式和定量研究的框架性支配，对村落格局和文化走势的主导判断是乐观而肯定的；后者是体制外文人创作的文学化知识产品，以纪实文学的面目出现，体现关注事件细节和人物内心的质性取向，对村民和地戏的现状与前景流露出失望。对于“什么是地戏？”“什么是屯堡？”，多年来也一直是学界争论不休的话题。那么，为何出现这样的差异？差异的深层含义是什么？这种差异对村落和地戏的发展又意味着什么？探究这些问题不能局限于纸上，也不能局限于学术圈内部，对于人类学来说，必须深入到学术观点所指涉的对象，在村落与学界之间才能获得更为清晰和清醒的答案。这恰恰是人类学研究方法区别于纯粹书斋研究之处，也是它给这些问题的探究提供的条件。

经过面对面地接触，学者的身份、收入[③]、人格魅力在村民那里留下模糊或清晰的记忆，这种记忆也会唤起他们遥不可及的期待。学者参与村落的发展规划，村民向学者“借脑”，也被“洗脑”[④]，学者与村落在某些方面共担风险。笔者进入B村后，不久就发现在村落的区域角色定位、村落与周边村落的关系、部分村民的身份和地位、村民间的关系、村民对未来的期望与筹划、村民的观念与用词[⑤]、村民定位笔者的眼光等方面都有知识生产先行者遗留下的痕迹。或片面或深刻的形象，反复被提起的学者名字与头衔，传为佳话、无需求证的场面与趣事片段，与先行者有关的褪色标语、记忆和似乎永不褪色的辉煌友谊，经常从村落景观与村民的谈话中冒出来，

---

① 孙兆霞等：《屯堡乡民社会》，社会科学文献出版社，2005。

② 青禾：《明王朝移民部落：古屯堡游历记》，内蒙古人民出版社，2005。

③ 初次见面，村民总会问笔者两个问题：你是哪里人？月收入多少？

④ 2002年2月，“中国百村经济社会调查·九溪村”课题组在B村召开九溪发展座谈会，给村落发展指出新的方向，“勾勒了一个蓝图”，被村民戏称为“洗脑”。见孙兆霞等著的《屯堡乡民社会》，社会科学文献出版社，2005年版，第248页。

⑤ “课题”“项目”“写论文”“博士”“中国社科院”“北京大学”“中央民族大学”等与学术研究有关的语汇不时出现在村民口中。而且，笔者也注意到某些村民对人类学做法似乎并不陌生。

后来者也被有意无意地与先行者放在一起比较和谈论。笔者真切地感到，作为后来者是在先行者抹不去又摸不清的“阴影”中开始自己的田野作业的。当后来者结束研究，离开田野，他自然又升格为先行者。从现在的后来者、未来的先行者（比如笔者）身上可以反观那些此前的先行者对B村生态发生影响的可能性，甚至具体情态。虽然接触的对象、深度，田野作业的时长，到来的时机或时段，设定的研究主题与旨趣等可能不一样，但在“我们”与“他们”、研究与被研究的关系上，这些B村先来后到的研究者又具有可比性。

在研究者与村落关系的处理上有两种对立的观点。一种是将研究与村落分开，反对研究者介入村落进程；另一种提倡以研究助村落，边研究，边帮助村落，积极参与村落的发展规划。笔者与其他一些进入B村的研究者一样，主张前一种处理方式。不过，也无奈地发现这样的事实：外来者可以不介入，但不得不卷入，因为他在场或曾经在场，就算一个无生命的道具，也会被积极行动者利用，充当对抗异己、树立权威的工具。以不介入的立场对抗介入，以局外人的清醒对抗局内人的迷狂，确实很难。

不介入或卷入的理想状态只能是成为无所不在的隐身人！① 当“文化旅游”“旅游文化”“发展”“开发”“新农村建设”这些词被“精英”，也被“大众”挂在嘴边的浪潮席卷而来，文化与经济联姻的戏台就会上演学者与民间的对手戏。导演是谁？有时像是学者，但更多的时候学者也是被导进去的，从更深的层次看，谁也不知道导演是谁，大家都更像是演员。文化经济或经济文化的命题，为包括笔者在内的演员创造了演出的机会。无论研究者主观上介入或不介入，客观上都对村落造成了影响。

B村的研究者相互影响、对抗，形成某种地缘或学缘上的谱系，为知识生产共同体创建了对外也对内的“数据库”（包括文本，也包括记忆）。他们中有的退出，有的

---

① 换个角度想，正像研究者不想成为道具或工具一样，村民也不想仅仅是道具或工具。所以，为对象所用，甚至在某些时候为对象“所有”，不但是无法避免的事实，也关涉到学术在场与田野交换的伦理。作为一个偶然闯入、并匆匆而去的过客，研究者还能为自己的信息报道人提供什么呢？一切都符合农民的“道义经济学”（斯科特）。

已经故去，有的转向其他研究领域，但在“数据库”中留下的东西始终影响着后来者，也通过后来者正在进行的研究进一步影响着B村的生态。在更长的时段和更大的范围内，在未来，它们将被不同的研究者与被研究者征用和评议，它们的存在也将成为使B村人的自我表述发生改变的一种隐性资源，一本不知在何种特殊情境中会被什么人开启来实现自我表述的“工具书”或“辞典”。比如，20世纪80年代初，学者的文章中开始出现“地戏”一词，之后就在学界和民间流行开来。在这个词流行之前，村民主要说“跳神”而很少说“地戏”。“面具”这个词也是这样，在学术化之前村民说“脸子”，在学术化后则改说“面具”。①

如何发现并验证知识生产与村落文化生态的关联？笔者以为，一种方法是对比受到知识生产影响者（事、物、人、心）与没有受到影响或影响甚小者，看二者有何不同；另一种方法是，将村落的文化资源、村落与学界构筑的共同体视为一个完整的生态系统，检测其中信息、资源的流动与循环。

五、在边界做田野

谁提出文化遗产的概念？谁制定文化遗产的标准？谁来判断什么是文化遗产？谁来排定文化遗产的等级？以及，谁来对成为文化遗产的文化遗产进行研究和提供保护策略？这一系列问题的答案表明，学者与地方政府和文化持有人一起程度不同地卷入非物质文化遗产工程，既合作，也博弈。对于学者来说，非物质文化遗产创造了一个合法化的新议题，搭建了供不同领域的学者对话、交流的话语平台，促成一种以此为主题的知识生产共同体的诞生。当另外两方利用学者说“话”时，学者也在利用它们说“事”。

许多学者都在研究文化展演和文化政治。从较真到以假为真是研究的觉醒和转

① 正如赵宗福指出的，地方文化解释会逐渐向“学术普通话”靠近，以知识界通行的词语更新原有的地方民间词语，或用“学术普通话”语法重新组合传统词语。见赵宗福所著的《地方文化系统中的王母娘娘信仰——甘肃省泾川王母宫庙会及王母娘娘信仰调查研究》，《民间文化论坛》2005年第6期。

向，但无论深刻的批判抑或理解的同情，无论悲观的否定抑或乐观的肯定，在性向上还是朝着对象的，研究与被研究的边界并无实质性转变。研究者站在局外静观局内人表演或争斗。如果我们从既定的学术轨道跳出来，对自己的研究尤其田野经验稍作回顾与反思，就得承认我们也在“局中”，改变对象（包括作为人的对象和作为正在生成的历史事实及文化生态的对象），并被对象改变（即便我们的“人”不被对象改变，我们的“研究”也会被对象改变），而且这两种改变随着田野时间长度、研究者与对象关系的密切程度、卷入对象生活的深度以及在对象那里建立的是“共情”还是理智而相应地改变。

我们往往把先行者的研究仅仅视为（或列为）自己的“参考文献”，一种静态的、过去完成时的参照系。实际上，田野研究创造了一种新的可能性。先行者与田野的互动，比如他与后来者可能交往的研究对象的曾经交往活动，意味着先行者的研究不仅在参考文献意义上，而且在田野对象和场域的构造或改造上，对后来者研究可能产生的影响。先行者在文献意义上，也在田野意义上，成为后来者的参照系。

这样思考，就会意识到对田野在场的关注和描述，不是一种使人对自己的研究有所信服的“标签”（比如，正文前的“田野调查说明”及附录中的“田野调查时间表和资料”），或者被人耻笑为文人自恋的话柄，而是一种不应该从文本中抹去的要件。

从参与观察的角度说：“参与观察，不就是观察者参与到对象之中而成为被观察的对象一部分吗？”[①] 从研究者与被研究者的关系说，“人对人的研究是两个主体之间的互动过程，双方都是有感情、有意向、有目的的，都在不断地影响对方并接受对方的影响，尽管所谓的研究者通常是比较主动的。作为结果的知识，最起码作为田野作业阶段性成果的资料是这个过程的产物。这个过程同样是人的生活，是有意识的实践，有所特殊只在于是‘学术性的’实践”。[②] 既然这一事实在对象现实的生成

① 高丙中：《知识分子、民间与一个寺庙博物馆的诞生：对民俗学的学术实践的新探索》，载吕微、安德明编《民间叙事的多样性》，学苑出版社，2006，第 430 页。

② 高丙中：《知识分子、民间与一个寺庙博物馆的诞生：对民俗学的学术实践的新探索》，载吕微、安德明编《民间叙事的多样性》，学苑出版社，2006，第 430 页。

和研究者知识的生产两方面都具有意义，为什么要忽略不计，而不去正视它呢？

田野还有其他边界吗？如果我们不局限于仅仅把对象的世界当作研究的田野，而是回过头来看我们的研究与对象的关系，就会发现除了对象那里存在我们设定、也突破的边界，在我们与对象之间也存在我们设定并同样可能突破的边界。这样思考，一块新的田野和一种新的田野观就呈现在我们面前。在穿越边界的叙述中，一个本来存在却往往被忽视的共同体，超越了时空和社会区分的研究与被研究者的共同体，一个更为流动、开放的“圈子”或“社区”，就会成为我们关注的对象。从某种意义上说，正是在这个共同体而不仅仅是对象田野中，关于对象的知识被生产出来。也正是这个共同体的存在，使我们得以理解知识生产与对象的实际互动，以及这种互动在对象方面带来的文化生态改变。知识生产在对象那里引发的效应，使我们不得不假设这样一个共同体的存在，以此为新的研究前提。

在研究者与对象之间设置的边界，不仅使研究者将自己置于研究之外，也使对象被隔离在研究者的知识生产系统之外。对象的意义仅仅在于为研究者提供知识生产的“原料”，这就假定了他们不会主动地生产知识，包括生产自己的“地方性知识”和参与研究者“学术性知识”的建构。无论从格尔茨意义上的“当地人的解释”，还是从布迪厄意义上，在文化权力的场域中动用、也创造符号资本进行文化政治表述的行动者而言，前一种知识早已成为人类学研究的焦点，但后一种知识似乎仍是许多研究的盲点。后现代人类学的趋势之一，是在对学术性知识“祛魅”之时呈现并践行研究者与对象从“对话”到“合作”的知识生产关系转变。这种转变与原态化的对象口述“铭写”有所不同。口述的“铭写”看起来放下了研究者操控对象声音的“架子”，使对象自由表述，或在与研究者的对话中自由表述，但对象的自由表述仍只是“文本分析”、话语解读的对象，最终处于研究者更高级别的元文本、元话语统辖之下，只具有“附录”性质。表面上，对象参与了知识生产，实则仍然是知识生产的对象或知识生产出来的对象。

对田野边界的意识、拆解或重新设定具有同时针对边界两边的双向意义，亦即不仅将研究者“我们”呈现在研究的“光照”之下，也将被研究对象“他们”邀请到边界这边的知识生产共同体中，或者自己采取真正的行动发出邀请，或者使这种邀请得以体现，或者哪怕仅仅是呈现这种邀请。其实，在王明珂所谓“文本”“展演”“表述”的意义上，从我们进入田野那天起，那些活着和早已逝去的“他们”不是已经在我们的知识生产共同体中了吗？王明珂说“在文献中做田野”[①]，意味着把那些创造了文字文本的作者与田野中正在创造无文字文本的“作者”同等对待。我们的邀请和关于邀请的种种思考与表现，最终不过是正视、记录和分析这一本已存在的事实的“前戏”和装饰。

笔者所要呼应的后现代意义上的转变，想强调的是，通过研究者在场和与研究者互动，对象不仅创造出与学术性知识和文本化知识直接相关的知识，也生产出与他接触或关注他的研究者。像笔者这样的后来者关于先行者在B村活动的认识，以及对先行者对B村文本的理解都要建立在先行者关于对象的处理、过滤之上，也就是说，建立在“生产”之上。在面对笔者，面对先行者以及在描述研究者和转述研究者对他们植入的印象、观念、术语的过程中，B村人不是毫无创造性的“刻录机”，而是在先行者与后来者之间反馈、传递和播撒他们处理过的信息的知识生产者。在这一意义上，对象成为知识生产共同体的一员，介入到我们的知识生产当中。

共同体不是一块铁板，而是内分出更小的共同体，在“他们”共同体和“我们”共同体内部的那些小共同体之间都存在着边界。后来者进入B村这块田野，就意味着加入这个知识生产“共同体”，并在共同体的不同层次和“圈子”里经受智慧与情感的考验，接受不成文的“入会仪式”。这种仪式既发生在“他们”那里，也发生在“我们”这里。

说明：

本文的研究得到安顺各方学者的支持，他们是：安顺学院的吴羽、张定贵、吕燕平、吕善长诸位老师，“屯堡文化”研究专家杨友维、吴之俊老师，青年摄影家李立洪先生。

---

① 王明珂：《羌在汉藏之间：川西羌族的历史人类学研究》，上海人民出版社，2021，第4页。

也得到九溪村朋友们的支持，他们是：我先后借住的“东家”顾海江大哥、刘继文老伯，我多次求教过的顾之炎、王厚福、宋先胜、朱正权、朱正学、黄国忠、张文德和陈永才等老伯，经常帮助我的朱发猛、宋应成两位兄长。此次到安顺，杜应国和罗布龙老师又先后对本文进行了深入指教。还有许多帮助过我的朋友，恕不列举，我的谢意同样是面对他们的。这些师长和朋友帮助我进入九溪，也帮助我完成加入这个知识生产共同体的“入会仪式”。回首与他们相处的点点滴滴，不能抹去的只有“感动”二字。我想引用英国社会学家鲍曼的话来传达自己的感觉：“共同体是一个‘温馨’的地方，一个温暖而又舒适的场所。它就像是一个家，在它的下面，可以遮风避雨；它又像是一个壁炉，在严寒的日子里，靠近它，可以暖和我们的手。”

屯堡人研究创新漫论

徐杰舜　张祎凌

一、关注屯堡人研究的缘起及文献回顾

屯堡人引起我们的注意是在20世纪80年代中后期的一天，当我们从《市场报》上见到一篇配有屯堡人照片的文章时，我们被古朴而又少数民族化了的屯堡人深深地吸引住了。

在汉族的汪洋大海中长大的我们，1985年从浙江迁入广西南宁，被相思湖周围文化独特的汉族族群——平话人震撼了，因为我们刚开始错把平话人当作广西的壮族人了。现在我们从《市场报》上见到的屯堡人，从服饰上来看比平话人还要少数民族化，怎么又是汉族的一个族群，而不是少数民族呢？

从此我们开始了对屯堡人的关注，并向贵州省民族研究所的翁家烈先生建议：在对贵州少数民族进行研究的同时，也要关注屯堡人的研究。翁先生是一位对贵州民族研究有着特殊敏感的学者，1996年11月1日，当我（徐杰舜）应邀到贵州省社会科学院进行学术访问时，来看望我的翁先生特别赠送了由贵州省民族研究所、贵州省民族研究学会编的《贵州民族调查》卷十三《贵州少数民族爱国主义·屯堡人专辑》。翁先生特别告诉我，这本书是他首先对屯堡人这一特殊群体进行集中调查后得出的成果。

这本专辑中的“屯堡人调查”部分收录了9篇关于屯堡人的调查报告以及相关研究论文。其中收入了翁先生本人对宁谷镇屯堡人进行的调查报告——《屯堡人调研报告——宁谷镇“堡子”调查》。该报告论述屯堡人的历史及在安顺的分布状况，并着重介绍了宁谷镇绵寨村屯堡人的风俗文化。

陈国安的《安顺市七眼桥镇屯堡人历史及经济发展调查》一文首先介绍了七眼桥镇屯堡人的迁入及历史，并较详细地介绍了明代卫所屯堡的历史记载。在了解卫所屯田制的基础上介绍了屯堡人经济发展的状况，特别以七眼桥镇为例介绍了屯堡人的传统加工工艺，以及其近几年来经济发展的情况。最有价值的是，该文最后一部分对屯堡人的来源、屯堡人的形成，以及屯堡人经济发展较快的原因提出了自己的观点，指出由于屯堡人的来源不全是屯军后裔，故称“屯堡人”为“屯军后裔”并不是很准确；屯堡人重视文化教育和善于经商的特点是其经济发展较快的主要原因。

王正贤的《安顺屯堡建筑之我见——屯堡文化调查研究之一》对屯堡建筑的由来、演变与发展，以及平面布局、类型与构架结体，装修与装饰等做了专题调研。

黄才贵的《谋求发展的屯军后裔——平坝县白云庄个案调查研究》一文，以平坝县白云庄陈氏屯军后裔的文化变迁做了个案考察。该文分为陈氏家族构成的时代特征，理学者与改革者的社会影响与士农工商皆有、生活习俗变容三个部分。

桂晓刚的《安顺屯堡文化调查》一文，对屯堡人的传统节日与习俗做了较详细的考察。

蒋立松的《贵州汉族的特殊群体——屯堡人——安顺地区屯堡人及其社会文化调查》一文认为，屯堡人具有历史概念、地域概念和文化概念上的特殊含义。全文分为屯堡人的形成及屯堡文化表征、屯堡文化存因研究和结语三部分。其中对屯堡文化之所以留存至今的主要原因——既有屯堡区域结构的外部环境，又有屯堡文化系统封闭性的分析较有价值。

唐合亮的《“屯堡人”探讨——安顺地区社会调查札记》一文比较宏观地、综合地分析了屯堡人的来源和形成、文化特征和传统原因、社会结构和心理特征、经济生活、邻近民族的社会生活水平和民族关系。作者在结束语中有一个观点很值得重视，他认为，黔中大地现存的屯堡文化现象，是几百年前封建王朝为稳固边陲而留下的文化痕迹，带有贵州高原独具的文化韵味。

韩荣培的《屯堡人的一个聚落——云山屯》一文是一篇小型的屯堡人民族志，其以安顺市七眼桥镇云山屯为个案，较全面地介绍了屯堡人的历史和文化。

陈德远的《屯军后裔理学名家——陈法年谱考要》一文是对屯军后裔陈法一生主要经历做了记录。

李平凡的《威宁“老汉人”及其风俗习惯调查》一文则是对贵州省威宁彝族回族苗族自治县（简称“威宁自治县”）“老汉人”的历史及独特的风俗做了介绍，为对屯堡人的研究提供实证资料。

这样，“屯堡人”专辑的印行就构建了屯堡人研究的第一个平台。

由于专辑只是内部发行，没有正式出版，故有必要在此略做介绍，以免随着时间的迁移而在学术界流失。

近年来，屯堡、屯堡人、屯堡文化引起了学术界的广泛关注，在各类期刊上涌现出大量有关屯堡人研究的文章。

《贵州民族研究》是屯堡人研究的主要阵地。其中对屯堡文化做整体研究的有翁家烈的《屯堡文化研究》，该文认为屯堡人是清代裁废明代卫所屯田制后对分布在贵州省黔中地区明初屯军后裔的专称，至今比较完整地保留着明代江南汉族文化的形式与内容，文中比较系统地分析叙述了屯堡文化的诸种特征。桂晓刚的《试论贵州屯堡文化》，对屯堡人的形成及一些独特的文化表现形式进行研究，认为屯堡人最初形成于明初对贵州的军屯，其后汇入了大量陆续进入屯堡地区的汉族移民。文章还分析了屯堡人在居住、艺术、服饰、语言、习俗等方面文化的表征，指出屯堡文化形成于特定的历史背景，受特殊历史人文环境、社会组织结构影响。

日本学者塚田诚之的《贵州省西部民族关系的动态——关于“屯军后裔”的调查研究》一文，则从民族学的角度对屯堡人进行研究，认为屯堡人是明代“屯军后裔”，属于汉族的地方支系，集中居住在贵州安顺，约有25万人口。清道光时以人们共同体的群体意识见于地方志，在民族学的境界方面则经历了由“汉”到“苗”再回归“汉”的过程，表现了民族关系的发展动态。他的另一篇论文《对民族集团应该怎样研究——以贵州“屯堡人”为例》，提出以贵州安顺为居住中心的屯堡人的祖先是明代初期为“征南”从江南作为“屯军”移民而来，居住在称为“屯”或“堡”的聚落，成为共同体的来历，现在作为汉族的自我意识而被公认为汉族。曾文化的不同特点，后来的汉族移民将屯堡人视为非汉族而产生视角的差异。屯堡人中的一部分人，曾出现过再移居的情况。在历史的演变中，屯堡人有可能形成了人们共同体的雏形，估计，可能被选择为在近现代中具有人们共同体特定的处于同一性动态过程的汉族下位集团。

蒋立松也分别从不同的视角审视屯堡人，他的《从汪公等民间信仰看屯堡人的主体来源》一文结合部分历史资料和屯堡人的口碑传说，分析了屯堡人当中的一些民间信仰，认为这些信仰反映了屯堡人的主体来源是明代的江南一带，并同时分析了汪公信仰的演变过程。蒋立松的《田野视角中的屯堡人研究》一文，则结合地方历史文献对屯堡人的记载，以及“六山六水”民族调查与研究，深入探讨了判断屯堡人的标准、自识与他识及屯堡文化传承等相关问题。

《安顺学院学报》是屯堡人研究的另一重要阵地。其中关于屯堡文化的研究有吴羽的《屯堡文化的时空建构》一文，该文提出屯堡文化能够传承至今，与当时的历史背景和黔中独特的地理环境有着非常密切的关系，屯堡文化不是一成不变的，而是处在一个不断建构、不断完善的过程中，是有机的时空建构的结果；吕燕平的《安顺屯堡文化——黔中喀斯特环境中的汉民族地域文化景观》一文，从文化地理学视野，分析安顺屯堡文化中聚落景观、民居景观、服饰景观、语言景观、地名景观、宗教景观和民俗景观的主要表现特征，以及安顺屯堡文化与黔中喀斯特环境的相互关系；吴羽的《一个典型屯堡村落的历史与宗族——九溪村个案分析》一文，通过九溪的历史形成过程，将九溪的宗族与中国农村传统的宗族进行比较，从发生学及历史变迁的视角说明九溪宗族特点及其与传统宗族的不同，并对其进行深层次的原因分析。

其他专题研究有：范增如的《安顺屯堡史话》一文，考证了安顺屯堡的历史，并将其划分为传承和演进［如云山屯（坉）和本寨］两个阶段或两种类型进行深入探讨；伍安东、吕燕平的《屯堡方言初探》一文论述了屯堡方言的语音和词汇的特点及其同屯堡文化的密切关系。

此外，在其他刊物上也陆续发表了一些较有影响的论文。

其中对屯堡文化进行研究的有：周耀明的《族群岛：屯堡人的文化策略》一文认为，屯堡人作为明清时期军屯、商屯、民屯汉人移民的后裔，几百年来虽然长期生活于西南少数民族地区，却以特殊的文化策略强烈地保持着明代江南地区的文化传统，凸显出自己的文化品格，成为西南汉族中一个特色鲜明的族群岛；吴申玲的《特殊的文化孤岛——贵州屯堡文化的生成、特点及原因》一文，通过历史文献和族谱考证了屯堡人的来历，概括了屯堡文化的特征，探讨了文化孤岛产生的原因；黎铎的《融而未合　分而未化——从屯堡文化看文化个性的形成》一文认为，屯堡文化是一定文化心理、环境影响的结果，是文化个性形成的范例；李建国的《略论屯堡文化的价值取向》一文指出，屯堡文化来源明代北方先祖的戍边屯田，这种文化在发展中融合了军旅文化与民族民间文化，形成了独特的爱国革命传统，今天亟须加以保护和发展；郭明的《安顺地戏道德价值初探》一文认为，安顺地戏内在的精神支柱就是“忠、义、勇”；王江萍、曹春霞的《民族理念与地缘特征的高度融合——聚焦屯堡建筑及其文化》一文，通过对屯堡民居的聚落特征、文化背景以及屯堡建筑的机理、构造、取材等方面的解析，针对如何体现城市历史的连续性，体现传统建筑文化的积淀，体现我国民居聚落井然有序的新陈代谢过程，提出了一些针对屯堡民居古城的保护措施和发展模式；龚文静的《地域文化资料的开发与地域经济发展的互动——以黔中安顺屯堡文化资料的开发为例》一文，强调屯堡文化资料的开发间接地通过科研对安顺经济发展起到直接支持的作用，图书馆在为科研提供优质文化服务和文献支持的同时，还要从科研和经济发展的角度反观他们需要各方面的信息保障，使地方文献、科研、旅游经济三者得到良性循环。

对屯堡人由来的研究有陈训明的《安顺屯堡人主体由来新探》，他提出安顺屯堡人主体的祖先应是来自北方的少数民族的新观点。对屯堡移民社会的研究有：万明的《明代徽州汪公入黔考——兼论贵州屯堡移民社会构建》一文，在对屯堡进行社会调查的基础上，从家族入手，追寻徽州汪氏家族与汪公入黔的关系，探讨作为社会文化现象的抬汪公仪式在屯堡移植和保存的意蕴，并以此作为探究文化与国家、社会之间互动关系的一个视角，说明明初大规模军事移民的国家行为，伴随着文化移植和文化认同的过程，国家观念通过文化传播深入民间社会，同时民间信仰起了社会整合的作用。文化在国家和社会二者之间架起了沟通之桥，不仅参与了移民社会的建构，而且产生了一种令人震撼的力量，延续至今。孙兆霞的《屯堡乡民社会的特征》一文提出，贵州安顺的屯堡乡民，其祖先为明朝时期自中原及江南调遣的屯兵，由于当地的地理地貌与屯堡先民的使命相契合，所承载的文化得以在区域内封闭生存，进而强化了彼此间的文化认同，这种认同促使屯堡内部通婚现象普遍，区内各种组织繁多；其功能主要在于促进核心家庭的文化传承及社会关系的构建；屯堡有不同于其他农村地区的发达的社区公共空间，成为社会学、人类学研究的独特案例。向彩源的《鄂西民族地区的一次近代文明冲击——“七女高”时期屯堡社区经济、文化考察》一文，探讨了“七女高”时期屯堡社区经济、文化受近代文明冲击而引起的变异及影响。

从上可见，学术界对屯堡人及屯堡文化的研究已形成了一个学术平台。

二、屯堡人研究创新的思考

屯堡人虽然已引起学术界，尤其是贵州学术界的关注，在贵州民族研究所之外，安顺学院近几年又成立了屯堡文化研究中心，对屯堡人进行了更深入、系统的研究。但是，从我们对屯堡人研究的大致了解来看，学术界对屯堡人的研究目前基本上还处在田野考察的一般阶段上，到目前为止，不仅没有有关屯堡人研究的专著出版，而且也还没有出现过深描式的民族志考察和研究报告，这应该是目前屯堡人研究的一个基本状态。

安顺学院屯堡文化研究中心发起召开这个屯堡文化学术研讨会，我们想借此机会顺便谈一下对屯堡人研究创新的一点想法。从战略思路上来说，我们建议引进和运用人类学的理论和方法对屯堡人进行全方位的考察和研究。这是因为人类学作为以人类全部自然科学知识和社会科学知识为支撑的学科，具有仰俯天地、贯穿古今、融汇东西的特点，此其一。其二，人类学作为研究人和人的行为方式的一门学科，人类的民族和族群研究就是其最重要的研究对象和研究范围。而屯堡人作为汉族中一个独具人文特征的族群，如果仅以传统的理论和方法去进行研究，势必会走向肤浅、滞后而缺乏学术影响力和张力。而引入人类学以及其他相关学科的理论和方法，则可以使屯堡人的研究柳暗花明又一村，得到创新的活力，从而可以提升屯堡人研究的学术品位，给人以耳目一新之感，把屯堡人的研究引向深入，推进到一个新的平台。

为此，关于屯堡人的研究，我们提出如下建议。

1. 对屯堡人进行深描式的民族志考察和研究

民族志的考察和研究是深入了解和认识民族和族群的一个重要方法。过去已有的考察，实话实说，基本上是浅描式的民族志。而对一个族群要进行系统、全面、深入的研究，首先必须进行深描式的民族志考察和研究，以立体的“工笔画”的形式向人们展示屯堡人的方方面面、里里外外，只有这样，才能为屯堡人的研究提供最扎实的第一手资料。由于屯堡人有军屯和非军屯两个来源，在对屯堡人进行深描式的民族志考察和研究时，要注意选择军屯和非军屯两个来源不同类型的村寨，以便进行比较研究。

2. 对屯堡人进行族群结构考察和研究

正因为屯堡人的来源是多元的，这就决定了其结构也是多元的。因此，对屯堡人进行族群结构考察和研究，就是对屯堡人进行学术“解剖”，其结果必将有助于弄清屯堡人的来源、形成，以及其文化的多样性。

3. 对屯堡人进行文化图像的考察和研究

屯堡人具有独特的人文特征，不仅文化内涵丰富，而且文化表达形式也多样。因此，要对屯堡人独特文化的方方面面进行扫描式的考察，并运用现代科学技术，不仅要用文字来记录屯堡人的文化，而且还要用摄影、录像等方式向人们展示屯堡人的文化图像。这个考察和研究也正是当前保护非物质文化遗产的重要方面，我们必须抓紧、努力。

4. 对屯堡人进行社会文化变迁的考察和研究

屯堡人入黔六百多年来，历经了历史风雨的吹打，沧桑几何，尤其是改革开放以后，屯堡人的社会文化发生了巨大的变化。因此，运用人类学文化变迁的理论，以变迁为关键词，分历史时期对其社会文化的变迁进行考察和研究，从而可以更准确地厘清屯堡人社会文化变迁的轨迹，为屯堡人今后的发展提供规律性的指导。

5. 对屯堡人进行比较考察和研究

有比较才有鉴别。对屯堡人的研究不能做封闭式的“井中蛙”，而应该将其与当地少数民族、当地其他汉族族群进行比较研究，从中既可看到他们与少数民族之间的互动关系，也可看到他们与其他汉族群众的边界。不仅如此，还可将屯堡人与客家人，以及广西平话人进行比较研究，从中可以从更广阔的空间去审视和评价屯堡人。

6. 对屯堡人的族群性进行考察和研究

族群性是人类学的一个关键词，了解和掌握屯堡人的族群性，可以更好地了解和认识他们的文化传统和人格，这对于深化屯堡人研究有着不可替代的学术意义和价值。

总之，运用人类学的理论和方法，还可以从屯堡人的生存策略、文化生态、文化适应、亲属关系、民间信仰等方面进行考察和研究。如果贵州的学者，尤其是安顺学院屯堡文化研究中心的学者能这样做，那么，若干年后，其研究成果将形成规模，从而产生规模效应，让世界更好地认识屯堡人及屯堡文化，这对丰富汉民族以及中国乃至世界文化的多样性无疑是一个重大的贡献。

田野视角中的屯堡人研究

蒋立松

在全球化浪潮的席卷之下，中国的民族学对来自西方的“话语霸权”似乎也早已不陌生了。作为一种回应，“学术对话”“民族学本土化”也成为民族学界孜孜以求的目标之一。平等的学术对话、包容而开放的学术本土化在我国有其天然的优势。一是我国民族众多、支系复杂，文化的多样性为我们提供了丰富的学术资源；二是我国学科底蕴深厚，如历史学、历史文献学等，在民族学的历时性研究中地位将日益凸显；三是民族学田野调查的优良传统，这是我们获取本土知识并参与国际学术对话的根本。概言之，民族学的本土化，唯有高举田野调查这面旗帜并将共时性研究和历时性研究有机地结合在一起，才可能获得学术对话的资本，也唯有藐视一切所谓的“强势话语”才能在本土化过程中获得一种学术上的自信。在多民族及族群的贵州，民族学研究者们长期持续不断的田野调查为民族学的本土化、民族研究的深入以及研究领域的拓展提供了较好的借鉴。其中，屯堡人的研究便是田野调查拓展民族研究领域的结果。本文即力图以屯堡人研究为基本线索，探讨在田野视角中屯堡人研究的深化过程。对于笔者而言，这既是一个学习与反思的过程，同时也是对民族学学科逐渐深化的认识过程。虽然笔者资历尚浅，言语轻微，但仍然斗胆撰此拙文，以向诸位专家请教。

一、“屯堡人”概念及屯堡人田野研究述略

“屯堡人”是贵州省汉族社会中的特殊次级群体，这一群体在文化上既有别于贵州其他汉族，更与周边其他各少数民族迥异，故有学者称之为汉族的“孤岛文化”

现象。[①]关于“屯堡人”的概念，翁家烈先生曾撰文进行过论述，他认为“屯堡人”是“清代裁废明代卫所屯田制后对今在贵州省平坝、安顺、镇宁、普定、长顺等县市内明屯军后裔的专称。屯堡人口现约30余万。其特点是他们的入黔祖先大都原籍江南，尽管历经数百年来的社会历史变迁，他们的大多数一直聚居在屯堡社区内，并基本上较为完整地保持着明代江南汉族文化的形式与内容。这在汉族各支派中是十分罕见的”。[②]笔者认为，这一论述揭示了“屯堡人”概念的三重含义，即可大体上视为历史概念、地域概念和文化概念的集合。就历史而言，其形成渊源于明初，距今六百余年。清《安顺府志·风俗志》云：“屯军堡子，皆奉洪武敕调北征南……家口随之至黔。”故屯堡人的形成与明代“调北征南”之军事史实有密切关系。田野调查中屯堡人对其入黔祖先的这种历史认同是很强烈的，通常的表述是“征南而来”“骑着高头大马打仗而来”。[③]就地域而言，屯堡人大多聚居在以屯、堡为名的特定地域内，反映了屯堡人的形成与明代之卫所屯田制有关。故民国《平坝县志》云：“屯堡者，屯军住居之地之名也……迨屯制既废，不复能再以军字呼此种人，惟其住居地名未改，于是遂以其住居地名而名之为屯堡人。”[④]就文化特征而言，屯堡文化与中国江南汉族文化之间有着某种历史的传承关系，似可界定为明清江南文化在黔中腹地的异地表现。据此，我们对“屯堡人”的概念有了一个大致的感知。它是居住在特定地域空间里的具有特殊历史起源的特定群体，其特殊性是民族学田野调查进行屯堡人研究的切入点。

作为汉民族的特殊次级群体，屯堡人进入学术视野相对于各少数民族及其支系而言是较晚的事情。这主要是过去民族学（文化人类学）传统研究领域比较偏重于少数民族所致。不过，清代以后的地方文献中有不少关于屯堡人的记载，零星的田

---

① 如袁少芬在《汉族的“孤岛文化现象”》一文中即把“伢人”“高山汉”“屯堡人”作为汉民族的三个“文化孤岛”进行了分析。

② 翁家烈：《屯堡文化研究》，《贵州民族研究》2001年第4期。

③ 蒋立松：《安顺地区屯堡人及其社会历史文化调查》，载贵州省民族事务委员会、贵州省民族研究所编《贵州“六山六水”民族调查资料选编·仡佬族、屯堡人卷》，贵州民族出版社，2008，第236页。

④ 见民国《平坝县志》，民国二十一年铅印本。

野调查和学术研究也曾有过，为日后的研究提供了一些线索。地方历史文献方面，清《安顺府志》、清《安平县志》、清《黔南职方纪略》、民国《平坝县志》、民国《贵州通志·土民志》等均有部分记载，如上文所引。这些历史文献对屯堡人起源、文化特征、风俗等有些记载。此外，20世纪日本学者鸟居龙藏亦曾对部分屯堡人进行过短暂的田野调查，然亦不甚深入，错误难免。1980年以后屯堡人逐渐进入学术视野，如姜永兴《保持明朝遗风的汉人——安顺屯堡人》[①] 及杨昌文《屯堡人述略》[②] 等文为研究屯堡人较早之作。1995年，贵州省民族研究所、贵州省民族研究学会组织“贵州民族调查”，对屯堡人进行了较全面的专题调查研究，并将一系列调查研究成果编入专辑。此后，屯堡人研究逐渐深入，也引起了学术界的重视。故我们可以把这一年看成是贵州的民族学田野调查中具有学科意义的标志性年份。它意味着在贵州，民族学田野调查的视野从传统的少数民族领域向汉民族领域的拓展。值得进一步分析指出的是，这种拓展并不是孤立地、偶然地发生的。任何学科的发展，研究领域的拓展、深化，或研究范式的转移，都有其深厚的学术土壤，或从更大程度上讲，都有其社会文化背景，也都遵循学科本身所具有的内在发展逻辑。屯堡人研究自不例外，它是随着我国汉民族研究的深入而兴起的。

事实上，在大规模屯堡人田野调查开始之前的20世纪90年代，贵州学术界已比较充分地重视了对贵州汉民族的研究。这一时期出现了一系列讨论明清以来贵州汉族移民的文章，如史继忠先生之《贵州汉族移民考》、翁家烈先生之《明代汉民族对贵州社会历史发展的贡献》、罗康隆先生之《明清两代贵州汉族移民特点的对比研究》、古治康之《论汉族移民在贵州开发中的作用》等文。[③] 这些文章的共同题域是

---

① 姜永兴：《保持明朝遗风的汉人——安顺屯堡人》，《贵州民族学院学报（社会科学版）》1988年第3期。

② 杨昌文：《屯堡人述略》，《贵州民族研究（季刊）》1993年第4期。

③ 史继忠：《贵州汉族移民考》，《贵州文史丛刊》1990年第1期；翁家烈：《明代汉民族对贵州社会历史发展的贡献》，《贵州民族研究（季刊）》1993年第2期；罗康隆：《明清两代贵州汉族移民特点的对比研究》，《贵州社会科学》1993年第3期；古治康：《论汉族移民在贵州开发中的作用》，《贵州民族研究（季刊）》1994年第1期。

汉民族与贵州，重点关注的是明清以来汉族移民对贵州社会进程的影响。1992 年 11 月，贵州省民族研究所还专门主持召开了汉民族对贵州开发的影响和作用学术讨论会。陈国安先生对这次讨论会的情况有过很好的分析和总结。[①] 这些研究虽然与屯堡人研究没有太大的直接关系，但它为后者提供了一种宏观分析的框架。因此，对于这段历史的简要回顾有助于我们辨明这样一个基本事实：即我们可以而且有必要把屯堡人研究视为汉民族研究在贵州的具体化、个案化。从这个意义上讲，屯堡人研究是汉民族研究以及民族学学科发展的必然结果，而它的展开又反过来为汉民族研究和民族学学科本身提供了富于个性化的学术养分。屯堡人研究中田野调查作为最主要的研究手段，使得这项研究具备了可直接观察的鲜活的生命力。田野调查在民族学研究中的地位、作用，通过屯堡人这一个案的研究再一次得到了证明。陈连开先生在一篇回顾性的文章中述及 20 世纪 80 年代以后汉民族研究的发展时，认为近年来关于民族地区，尤其是西南民族地区元明以来的汉族移民的研究受到了相当的重视。“同时还要注意，这些田野调查与社区研究，也在很大程度上弥补了目前汉民族研究田野调查不足的缺陷。因而，今后还会有更大的发展。”[②] 其所指当然包含了屯堡人研究在内。

20 世纪 90 年代中期以后，在汉民族研究的框架内，民族学研究者们在贵州主要以田野调查为手段，对屯堡人进行了多层面的学术研究。我们将会在本文的第二部分讨论田野调查的深入与屯堡人研究相结合之间的关系，此处只述及其大略，以 1995 年贵州省民族研究所、贵州省民族研究学会组织的屯堡人专题调查为例，有关贵州安顺屯堡人的调查研究报告共计九篇，另有一篇则讨论了贵州西北部威宁自治县“老汉人”的历史脉络及其风俗习惯。[③] 从总体上看，这些调查研究报告涵盖了屯堡人的历史渊源、屯堡文化的传承发展以及屯堡建筑的研究内容。以特征而言，这

① 陈国安：《汉民族对贵州开发的影响和作用学术讨论会综述》，《广西民族学院学报（哲学社会科学版）》1994 年第 4 期。

② 陈连开：《20 世纪汉民族研究概述》，《西南民族学院学报（哲学社会科学版）》1998 年第 6 期。

③ 李平凡：《威宁“老汉人”及其风俗习惯调查》，载贵州省民族事务委员会、贵州省民族研究所编《贵州“六山六水”民族调查资料选编·仡佬族、屯堡人卷》，贵州民族出版社，2008。

些调查报告坚持了实地调查的基本手段，通过对社区个案的观察、分析，对屯堡人进行历时性与共时性相结合的民族研究。在调查中，民族学研究者们对有关历史文献进行了稽考，并对散存于屯堡社区的民间文献进行了收集、整理，如碑记、家乘族谱、传说等。对于屯堡人研究，理论的建构是建立在资料的发掘基础上的，而这些资料又大多是通过比较细致的田野调查而得到的。因此，屯堡人研究从一开始就是在田野视角中展开的。这次调查之后，屯堡人研究在田野调查中得以继续、深入。如翁家烈先生便在日后对平坝（1997）、安顺油菜河流域（1998）、长顺（1999）、锦屏（2000）等地屯堡人及相关问题进行更进一步的田野调查。随着田野调查的深入，一些问题，如屯堡人与其他民族族群之间的互动关系、屯堡人文化传承与变异、屯堡人内部的层次结构等也进一步得到了关注和阐发。

正是在田野调查的基础上，屯堡人研究得以展开、发展、深入，这一过程还将继续。并且作为一种地方性知识，其所具有的学科意义也不仅局限于屯堡人研究本身。除了我们在前面谈到的它丰富了汉民族研究的内容和拓展了民族学研究的领域这两项意义之外，它还在至少如下几点具有较为现实的学科意义：①它以扎实的田野调查进一步证明了民族学研究的生命力之所在。当前民族学理论流派众多、学术主张各异，但对于田野调查重要性的认识却是一致的。屯堡人研究正是坚持了这一点，因而能较好地超越各种理论纷争，在田野中寻找资料，在资料中提出见解。②它以丰富的地方知识为民族学在贵州的本土化提供了新的学术资源。有必要说明的是，有关屯堡人田野调查所获的地方知识只是贵州民族学地方知识体系中的一部分。事实上，仅从 1983 年的《月亮山地区民族调查》以来，贵州民族学的田野调查在地方知识体系的建构上取得了显著的成效。以《贵州民族调查》资料集为例，二十年间已经编辑、出版了二十集，计一千余万字。其中我们可以看到大量的有关贵州各民族 / 族群的鲜活的田野资料，也包括了数量众多的民间地方历史文献。因此，可以毫不夸张地说，毕二十年之功，关于民族学田野调查，贵州在不经意间已经建构了一个地方知识体系，这一体系涵盖了贵州各民族及其族群的历史渊源、文化传承、社会结构等诸多方面。屯堡人的知识加入其中有其独特之处。

在田野调查的基础上，屯堡人研究得到了一定程度的发展，表现在两个方面。一是本土学者对屯堡人的系统化研究，如翁家烈先生的一系列调查研究报告及部分研究论文等，其系统研究的成果《夜郎故地上的古汉族群落——屯堡文化》一书也已于2001年由贵州教育出版社出版。二是屯堡人研究在国内学术界有一定程度的影响。如1999年出版的《汉族地域文化研究》一书中收录了有关屯堡人研究的论文一篇及摘要一则。[①] 此外，徐杰舜先生主编的据称“可以预言将是汉民族研究的新里程”的巨著——《雪球——汉民族的人类学分析》一书中的第八篇[②]，以及周耀明先生有关屯堡人的研究论文[③]，均以一种“拿来主义”的态度对《贵州民族调查》十三集中有关屯堡人的调查研究报告进行了比较充分的学术资源共享。

二、田野调查与屯堡人研究诸问题试析

屯堡人研究所涉及的内容很多，随着研究的进一步深入，相信还会有很多新的课题出现。并且，由于近几年旅游开发的热潮，屯堡文化通过旅游部门的推介、大众媒体的宣传，已开始受到学术界以外的普遍关注。这会导致今后屯堡人的学术研究普及化、大众化的问题，也会引发屯堡人研究的应用问题。不管怎样，透过对屯堡人研究过程的分析，我们发现，屯堡人研究的每一个问题的深入、明晰，或新问题的提出，均是在田野调查的基础上获得的。下面以屯堡人研究的两个基本性问题来说明。

1. 关于屯堡人的界定问题。这是屯堡人研究中一个基础性的并且会与整个研究相伴始终的问题。看似简单，但深究之下却有许多值得进一步明晰之处。在屯堡人的概念中至少隐含了下述相关问题：判断屯堡人的标准、屯堡人的“自识”与“他

---

① 袁少芳的《汉族地域文化研究》中收录了（日）塚田诚之的《贵州西部的汉族“屯堡人”考察之一》一文及黄才贵的《谋求发展的屯军后裔》一文之摘要。

② 徐杰舜主编的《雪球——汉民族的人类学分析》第八编《西南汉族的人类学分析》，对于西南汉族的族群结构进行了两个层次的划分，即第一层次是四川人、云南人和贵州人，第二层次是族群岛，即屯堡人。该书于1999年由上海人民出版社出版。

③ 周耀明：《族群岛：屯堡人的文化策略》，《广西民族学院学报（哲学社会科学版）》2002年第2期。

识”及屯堡人概念的演变。

首先，关于标准问题。笔者在前述关于屯堡人概念的三重含义时，实际上也已提出了界定该群体的三重标准，即历史（渊源）、地域、文化标准。但是，在田野调查的实际操作中，这三个标准却不易把握。例如，从历史渊源而言，屯堡人可追溯至明初，这是有史可证的。明洪武初定，元梁王盘踞云南，不愿归附。洪武十四年（1381年），明廷以傅友德“充征南将军，帅左副将军蓝玉、右副将军沐英，将步骑三十万征云南”[①]，十二月，征南战事毕。出于巩固中央政府对西南统治的需要，明廷乃在贵州广设卫、所并实行屯田驻军。《明史》云：“太祖于《平滇诏书》言：‘霭翠辈不尽服之，虽有云南不能守也。’则志已在黔，至成祖遂成之。”卫、所之设，据统计，在今贵州境内终明之世共计有二十六卫。洪武间，于今安顺一带即设有普定（洪武十五年）、安庄（洪武二十三年）、平坝（洪武二十三年）、威清（洪武二十三年）四卫及关岭千户所。有驻军，即有屯田，这是明制。《明史·食货志》谓：“屯田之制，曰军屯，曰民屯。……而军屯则领之卫所。边地，三分守城，七分屯种。内地，二分守城，八分屯种。每军受田五十亩为一分，耕牛、农具，教树植，复租赋，遣官劝输，诛侵暴之吏。”可见，卫所与屯田二制的结合保证了明王朝大规模军事集团移民活动的有效性。至是，大批军士及家属源源不断地移驻贵州。他们以汉族移民的身份改变了贵州的民族结构。据有关研究，明洪武年间贵州之军士及家属合计人口约有四十二万人。[②]今安顺一带有二十万左右，占了一半。后屯制既废，军户变为民户。屯堡人之由来概源于此。《贵州民族调查》卷十三中的许多调查研究报告对大量的历史文献进行了稽考，确认了这种渊源关系。不过，在田野调查中仍然发现不少问题。其中之一是，在长期的历史过程中，屯堡区域内的人口来源是复杂的，并非单一的军士后裔。如最大的屯堡村寨——九溪，极富建筑特点的云山屯、本寨等等，其居民的祖先世系并不一定均是所谓“调北征南”之遗裔。如此，以历史渊源为标准便受到了挑战。以地域而言，通常倾向于将屯堡人界定为居住在屯堡区域内

① 张廷玉等：《明史》第三册，李克和等点校，岳麓书社，1996，第2020页。

② 曹树基：《中国移民史·明时期》第五卷，福建人民出版社，1997，第315页。

的群体。但是田野调查发现不少的例外。在今贵州安顺这个屯堡村寨最为聚集的地区，“有的屯军后裔因种种原因，从原住之屯、堡、旗之类的军事布点游离出来，散布于其他非屯堡之类村寨居住，如大蒙沙、宁谷等地然”[①]。不少以屯堡为名之村寨也有非屯堡人如苗族、布依族等居住。因此，以是否居住在以屯堡为名的村寨中来界定是否是屯堡人，这种说法是不可靠的。那么，以文化为标准又如何呢？屯堡文化举其要者有地戏、傩戏、敬汪公、祀五显、带儿化音的语言特征，特别是村落布局及建筑样式等等，虽非每一个屯堡村寨都有全部的保留，不过，田野调查所观察到的景象却远比理论上的罗列复杂得多。例如翁家烈先生观察到“带‘儿’化音是屯堡话与一般安顺汉语不同的一个突出特点，但双堡、鸡场、旧州、宁谷等地屯堡人说话却无‘儿’化音。与之相反，住居于二铺境内大石板、燕子窝、黄家庄、云鹫山下寨、小关口、夏官屯、雷屯等许多村寨的苗族（约有万余人），在讲汉话时，却普遍带有‘儿’化音”[②]。由此可知，单纯的文化标准也不能完全据信。

那么，屯堡人的界定没有标准了吗？只能在田野中寻求答案。事实上，在田野调查中对屯堡人的界定并没有拘泥于上述三类标准的某一类，而是以一种变动着的历史的眼光综合了这三类标准的。这种综合是有必要的，它为屯堡人的界定提供了一种比较宏观的分析方法。通过综合考察屯堡人的形成、发展及演变的整个历时过程，我们发现他们是经历了明、清以来数百年间逐渐形成的汉族支系。屯堡人是以明代的屯军及其后裔为核心、以江南汉族文化为主要认同标志、以原屯堡区域为主要生存空间而不断形成的。此外，有不少非屯军的江南汉族移民进入屯堡区域，并在特定的空间环境中与原来的屯军及其后裔一起共同演绎、传承相同的文化，他们也理所当然地融为屯堡人的一部分。所以，对屯堡人为清裁废卫所以后的屯军的专称只是说明了人们对屯堡人群体的最初认识，而非绝对、唯一。

---

① 翁家烈：《油菜河流域社会综合调查》，载贵州省民族事务委员会、贵州省民族研究所编《贵州“六山六水”民族调查资料选编·仡佬族、屯堡人卷》，贵州民族出版社，2008，第351页。

② 翁家烈：《油菜河流域社会综合调查》，载贵州省民族事务委员会、贵州省民族研究所编《贵州“六山六水”民族调查资料选编·仡佬族、屯堡人卷》，贵州民族出版社，2008，第351—352页。

其次，关于屯堡人的“自识”与“他识”问题。在社会群体的划分上，“自识”与“他识”应当是统一的，实际上是认同问题。很显然，只有在不同群体的交往关系中，“自识”与“他识”才有必要。“他识”往往比较集中地体现在对某一群体的他称上。不少学者通过对地方文献的梳理，关于屯堡人的称谓是比较明确的。大体而言，“屯堡人”称谓见诸记载当在民国年间，即民国《平坝县志》所谓“迨及屯制既废，不复能再以军字呼此种人，惟其住居地名未改，于是遂以住居名而名之为屯堡人”。屯堡人还有许多不同的称呼，如“屯堡”(《安平县志》)，“堡子”或“屯军堡子”(《安顺府志》)，“凤头籍”(《镇宁县志》)，“屯田子”“凤头鸡”(《黔南职方纪略》)，“凤头苗”(《贵州通志·土民志》)等。这些不同时期对屯堡人的不同称谓（他称）大体反映了人们对屯堡人群体的认识。此外，屯堡人在民间还有不少其他的他称。如在镇宁、平坝两地，布依族谓屯堡人为“布阿”，镇宁革利苗族又呼之“沙皮”，平坝的苗族称屯堡人为“梭屯堡”，而称其他汉族为“梭夺”，“梭夺”的汉意是“短衣”。[①] 这一段关于他称的田野资料，说明了不同的族群对于屯堡人与少数民族以及汉族其他群体之间的分界是比较清晰的。再参阅文献，笔者认为，他称所反映的对屯堡人群体的界定是明确的，即把屯堡人视为汉人群体。历史上曾出现的“凤头苗”的称谓及分类只能说明是记述者的误解，并不足以代表对屯堡人群体的总体性认识。有的研究者根据历史上曾有的“凤头苗”之称谓，引申出了屯堡人群体在“汉”与“苗”边界上的流动与变迁，以及最终产生了从“苗”到“汉”的回归现象，笔者认为这种推断是缺乏历史依据的。[②]“自识”在区分“我群”与“他群”的功用上，在屯堡人当中得到了比较执着的保留。大量的田野资料表明了屯堡人的自我认同意识相当浓烈。陈国安先生在调查中发现：“这些屯堡人有两点是毫不掩饰的，一是‘征南’来的，二是‘汉人’。这一固定心理和地域心理就形成了六百年来

① 翁家烈：《屯堡人及其精神文明——镇宁、平坝屯堡人调查》，载贵州省民族事务委员会、贵州省民族研究所编《贵州“六山六水”民族调查资料选编·仡佬族、屯堡人卷》，贵州民族出版社，2008，第 323 页。

② 黄才贵编著《影印在老照片上的文化——鸟居龙藏博士的贵州人类学研究》，贵州民族出版社，2000，第 321—357 页。

变化不大的‘屯堡人’。”[①] 屯堡人的自我认同意识通过各种象征仪式、民俗活动以及其他具有象征意义的手段来加以固化、表达。例如，屯堡人“迎汪公”的习俗可以视为建构屯堡人共同文化心态的重要因素之一。清《安顺府志》载：“正月十七日伍官屯迎汪公至浪风桥，十八日初放烟火架。狗场屯、鸡场屯共迎汪公。”民间普遍的传说是汪公曾救屯堡人于水火。由此，“迎汪公”的习俗对于建构屯堡人共同的文化归属是有意义的。而据田野调查，这一习俗在屯堡人移民贵州之前即已存在[②]，到现在依然保留。屯堡人的自我认同意识在当代由于文化旅游的开发而得到进一步的强化。对于这种强化过程的特征或许可以表述为，在家族认同基础上通过文化纽带而建构起更高一层次的群体认同。在田野调查中，不少研究者可以非常直观地感受到屯堡人比较热衷于续谱修志。如九溪村为安顺最大的屯堡村寨，其家族来源、建寨历史比较复杂，1995 年该村民间知识分子自愿、自费修《九溪村志》，这一行为本身即带有建构共同认同的因素在内。

概念或名称所反映的实质上是认同问题。对于认同的研究，不仅要透过历史文献的分析，而且要置身于田野的特定时空场景中加以把握。近期，宋蜀华先生在不少文章中均阐述了民族学研究的观点和方法，如纵向与横向即历史性的（Diachronic）与共时性的（Synchronic）方法的结合。[③] 在屯堡人的田野研究上，研究者们通常比较注意到了这一方法的具体运用。不过，仅就认同这一问题而言，仍有许多地方需要做进一步的研究。例如屯堡人内部认同的差异性问题。有的调查观察到：A 地的屯堡人也许会称呼 B 地的屯堡人为“客民”，C 地的屯堡人又与 D 地的屯堡人没有通婚

---

① 陈国安：《安顺市七眼桥镇屯堡人历史及经济发展调查》，载贵州省民族事务委员会、贵州省民族研究所编《贵州“六山六水”民族调查资料选编 · 仡佬族、屯堡人卷》，贵州民族出版社，2008，第 288 页。

② 蒋立松：《安顺地区屯堡人及其社会历史文化调查》，载贵州省民族事务委员会、贵州省民族研究所编《贵州“六山六水”民族调查资料选编 · 仡佬族、屯堡人卷》，贵州民族出版社，2008，第 239 页。

③ 宋蜀华：《民族学的应用与中国民族地区现代化》，《中央民族大学学报（哲学社会科学版）》2000 年第 5 期；《论历史人类学与西南民族文化研究——方法论的探索》，《思想战线》1997 年第 3 期。

关系等等。[①] 对于这些小型的个案的分析，还有待于田野调查的进一步深入。

2. 关于屯堡人的文化传承问题。在一定程度上，屯堡人研究主要是指屯堡文化研究。屯堡人研究首先便是以其文化的特异性为切入点的，而屯堡人的认同问题主要也是文化的问题，认同的基础是共同的文化。在田野调查中，对屯堡文化的关注主要有这几个方面：对屯堡文化若干表征的描述，对屯堡文化传承方式及过程的研究，屯堡文化与周边其他民族 / 族群文化的互动关系。对于这些问题，翁家烈先生的一系列相关调查报告中有非常细微的观察和很好的阐释，也不断地澄清了关于屯堡文化的一些误解。因此，笔者大体上是可以依据翁先生的调查研究作为线索，从而勾勒出田野调查的深入与屯堡文化研究之间的关系的。

例如，笔者曾对屯堡文化传承的原因进行过调查与分析，强调了其传承过程中的封闭性、单向性，以及屯堡文化在族际文化关系中的共存而不融合等等。现在看起来，这些结论是肤浅的。过于强调文化的封闭性必然会导致忽略屯堡文化对周边文化的影响、作用。而这种影响、作用即恰恰是屯堡文化传承过程的重要特征。从更宏观的意义上讲，"屯堡文化是古代汉文化在贵州的一份厚重的历史积淀，其发生、发展、变化及其对贵州历史文化的作用，通过屯堡人这种特定的载体来实现、展开"[②]。笔者在田野调查中观察到了屯堡文化对周边文化，特别是周边各少数民族文化具有很大的影响，这种影响表现在后者对屯堡人的语言、服饰以及其他被认为是屯堡人的典型文化的接受上。石板寨、打洞、菠萝寨的布依族妇女所穿的服装与安顺大西桥屯堡人妇女的服装都为宽衣大袖、袖口镶边，脚穿翘尖绣鞋。平坝县大狗场的仡佬族，芒种、安乐等寨的布依族亦唱地戏。其唱本、装扮、演唱均与屯堡人的地戏相同。（翁家烈，1997）在接下来的调查中，翁家烈先生又观察到了屯堡文化的名实变异情况，如住居地名与住居民族不符。屯堡人丧失自己部分的文化特

① 如雷屯的居民称呼本寨的居民为"客民"，他们并不认同本寨的居民为屯堡人。

② 翁家烈：《屯堡人及其精神文明——镇宁、平坝屯堡人调查》，载贵州省民族事务委员会、贵州省民族研究所编《贵州"六山六水"民族调查资料选编·仡佬族、屯堡人卷》，贵州民族出版社，2008，第 331 页。

征，而周围少数民族却又接受并保留屯堡人的文化，也是名实变异的例子。（翁家烈，1998）随着调查的深入，屯堡人与周围少数民族/族群的族际互动也进入了田野视角。长顺县的屯堡人与周边布依族有着密切的族际关系，这种关系甚至催生了一个被称为“夷堡”的社会群体。“夷堡”分为两种：其一是对受屯堡文化影响较多且较深的布依族的称谓，主要分布在长顺县马路乡（今马路村）的高寨、毛栗寨、坝上等十一个布依族村寨。其二是对部分既具有屯堡人特征又具有布依族特征的屯堡人（后变为布依族）的称谓。（翁家烈，2000）

由此可见，屯堡人在文化传承过程中并非如笔者过去所认为的那样十分封闭，他们与周边民族之间的关系也是互动而绝非单向性的。正是在这种互动与不断地整合当中，屯堡文化得以传承并发生若干变异。当然，其主体仍然是明清江南的汉族文化，并作为一种核心不断地吸收、扩展、辐射，从而形成一种独具影响力的地域性文化。这些结论，都是通过不断的田野调查而得出的。田野调查对于民族学研究确实具有重要意义。

六百年的延续与变易

——屯堡文化研究之我见

熊宗仁

对六百年前江南文化“活化石”的贵州屯堡文化的研究，在贵州文化千岛的研究中堪称一枝独秀，日益引起学界广泛的关注。在文化生产、文化体验与文化消费成为旅游时尚的今天，六百年前明王朝“调北征南”“调北填南”者的后裔们，把这种着意或不经意保存下来的文化资源，变成了资本与经济进行交换。物以稀为贵的市场法则与鉴赏原则促进了屯堡文化研究及其开发利用的升温。作为首次涉足屯堡文化长河中的门外汉，在研究热与开发热中进行冷思考，却发现一个尚未引起充分注意的现象：大多数屯堡文化的研究者，都着重研究屯堡文化传承中的保守及其特殊原因，而对传承中的变易及其普遍规律却鲜有深入研究。或许，这正是深入研究屯堡文化的一条新的思维路径。

一

放眼贵州的开发史，一股从古到今汇聚四方的移民潮，奔流不息地把贵州从蒙昧带向文明，从古代推向当代。由分散的或集中的、由被迫的或自觉的、自发的或由官方主导的移民所造成的不同梯次、不同特色的经济、政治、文化乃至心理的交流碰撞所产生的融合，不是“一物降一物”，而是“一物生一物”，产生了既完全非此也完全非彼的新的物质或非物质的结果。于是，由明代的卫所变成了今日的屯堡，由移民所推动的进步便成了贵州社会一个显著的特点。作为人类住区的屯堡，较之当初寓兵于农的卫所显然是一个进步的明证。

明代以前的千余年间，贵州是中国氐羌、百濮、百越、苗瑶和汉民族五大族系交流融合的地域。各民族各支系进入的时间虽然不一致，但无论是伴随暴力征服掠夺，还是采取友好交往的方式，也无论是外来移民被迫或自愿融入强大的土著民族的社会生活之中，还是土著民族被迫或自愿适应强势的外来移民的生活，最终都会催生新的文明元素的生长，引起旧的文明元素的衰落，于是才有了历史的进步。可是，在目前的屯堡文化研究中，我们很难看到哪些是生长着的新的文明元素，哪些是已经消逝或正在衰落的旧的文明元素，仿佛屯堡游离于六百年的沧桑之外，旧貌依然，一以贯之，一成不变。

我们无法复制六百年的历史，既无法将六百年前的江南住区作为研究屯堡变易的参照系，也无法用今日的屯堡文化去复制当年的江南文化。更何况明初“征南”“填南”的将士及其眷属、随军工匠等分别来自江西、浙江、湖广、河南、安徽、江苏等地，其文化的多元性并非今安顺西秀、平坝、普定、镇宁、关岭以及黔南的长顺等地所遗存的屯堡文化所能包容。据文献记载，明太祖即位后，为对付盘踞云南、对抗明王朝统一大业和影响西南边疆稳定的元梁王把匝剌瓦尔密的分裂割据势力，至迟在洪武四年（1371 年），就有一批军队开赴贵州，在“黔之腹、滇之喉”一带设立了贵州卫和永宁卫。到洪武末年，在贵州都指挥使司属下已建立了十八个卫和两个守御千户所。此外，属湖广都指挥使司管辖的偏桥、清浪、平溪、镇远、铜鼓、五开六卫和天柱、屯镇汶溪两个千户所均在今贵州省境内。据明嘉靖《贵州通志》及相关史料统计，明初屯驻贵州的军人有二十万左右，占全国军队总数两百万的十分之一。他们“三分戍守，七分屯种”。明代曾规定，屯戍军人不许独身不婚，有妻室在原籍者着令送来完聚，尚未婚娶者则由政府“佥妻”配婚。因此，这二十万屯军便相当于二十万个家庭。明初，贵州都指挥使司所属十八卫两所共有屯田九十四万余亩，属湖广都指挥使司的六卫一所有屯田三十余万亩。此外，明朝还实行“移民就宽乡”政策，政府组织移民到贵州从事民屯。至嘉靖年间，民屯田土共达四十二万多亩。而据万历九年（1581 年）丈量，当时贵州布政司所属各司府州县民田一百三十四万多亩，仅比军屯田多十多万亩。如果加上民屯的田土，则外来移民的田土大大超过贵州本地农民耕种的田土。

二

把研究任何事物都能通用的一个原则——一切以时间、条件、地点为转移——运用来研究屯堡文化，把历史的真实还给历史。于是，便出现了我们深入研究屯堡文化必须解决的两大前提：一是了解明初为了巩固西南边疆，维护国家统一，消除割据云南的元梁王势力而进行“调北征南”的情况，特别是卫所制度及卫所军士与屯堡文化形成的关系；二是要研究两种以上文明接触和交流所产生的普遍规律和特殊规律，这是解释为什么在卫所屯军几乎遍布今贵州全省的情况下，其他地方的屯军及其后裔都融入了当地的社区之中，而唯有今屯堡人基本保存了自己祖先的文化的前提。屯堡文化经历了六百年的沧桑，而其文化传承中的保守与变易情况究竟如何？

舍此两大前提，我们便会把树木当作森林，把现实当作历史，把流淌的历史文化长河臆断为凝固不变、为我所用的事象。

明洪武四年（1371 年），全国统一大局已定。朱元璋决定出兵攻取割据四川的大夏政权。大军压境之时，大夏政权措手不及，明升皇帝出降，今四川、重庆为明朝所统一。四川平定之后，朱元璋即着手解决今贵州的归属问题，以便攻打云南。

明初秉承元制，对贵州实行土流并治，除改元朝的路、府（州）、县三级地方行政体制为府（或直隶州）、县（州）二级外，在少数民族地区设羁縻府州县及宣慰使司、宣抚司、安抚司、招抚司、土知州、土知县，统管军民之政。朱元璋采取“怀柔”之策，“以静治之”，对贵州少数民族“使得各安其生”，以政治攻略招谕贵州播州、水西、水东等几大土司，使其余土司望风归顺。朱元璋置贵州宣慰司统辖贵竹等十一长官司，置贵州卫统领原八番九安抚司，又置金筑、都匀等安抚司及普定、普安等土府。在洪武十四年（1381 年）前，今贵州大部分已兵不血刃纳入明王朝统治之下，土司能忠于朝廷，人民免受兵灾和苛赋之苦，社会较为安定。

盘踞云南的元梁王自恃山高路远，明王朝鞭长莫及，不肯归顺。朱元璋即位后，前后七次招降无果。在解决了川蜀及贵州归顺之后，便着手武力统一云南。为了解决军粮军食并巩固新归顺地区，朱元璋把起兵反元以来积累起来的军屯经验与中国历朝屯垦戍边的经验结合起来，推广运用于今贵州，并使之逐步制度化。

明代的军屯，贵州并非重点，而主要集中于辽东、蓟州、宣府、大同、榆林、宁夏、甘肃、太原、固原等九个边陲要地，史称“九边”。它们既是重点固守的要地，也是军屯的重要地区。

贵州的军屯并不是全国的重点，一方面是朱元璋为了对云南用兵而采取的权宜措施，另一方面又是他为了巩固西南、开发贵州的固本之策。就全国而言，从永乐末年起，随着移民垦荒的基本结束，军屯也开始走下坡路。正统以后，军屯进一步废弛。一是屯政益弛，屯法尽坏，屯军逃亡，屯田多被内监、军官所占夺，屯粮越来越少；二是屯粮与全国税粮“折色”同步进行，开始折征银两。在全国军屯废弛的大背景下，为什么贵州的军屯在今安顺一带会演变为屯堡？

三

在上述两大前提的导引下，深入研究屯堡文化必须面对以下四个问题，并做出符合历史与文化遗存的合理解释，才能说明屯堡文化得以较好保留下来的原因及其文化传承中的延续与变易。

1. 必须搞清楚明初卫所制度与明王朝一般军事制度和户籍制度相比较的特殊性，才能解释为什么长期的外界冲击力难以突破屯堡的内聚力。

明初卫所兵员主要来源于朱元璋起义后的“从征者”，二是战争中投降的“归附者”，三是因犯罪而“谪发者”。其后因兵员不足，便在民户中征召“垛集”。但贵州的卫所屯军主要是针对云南用兵而设置，其来源主要是习征战的“从征者”和“归附者”，才能满足“调北征南”的军事斗争需要；而云南平定后，为控扼西南又陆续入驻者，除满足军事需要外，又有“移民就宽乡”的意图。

屯军将士在贵州，“三分守城，七分下屯”。卫所有特定的区域、疆界，与所在府、州、县严格分开，多数卫所建有卫城，守御千户所则建有城堡。卫所的所有人口，均列入军籍，统归卫所管理，赋役由卫所摊派，月粮、食盐亦由卫所配给。多数卫所设有卫学或武学，其生员可参加朝廷科贡。卫所区域内也建有寺庙、宫观、祭坛等，俨然一个独立存在的社会系统。因而卫所城、堡可以独立存在。明代屯军的户籍列入军户的校尉、旗军、马军、力士、弓兵、铺兵等。列入军籍后，父子承袭，不得脱籍。对脱籍逃亡者，须勾捕回卫，予以重惩。为使军户稳定，并不断补充兵员，造成“有亲戚相依之势，有生理相安之心”，军户编入卫所后，一人在军，全家同往。新军赴任，妻子相随。若无妻室，予以婚配。每一军户有一名军士服役，称“正军”；户下辅佐正军料理生活者，称“军余”或“余军”。军官的子弟，称“舍人”。这种世代承袭的军户，确保了屯军的稳定。明代中叶以后，全国卫所制度渐渐废弃，辽东一带已十不存一。“九边”之地屯田已名存实废。随着明末农民起义军攻入北京，明代的军屯也宣告结束。而地处边陲的贵州，尚属于南明王朝的势力范围之内，又是大西军余部“联明抗清”的根据地，因而明初卫所留下的屯堡未被摧毁，其既较少受“九边”“军屯废弃”之累，又躲过明末农民战争冲击的一劫，长期处于流官与土司统治的夹缝与真空地带，其传统的军政合一的社区得以较好保存。

2. 只有弄清楚除今安顺一带的屯堡较完整保存下来外，在明初进攻和监控云南的三条主要路线上的卫所屯军及其后裔为什么都已被历史消解，才能说明屯堡文化延续至今的深层次的内在原因。

明代征南将士及其眷属、附属工匠、差役等进入贵州的通道，主要是仰赖元代湖广、四川、云南三省在贵阳交会的驿道。一是由湖广入黔东、黔东南，由贵阳经安顺、普安、盘县（今盘州市）到云南富源入昆明；二是由川南宜宾经黔西北毕节、威宁通云南昭通、宣威达昆明；三是由贵阳、安顺经黔西南兴义入云南罗平达昆明。而在各条通道上，尤以今安顺平坝、镇宁、关岭一带是两条主要通道的必经之地，过往军人和屯戍将士最多。在这些地方以西及西南通往云南的古驿道上，在清代甚至到今天仍保留许多以“铺”(堡)、“屯”、“驿”为名的地名，它们便是当年卫所屯军的处所。如今毕节市的鸭池河铺、烂泥沟铺、六归河铺、梨树坪铺、观音铺、长春铺、高山铺、撒拉铺、黑章铺、水槽铺、四铺等，今六盘水市的西堡司、阿杨屯、刘官屯、上寨驿、水塘驿、大坡铺、亦资孔驿等，今黔西南州普安、兴仁、兴义一带的牛场铺、江西坡驿、格沙屯、鲁屯、郑屯、下午屯、景家屯等，这些古代曾经是卫所屯军驻扎过的地方，却没有保存下类似今安顺市一带的屯堡人和屯堡文化。这些“调北征南”或“调北填南”的军士眷属及其后裔已经与当地的文明融合。但是，我们却不知道他们是怎么融合的，他们的文明为何而失传，这就成了研究屯堡文化中的一个缺失。

3. 只有弄清明初卫所军士及其后裔在六百年间，失去了他们先辈带来的祖籍的哪些文化元素，他们又吸收了周边别的民族或别的人群的哪些文化元素，才能知道不同文明交流的结果，真正了解屯堡文化传承与变易的全部内涵。

“文明的所有手段或工具，都必须在人们追求其当下目标的过程中证明其自身的效度，无效者将被否弃，有效者将被保留……随着旧的需求的满足以及新的机会的出现，新的目标也会不断出现。”[①] 可以断言的是，我们今天所见到的屯堡文化是在不断证明自身的效度、追求当下目标以及新的目标中走过了六百年。六百年前的屯堡绝非今日之屯堡，今日之屯堡文化也不可能原封不动地走向未来。今日的屯堡建筑，是由贵州的石块、石板、石片加上木材构建形成的，是江南一带建筑风格与贵州山区特点巧妙结合的范例。屯堡人语言中的安顺腔，屯堡地戏与贵州当地布依族、汉族中流行的地戏、傩戏之间的关系，屯堡人的饮食习惯与当地居民的饮食习惯，屯堡人节庆与当地居民节庆活动中的异同，等等，这些都是屯堡文化传承变易的极好佐证。至于屯堡人生产生活中接受的当地居民的生产生活习俗的方方面面，由于未着意加以研究，我们至今若明若暗，不得其详，却断言“不变的屯堡”，似不符合人类文明演进的一般规律。

“全球化使人们的生活展现在文化及其全部创造力之中，展现在思想和知识的交流之中。”[②] 当代科学技术的日新月异，各种陌生文化进入了我们的生活，特别是市场经济大潮冲击着我们固有的文化。屯堡人所承载的文化在各种异质文化的冲击下，

---

① 哈耶克：《自由秩序原理》，邓正来译，生活·读书·新知三联书店，1997，第 37 页。

② 《1999 年人类发展报告》编写组编《1999 年人类发展报告》，中国财政经济出版社，2001，第 4 页。

既要输出或展示甚至营销自己的文化，又要进行群体更多的是个体的文化选择、借鉴和吸收。屯堡文化在资本化运作中变易甚或消失，无论文化保护者怎么呼吁，市场经济对屯堡文化的消解是不可避免的。这又是六百年屯堡文化传承中必然伴随的又一普遍现象。

4. 除了弄清屯堡人孤傲的心态对其文化传承的作用外，更要弄清屯堡内部的社会组织结构和社区管理方式，弄清今安顺一带屯堡在历史风雨中因何而避免摧残，只有这样才能弄清屯堡文化为什么历经沧桑、几经战乱、备受冲击而保守多变易少的特殊的历史背景及主观原因。

明代的军屯制度在贵州建省前后是鼎盛时期，至明中叶时开始衰落，而到明末完全废弛。其间，云贵一带经历了大西军余部与永历王朝共同经营抗清根据地的历史，随后又经历了吴三桂的反清叛乱，以及清军入黔与平叛，其他地方的屯军卫所早已荡然无存，唯独今安顺一带的屯堡保存相对完好。这种奇迹由其复杂的历史条件和屯堡人主观的固守意识所造成。“当两个或更多的文明发生接触时，它们往往在一开始就表现出力量上的差异。恃强凌弱乃是人的本性，因此更强大的文明往往会利用自己的优势去侵略邻近的文明。”[①] 据一些研究者考证，屯堡人的祖先大部分来自江苏、安徽、浙江、江西、湖广等地。来自朱元璋老家安徽和明代京城一带的军人，因王命所系、帝气所钟又有特别的优越感。他们除了受军队森严的等级制度的余荫之外，又因随镇远侯、贵州都指挥使顾成首批来到贵州，战功卓著而享有地位并获得人们的尊重。屯堡人的团队精神，已把贵州当故乡的稳定的敬业精神，最初是源于严明的军纪、威严的法律，以及他们所拥有的优于当地人的经济资源和政治资源。所以他们在明王朝统治下，只会“利用自己的优势去侵略邻近的文明”，而不会被别人“侵略”导致衰微。在大西军孙可望、李定国等余部与永历王朝“联合恢剿”的过程中，屯堡人系大明的“正统”军士的后裔，自然不会受到冲击和干扰。而在清统一西南的过程中，在吴三桂发动的叛乱中，屯堡人本是大明遗民，无论是否抗清

① 阿诺德·汤因比：《历史研究：插图本》，刘北成、郭小凌译，上海人民出版社，2019，第 596 页。

或参与吴三桂的割据叛乱，因清王朝在进军贵州和平定吴三桂的叛乱中，都总结了过去的经验教训，严禁烧杀掳掠，谨遵皇上“加意抚绥，安辑民心……勿致扰害地方，以负朕除暴安民之意”[①]的旨意。清初的“抚绥”政策，使屯堡避免了改朝换代的动乱的破坏。在平定吴三桂的叛乱中，康熙颁诏明示：“当时倡叛，罪止吴三桂一人，所属人员均系胁从，情可矜恕。今特颁敕谕，再行招抚。”[②]不久，康熙帝又诏令：“大兵进剿云贵，务在安辑人民，抚绥苗蛮，其敕将军以下诸臣，严禁官军掳掠。”[③]因此，在吴三桂叛乱和康熙帝平叛的过程中，屯堡都能安然无事，而其文化的传承未因战乱而中断。这仅仅是一种推断，而不是严谨考证的结果。但推理假设在历史研究中的运用也是走近历史真实的一条科学路径。

屯堡人创造着自己的历史，但是首先，他们是在十分确定的前提和条件下进行创造的。“其中经济的前提和条件归根到底是决定性的。但是政治等等的前提和条件，甚至那些存在于人们头脑中的传统，也起着一定的作用，虽然不是决定性的作用……但是第二，历史是这样创造的：最终的结果总是从许多单个的意志的相互冲突中产生出来的，而其中每一个意志，又是由于许多特殊的生活条件，才成为它所成为的那样……因为任何一个人的愿望都会受到任何另一个人的妨碍，而最后出现的结果就是谁都没有希望过的事物。”[④]这一“谁都没有希望过的事物”便是今日的屯堡。深入研究屯堡文化的路径，不能单纯从某种历史的力量中去寻找，而只能从恩格斯所指出的“历史的合力”中去寻找。

在文化也能资本化的今天，屯堡文化正面临一次前所未有的考验，这远比历史上的风吹雨打更为严峻。因为前者是屯堡人走向现代化的自主选择，而后者只不过

① 贵州省文史研究馆古籍整理委员会编《〈清实录〉贵州资料辑录》，汕头大学出版社，2010，第6页。

② 贵州省文史研究馆古籍整理委员会编《〈清实录〉贵州资料辑录》，汕头大学出版社，2010，第29页。

③ 贵州省文史研究馆古籍整理委员会编《〈清实录〉贵州资料辑录》，汕头大学出版社，2010，第32页。

④ 华东师范大学出版社编《马克思主义原著读本》，华东师范大学出版社，1991，第37—38页。

是外来的冲击。固守文化“高地”的屯堡人积累了抵御外来文化侵袭的经验，他们文化保守的强烈意识足以减少或避免这种外来冲击。但愿在深入研究、保护和开发利用屯堡文化时，现代化的春风也能吹进屯堡的每一扇窗户；但千万别吹散屯堡人的矜持及六百年传承下来的对自己文化传统的认同。

屯堡文化研究概述

杜应国

屯堡文化作为黔中安顺所独有的一种地域文化现象，自20世纪80年代浮出水面，进入研究视野以来，就一直保持着持续升温的势头。其间，安顺地戏于1986年赴法国和西班牙的演出及演出所引起的社会轰动，可以说是形成屯堡文化研究热的一大契机，越来越多的地方文化学者开始把关注的目光投射于其上。多年来沉寂无闻的屯堡文化迎来了它的第一波研究热。不过，如今已鲜为人知的是，地戏出国及其所引起的轰动，这本身就是贵州学术界、文化界人士努力推动的一个结果。[①]学术研究能够引出如此出人意料的社会效应——这样的结果，不仅扩大了屯堡文化的影响，而且也反过来鼓舞了学者研究的热情。于是，自地戏出国前后的20世纪80年代中期起，一批相关的研究成果陆续出版，如沈福馨先生的《贵州安顺地戏面具》《安顺地戏》，高伦先生的《贵州地戏简史》，以及由沈福馨、帅学剑等编著的《安顺地戏论文集》，顾朴光先生的《中国傩戏调查报告》等。这是贵州学术界在屯堡文化研究方面最早收获的一批果实。正是在这批奠基性成果的基础上，包括地戏在内的屯堡文化研究迎来了20世纪90年代之后的热闹局面，地方文化学者的研究热情持续高涨，本土研究队伍大幅扩展。尤其是进入20世纪90年代末以后，随着改革

① 据周青明《安顺地戏扬名法国、西班牙的前前后后》一文，1986年安顺地戏赴法演出，首先得力于法籍贵州人谢景兰女士的推介。而在确定了赴法演出的节目（《地戏与侗族大歌》）后，有关的宣传活动就与省内地戏研究专家沈福馨先生对地戏的研究和介绍有关。由沈福馨先生撰写的《贵州安顺地戏和地戏脸子》及《安顺地戏》两文，经巴黎艺术节顾问路易·旦德莱尔首肯，约请法国汉学家班巴诺教授译为法文发表，并获邀送二百五十面地戏面具到法国参加艺术节展出。此外，沈福馨先生还陪同专程到贵州遴选节目的路易·旦德莱尔到安顺蔡官选定了出演的剧目。见《安顺文史资料（第二辑）·屯堡文化专集》。

开放的深入和现代化进程的加快，世界经济一体化的浪潮席卷全球，迅猛到来，全球化与地方性的紧张、冲突成为学界广泛关注的问题。在此背景下，具有强烈地方性特征的屯堡文化现象，也吸引了一些非本土学者（省外、海外）的注目。在他们的参与和推动下，一批以屯堡村落及其文化现象作为研究内容的国家级课题、省级课题先后在安顺展开，由此形成了一种新的研究格局，那就是有关院校及专业研究机构人员的参与、介入和与地方文化学者的有机结合。这样的研究格局，不仅使内外资源得到有效整合，而且还带来了方法的更新和视野的开阔，既丰富了相关的学术背景和学理资源，又提高了专业研究的水准，因而大大拓展了研究的广度和深度。其主要学术成果体现在如下几个方面。[①]

第一，通过对史籍典册和现存地方文献的梳理、考证，追溯屯堡现象及其风尚习俗的来源、形成。其中，包括对一些文献涉及的指称、描述如“屯堡人”“屯田子”“里民子”等等的称谓，以及对“凤头鸡”“凤头苗”“老汉人”等他称与自称的来源、蕴涵等具体问题，进行考证、辨析，力图从现代文化人类学的视角，对屯堡人的族属身份做进一步的确认。同时，研究者们还对安顺屯堡的分布格局及其人文地理特征、明代军屯官兵的籍贯和屯堡移民主体的来源及其文化渊源等进行了深入的研究。尽管由于年代久远，文献匮乏，有关屯堡人的来源、形成与流变过程等等的记载，基本上属于空白，几无可供征引的第一手资料，但通过研究者们的不懈努力，这一领域所取得的成果还是颇令人瞩目的。这方面的代表性著述有：徐杰舜的《雪球·汉民族的人类学分析》(“屯堡人”专节)、黄才贵的《影印在老照片上的文化——鸟居龙藏博士的贵州人类学研究》、塚田诚之的《对于民族集团应该怎样研究——以贵州“屯堡人”为例》(黄才贵译)、陈训明的《安顺屯堡人主体由来新探》、蒋立松的《从汪公民间信仰看屯堡人的主体来源》、范增如的《明代普定卫戍屯官兵原籍考》《安顺屯堡分布格局及其原因》、万明的《明代徽州汪公入黔考——兼论贵州屯堡移民社会的建构》、袁本良的《安顺屯堡方言研究之我见》等。

---

① 有关旅游开发方面的研究和成果不属本文讨论的范围。

第二，典籍文献和研究材料的收集、整理、汇编。在这方面，地方文化学者做了大量工作，发挥了本土学者特有的优势。20 世纪 90 年代以前，有关屯堡文化的研究多以本土学者为主，研究材料大多散见于各种地方文献和地方媒体中。但随着外部学者的介入和屯堡文化研究热的兴起，学术界对研究资料的需求日渐突出，针对这种情况，地方文化界以收集、整理文献资料为己任，陆续推出了一些研究性专集，如周道祥主编的《安顺文史资料·安顺屯堡文化专集》(1994 年)、贵州省安顺市政协宣教文卫体委员会编的《安顺文史资料·屯堡文化专集》(2002 年)，以及由安顺学院教师吴羽、孙黔等完成的贵州省青年研究课题《安顺屯堡史料类编》(初稿）等。无疑，这些努力为学术界的研究提供了重要的资料积累，是不容忽视的基础建设工作。

第三，通过田野调查的收集、整理所获得的大量民间资讯材料和调查报告，其中包括文本、图片、音像及实物资料等四大类。文本资料之中又包括地戏、佛歌、孝歌等各种唱本，以及家谱、村志和其他口述材料等；实物资料主要指各屯堡村寨中历史遗留下来的少量老地戏面具。应该指出的是，这些田野调查，大多启动于地方旅游业尚未兴起之前，因之其资讯内容也多保持了某种传统的原生性，没有受到如许多旅游开发地所出现的那种商业化污染。20 世纪 90 年代后期，在举国一片旅游开发热中，许多民族民间文化都因为迎合商业表演的需要而变味、变调，乃至变样。相比之下，贵州的发展滞后反为文化学者们抢救性的收集、整理赢得了时间，可称不幸中的万幸；尤其是对地戏这类很容易受到商业化污染的民俗活动而言，早期的抢救性收集更显珍贵、难得，反映了地方学者们的某种学术敏感和文化责任。在这方面，值得注意的成果有：贵州省民族研究所、贵州省民族研究学会合编的《贵州少数民族爱国主义·屯堡人专集》，安顺市文化局编印的《图像人类学视野中的贵州安顺屯堡》，王秋桂、沈福馨编的《贵州安顺地戏调查报告集》，郑正强、杨延康合作的《大山深处的屯堡》，蒋立松的《田野视角中的屯堡人研究》，燕达、高嵩与高冰合作的《六百年屯堡》等。

第四，通过对屯堡村落的典型解剖和总体把握，力图从历史与现实的角度来揭示并回答屯堡文化的来源、形成及其得以保存的原因等问题。由于学术界的关注和介入，有关屯堡文化的研究开始摆脱早期那种只侧重于做一般性的文化描述或事象归纳的局限，而开始涉及社会变迁、制度变化、经济因素、聚落生存，以及文化的冲突和影响、族群的心理认同等更深层次的问题。在这方面值得提及的成果有翁家烈的《夜郎故地上的古汉族群落——屯堡文化》、黄才贵的《独特的社会经纬——贵州制度文化》、郑正强的《最后的屯堡》等。

大体而言，在经过几十年的研究之后，学术界在屯堡文化研究方面已基本形成了如下一些看法：

一、公认地戏是屯堡人最重要的文化标识，也是屯堡文化最具标志性与象征性的文化符号，其形成跟屯堡人特有的生活方式与文化认同紧密相关。关于地戏的来源，学术界多认为，地戏来源于明以前就在军队中时兴的军傩，相当于而今所说的军中“文工团”，明初由征南大军带入贵州。至于地戏进入贵州以后有无变化，学术界观点稍有歧异，有人认为基本没有变化，明初的地戏与今天的地戏变化极小，发展缓慢[①]；有人则认为，军傩随军屯兵士进入贵州后，逐渐演变成为打上屯堡人生活烙印和价值理念的地戏，主要是在贵州独特的军屯环境中形成的[②]。如此等等，不一而足。

二、都认为屯堡文化是一种移民文化，其形成直接来源于明初因军事行动引发的大规模移民浪潮。移民的主体是屯军兵士及其家属，同时也包括部分民屯、商屯的移民。因此，屯堡文化包含一定的军事痕迹，如其在建筑方面所特有的军事防御功能（此说是一个最容易引起误解的说法，笔者仅在发生学的意义上认同此说），以及地戏中大力演绎的征战故事和屯堡人所固有的军事英雄崇拜心理等。经过数百年的流变，一些早在其母源地消失了的文化现象如服饰、头饰和民间信仰崇拜（崇汪公、尊五显等），却在屯堡社区顽固地保存了下来，因此形成了一种独具特色的地域文化现象。它与汉民族流传至今的文化传统，存在着大同而小异的区别，而正是这

① 沈福馨：《安顺地戏的形成和发展》，载沈福馨、帅学剑等编《安顺地戏论文集》，文化艺术出版社，1990，第8页。

② 高伦：《贵州地戏简史》，贵州人民出版社，1985，第16—21页。

种“小异”，构成了屯堡文化所独有的特点。

三、对于屯堡文化的形成，学术界观点目前的歧异较大。一种很具代表性的观点认为，屯堡文化作为一种移民文化，自当年由军屯官兵及其他移民带入贵州后，就一直稳定不变，是江南汉民族文化较完整的一次平移，具有超强的稳定性，姑且称之为“超稳定说”。[①] 另有观点认为，现今保存下来的屯堡文化，其源头确乎来自当年的江淮一带，但它随着军屯移民进入贵州后，并非是一成不变地完整保存至今，而是也受到移入地文化的影响，几经流变、整合而后形成的。因此，与母源地的文化现象相比，它具有保持不变的一面也有变化的一面，是在守成与变异的博弈与张力中形成的。这种主张从不同文化的交融入手，承认移入地文化对原有文化形态必然产生的影响，可称为“守变互洽说”。

至于对屯堡文化得以长期保存下来的原因，学术界分歧较大，就目前来说，大体有如下几种代表性的观点。

其一，聚落优势说。按照此说，原普定卫在明初对滇用兵中，具有特殊的地缘优势与军事优势。从地缘优势看，安顺为入滇孔道，位处明王朝对滇用兵的东西大通道之要冲，所谓“黔之腹、滇之喉”的誉称，形象地说明了安顺的地理位置在军事上的重要。从进攻角度讲，安顺乃西进乌撒（今威宁）、曲靖的前沿基地；从守的角度讲，安顺是进入黔省的最后一道屏障，自安顺而迄贵阳，一路平坦，无险可守，守住安顺，也就等于守住了整个黔中地区。所以，无论是在用兵方略上还是在后勤的保障供给上，安顺的战略地位都极重要，是明军重点控扼和着意经营的地盘，也是明王朝在滇黔两省推行屯田制的核心区域，因此形成了罕见的屯堡密集区，仅普定一卫，就有七十八屯九堡之说（实际数字尚不止此），若再加上邻近的平坝、安庄两卫，其屯堡设置的密集程度显然远远高于其他地区，由此形成了屯堡遍布的聚落

① 明确提出此说的是安顺文化学者宋茨林先生，见宋茨林所著的《切近而又遥远的史诗——我看屯堡文化》，载自《安顺日报》。另有不少研究者虽未明确使用这一提法，但实际持的仍是同一观点。可参阅翁家烈所著的《夜郎故地上的古汉族群落——屯堡文化》，贵州教育出版社，2001 年版。

优势。在这种密集区域内，屯堡人的文化传统较容易在自我认同中保存下来，而不易为流俗所改变。

其二，文化优势说。此说认为，当年屯堡先民的主体，是以征服者的姿态进入贵州的，心理上就有一种优越感，再加上他们带来的是中原地区较成熟的汉文化和先进的农耕技术，进入一向被视为"蛮夷之地"的贵州，其自视甚高的文化优势自不待言。再加上安顺一带的屯军，据考，大多来自江淮一带，有的甚至来自朱元璋的故乡凤阳，现今号称"屯堡第一村"的安顺市西秀区大西桥镇九溪村有朱姓一族，据说就是朱元璋的同宗。这种"征服者"的身份和发达汉文化的代表，再加上出自天子脚下的荣耀（所谓的"中央军""嫡系""正统"云云）等等，都会使早先的军屯兵士产生一种文化优越感，而对地方少数民族文化产生排挤与歧视，不仅长期不会认同乃至融入其中，就像历史上许多断续进入贵州的汉人最终都免不了变服易俗被同化的命运那样，相反，他们严守着所谓的"夷夏之别"，严格注意区分自己的族属身份。这样，有意张扬和保持自身的文化优势，就成了屯军及其后裔们的唯一选择，屯堡文化就是在这样的执意坚守中被保留下来的。

其三，自我封闭说。[①]此说除了认同文化优势论外，更把探讨的目光侧重放到屯堡人的自我封闭上。为了强调这种封闭性在保存屯堡文化方面的突出作用，在早期的研究中，屯堡村落常常被描述成一个个孤立的聚居点，不仅远离城市，而且好像大多都地处偏远，交通不便。生活于其中的屯堡人，就好像与世隔绝的桃花源中人，不知有秦、汉，更无论魏晋，常年生活在石头筑起的堡子里，说着堡子话，按照自己的一套传统和习俗，不受外界惊扰地生活着，怡然自得，自给自足，仿佛真是世外桃源一般。这种"自我封闭论"把屯堡文化的形成和保留归结为一种与世隔绝的孤立和封闭上，却忘了现今称为屯堡的许多村落，恰恰都处于交通十分发达的黔中主干道上。于是，又有了从文化心理角度进行的补充。此论根据屯堡人只与汉族婚配的通婚圈选择（即使有与少数民族通婚的，也多为娶女而不嫁女），以及屯堡人对

---

① 黎铎：《融而未合　分而未化——从屯堡文化看文化个性的形成》，《遵义师范院校学报》2002年第1期。

外来宗教如基督教、天主教的顽固拒斥，认为屯堡人在文化心理上的自我封闭，才是屯堡文化得以保存的原因。

当然，也有人持综合论观点，既承认聚落优势和文化优势的作用，也承认屯堡人在文化心理上的自我封闭现象在保留、传承屯堡文化方面所起到的特殊作用。

通过学术界持续多年的努力，原先还带有相当局限的屯堡文化研究，而今已有了很大的推展，某些方面甚至还出现了突破性的进展。例如由中国社会科学院社会学研究所研究员王春光主持完成的研究课题《村民自治的社会基础和文化网络——对贵州省安顺市J村农村公共空间的社会学研究》[①]，孙兆霞等著的《屯堡乡民社会》等，就从屯堡文化的稳定性入手，结合时下日益突显的“三农”问题，以及因乡村社会坍塌而引出的现代乡村重建问题等，从屯堡人悠久、丰富而又保存完好的文化事象中得到启发，试图从中挖掘和寻求现代乡村重建的内源性资源，以实现传统乡土社会向现代乡民社会的现代性转换。这样的研究显然大大突破了屯堡文化的地域性蕴含，使狭隘的地方性研究有了普泛性的意义，这无疑是对以往就文化谈文化，就屯堡谈屯堡的研究路径和研究方向的一个重要突破。

不过，亦应指出的是，与此同时，也出现了研究视点过于集中，论题过多重复——尤其事象性描述甚至是低水平重复的现象，以至还有不少问题或者被忽视，或者根本就未进入研究者的视野，形成学术盲点。兹择其要者略述如下。

问题一，关于屯堡文化的形成及其原因。

尽管在一些地方文化学者那里，屯堡文化仍被有意无意地描述为一种自江淮地区移入后就一成不变地保存下来的“超稳定系统”，但仅从屯堡文化自身的一些构成因素看，此论也很难自圆其说。譬如作为屯堡聚落最具代表性的地戏，迄今为止，仍无人能够提供任何直接的证据证明它来自江南。再如，而今已成为屯堡妇女服饰重要标志之一的丝头系腰，据《鲍氏族谱》可知，也并非是随当年的军屯（或民

① 王春光先生曾多次到屯堡村寨进行调研、考察。他的这一研究课题就是以典型的屯堡村落九溪村为观察点而确定的；同时，该课题还是首次将外部专业研究人员与本土研究队伍结合的一大成果。

屯）移民而带入的统一服饰，而是鲍屯的鲍氏先祖鲍大千在清康熙年间返乡认祖时学成带来的，至今编织丝头系腰的工艺，仍是鲍氏家族的一项家传。这至少证明，我们今天所看到的屯堡文化，实际上经历了一个从演变、整合到成型的过程。那么，是什么原因，在什么样的条件下，才使得这些实际上生活在不同村落里的屯堡人，互相之间产生了文化认同的需要？在一个方圆上百千米的范围内，在各自相对独立的村落间，他们是通过怎样的途径，去实现和保持自身的这种文化统一性的？换言之，是什么原因促成了不同的村落、家族和个人在遵循同样的文化传统、文化习俗方面做出了如此一致的共同选择？显然，这是分析和解读屯堡文化的一个关键问题，不把这个问题弄清楚，有关屯堡文化的来源、形成等等，就无法得到清晰的说明和认识。

问题二，军屯体制及土地制度关系的演变对屯堡文化形成的作用和影响。

今天所说的“屯堡人”，其构成主体或曰核心族群，是当年奉命从事屯田戍边的军屯大军的后裔，屯堡村落是以当年大大小小的军屯点为主而形成的聚居区，这一点在学术界基本上没有疑义。在屯堡聚落的形成过程中，它必然要经历一个从军人到农民的身份转化或角色变化——也就是人们通常所说的“军转民”；同理，在这一转变中，本来属于国有的土地，也必然要经历一个化公为私的制度性转化，否则，后来作为所有屯堡村落基本支撑点的土地私有制及其小农经济形态就不存在了。这一点显然也没有疑义。但问题在于，由于文献资料的匮乏，迄今为止，有关军屯体制的变迁要么根本没能进入一些研究者的视野，要么就是语焉不详，含糊其辞，从未得到过清晰的指证。不少研究者在涉及军屯体制的变迁时，援引最多的依据，是文献上有关明中叶以后开始出现的屯政废弛和军士逃亡现象的记载。但屯政废弛与屯政的完全解体并不是一回事。从屯田兵士大量逃亡，许多地方往往招募流民以充屯额，勉强维持屯田制度的存在，到屯田制度的真正解体和彻底消亡，显然还有一个相当漫长的过程。再说，从屯军士兵的身份与角色看，大约在三四代以后，他们恐怕就已成了地道的农民了。这时，还能对他们具有身份约束作用的，恐怕就是明代严格奉行的兵役制。按照明朝的“垛集”制度，屯军兵士即使在农民化以后仍是

"军户"，军户世代相袭，即使成为绝户，仍可"勾取"补替，否则世世代代不会改变。据此可以推断，只要军屯制度没有合法性地宣布取消，从事屯垦的屯军后裔就不可能从其"军户"的制度性约束中摆脱出来，而只要他们一天不改变这种身份，他们就永远是"在籍"(军籍）的农民，始终保持着其亦兵亦农的双重身份。因此，所谓的"军转民"实质上是一个与军屯体制相始终、共存亡的历史过程。也因此，弄清屯田体制在法理上的消亡时间，实质上也是了解屯堡文化形成机理和保存原因的一把钥匙。因为，只有屯田制度的合法性消亡，才会引出土地关系、土地制度的全面变化，从而使所有的军屯户彻底完成由军到民、化公为私的整体性变化，否则，屯堡人借以立足的土地私有制关系就不可能在屯堡内部全面出现。既然当年的屯军不仅仅是土地公有（"官给"），就连牛、犁、锄、耙乃至种子都是公有，那么，只要屯田制度一天不在法理上宣布终结，至少土地关系由公有（国有）变私有的全面转化就不会发生。至于有的研究者以当年屯政废弛，驻屯军官往往通过私垦瞒报之类的手法中饱私囊，或者侵吞屯地转手买卖，从中渔利，或者私占私垦，坐大为富甲一方的地主豪绅，等等，作为屯田制瓦解和促进地主经济兴起的原因，而对屯田制度是否发生法理性的解体却未置一词，这就未免有点失之片面。[①] 因为，此种现象只能从局部说明屯田制度遭到的非法侵害，却不能从整体上说明军屯土地关系、土地制度的合法性消解。而土地关系的变革不厘清，屯堡聚落的存在就无法得到制度上的说明。

问题三，屯堡人与汉族后移民的关系。

从文化标识上讲，屯堡人之所以称为"屯堡人"，是因为存在着两个文化边界，一个文化边界是与地方少数民族的区别，屯堡人不愿融于少数民族文化，并有意保持着与少数民族文化的区别，这是夷夏之别的观念所致。另一个文化边界，是与其他汉族移民的区别。这里说的汉族移民包含两个部分：一个部分是当年非军屯的汉族移民，包括部分民屯、商屯的移民有可能形成的村庄，只是这一部分人数极为有限，而且历经多年战乱，早已为屯堡村落所整合，基本上可以忽略不计。另一个部

① 黄才贵：《独特的社会经纬——贵州制度文化》，贵州教育出版社，2000，第353—357页。

分则是清代实行改土归流后大量涌入的汉族移民，经多年的变动、迁徙，逐渐形成与屯堡村落相毗邻的非屯堡汉族村寨，也就是民国《安平县志》所说的“名村、名庄、名寨、名院者，为民户住居”。这些村寨的住民们，也保持着与屯堡人不同的习俗差别，不跳地戏，不着宽袍大袖的凤阳汉装，也不系丝头腰带，妇女多着短襟布衣，而且有缠足习惯。这就产生了一个问题，这些后来的汉族移民不愿与屯堡人认同也就罢了，为何屯堡人也不愿融入其间，改变自己的服饰和传统呢？答案恐怕只有一个，那就是屯堡人在这些后来的汉族移民那里是遭到排挤和歧视的。这一点可从他们对屯堡人的蔑称看出来，所谓“凤头鸡”“凤头苗”“大脚妹”等等，显然含有明显的歧视心理。这并不奇怪，几百年的时间过去了，不仅屯军的历史已不再为人了解，而且由于身份衰落，生活贫困，屯堡人的地位早已边缘化，从所谓的“中心”“主流”衰落下来，所以在后来的汉族移民眼里，屯堡人是与那些穿着怪异的少数民族相似的“另类”而遭到排挤的。这样，在族群关系上，屯堡人实质上面临着一种双重的紧张，正是这种双重紧张给屯堡人的生存境遇造成了一定的外部压力。一边是不愿融入，一边是不能融入，双重的挤压使屯堡人只能选择对自己文化的坚守，所以他们要自称为“老汉人”，要以各种方式来刻意彰显自身军屯后裔的历史。在某种意义上，屯堡人所特有的文化习俗正是在这样一种双重挤压下才得以传承、保留的。可以说，所谓的屯堡文化，实质上就是在这样一种双重挤压下，在屯堡人与各少数民族和后来的汉族移民的文化互动与文化博弈中逐渐形成、保留下来的。没有外部的压力，就不会有内部的凝聚和感召，也不会有刻意张扬和突显自身文化特征的需要。但这里有一个问题，即曾经自以为是“主流”“正统”，是“征服者”“中央军”的屯军后裔们，为何会沦落到遭歧视、被排斥的地步？屯堡人的高位文化、优势文化地位是怎样又是从何时开始衰落的？显然，这期间必然要经历一个从主流到疏离，从中心到边缘的演变过程。没有这样一个过程，屯堡人与后来的汉族移民的文化边界不会出现，正像在其他屯堡区所出现的那样，屯军后裔只要能顺利融入与时俱进的后来的汉族移民族群，其文化标识就会消亡，也就不会再有屯堡人之说了。但迄今为止，这个直接牵涉屯堡文化形成原因的关键问题却未能引起学术界的重视，甚至极少有人涉及，更不可能得到适当的研究和必要的说明。可以说，屯堡人的边缘化以及由此而导致的与外部族群（主要是后来的汉族移民族群）的关系及其变化，目前还是学术界的一大研究盲点。

问题四，地戏的功能、意蕴及其与屯堡文化的结构性关系。

地戏作为屯堡文化最突出、最具表征性的外显事象，是屯堡人身份识别的一个极重要的文化符号，跳不跳地戏，甚至成为判别某一个村落或聚居点是不是屯堡的依据。既如此，地戏在屯堡文化的维系、保存与流传中，究竟具有什么样的意义？承担着一种什么样的功能呢？如果我们把屯堡文化当作一个相对完整的系统，在包括了物质文化、精神文化和社会生活文化等三大层面在内的整个屯堡文化结构中，地戏究竟起着一种怎样的作用？

地戏具有很强的仪式化特征，从开箱到封箱都要举行隆重的祭祀仪式；地戏开跳的两个时间，无论是正月间的“玩新春”还是七月间的“跳米花神”，以及伴随在演出过程中进行的开财门、演出前后的扫开场和扫收场活动等等，都说明地戏的仪式化特点与其所具有的祈福纳吉作用是紧密联系在一起的。许多地戏研究者正是看到了地戏的这一特点而将之称为“人神共舞”的活动，是一种娱神娱人，兼具娱乐与祭祀功能的地方戏，这大体是不错的。但进一步考察就会发现，地戏无论就其演出过程还是就其表演方式而言，都具有很强的模式化特征。这种模式特征与其所担负的功能之间有没有或究竟有着一种怎样的关联呢？地戏作为一种民间戏剧现象，它的原始、古朴，它的粗陋、简单，以及各方面的不成熟、不完善等等，与地戏在整个屯堡文化结构中所承担的功能、作用等等，有没有某种关联？是一种怎样的关联？或者说，地戏的形态特征及其所表现的思想内容与整个屯堡文化结构对它的局限、制约是否有关？一句话，地戏的性质、形态及其所承担的功能等等，与屯堡文化的结构性关系之间，是否存在着一种隐秘的内在关系？

此外，从地戏的演出内容和表演结果看，只要细加思考，就会发现地戏还有另外两个显著的特点。一是地戏以历朝演义为蓝本所演绎的征战故事和英雄史诗，实则都是充满了想象与传奇的虚假历史，无论是《封神演义》还是《三国演义》，也无论是《说唐演义全传》还是《说岳全传》，它们都不是真实的历史，甚至与真实历史相去甚远，可以说地戏所宣扬的实际上是一套虚假的历史观，那么，这种虚假的历史观对屯堡人而言意味着什么？又具有一种什么样的作用呢？二是在这些征战故事的背后，自不难发现，地戏所宣扬的实际上是一套以忠孝为核心，以礼制为规范的封建道德观念和行为准则、价值准则。

在屯堡社区，没有人会怀疑那些英雄征战的故事是虚构的，他们对地戏演绎的历史往往深信不疑。那么，这种虚假的历史观与以忠孝为取舍的价值观、道德观等所构成的精神现象、精神需求，在屯堡人内部，在屯堡社区之间，究竟起着一种什么样的作用？换言之，地戏在娱神娱人、祈福纳吉之外所特有的道德教化功能，对维系屯堡文化的稳定和传承有什么意义？有什么作用？弄清了这些意义和作用，能否帮助我们重新认识地戏的形态特征及其本质，进而揭开其“活化石”的秘密？

结　语

当然，问题还不止这些。由于文献匮乏，有关屯堡文化和地戏形成的情况，还有许多缺环尚待弥补。其中，就如学术界十分流行的地戏起源于军傩之说，到目前为止，此说还是一些研究者做出的推断，学术界并没有找到什么更直接、更可靠的证据支持，事实上还处于假说阶段，而且，其依据也十分薄弱，仅为周去非《岭外代答》中的一段话。退一步说，即使这样的间接证据可兹利用，也还需要再做挖掘，否则它就是孤证。又如对屯堡主体移民来源地的考察，这是一个关系到屯堡文化与母源地文化的比较研究问题，仅仅依据本地流传的现行家谱是不够的，似还应扩展到对其祖源地家族谱系的考察。再如有关屯堡建筑的军事特征问题，这显然是一个被旅游炒作夸大了的问题。事实上，屯堡建筑的军事特征——如果有的话，也只能从发生学的意义去理解，目前所见在屯堡村寨中遗存的少量碉楼和大部分民居，却大多建于清末和民国年间，其形成原因与其说是屯堡人所特有，不如说是近代以来的战乱所致。还有就是对屯堡人内部的比较研究目前也还做得很不够。学术界注意到，构成屯堡人民间信仰崇拜的汪公崇拜、五显崇拜等等，可能跟屯堡移民的来源地不同有关，既如此，这些具有明显地域局限的崇拜，又是通过什么样的机制在屯堡聚落中传播、泛化的？为什么不同的屯堡村落会有不同的民间神崇拜？是什么原因促使他们做出相同或相异的选择？如此等等，都是关系到屯堡文化自身的内部整合、内部建构问题，同时，这也是有关屯堡文化形成原因的另一个方面的问题，是不能回避的。

总之，问题固然很多，不过，前述几大问题，却是研究、认识屯堡文化，甚至可以说是破解屯堡文化形成与保存原因的关键。兹事体大，不把这些问题搞清楚，有关屯堡文化的研究就难以突破原有的局限，甚至在某些方面还会走入误区。

说明：本文系笔者以朋友身份，应邀为贵州师范大学朱伟华教授等著的《建构与生成——屯堡文化及地戏形态研究》一书所撰之《屯堡文化及地戏研究成果概述》节选，标题及内文均有修改。

屯堡文化研究现状及趋势分析

吴　羽　龚文静

安顺屯堡，溯其源，肇始于明洪武十四年（1381 年），大明初定，朱元璋诏傅友德率 30 万大军发动了旨在征讨云南元梁王的“调北征南”的政治军事行动。待残余势力平定，为巩固边陲，控扼云南，朱元璋在包括如今黔中安顺一带的云贵地区广置卫所，设屯立堡，推行屯田制度，令军士戍守屯耕。迨清代康熙年间屯田制废止，军人转变为民，屯军驻扎之地，遗风渐行渐远，及至今日不少地方仅存其名。而黔中地区即便屯田制瓦解及其后朝代更替，不仅地名称谓依旧，且其文化中大明遗风犹在，江淮古韵仍存。六百多年来，屯堡生生不息地承袭着明代江南地区的诸多传统习俗，执着地承继着儒家忠、孝、仁、勇、礼、义、廉、耻的价值理念，形成了汉民族独特的亚文化系统。在当今全球化背景下，多元文化共存发展，具有独特性、唯一性的安顺屯堡文化由于内蕴的文化丰度和厚度，使其成为人类学、社会学、历史学、地理学、经济学和文学等诸多学科进行学术研究的重要平台。同时，屯堡文化随着从地域文化向旅游经济文化的提升，作为重要的文化资源，对于推动地方社会经济发展也日益凸显出重要的现实意义。

屯堡文化对贵州的一体多元文化的格局和特征的形成起到了重要的作用，并成为黔中地区文化重要的成分和深层的底蕴。但是长期以来这一独特的文化现象并未受到应有的重视，直到 20 世纪 80 年代中期，屯堡文化才以其丰厚的文化底蕴和独特的外显特征引起了世人的关注。在地方化凸显于全球化的历史背景下，在文化人类学、社会学不断升温的同时，屯堡文化也作为强势文化在迁徙环境下传承、变异、建构的典型范例而成为研究的热点。目前，在现代化与市场化的强劲冲击下，屯堡文化已出现衰变现象，屯堡文化研究也有可能丧失原初形态及意蕴，这些情况增加了研究的现实性和紧迫感，某种意义上甚至有抢救性研究的必要。

到目前为止，屯堡文化研究成果的数量不少，但大多是对屯堡文化外显事象和屯堡表浅层面的研究，并存在大量重复研究的情况，对屯堡文化研究的具体情况也缺乏系统的研究。虽然贵州民族学院（今贵州民族大学）孙兆霞、中央民族大学徐杰舜、贵州省民族研究所蒋立松等人曾经做过简单的梳理，但还没有形成系统理论的分析研究。安顺财政学校退休教师杜应国先生对屯堡文化研究情况进行了分析，但与本文的视野也有一定的区别。本文的目的在于拟对20世纪80年代以来屯堡文化研究文献进行尽可能的收集和整理，将收集到的各类书籍、文章等进行分析，得出屯堡文化研究的大致情况和特点研究的总体状况；对研究特点等进行学理性的分析研究，促进研究资料、成果的相互利用；选择更好的视野和方法，避免不必要的重复研究；为今后的屯堡文化研究视野、方法等提供线索，为屯堡文化研究中心的发展和屯堡文化的进一步深入研究提供强有力的支撑。

笔者通过各种方法对研究屯堡文化的书籍（含屯堡文化研究专著和著作中包含屯堡文化研究内容的章节）、期刊论文、学会论文、硕士或博士论文的研究成果进行了系统搜集，共搜集到相关研究成果390篇（本）。这是全力搜集的结果，如有遗漏只能在以后不断补充了。

在对资料进行统计时，对于重复发表的文章，一般以刊发在较高层次上的刊物为准。会议论文和著作中包含屯堡文化研究的文章如有同时在期刊上发表的，我们一般以在期刊上发表的为准进行统计与分析。

由于涉及大量的数据统计，一些情况需要说明：一是对报刊上大量的新闻报道及相关文章的处理，成为一个比较麻烦的问题，因为数量繁多，搜集本身难以全面，加之多为新闻报道，研究价值相对较弱，而本文主要是对屯堡文化的研究情况进行研究，所以未对报纸上的文章进行统计分析。二是本文需要对研究主体进行研究，包括研究主体的地域结构，但一些研究者的工作单位变化较为频繁，所以主要以发表文章时作者所在单位来进行分析，因此会出现同一作者在不同区域的情况。有些文章本身没有注明作者，或者作者的单位无法查询，均未对其单位进行统计、分析。

三是为了保证研究目录的完整性，一些与屯堡研究关联度不高的文章我们也进行了登录，但在分析时没有纳入分析系统，所以在统计数据上会有一些误差。

一、百年屯堡文化研究的基本脉络

尽管在史料上对屯堡人早有记载，但真正意义上的屯堡研究始于20世纪初。1902年10月，日本学者鸟居龙藏在贵州省西部安平县的饭笼铺（今天龙镇）一带进行了较为深入的调查后，在其《苗族调查报告》和《从人类学上看中国西南》两本著作中描述了屯堡妇女的头饰、服饰、大脚的外显特征，并做出了“凤头鸡”是“部落民”和“汉族的地方集团”的人类学定义。1903年4月，日本建筑学者伊东忠太对安平县和镇宁州进行了考察，对屯堡人做出了“凤头苗”的称呼标识。此后，一直到20世纪50年代初，费孝通先生到贵州考察，几乎没有人涉及屯堡文化研究。1950年，费孝通先生所领导的民族识别调查组涉及屯堡人族群性质的识别和定位，费孝通先生指出，屯堡人现在一般被列入“少数民族”，但也明确了屯堡人是“汉裔民族”。

20世纪80年代初，屯堡地戏赴法国巴黎、西班牙马德里等地演出，到20世纪90年代中期，安顺地戏应邀外出访问表演成为热潮，过去认为是封建形式的“跳神”以“传统文化”的解读方式在政府部门的组织下登场，屯堡文化的研究以地戏为切入点重新开始了。据统计，从1983年到1989年间，屯堡文化研究主要为地戏研究，有屯堡文化研究的著作4部，全部是研究地戏的；论文9篇中有8篇是研究地戏的，另一篇《保持明朝遗风的汉人——安顺屯堡人》则是探讨屯堡人的民族归宿。

20世纪90年代后，屯堡文化研究热开始出现，如1990年《安顺地戏论文集》的出版，可视为地戏出国后本土学者在地戏事象研究上的一个回应。1994年，周道祥主编的《安顺文史资料·安顺屯堡文化专集》，收录了安顺地方学者和文化人对屯堡文化的研究的相关资料。该书围绕屯堡人的来源、屯堡村寨的起源和名称、屯堡文化事象、屯堡区内重要宗教活动场所、安顺地戏、屯堡名人等内容进行介绍性探讨。仅有周道祥的《明代时期安顺的交通概况》《浅谈安顺屯堡文化的源流与存因》

两篇文章，涉及对整个屯堡文化存因的地理原因的探讨。1995年秋，贵州省民族研究所和贵州省民族研究学会组织调查组，发表了《贵州少数民族爱国主义·屯堡人专集》，对“屯堡人”进行了调查与探讨，从这次调查所形成的成果看，较之以前的屯堡研究有两个显著特点。其一，对单个屯堡村镇的调查更注重对其经济、社会历史内在关系方面而不仅仅是停留在外显文化事象的介绍；其二，对屯堡文化整体把握时注意到了形成这些现象的社会结构、心理特征和传统因素与历史变迁的关系。

20世纪90年代末，屯堡文化随着贵州文化研究的深入进入了相关专著的视野。其中以史继忠著的《贵州文化解读》、《贵州六百年经济史》编辑委员会编的《贵州六百年经济史》、黄才贵的《影印在老照片上的文化——鸟居龙藏博士的贵州人类学研究》《独特的社会经纬——贵州制度文化》等书为代表。《贵州文化解读》以汉文化在明代对贵州的输入及以后形成的影响为阐释路径，展开对屯堡文化的讨论；《贵州六百年经济史》从经济史角度，对明清时期安顺屯堡宏观经济情况进行了投射性把握；《独特的社会经纬——贵州制度文化》在最后一章以《军屯制度及屯军后裔的制度观》为题，以安顺屯堡区为主要阐释载体，从“卫所设置与贵州建省”“社会变革与制度转换”“黔中屯军后裔的制度文化观”三个方面论述了贵州自建省以来，社会经济结构发生重大变革的总趋势是由封建领主向封建地主制过渡，并使残存的奴隶制和原始公有制迅速瓦解。卫所军屯是引起变革的一个重要基因。它一方面“使得地主制经济迅速发展。在地主制经济发展的刺激下，又使得卫所屯田制度遭受了严重破坏”[①]。这一内容，可视为从政治到经济制度变迁的角度，对安顺屯堡明清制度变迁的宏观情况的投射性把握。徐杰舜主编的《雪球——汉民族的人类学分析》一书中，屯堡人被平行排列为“一、四川人；二、云南人；三、贵州人；四、屯堡人”进行了研究。

1999年和2000年，由塚田诚之撰文、黄才贵译，在《贵州民族研究》上刊登了两篇有关屯堡人的论文。其一，《贵州省西部民族关系的动态——关于“屯军后裔”

---

① 黄才贵：《独特的社会经纬——贵州制度文化》，贵州教育出版社，2000，第354页。

的调查研究》从屯堡人在民族识别中的“汉—苗—汉”的指称过程及结果，得出了屯堡人是汉族的一个共同体的认识。其二，《对民族集团应该怎样研究——以贵州“屯堡人”为例》一文指出，“在历史的演变中，‘屯堡人’有可能形成了人们共同体的雏形。估计，可能被选择为在近现代中具有人们共同体特定的处于同一性动态过程的汉族下位集团的归属”。此文较之前文更强化了屯堡人作为一个人们共同体在历史变迁的动态过程中由于其诸多同一性而成为汉族下位集团的观点。考虑到日本学者关于“人们共同体”理论范畴的学术背景，塚田诚之对屯堡人的界定具有了与日本学界对中国农村研究传统结论所不同的新意。桂晓刚的《试论贵州屯堡文化》对屯堡人的形成及一些独特的文化表现形式进行研究，认为屯堡人最初形成于明初贵州的军屯，其后汇融了大量陆续进入屯堡地区的汉族移民；文章分析了屯堡人在居住、艺术、服饰、语言、习俗等方面文化的表征，指出屯堡文化形成于特定的历史背景，受特殊历史人文环境、社会组织结构的影响。

21 世纪以后，更多的学科进入屯堡研究的视野。《屯堡文化研究》《略论屯堡文化的价值取向》《田野视角中的屯堡人研究》《安顺屯堡人主体由来新探》《屯堡乡民社会的特征》等文章，对屯堡文化做了流变及存因的结构分析，指出现在我们所称的屯堡人，应该不仅仅指明初屯军者的后裔，也包括同期入黔或后来因种种原因入黔的移民的后裔。翁家烈的《屯堡文化研究》认为，“屯堡人”是清代裁废明代卫所屯田制后对分布在贵州省黔中地区明初屯军后裔的专称，至今比较完整地保留着明代江南汉族文化的形式与内容，文章比较系统地叙述分析了屯堡文化的诸种特征。王春光的《村民自治的社会基础和文化网络——对贵州省安顺市 J 村农村公共空间的社会学研究》，从社会学的视野关注了屯堡社区的文化网络和社会基础在新农村建设中的作用。万明的《明代徽州汪公入黔考——兼论贵州屯堡移民社会的建构》在对屯堡进行社会调查的基础上，从家族入手，追寻徽州汪氏家族一支与汪公入黔的关系，探讨作为社会文化现象的抬汪公仪式在屯堡移植和保存的意蕴，并以此作为探究文化在国家、社会互动关系中的作用的一个视角，说明明初大规模军事移民的国家行为，伴随着文化移植和文化认同的过程，国家观念通过文化传播深入民间社会，同时对民间信仰起了社会整合的作用。

2005年，孙兆霞等撰写的《屯堡乡民社会》一书以广阔的视野，深入的田野调查和丰富的实证材料，首次对一个典型的屯堡村落进行了多学科与多种方法并用的整体性考察和系统结构解析；描述和刻画了屯堡乡民社会与传统的主流乡土社会在经济、社会、历史、文化等诸多方面的差异，揭示并回答了屯堡聚落及其文化现象在长期留存中变与不变的张力和秘密；提出了旨在描述和刻画屯堡文化性状结构与系统特征的“自组织机制”和“亚稳定结构”概念，为发现和寻求现代乡村重建的内源性资源及其现代性转换所必需的传统支撑，做出了富有启示的探索与思考，使传统的地方性研究超越了狭隘的地域局限而具有了普泛性的意蕴和价值。2006年，孙兆霞的《试析文化建构性与乡村旅游开发需求指向的关系——以黔中屯堡为例》以较高的起点，将屯堡文化与旅游研究有机地结合起来。2007年，欧廷木、吴晓萍等主编的《屯堡重塑——贵州省的文化旅游与社会变迁》则将屯堡旅游引向了更为宽广的研究。

二、屯堡文化研究概况

（一）屯堡文化研究的对象和视点

屯堡文化研究随着时间的推移有着明显的变化。具体来说可以粗略分为三个阶段。

第一阶段是20世纪80年代至90年代中期。这一阶段的研究对象主要是屯堡文化的外显特征及历史源流等问题。研究最多的是地戏，地戏的研究成果占整个屯堡研究成果的一半以上；另外就是屯堡人的来源、民族归宿问题的探讨，如陈训明的《安顺屯堡人主体由来新探》、蒋立松的《从汪公民间信仰看屯堡人的主体来源》、范增如的《明代普定卫戍屯官兵原籍考——兼谈“十八指挥定黔阳”》《安顺屯堡分布格局及其原因》等；还有大量的文章是以屯堡人的建筑、服饰、民俗、史料作为研究对象，如周道祥主编的《安顺文史资料·安顺屯堡文化专集》等。

第二阶段为20世纪90年代中期到21世纪初。这一时期由于更多国内外学者的介入，开始将制度文化、族群研究、文化传承原因等作为研究对象，进入较为深入的研究层面。如塚田诚之的《对民族集团应该怎样研究——以贵州“屯堡人”为例》、黄才贵的《独特的社会经纬——贵州制度文化》、蒋立松的《田野视角中的屯堡人研究》等。

第三阶段为21世纪初到现在。这一时期的研究有了较为强烈的现实关怀和学理化倾向，一方面将屯堡文化中与现实需求相联系的内涵作为研究对象，如将新农村建设中所需要的屯堡文化中内蕴的内生性资源、自组织机制、村落公共空间、文化的传承与建构、宗族与社区、国家与乡村的关系等作为研究对象。如万明的《明代徽州汪公入黔考——兼论贵州屯堡移民社会的建构》、孙兆霞等的《屯堡乡民社会》、王春光的《村民自治的社会基础和文化网络——对贵州省安顺市J村农村公共空间的社会学研究》、蒋立松的《略论贵州屯堡人的族群认同基础及其表达途径》等。另一方面，屯堡文化的应用研究得到了较大的发展。如旅游开发进入研究者的视野，并成为研究的热点，如吴晓萍、欧廷木的《屯堡重塑——贵州省的文化旅游与社会变迁》、孙兆霞的《试析文化建构性与乡村旅游开发需求指向的关系——以黔中屯堡为例》等。

（二）屯堡文化研究的主要方法

与研究对象的变化一样，屯堡文化研究的方法也有一个从单一到丰富，从平面到立体，从基础到深入的过程，同样也可大致分为三个阶段。

第一阶段（20世纪80年代至90年代中期）：进行屯堡文化研究的主要是安顺本土学者和部分贵阳学者。研究对象主要集中在地戏、民俗、屯堡人来源等方面，研究的方法主要是经验性、感性描述的方法，相对单一，主要是用历史学、民族学、文学、美学、经济学等传统方法对屯堡文化进行研究，进行了典籍文献和研究材料的收集、整理、汇编。通过田野调查收集、整理所获得的大量民间资讯材料和调查报告，包括文本、图片、音像及实物资料等四大类。文本资料之中又包括地戏、佛歌、孝歌等各种唱本，以及家谱、村志和其他口述材料等。实物资料主要指各屯堡村寨中历史遗留下来的少量地戏老面具。这一时期量化研究和交叉学科的运用，尚未很好地融入屯堡文化研究。

第二阶段（20 世纪 90 年代中期到 21 世纪初）：随着研究者范围的扩大，国内外学者的不断介入，屯堡研究有了更多学科学术背景的观照。屯堡文化的研究开始进入一个更为宏观的视野，研究者从社会结构、经济结构、文化的冲突和影响等视角进行研究，民俗学、文化人类学理论方法也引入了屯堡研究。另外，原有的较为单一的方法开始交叉利用，综合性研究得到一定的发展。如 1994 年中国台湾财团法人施合郑民俗文化基金会出版了民俗曲艺丛书《贵州安顺地戏调查报告集》，编者是中国台湾著名的民俗学家王秋桂和贵州的沈福馨。这个时期除了进行专业性较强的田野调查外，还对屯堡“抬汪公”活动做了专题研究。1999 年和 2000 年，由塚田诚之撰文、黄才贵译的两篇文章《贵州省西部民族关系的动态——关于“屯军后裔”的调查研究》和《对民族集团应该怎样研究——以贵州“屯堡人”为例》，从族群研究的视野提出了屯堡人作为一个人们共同体在历史变迁的动态过程中由于其诸多同一性而成为汉族下位集团的观点。另外，还有翁家烈的《夜郎故地上的古汉族群落——屯堡文化》、黄才贵的《独特的社会经纬——贵州制度文化》等综合性研究成果的出现。

第三阶段（21 世纪初至今）：这一阶段，随着屯堡文化研究的进一步深入，在研究方法上出现了如下特点：一是研究方法的综合利用，二是新的理论的介入。在方法的综合利用上主要是因为屯堡文化研究的不断深入和系统性研究的需求，加之一系列国家级、省级课题的成功申报，屯堡文化研究由个人开始向团队转化，而团队研究需要学科结构的合理化。于是，各学科的方法综合运用于屯堡文化研究，并且相互呼应、相互支撑。目前，屯堡文化研究的进一步深入使原有的传统学科理论难以更好地对屯堡文化进行阐释，一些新的理论的介入势在必行，社会学、宗教学、人类学、统计学、性别社会学等多学科理论与方法被引入屯堡研究之中。

（三）屯堡文化研究的主要阵容

尽管屯堡文化已经引起了国内外学者的广泛关注，但主要研究者仍然以贵州学者或贵州籍学者为主。通过对研究性文章的统计，我们看到，在统计的研究者中贵阳占 14 人，安顺占 10 人，其余地区仅 6 人，在研究数量上主要是以贵阳和安顺学者组成的贵州研究者为主。（见表 1）

表1 屯堡文化研究核心作者统计

序号	研究者	出版书籍数（含参编）（本）	发表论文数（含论文集）（篇）	作者所在地
1	沈福馨	6	12	安顺、贵阳
2	帅学剑	2	11	安顺
3	孙兆霞	2	4	安顺、贵阳
4	高伦	2	3	贵阳
5	黄才贵	2	3	贵阳
6	翁家烈	1	3	贵阳
7	顾朴光	1	5	贵阳
8	范增如	1	8	安顺
9	蒋立松		5	贵阳、北京、重庆
10	李业成		5	安顺
11	张晓松	1	3	贵阳
12	庹修明		8	贵阳
13	塚田诚之		2	日本大阪
14	吴晓萍	2	2	贵阳
15	吴羽	1	4	安顺
16	吕燕平	1	3	安顺
17	周道祥		6	安顺
18	张定贵	1	4	安顺
19	郑正强	1	4	安顺
20	万明	1	1	北京
21	朱伟华	1	2	贵阳
22	欧廷木	1	1	美国科罗拉多
23	陈训明		3	贵阳
24	陈玉平		3	贵阳
25	李乐京		4	贵阳
26	王春光		2	北京
27	王秋桂	1		中国台北

在研究的质量上，贵州本土学者也有较高的水准，比如孙兆霞等撰写的《屯堡乡民社会》、朱伟华等著的《建构与生成：屯堡文化及地戏形态研究》等均受到学界的好评。另外，蒋立松、陈训明、黄才贵、翁家烈、顾朴光、范增如、沈福馨等人在屯堡文化研究方面均有较深的造诣。贵州省外和国外的学者虽然研究成果不是很多，但由于理念、视野等方面的差异，他们成为屯堡文化研究不可或缺的力量，促进了屯堡文化研究在研究对象、方法、理论等方面的提升，特别是塚田诚之、万明、王春光等国内外学者的介入，大大提升了屯堡文化研究的水准。

（四）屯堡文化研究成果的主要载体

屯堡文化研究成果展示的载体主要在贵州，几个主要刊物是屯堡人研究的主要阵地。（见表 2）

表 2　屯堡文化研究成果主要载体统计

刊物名称	发表论文数（篇）	备注
《贵州民族研究》	13	
《安顺学院学报》	14	
《贵州文史丛刊》	9	
《贵州民族学院学报》（哲学社会科学版） [今《贵州民族大学学报（哲学社会科学版）》]	9	
《贵州社会科学》	3	
《民族艺术研究》	3	
《华夏人文地理》	3	
《中国国家地理》	2	

屯堡文化最重要的研究阵地是《贵州民族研究》，屯堡文化研究的许多重要文章均是在《贵州民族研究》上刊发的，如翁家烈的《屯堡文化研究》，桂晓刚的《试论贵州屯堡文化》，塚田诚之撰文、黄才贵译的《贵州省西部民族关系的动态——关

于“屯军后裔”的调查研究》和《对民族集团应该怎样研究——以贵州“屯堡人”为例》，蒋立松的《从汪公等民间信仰看屯堡人的主体来源》《田野视角中的屯堡人研究》等13篇文章。

《安顺学院学报》是屯堡人研究的另一重要阵地，刊载了袁本良的《安顺屯堡方言研究之我见》，范增如的《安顺屯堡史话》《贵州安顺地戏并非傩戏》，吴羽的《屯堡文化的时空建构》《一个典型屯堡村落的历史与宗族——九溪村个案分析》，吕燕平的《安顺屯堡文化——黔中喀斯特环境中的汉民族地域文化景观》，伍安东、吕燕平的《屯堡方言初探》，张定贵的《文化传统内蕴的自组织机制与农村社区发展对九溪村的个案研究》等具有一定研究价值的14篇文章。

此外，《贵州民族学院学报（哲学社会科学版）》和《贵州文史丛刊》也是屯堡文化研究的重要载体，刊载大量高品质的屯堡学术论文。《贵州民族学院学报（哲学社会科学版）》刊载了姜永兴的《保持明朝遗风的汉人——安顺屯堡人》、陈训明的《安顺屯堡与蒙古屯军》、孙兆霞的《试析文化建构性与乡村旅游开发需求指向的关系——以黔中屯堡为例》等9篇论文。《贵州文史丛刊》刊载了李业成的《屯堡人与屯堡文化》、吴申玲的《特殊的文化孤岛——贵州屯堡文化的生成、特点及原因》、朱伟华的《黔中屯堡文化性质新探》等9篇论文。《贵州社会科学》也发表了3篇有关屯堡文化研究的文章，也逐渐成为屯堡文化研究成果展示的平台。

其余的研究成果有一些发表在核心期刊上，但因为这些期刊发表的与屯堡文化研究相关的文章较少，未能起到研究阵地的作用。

可以看到屯堡文化研究已经形成了一个较为稳定的展示系统，在地域上（省会城市贵阳到作为屯堡文化地域载体的安顺）、层次上（核心期刊到一般期刊）、结构上（有偏重历史的、民族的、社会的和综合的）形成了有机的组合，在一定程度上搭建了屯堡文化研究成果的展示平台。

三、屯堡文化研究存在的问题及趋势分析

（一）屯堡文化研究存在的问题

屯堡文化研究尽管已经有了近400篇（本）的研究成果，可谓成果颇丰，但也存在一些问题。

1. 屯堡文化的研究缺乏中长期的规划。

目前屯堡文化的研究显得比较零散、杂乱，未形成一个较为系统的研究体系与构架。长期以来，由于缺乏系统的研究框架与研究规划，屯堡文化未能形成一个学科体系，导致很多研究缺乏一个很好的总体目标指向，研究的对象、方法、成果形态等均显得不够系统，在一定程度上影响了屯堡文化研究的进一步发展。当务之急是建立一个科学的研究规划，使屯堡文化的研究可以循序渐进，逐层推进。

2. 屯堡文化的大量研究仍然处于表浅的研究层面。

屯堡文化研究视点过于集中，论题过多重复，尤其是事象性的描述甚至是低水平的重复。在已经发表的近400篇（本）的研究成果中，有一半以上是重复性、描述性的文章，比如地戏方面的研究成果近100篇（本），其中不少是类似的表浅层次的研究。屯堡文化的部分研究成果已经具有较高的学术水准，但大多数文章的视野仍然较为狭窄，且缺乏理论深度和真知灼见。

3. 屯堡文化研究的现实关怀仍有一定空间。

目前屯堡文化研究还存在现实关怀的问题，主要体现在两个方面：一方面是屯堡文化研究属于纯理论研究，不涉及当今社会的变迁，不能将屯堡文化与当今社会的现实需求结合起来。比如屯堡文化与和谐农村社区的建构、屯堡文化与乡村旅游开发、屯堡文化与如何应对现代化的冲击等问题并未受到广泛的关注。另一方面是研究的内容涉及现实社会的需求，但研究成果缺乏现实基础，因而在现实社会中缺乏指导意义，在一定程度上减弱了研究成果的影响力。

4. 屯堡文化研究缺乏良好的支撑平台。

屯堡文化的研究者主要在贵州，在屯堡文化研究方面缺乏有机的组合，未形成

一个良好的研究平台。虽然贵州已经出版了五六本屯堡文化研究的集子，但主要是研究成果的集合，有机的合作研究并不多。近年来，一系列国家级、省级课题整合了部分屯堡文化研究者的智力资源，针对某一专题进行了较为深入的研究。但因为屯堡文化研究方面国家级和省级课题的数量不多，所以这样的整合也是极为有限的，而且由于课题的时间和内容受限，课题的整合往往是短期的，缺乏长期的合作机制。尽管屯堡文化的展示平台在一定程度上已经搭建，但屯堡文化有组织的研究平台建设还有待进一步加强。

5. 屯堡文化研究对一些具体问题缺乏应有的关注。

尽管屯堡文化已经进行了长期的研究，但还有不少问题或者被忽视，或者根本就未进入研究者的视野，形成学术盲点；或者已经进入研究者的视野，但还有待于进一步深入的研究。如：

问题一，屯堡文化的学理性的定义。

问题二，屯堡文化基础研究资料的缺乏。

问题三，屯堡文化传承的原因的深层或系统探析。

问题四，屯堡文化的制度解析。

问题五，屯堡文化的对比研究。

问题六，屯堡人与汉族后移民及少数民族的关系。

问题七，屯堡文化与贵州文化的关系。

问题八，屯堡文化的现实关怀。（屯堡文化与新农村建设，屯堡文化与乡村旅游开发，屯堡文化与地方社会、经济、文化建设的关系）

问题九，屯堡文化的传承与建构，屯堡文化的开发与建构性保护研究，等等。

（二）屯堡文化研究的趋势分析

通过对研究书籍和文章的分析可见，从 1983 年以来，屯堡文化研究主要呈现出以下几个特征：

第一，屯堡文化研究成果的数量有了较大的增长。1983—1989 年的研究成果仅有 4 本书籍，9 篇文章。2006 年出版图书 2 本，发表文章 46 篇。2007 年出版图书 1

本，发表文章 56 篇。仅 2006 年至 2007 年的研究成果就相当于从 20 世纪 80 年代初期到 20 世纪末近 20 年研究成果的总和。（见表 3）可见，屯堡文化研究成果数量的增长趋势是显而易见的。

表 3　历年来屯堡文化研究成果发表情况

年份	出版书籍数（本）	发表论文数（含论文集）(篇)	备注
1983—1989	4	9	
1990	1	18	
1991	0	0	
1992	1	4	
1993	0	1	
1994	3	26	
1995	2	19	
1996	1	5	
1997	0	8	
1998	1	4	
1999	3	4	
2000	1	8	
2001	0	15	
2002	7	42	
2003	4	13	
2004	3	22	
2005	4	30	
2006	2	46	
2007	1	56	

第二，屯堡文化研究成果的质量越来越高。由于不断的积累，屯堡文化研究成

果的质量越来越高。首先，屯堡文化研究的成果不断为外界所认可，比如孙兆霞等著的《屯堡乡民社会》、朱伟华的《东西方文化背景下的屯堡地戏研究》、张金奎的《贵州安顺屯堡社会调查报告》、万明的《明代徽州汪公入黔考——兼论贵州屯堡移民社会的建构》、王秋桂和沈福馨的《贵州安顺地戏调查报告集》等，堪称屯堡文化研究在社会学、历史学、人类学、民俗学等方面的翘楚之作，得到了学界广泛的好评。屯堡文化的研究成果在核心期刊上发表20余篇，并有多篇入选“中国人民大学复印报刊资料”系列刊，显示了较高的研究水准。

第三，屯堡文化研究保持了本土学者与外来学者联合研究的特点。从20世纪90年代初期，沈福馨与王秋桂、黄才贵与徐杰舜等人的联合研究开始，屯堡文化研究过程中与外界的结合研究越来越多。比如安顺学院屯堡文化研究中心与中国社会科学院社会学研究所的王春光、陈昕、潘杰以及美国科罗拉多大学的欧廷木等人的合作研究，贵州民族学院（今贵州民族大学）吴晓萍教授与欧廷木教授，黄才贵与日本塚田诚之教授的合作研究等等，这些研究引入了新的研究理论与视角，与国内外前沿理论的对接越来越多，提升了屯堡文化研究的质量，也形成了较为稳定的研究人员及研究团队。其次，外来研究者介入屯堡文化研究的情况越来越多。一方面是国内外学者的介入，比如中国社会科学院历史研究所的万明教授、中国社会科学院社会学研究所的王春光、厦门大学的彭兆荣（原贵州大学教师）等专家学者的介入；另一方面是硕士、博士论文越来越多地将屯堡作为研究对象，如中央民族大学的张原、中山大学的牛加明、北京大学的李立等，他们的介入也提升了屯堡文化研究的质量。

第四，屯堡文化研究的视角与方式的变化。由于社会的不断发展，屯堡文化的许多方面面临着现代化进程的冲击，屯堡文化的研究视角从外显事象的研究开始转入外显事象所内蕴的内在机制等方面的研究，更加关注屯堡文化对贵州文化以及黔中文化的影响，关注屯堡文化在现实社会发展中的作用、地位与保护等方面的研究，从研究屯堡到以屯堡为切入点研究中国社会形态及其变迁。从方式上看，逐步从个体研究进入团队研究，开始使用诸如文化人类学、旅游人类学、统计学、社会学、宗教学等学术理论推动屯堡文化研究的发展。从总体上看，屯堡文化研究逐步向宏观层面和微观层面过渡，宏观主要是指更高的学术视野中的整体关怀，微观是指研究细化到村落组织、个人生命史等具体的对象，这使得屯堡研究更加不断走向纵深、走向立体。屯堡文化研究的现实关怀也日益凸显，关于屯堡文化旅游开发的研究、屯堡文化与新农村建设研究、屯堡文化传承与社区文化建设研究等方面的成果越来越多。

第五，屯堡文化研究史料的缺失。屯堡研究的一个重要特点在于，有关屯堡人的史料比较缺乏，我们看到更多的是屯堡人的现存生活状态。怎样将史料和屯堡人的生存状态结合起来进行有机的分析和研究，是非常值得关注的问题。

一方面由于长期以来我们忽视了对屯堡文化基础材料的研究，所以在屯堡资料的收集、整理上存在一定的问题。主要体现在研究的规模决定了史料发掘的非系统性，研究领域决定了史料的范围狭窄，研究层面决定了史料深度的不足，史料重复利用的情况非常突出，很少有人去探究原始资料。一些人对史料运用得不慎重、不规范，导致人们对屯堡文化产生误解，甚至影响到对一些屯堡文化事项的定位。所以对屯堡文化进行更深入的研究，史料的系统性的收集、整理、分类显得极为迫切。

屯堡文化研究需要良好的平台，以便吸引和整合省内外、国内外相关的研究人员，为屯堡文化的进一步深入研究奠定坚实的基础。目前安顺学院已经成立了屯堡文化研究中心，并申请成立贵州省屯堡文化研究会（协会）；贵州省文史馆也成立了屯堡文化研究中心。屯堡文化研究中心整合安顺学院内哲学、历史、中文、地理、外语、经济、美术、体育、社会学、人类学、文献学等方面的研究资源，形成多学科、多视野的合理结构，为屯堡文化研究打造良好的平台，贵州省屯堡文化研究会的成立将整合和引进更多的研究人才，形成屯堡研究的基本制度保障，势必促进屯堡文化的深入研究。

另一方面，随着现代化的冲击，屯堡文化从外显的文化事象到内在的社会结构和文化网络都在一定程度上遭到了破坏，对屯堡历史较为了解的民间老艺人一方面缺乏传人，另一方面随着他们的相继去世，屯堡文化正处在迅速消解的过程中。因此，目前急需对屯堡文化进行整体把握和了解，采取措施对日渐消亡的活态文化进行抢救性发掘与保护。

四、屯堡文化研究的思路与对策

屯堡文化研究存在的问题和发展的趋势，给予了我们诸多的启示，屯堡文化应该是系统化的，特别应该注意以下几个方面的问题。

第一，屯堡研究平台的打造。

第二，研究规划的制定。应该以相关的研究机关为载体，拟定屯堡文化的研究规划。制定短期、中期和长期的研究计划，形成系列研究，延展屯堡研究深度、广度。通过国家级、省级和地方课题项目整合资源，促进屯堡文化的研究。派出研究人员到省内外高校、科研院所进行交流学习，参加学术会议，开阔视野，拓展学术研究社会资源，引入新的理论与方法，并邀请相关专家到贵州进行讲学、研究，促进屯堡文化研究。

第三，加强基础资料的搜集与整理。由于屯堡史料的缺失和屯堡文化事象的不断消亡，非常有必要通过对屯堡人独特文化的方方面面进行考察，不仅用文字来记录屯堡人的文化，还要运用现代科学技术，例如采用摄影、录像、录音等方式，对屯堡文化的物质文化、精神文化、制度文化、行为文化等层面的文化资源进行资料的搜集与整理，进行深描式的民族志考察和研究，向人们展示屯堡人的方方面面，为屯堡人的研究提供最扎实的第一手资料。

第四，加强屯堡文化研究的现实关怀。屯堡文化在现实社会中的作用、意义以及屯堡文化在新的社会环境下的存在方式等是屯堡研究更应该关注的问题。如屯堡文化作为地域文化在新农村建设中的作用，屯堡文化在乡村旅游开发中的作用，屯堡文化的可持续发展，屯堡文化作为本土文化在给学生普及地方文化知识方面的作用，屯堡文化以研究性学习方法培养学生的家园意识、乡土情结、精神家园等方面的作用等。

参考文献

[1] 陈训明 . 安顺屯堡与蒙古屯军 [J]. 贵州民族学院学报（社会科学版），1992（1）：86-92.

[2] 李业成 . 贵州屯堡文化概述 [J]. 贵州民族研究，1995（4）：85-93.

[3] 桂晓刚 . 试论贵州屯堡文化 [J]. 贵州民族研究，1999（3）：78-84.

[4] 塚田诚之 . 贵州省西部民族关系的动态：关于“屯军后裔”的调查研究 [J]. 黄才贵，译 . 贵州民族研究，1999（3）：161-170.

[5] 吴申玲 . 特殊的文化孤岛：贵州屯堡文化的生成、特点及原因 [J]. 贵州文史丛刊，1999（1）：52-55.

[6] 塚田诚之撰文，黄才贵译 . 对民族集团应该怎样研究：以贵州“屯堡人”为例 [J]. 贵州民族研究，2000（1）：158-168.

[7] 蒋立松 . 田野视角中的屯堡人研究 [J]. 贵州民族研究，2002（3）：148-154.

[8] 黎铎 . 融而未合　分而未化：从屯堡文化看文化个性的形成 [J]. 遵义师范学院学报，2002（1）：4-6.

[9] 孙兆霞 . 屯堡乡民社会的特征 [J]. 中央民族大学学报，2004（1）：49-54.

[10] 蒋立松 . 从汪公等民间信仰看屯堡人的主体来源 [J]. 贵州民族研究，2004（1）：45-50.

[11] 万明 . 明代徽州汪公入黔考：兼论贵州屯堡移民社会的建构 [J]. 中国史研究，2005（1）：135-148.

[12] 熊宗仁 . 六百年的延续与变易：屯堡文化研究之我见 [J]. 贵州民族研究，2005（6）：141-145.

[13] 朱伟华 . 黔中屯堡文化性质新探 [J]. 贵州文史丛刊，2006（1）：69-73.

[14] 古永继 . 从明代滇、黔移民特点比较看贵州屯堡文化形成的原因 [J]. 贵州民族研究，2006（2）：56-62.

[15] 吴羽，余莉 . 传统村落社区的内部博弈与文化传承：以“屯堡第一村寨”九溪村为例 [J]. 贵州民族学院学报（哲学社会科学版），2007（2）：43-46.

[16] 钱理群．学术研究与乡村建设的有机结合：从《屯堡乡民社会》谈开去 [J]. 探索与争鸣，2007（8）：60-64.

[17] 王秋桂，沈福馨．贵州安顺地戏调查报告集 [M]. 台北：财团法人施合郑民俗文化基金会，1994.

[18] 孙兆霞等．屯堡乡民社会 [M]. 北京：社会科学文献出版社，2005.

[19] 万明．晚明社会变迁：问题与研究 [M]. 北京：商务印书馆，2005.

[20] 朱伟华等．建构与生成：屯堡文化及地戏形态研究 [M]. 桂林：广西师范大学出版社，2008.

屯堡历史与文化

明代徽州汪公入黔考

——兼论贵州屯堡移民社会的建构

万 明

一、从屯堡抬汪公谈起

屯堡不是一般的地名概念。至今在贵州，以安顺为中心，东起平坝县城西及长顺县西北，西至镇宁县城，北迄普定县城，南抵紫云县界，大约1340多平方千米的土地上，聚居着20余万自称是明朝屯军后裔，人称屯堡人的汉族居民。这一特殊群体具有鲜明的文化特征，因此，产生了屯堡这一特殊的地域名称。

但屯堡在历史上又是指军卒的驻所，明代屯军一般指驻守各地从事垦殖的军人。贵州设立屯堡，是明初统一战争平定云南，所谓征南战役中建立的一种军事基层组织，成为明初大规模军事移民开发的一种重要形式。

最早注意到屯堡的，是日本人类学者鸟居龙藏。1902年他到贵州饭笼铺考察，记录了明代的遗民“凤头鸡”，对“那些变成了土著的屯兵的子孙”在几百年后继续保留着祖先的遗风，他感到真是不可思议。①20世纪80年代后期以来，屯堡以其特有的文化标志——地戏闻名于世，引起了中外学者的关注。② 民族学者对屯堡进行社

① 黄才贵编著《影印在老照片上的文化——鸟居龙藏博士的贵州人类学研究》，贵州民族出版社，2000，第322—326页。

② 1986年9月安顺地戏应邀参加法国巴黎第15届秋季艺术节，名扬海外。

会调查，发表了具有相当分量的研究成果[①]，同时开展了屯堡文化研究[②]。而文化学者从地戏入手，在社会调查的基础上也取得了不少成果。[③]

明代何以给屯堡留下如此深刻的时代印记？屯堡的文化底蕴何以深厚至此？确实值得我们思考和探讨。2002 年 5 月，我们“晚明社会变迁研究课题组”一行 4 人去安顺进行社会调查。[④]在前期准备中，查阅一些历史文献，我们得知在历史上屯堡民间盛行正月抬汪公（或名迎汪公）的习俗，至今一些村寨还在进行。我们追寻汪公的来源，不无惊讶地发现这位在屯堡民间如此显赫的崇拜对象原来出自徽州，这引起了我们很大兴趣。当我们去大西桥镇吉昌屯时，我们虽然已经错过了抬汪公的时间，但是却见到了位于村中心的汪公庙，以及热情的村干部给我们看的关于文化节的盛大庆典录像[⑤]，使我们真实地感受到抬汪公仪式在屯堡的保存和延续。

作为一种社会文化现象，汪公信仰从徽州移植到西南边陲贵州屯堡，并且跨越时空六百多年延续至今。屯堡的这一特殊性，促使我们追寻汪公入黔的历史轨迹。关于抬汪公仪式和汪公其人，已有学者在 20 世纪 90 年代初进行了考述。[⑥]根据调查，屯堡

---

① 重要成果结集见贵州省民族研究所、贵州省民族研究学会 1995 年编印的《贵州民族调查》卷十三《贵州少数民族爱国主义·屯堡人专辑》，共收入 10 篇；日本民族学者塚田诚之撰、黄才贵译的《贵州省西部民族关系的动态——关于“屯军后裔”的调查研究》和《对民族集团应该怎样研究——以贵州“屯堡人”为例》。

② 重要的成果有翁家烈的《屯堡文化研究》，《贵州民族研究》2001 年第 4 期等。

③ 有沈福馨、王秋桂编的《贵州安顺地戏调查报告集》和庹修明的《安顺地戏简史》。

④ 课题组许敏、黄卓越、张金奎和本文作者行前得到定宜庄、李万生先生帮助，此行得到贵州师范大学张新民教授及其学生田景星等、时任安顺市委宣传部副部长李晓和安顺师范高等专科学校孙兆霞老师等大力帮助，谨此深表谢忱。

⑤ 村干部告诉我们说，因为抬汪公有可能使人产生与迷信联系的误解，所以特意将这部分录像删去了。

⑥ 关于抬汪公仪式，参见沈福馨的《贵州省安顺市大西桥镇吉昌屯村正月十八的“抬汪公”仪式》，见《贵州安顺地戏调查报告集》，第 206—234 页。其中作为附录一的《汪公考》主要依据社会调查，引用文献不多；杨玉君的《“生为忠臣，死为名神”——汪公信仰探源》一文引用史书和方志，比较全面地钩稽了汪公的生平，见《贵州安顺地戏调查报告集》，第 270—286 页，但惜未用汪氏家乘资料，忽略了汪氏家族入黔一支的作用。

传说中有背负汪公入黔之说，可是到底汪公是如何入黔，又如何扎根于屯堡这片土地的？就不得其详了。进一步考察，我们发现了汪氏家族的线索[①]，而以往的研究将这一重要线索完全忽略了。

汪公本名汪华，隋末歙州人，在战乱中投身戎伍，成为隋末唐初群雄之一。事见《旧唐书》卷五六《杜伏威附王雄诞传》："歙州首领汪华，隋末据本郡称王十余年。"

在唐朝建立后，汪华明识大势而降唐，具体时间在武德四年（621 年）九月。根据汪台符《歙州重建汪王庙记》："隋鹿不醒，群雄率起，公矫翅一鸣，声著千古。提山掬海，沃沸颠危，扫平反侧之源，归我唐虞之际。武德四年，高祖下制曰……"[②]

可见同年汪华得到了唐高祖的敕封。而据此线索，笔者找到《全唐文》中高祖皇帝《封汪华越国公制》，现录文如下：

> 汪华往因离乱，保据州乡，镇静一隅，以待宁晏。识机慕化，远送款诚，宜从褒宠，授以方牧。可使持节总管歙、宣、杭、睦、婺、饶等六州诸军事，歙州刺史，上柱国，封越国公，食邑三千户。[③]

汪华于隋末战乱中起而保护本土，镇定地方，保乡卫民十余年，唐朝建立以后，作为拥兵群雄之一而降唐，被命为歙州总管，仍有保乡卫民的作用。因此，汪公对

---

① 我们在社会调查中，得到汪希鹏主编的《汪氏宗谱》(颖川——黔腹)，2001 年印制。原谱为"颖川"，"颖"字应为"颍"之误。这部宗谱虽为新修，但据称修谱时依据黔腹汪氏残存家谱，并查阅大量汪氏各派家谱，特别是查阅了黄山博物馆所藏明休宁汪尚和等编的《汪氏统宗谱》一五六卷，其中收入汪氏入黔始祖资料，为别谱所不载。如日本学者臼井佐知子曾阅读大量汪氏族谱，但她介绍的族谱中完全没有贵州支系的内容，见《江淮论坛》1995 年第 1—2 期。因此，虽然此谱错误不少，但具有独特的史料价值。下文凡引用此谱者，一般不另加注。

② 董诰等编《全唐文》，山西教育出版社，2002，第 5366 页。

③ 董诰等编《全唐文》，山西教育出版社，2002，第 10 页。

家乡及周边地区的保境安民是历史事实，他受到家乡地区人们爱戴也实有其事，因而他为唐朝所器重，除封为越国公外，贞观二年（628 年）唐太宗命他参掌禁军，征辽时特任为九宫留守。[①] 他于贞观二十二年（648 年）死于长安，唐永徽二年（651 年）归葬歙州，史称“郡人请祠于刺史宅西偏”，当地兴建起汪王庙，祠祭始于此。当时的汪公虽有祠，却还不是神庙。后来唐代宗大历、宪宗元和年间，庙宇两度迁徙增修，均是刺史所为，可知此庙为官方所重。唐昭宗天复二年（902 年），陶雅为刺史，“重修灵宫”，由郡人汪台符撰《重建汪公庙记》，说明自唐朝建祠后，一直有地方官员参与修祠祭祀，汪公成为官方正祀的形象。汪公从王，也就是人，发展到神，是有一个过程的。那么汪华又是怎么成神的呢？观汪台符《歙州重建汪王庙记》中，已记有在中和四年（884 年）歙州刺史吴圆“克荷冥应”之说，对此，罗愿的解释是“必尝控王以求助，而感其阴相也”。[②] 汪王已经开始有灵验了。此后，随着时代发展，不断经过官方尊崇和民间传说的加工和形塑，到北宋时，苏辙作《祭灵惠汪公文》，提到“谨遣男适以卮酒特羊致祭于灵惠公汪王之神”，“神有功斯民，世享庙祀”。[③] 这时的汪华显然已经不仅是在军事上保土的尊王，而是发展到驱逐瘴疠，使水旱不为虐乡里的神明了。南宋时罗愿《新安志》这部徽州最早的志书，清楚地记载了汪华神化过程在宋代的完成。在此不赘。

依据《汪氏通宗世谱》卷二《国朝颁给榜文》，明朝初年，明太祖曾为汪公庙颁发榜文，全文如下：

---

① 见罗愿《新安志》卷一《祠庙》。也许在汪华被命参掌禁军，并死于长安的背后有着隐情，那就是在原割据群雄与唐朝中央政府之间可能存在紧张关系，唐朝有将他调离本地，以防范其坐大的意图。

② 见罗愿《新安志》卷一《祠庙》。有趣的是，汪华少年时放牛的传说，与明太祖朱元璋少年时放牛的传说很有相似之处，以后成为群雄之一的身份也是相同的。当群雄兴起之时，汪华应募入军，不久以自身才干功绩为众人推举为首领，成为地方上保境安民的力量，并且扩大地盘，拥有宣、杭、睦、婺、皖五州，建号吴王。这一切说明了民间造神，或者说造就权威的历史传承关系。

③ 见苏辙的《栾城集》卷二十五，清道光十二年眉山三苏祠刻三苏全集本。

皇帝圣旨：江南等处行中书省，诏得徽州土主汪王福佑一方，载诸祀典。本省大军克复城池，神兵助顺，累著灵威，厥功显赫，理宜崇敬。除已恭迎神主于天兴翼祠祀外，据祖庙殿庭，省府合行出榜晓谕，禁约诸色头目、官军人等，毋得于内安歇，损坏屋宇，砍伐树木，拴系马匹，牧养牲畜，非礼作践，以致亵渎神明。如有似此违犯之人，许诸人陈告，痛行治罪，仍责赔偿。所有榜文颁议出给者，洪武四年七月十六日。[①]

这一榜文不仅在族谱中有记录，弘治《徽州府志》也载有全文，仅于前加“国朝初颁给榜文云”。[②]榜文说明到了明初，一是徽州土主汪王福佑一方，载诸祀典；二是明军克复城池，作为神灵的汪公曾经助之，因此，明太祖特颁榜文保护汪公庙。榜文中“神兵”“神主”“神庙”“神明”词汇的应用，都表明了汪公非同寻常人的神灵身份。据富山县忠烈庙所藏《忠烈庙唐宋元诰敕碑跋》，自唐以后，历朝对汪华都有褒封，至元顺帝，诰敕“共十二通”，而颁给汪氏家族的诰敕共有“四十二通”。跋中载，明朝“初定江右，神兵助顺，蒙颁榜以严祀事。洪武四年封越国汪公之神，命春秋祭祀”[③]。这与《徽州府志》的记载是相同的。

值得注意的是，洪武四年（1371 年）是“太祖大正祀典，凡昏淫之祠一切报罢”的一年，榜文时间系于这一年七月。据载，当时徽州所存庙宇唯有“越公及陈将军、程忠壮公二庙”，汪公庙进入了国家正祀的行列，这就凸显出了汪公庙在徽州的地位。弘治《徽州府志》的《祠庙》记载中，第一是城隍庙，第二就是汪公庙，正庙在歙县乌聊山，弘治时有地方官每年于汪公诞辰祭祀于此。还有“忠助八侯庙，以庙唐越国公八子”。此外，徽州各县都有汪公庙，仅以著名的来说，歙县有 6 所，休宁 6 所，婺源 7 所，祁门 1 所，黟县 3 所，绩溪 3 所。[④]如休宁县北山的专祠，建

---

① 见汪玑、汪嘉祺纂修《汪氏通宗族谱》卷二《国朝颁给榜文》，乾隆五十九年刻本。

② 弘治《徽州府志》卷五《祠庙》，天一阁藏明代方志选刊续编本。

③ 见《安徽休宁汪氏世家谱》卷五，清乾隆三十七年刻本。

④ 嘉靖《徽州府志》卷一《祀典》，天一阁藏明代方志选刊续编本。

立在宋朝淳熙年间，弘治年间史载“迄今岁正月十八公生日有司致祭”，而“忠烈行祠”则“各乡多有之”。①

由于有历朝皇帝敕封，官方致祭，汪公祠庙在徽州是万姓同祭。忠烈庙之名是宋朝所赐，宋封汪华为昭忠广仁武神英圣王；至元朝，顺帝封汪华为昭忠广仁武烈英显王；进入明朝，洪武四年封其为越国汪王之神。自唐到明，从封号上看，可注意的有两点：一是明朝封号字数减少，且在榜文中没有出现正式封号全称；二是从王到神，表面上虽然减了封号字数，但在官方正祠中，实际上却是从人到神，上升到了不同境界。总之，可以确认的是，明朝初年，神化的汪公得到了国家正统的认可。

二、汪氏家族入黔与汪公信仰移植

有关汪公的文献记载，说明汪公实有其人其事。可是，这一来自徽州地区的信仰，在明代于贵州屯堡得到了广泛流传，又经历了怎样的过程呢？

在以往研究中，存在似是而非地谈及屯堡文化来源江南的问题。一般说来，明初大军多来自江淮，是没有问题的，明初都城南京曾呈现出淮人人多势众的情况，有明初诗人贝琼诗为证：“马上短衣多楚客，城中高髻尽淮人。”② 但是，以军人多凤阳籍或江淮人而笼统称为江南，作为祭祀汪公的依据是有问题的。经考察，凤阳一带并不祭祀汪公，祭祀只在汪华的故乡徽州盛行，徽州当时隶属南直隶，属于江南地区，但是抬汪公却并不是江南地区普遍流传的习俗。神祇行为拟人化，也就是人神并存，是祖先崇拜的特征。作为徽州地区保护神的汪公，从徽州传入屯堡，是没有疑问的。因此，我们考察汪公的入黔，主要应追寻徽州，而不是笼统的江南，其中，家族的作用尤应给予特别关注。

汪公信仰肇端于7世纪的徽州，汪氏家族到宋代已达极盛。南宋淳熙十五年（1188年）朱熹作《汪氏族谱序》，开首即言：“新安汪氏，其族之贵盛，非他族可

① 弘治《徽州府志》卷五《祠庙》，天一阁藏明代方志选刊续编本。
② 贝琼：《清江贝先生诗集》卷五《秋思》，清刻本。

比。”推本溯源，汪氏出自鲁成公，至第三十一世汪和“渡江迁会稽令，遂家于歙”，第四十四世汪华“值隋末唐初，以讨贼有功，食邑三千户，进爵为英济王”。汪华三十一世孙入赘唐模程氏，“汪氏之族自此而益盛”，子孙日繁，布满一郡，“而非他族之所能及也”。与大族程氏的联姻，是汪氏在徽州巩固地位的重要因素。朱熹在序中列举了汪氏子孙在宋朝登第人士“蝉联簪缨圭组，后先辉映”的显赫经历，足以证明序文开端汪氏“其族之贵盛，非他族可伦比”的断言。[①] 但是入明以后，这种情况在贵州屯堡新移民地区最初是不可能存在的，所以徽州的汪公祭祀繁盛并不奇怪，倒是屯堡形成九屯十八堡都有祠祭，有超乎常情之处。还有值得关注的是，除了屯堡以外，汪公庙并没有在贵州在其他地区盛行[②]，这使我们确信汪公庙在屯堡的出现，也有着特殊因素。

据《汪氏宗谱》，汪华娶有五位夫人，生有建、璨、达、广、逊、逵、爽、俊、献九子。九子之后发展繁衍，子孙遍及大江南北，成为江南一大望族。据黔腹汪氏残存家谱记载，黔腹汪氏是汪华第八子汪俊的后裔。汪俊在唐朝官拜郑王府都督参军，敕封衍泽王，宋追封崇仁衍庆王，娶罗氏，生有五子：处默、处方、处忠、处思、处静。五支子孙主要分布在今天安徽省歙县、黟县、休宁、旌德、绩溪等地区。入黔的汪氏家族属于汪俊第二子汪处方的一支。谱载汪俊五传至汪晏，其子汪言迁徙到休宁，汪言长子一支世居休宁。被入黔汪氏家族奉为始祖的汪灿，就是出于这一支系，他是汪华第八子汪俊第二子处方的嫡传后裔。[③]

据入黔汪氏旧谱，谱首原文如下：

原籍生于江南徽州府休宁县，阳宅住址梅林街，阴地葬于登源洞，应

---

① 汪希鹏主编《汪氏宗谱》，2001，印制，第 22 页。

② 如贵州省城的忠烈庙，祠祭的是南霁云，不是汪公，见弘治《贵州图经新志》。因此，屯堡汪公具有地方特殊性由此可知。

③ 明休宁汪尚和等编著《汪氏统宗谱》卷一三五，载有汪灿以上各代支派。汪灿是休宁藏溪迁休宁梅林街支系后裔。黔腹汪氏上由黄帝至得姓始祖汪满是三十四世，自汪满至汪灿经七十七世，在汪灿的名下，记载着“戎伍入黔”。

我——太祖汪华公为王为神，本诸此矣（依）据。

入黔始祖汪灿公，系汪华公第八相公支派后裔，后因洪武十四年调北征南留守普定卫（今安顺），钦封世袭前所百户指挥之职。灿公始建立祠堂于安顺府城南门内，其地名曰青龙山，前殿太祖金容，后殿设列各位夫人，合族先王神主俱供在内，每年正月十八日太祖圣诞之期，凡属汪氏五房宗支会祭祀典，祠堂立甲山庚向，前面排列双童侍讲，后耸三公笔文峰左右，罗城周密，族当发贵，即此地也。①

又据《汪灿公墓志铭》(灿公传略）记：“公十八从军，历任九夫长、镇抚军官。洪武十四年奉旨南征，统军入黔，平靖黔境，因功钦封，奉为普定卫（今安顺）世袭前所指挥之职。公由此留守黔腹，宅居安顺姬龙街。后娶黄公之女为室，共生五子，长子汪福、次子汪祯、三子汪祥、四子汪裕、五子汪祚。此即后世所谓的五房宗支。”② 这是入黔汪氏最主要的一支。此外，如志书所载，汪氏是徽州大姓，还有其他汪姓入黔，如汪恕等，而来自徽州或与汪氏有亲戚关系的人就更多了。③

安顺青龙山汪氏祠堂，也称汪公庙，坐落于安顺老城南端青龙山顶。据汪氏旧族谱载，该祠堂是由汪灿创建。他置下安顺青龙山周边大片土地，有地契载入汪氏老谱，惜于明末与谱一起毁于兵燹。经过筹措，汪公庙于洪武二十六年（1393 年）正月初八午时破土奠基，历时年余告竣，洪武二十八年（1395 年）正月二十八日，

① 汪承兴、汪如红、汪根发编著《大唐越国公汪华文献》，新华出版社，2014，第 131 页。值得注意的是汪灿“钦封世袭前所百户指挥之职”一句，显然有误。汪灿是普定卫所置五千户所中前所百户，百户不可称指挥，这里的意思是百户后升为千户，再升为指挥，抑或是民间将百户也尊称为指挥，不得而知。明初军屯制度在贵州推行，卫所一般是三分守城，七分下屯，屯军多于守军，军卫“且耕且守”的性质，是明显的。汪灿身为百户，是否屯田百户，没有明确记载。

② 汪承兴、汪如红、汪根发编著《大唐越国公汪华文献》，新华出版社，2014，第 132 页。

③ 如在社会调查中，我们了解到屯堡地方鲍家、胡家原都是徽州大族，他们之间又有着千丝万缕的联系。大量徽州人的移入，是汪公信仰移植成功的一个重要因素。至今参与抬汪公的几个屯，都有汪氏，但并不占村中多数。

举行了汪华等汪氏先贤塑像开光迎坐仪式。青龙山汪氏祠堂占地约1500平方米，建筑由围墙、前殿、后殿及左右厢房组成。正殿五间，坐东朝西，分为左、中、右三堂，中堂供奉汪公为主，其次是天瑶、铁佛二公及汪华九子或前或后、左右侍立。汪氏历代祖先灵位设于左右堂中。后殿供汪华五房夫人及汪氏历代祖妣孺人太君外，设观音菩萨等神供奉于内。左右厢房作僧尼、僧佣及远路香客住宿和厨房之用。一年一度的正月十八汪公诞辰之日，汪氏族人汇聚于此，由五房宗支轮年执事，举行祀典。“恭抬华公圣像迎游四门，满城百姓虔诚礼拜。焰火弥漫，炮竹轰然，其盛况颇具壮观。”[①]

神是靠显示神灵让世人信奉的，在贵州也有汪公显灵的传说，可以部分解释汪公在贵州屯堡的移植成功。据说汪公在明朝征南之战中曾大显神灵。洪武十四年（1381年）傅友德率师征南，兵至贵州山羊岩，敌负隅顽抗，大军不能进，“公以忠魂显灵，大获全胜，以是顺利进军，克复云贵，明太祖以公忠贞为国，殁世不忘，又追封公为显灵大帝”[②]。追封之事别无证据，似不可信。从相关资料看来，汪公入黔是以祖先崇拜的形式，由家族首先建立祠堂，后来发展到遍布屯堡的。值得注意的是，明初是不允许建立家祠的，因此，首先建立的祠堂应有官祠性质，而不完全是作为家祠出现，这一点很重要。[③]然而，汪氏家族的作用也不可低估，汪公信仰的入传和发展，与汪氏家族地位提高、繁衍昌盛有着直接关系。

关于入黔汪氏在明朝的科举状况，详见表1。

---

① 汪承兴、汪如红、汪根发编著《大唐越国公汪华文献》，新华出版社，2014，第122页。

② 汪承兴、汪如红、汪根发编著《大唐越国公汪华文献》，新华出版社，2014，第132页。

③ 嘉靖《贵州通志》卷七《祠祀》记载，普定卫汪公庙在卫治内南青龙山之巅，位置与《汪氏宗谱》所载相同，却记为“永乐二年指挥王辕建”。无论是时间，还是创建者都不同。是年代久远，记载不确，抑或是汪灿当年仅为百户身份，因此，以指挥名已不得而知。但这里可证明一点，即汪公庙的官祠性质。

表1 明代汪氏科举名录[①]

姓名	世系	科举	任官
汪祚	二世，汪灿第五子	正统十二年（1447年）举人	云南通安州知州
汪钟	三世，汪灿长子汪福之子	成化元年（1465年）举人	云南广南知府
汪汉	四世，汪钟之子	成化十年（1474年）举人	云南云屏州学政
汪润	四世，汪钟之子	弘治十七年（1504年）举人	桃源教谕、广州府推官
汪大量	五世，汪汉之子	弘治十四年（1501年）举人	湖广德安知府
汪大章	五世，汪汉之子	弘治八年（1495年）举人 弘治十二年（1499年）进士	浙江提督学政、云南布政司左参议
汪大宜	五世，汪润之子	正德八年（1513年）举人	云南蒙自知县
汪大有	五世，汪润之子	正德十一年（1516年）举人	浙江金华知县
汪大智	五世，汪灿次子汪祯支	正德十二年（1517年）优贡	四川长寿知县
汪汝舍	六世，汪大宜之子	正德十一年（1516年）举人	云南昆明知县

入黔汪氏始祖汪灿只是普定卫的一个百户，以此而言，汪氏是一个世袭的低级军官家庭。根据明朝军官世袭制度，其长子应世袭百户。值得关注的是，在汪氏宗谱中，世袭情况鲜见记载，却存有大量科举资料。在卫城建立汪公庙，汪氏开始借助汪公作为国家正祀权力的象征，形成地方势力，此后，汪氏家族发生了重要变化，与汪公信仰传播相辅相成。汪氏自第二代起以科举改换门庭，赢得了社会地位的显著提高。而汪氏家族的成功，无疑又对汪公在地方上传播具有重大意义，反映出科举文化与民间社会文化之间密切的互动关系。

自第二代起，汪灿第五子汪祚参加科举，"首开入黔汪氏仕第之风"，于正统十二年（1447年）中举，从此家族中"人文蔚起，家声丕振"。当时贵州乡试附于云

① 此表依据《汪氏宗谱》制成。

南，数额鲜少，到嘉靖十六年（1537 年）贵州才专门设科，至嘉靖二十五年（1546 年）才增加名额。汪祚在正统年间中举，成为普定卫历史上第二个中举的人，在当时“人才以科目重”的社会中，他的中举可以想见定会使家族地位骤升。其后，汪氏长房中三世汪钟，四世汪汉、汪润，五世汪大量、汪大宜、汪大有，六世汪汝含，二房五世汪大智接连高中，都自科举入仕。终明之世，汪门登科及第的有九举一进士。中进士的五世汪大章，中于弘治年间，查普定卫自明初至万历年间仅有 4 人中进士，汪大章是第二名中进士者，史载：“幼年称为奇童，至二十联登科甲。历官清廉，不阿逆瑾。所经宦处，皆入名宦。”[①] 还有一个例子可以说明汪氏在普定卫，也就是安顺城中的地位。城中立有两个汪氏牌坊，一是科第重光坊，为举人汪大量建；一为进士坊，为汪大章建。[②] 重要的是，通过科举入仕，汪氏“跻身于安顺最有名的汪娄等七姓之首”[③]。于是，可以推知，汪公信仰先是被作为改变入黔汪氏社会地位的手段，而后随科举进入地方社会上层的汪氏家族身份地位的改变，极大地扩展了传播面，逐渐形成了屯堡地区移民社会认同的标记。

有明一代，汪氏家族随着社会变迁而沉浮。在世袭军户制和屯田制衰败以后，汪氏长房七世汪国泰，于明末从今六枝特区木岗镇嘎老塘移居丁旗。他兼营工商业，家声大振，跻身于丁旗大户之首。从军人到入仕，再到经商，汪氏长房一支的生活经历，是与社会变迁紧密联系在一起的。另外，在《汪氏宗谱》中，收入汪氏苗族后裔上千人。明末由于水西安位起兵，影响所及，安顺一带战乱，汪氏家族遂衰落。明末清初汪灿第十四代孙汪方卓入赘安顺苗族为婿，后来还宗，立下“还姓不还俗，还宗不还教”的信誓。因此，张指挥支大山脚这支汪氏长房后裔，至今还沿守苗族风俗习惯。[④] 这是明代移民与地方少数民族融合的一个绝好事例。

人是文化的载体。自徽州入黔的汪氏家族汪灿一支，作为明朝初年的屯军后裔，

---

① 嘉靖《贵州通志》卷九《人物》。

② 万历《贵州通志》卷六《坊市》，日本藏中国稀见地方志选刊本。

③ 汪承兴、汪如红、汪根发编著《大唐越国公汪华文献》，新华出版社，2014，第 133 页。

④ 汪承兴、汪如红、汪根发编著《大唐越国公汪华文献》，新华出版社，2014，第 134 页。

经过六百多年的繁衍生息，至今大部分仍然生活居住在安顺，少数移居于周边地区。[①] 他们大多从事农业，扎根在这片土地上，成为世代的农民。

现将汪灿五房人口分布情况如表 2 所示。[②]

表 2　汪灿五房人口分布

各房支系	地区分布	人口
长房汪福支	嘎陇塘、普定（含化处等）、丁旗、镇宁城内、贵阳、安顺城内、重庆、关岭六塘、六枝麻窝、林脚底、岩上、白果寨、干苑塘、马场煤洞、张指挥、大山脚、偏坡、六枝那克、普定格江、鲍家庄、马官平寨	4515 人
二房汪祯支	陶官、石柱、镇宁南街、鸡场寨、坝阳、沙坝地、镇宁江龙新院、凉水、新屯、石官、镇宁西门、六枝六堡、六枝下坝、楼梯湾、普定断桥、计王寨、其他	1980 人
三房汪祥支	张官屯、龙旗屯、纳雍、段家庄、织金、织金阿弓、补郎西北、珠藏凤凰山、玉官屯、猫洞下黑石、其他	2200 人
四房汪裕支	吉昌、阳宝、大凹、九溪、平坝肖家庄、汪井村、高寨、金平、七眼灶、烂坝、新冲、其他	1200 人
五房汪祚支	汪家官克瓦、龙井坡、黄土塘、陈家堡、岩腊、木叶寨、高寨、竹林寨、黄家龙潭、汪井村、汪家关、弯子寨、丫口寨	2000 人
总计五房	主要分布于安顺平坝、旧州、宁谷、普定、丁旗、镇宁、关岭、紫云等地，东面远及贵阳，西面及六盘水六枝、水城，北面至毕节织金、纳雍	11895 人

正如入黔汪氏家族经历了时代风雨却依然大多居住在屯堡一样，汪公信仰一旦得到社会层面的广泛认同，屯堡的一种"族群"认同的地域空间格局就此形成，并

① 按汪希鹏《颍川——黔腹汪氏源流序》："相传二十五世，现已繁衍子孙二万余众。"则人数更多，见汪希鹏主编的《汪氏宗谱》，2001，第 32 页。

② 汪承兴、汪如红、汪根发编著《大唐越国公汪华文献》，新华出版社，2014，第 135 页。

一直延续了下来。咸丰《安顺府志》详细记载了抬汪公的盛况：

安顺普定，正月十七日，五官屯迎汪公至浪风桥，十八夜放烟火架。狗场屯、鸡场屯共迎汪公，亦于十七日备执事旗帜，鼓吹喧斗，迎至极树林，观者如堵。汪公庙二场屯中皆有，如本年自狗场屯迎至鸡场屯庙中供奉，次年自鸡场屯迎至狗场屯庙中。祈祷各乡。①

不仅清末文献记载中有汪公庙“各屯等寨皆有”，而且甚至在今天的汪华故乡已不存在的情况下屯堡的汪公庙祭祀却仍在延续。

考察汪公信仰入黔，之所以能够成功地移植，主要有三方面因素：一是汪氏家族传入与汪氏家族在地方上取得身份地位，中举、中进士为官，成为地方望族的过程同步；二是有国家颁发的榜文，属国家正祀，所以在移居地很快就合法建立起了祠庙，汪公于是为屯堡来自各地的军民所认同，向屯堡地方保护神成功转化，并与国家推行教化的过程重合；三是与屯堡地区复杂的社会人文环境——周边是少数民族，民间需要保护神，即与民间信仰的实用性有密切联系。

三、明初移民社会建构与文化移植的社会功能

徽州汪氏家族的一支扎根于贵州安顺屯堡，至今繁衍了六百多年，遍及安顺各地，这是明初实行卫所军户世袭制和军屯制的结果。屯堡是从卫所制直接派生出来的，尽管当年的屯军也早已踪迹全无，然而，在经历明初大规模移民开发的贵州屯堡地区，与这段历史紧密连接而形成的特质文化却世代相传延续至今。那里的人们不顾多次改朝换代，仍旧将自己的祖先追溯到明初的屯军，仍然维护当年的道德楷模，这不能不说是文化令人震撼的力量使然。

对明初平定云贵的军事过程及以后实行的大规模军事移民政策，过去评价的角

① 见民国《贵州通志》，民国三十七年铅印本。

度是比较单一的；实际上作为国家行为，它给贵州政治社会结构嵌入了一种新的机制，引发了新的历史进程。贵州在明朝建省，明初是贵州社会发展的重要转折时期。明朝怎样一步步将乡村社会结构化于国家政治经济体系之中的呢？伴随国家政权强有力的移民行为，是移民社会的建构，文化的移植和流布，与之同步发生。可以推知，汪公信仰入黔，徽州文化移植到新的移民地区，对移民社会的建构产生了重要影响。就屯堡的形成而言，是明初大规模军事移民——国家教化和民间信仰结合——移民社会建构过程的一个典型事例。

明太祖在完成全国统一大业之时，派遣大军挺进西南，扫荡残元势力，发动了大规模的征南战役。洪武十四年（1381 年）九月，帝命颍川侯傅友德为征南将军，永昌侯蓝玉为左副将军，西平侯沐英为右副将军，率军 30 万往征云南。傅友德率领主力军从应天出发至湖广，自湖广的辰州、沅州西向，直取普定，也就是今天的贵州安顺，这条路线是明太祖精心策划的。大军攻取普定以后，“分据要害，乃进兵曲靖”[①]。史称：“罗鬼、苗蛮、仡佬闻风而降。”[②]由此可见，在明朝大军入普定之前，那里是少数民族聚居地区。此后见之于史籍的是明朝设置普定等卫，从此，大军屯兵于这一入滇的咽喉要道之上。

明初所谓“国初军饷，止仰给屯田”[③]，表明当时有大量军屯存在。军屯“有边屯，有营屯。边屯，屯于各边空闲之地，且耕且战者也；营屯，屯于各卫附近之所，且耕且守者也”[④]。“洪武十一年（1378 年），置贵州都司卫所，开设屯堡”[⑤]，是贵州最早设置屯堡的记载。具体到贵州安顺，兴起于明朝统一战争过程中。随着明朝大军的入黔，普定等卫所设置，军屯制度作为国策在贵州大力推行，大规模的军事移民，使“且耕且战”的屯堡遍布安顺。

在调查中，尽管对于当地人口中的“填南”，至今难寻官方文献的准确记载，但

① 见《明太祖实录》卷一三九，洪武十四年九月壬午条，台北中研院史语所校勘本。

② 见《明太祖实录》卷一四，洪武十四年十二月辛酉条，台北中研究史语所校勘本。

③ 万历《明会典》卷一八《户部》一五《会计》四《边粮》，中华书局，1988 年影印本。

④ 见顾炎武《天下郡国利病书》卷三《北直》二《屯田》。

⑤ 万历《明会典》卷一八《户部》五《屯田》，中华书局，1988 年影印本。

从某种意义上说，征南和填南是明初贵州具有标识性的重大事件。二者无例外的都是具有国家行为性质的大规模移民，只不过前者是军事移民，后者是军事外的移民。贵州的移民社会由此产生，贵州的大规模开发也由此开始。明朝征南大军大规模留守在贵州安顺，就是军事移民过程的开始。贵州屯堡与北方情况有所不同，北方一般是在原有居民聚居地屯田，而贵州则是占地屯田，故北方有社屯之分，贵州屯堡则是清一色的屯田。

无论是军屯、民屯还是商屯，都是国家行为影响下的移民，形成的都是移民的聚落。在其周边是少数民族聚居。洪武二十年（1387 年）十二月，太祖命西平侯沐英自永宁至大理，每六十里（1 里≈500 米）设一堡，置军屯田，并兼理驿传之事。[①]说明云贵的这种堡是戍守与屯种合一的组织形式，而且与驿站也联系在一起，具有多重功能。同时，卫所是地方的军事机构，也是地方的行政机构，这种机构职能的复合性，成为国家控制移民社会的有效手段。军事建设与区域政治、经济、文化的建设无法截然区分，形成了浓重的特色。这一特色为汪公信仰的传播准备了良好的条件。值得关注的是，汪灿就是征南而来，发生在明代的汪公信仰在贵州屯堡的普及过程，与贵州屯堡移民社会融入国家体系的过程是相一致的。如此说来，汪公信仰由一姓的祖先崇拜，发展到地方保护神，又随移民从徽州传播到屯堡地区，扎根于且耕且战、军事色彩浓厚的异乡土壤，并发挥了整合地域秩序的作用。

汪公信仰如何发挥整合地域秩序的作用？在屯堡，抬汪公将迎神赛会、傩事仪式、地戏融会在一起，加入了鲜明的军事气息。这些明朝时代所赋予屯堡的东西，至今虽不能说一成未变，却是惊人地一直流传了下来。根据人类学研究，“仪式，通常被界定为象征性的、表演性的、由文化传统所规定的一整套行为方式。它可以是神圣的也可以是凡俗的活动，这类活动经常被功能性地解释为在特定群体或文化中沟通（人与神之间，人与人之间）、过渡（社会类别的、地域的、生命周期的）、强化秩序及整合社会的方式”[②]。抬汪公，这一仪式具有重要的象征意义。首先，其象

① 万历《明会典》卷一八《户部》五《屯田》，中华书局，1988 年影印本。

② 郭于华主编《仪式与社会变迁》，社会科学文献出版社，2000，第 1 页。

征着忠君行为模式或准则在屯堡的确立。就崇祀的意义说，汪公集三重意义于一身：祖先崇拜—英雄崇拜—神灵崇拜。汪公本身是一种理想模式，在人与神的关系上，作为神，人们祈求汪公保护；作为人，汪公又是现实生活中人们的楷模。有功于国、有德于民的道德典范，是古代“圣王之制祀”祭祀人物的特点，忠义的提倡，本身就是传播忠君爱国思想的一种有效方式。建立忠义的楷模，就是为了让人们仿效，这是国家教化的重要内容之一。其次，营造出一种祥和与安全的秩序氛围。在今天见到的仪式祝词中，充满了人们对安定美好生活的期盼与歌颂。祝词是地方上“文化人”家族世代传承的，他们随时代变化而加入合于时宜的语汇，可是，屯堡人对安定美好生活的期盼与歌颂是不会变化的。当年在屯堡，通过仪式，把保卫国土、巩固边陲与忠君爱国联系在一起，成为屯军的职责所在。这种正面引导，使官民的对立在此得到了统一，伴随汪公的崇祀，这种官方的伦理道德在屯堡深入人心，而这种道德和安全象征的树立，正是移民社会稳定的基础。因此，汪公作为忠君保民楷模与国家教化的推行在屯堡融为一体。正是在这种崇祀中，培养了移民社会对国家王朝的认同感。区域性祠祭兴起，参与了移民社会的建构，将整个地域的人们联系在一起，形成了一种社会秩序。①

到明后期，卫所制与军屯制已衰败。以普定卫为例，万历二十七年（1599 年）贵州巡抚郭子章记载：普定卫旗军原额 6905 名，查存 2439 名，军器原额 94713 件，查存仅 32726 件。② 但是，随卫所的趋于解体，屯堡的村落化也加速进行。汪公作为屯堡人们信仰的神，成为地方权力的象征，与人们生活密切连接，被用来组织人们的社会生活。屯堡将汪公看成救世和守护之神，求福免灾，抬汪公活动规模远超出某个村落范围，成为跨村寨的纵向和横向的联络组织，每个村民都参与这个组织的活动，人们共同供奉屯堡的守护神，由此激发并产生了凝聚、动员和整合的力量和

① 关于乡村的神明信仰如何体现了王朝的秩序，中外人类学者已有不少成果。祭祀圈理论由日本学者冈田谦最早提出，此后台湾学者成功地运用于台湾史研究。在本文初稿写就后，看到刘志伟先生《地域社会与文化的结构过程——珠江三角洲研究的历史学与人类学对话》（《历史研究》2003 年第 1 期）一文，他认为应把神明崇拜理解为乡村秩序的表达，笔者深表赞同。

② 郭子章《黔记》卷二一《兵戎志》，清刻本。

作用。汪公庙的普遍建立，成为屯堡村社活动的场所，也成为一种社会组织发挥作用。正是因为有着如此重要的作用，所以今天仍可看到吉昌屯（鸡场屯）的汪公庙位于村中心，而且屯堡才会有许多抢抬汪公的传说和故事。比如吉昌屯、狗场屯与鲍屯共抬一尊汪公神像，循环接送，清末兵乱，三屯分别抢到神像和祭祀仪仗、肩舆等，准备各自祭祀，这说明抬汪公和汪公仪式在当地具有权力的象征意义。而九溪村的事例则更可说明祭祀仪式本身所代表的是一种正统权力。那里的老人告诉我们这样一个故事：原来抬汪公在村中流行，主要是大堡人抬。传说有一年抬汪公到小堡，抬不动了，只见空中有两只老鹰在打架，村民以为是汪公和五显神在打，所以就不敢再向前抬了。从此，九溪村改为抬亭子。表面上看，这一传说很像是信仰分歧，实际上这正是源于征南来的大堡人与后来的移民小堡人之间争夺权力的实例，结果是妥协解决，权力共享，新秩序也由此建立起来。

在屯堡这一社会场域中，汪公仪式的举行，使村民建立起对朝廷国家的具体感，形成了共同参与的空间。汪公信仰在屯堡使忠君爱国思想深入民心，发挥了巨大的社会教化功能，对个人观念行为产生了潜移默化的影响。同时，大众文化和信仰为正统权威的树立提供了场所，这样形成的社会，是有共同意识的社会，因此，也是具有深刻文化内涵的社会。国家或者王朝这个概念，正是在汪公信仰的普及中得到了具体化，而忠君爱国思想观念在一次次抬汪公的仪式中逐渐形成，并根深蒂固地存在于屯堡人心中。由此整合起来的屯堡社会，世代相传，至今那里的人们仍称自己为明朝屯军后裔。重要的是，随汪公信仰逐渐遍及屯堡，屯堡社会意识逐渐发展成熟，进而形成一种社会行为，凝聚为一种社会结构。个人通过这一活动中介和整体社会发生关联，忠君爱国思想深入到屯堡民间社会现实生活中，将屯堡社会整合成为一个独特特质的社会。屯堡特质文化保持至今，正说明了这一社会文化整合的力量。我们在屯堡一家人的堂屋的正面墙上，见到贴有“天地君亲师”的字样。虽然仅此一例，但也提醒我们，在屯堡，每家每户恭奉“天地国亲师”几乎都是如此景象。在国的观念没有形成意识时，就是君的意识占据主导地位。他们的这种国家意识，也就是王朝意识，甚至令人惊讶地强化到了改朝换代之后被视为异民族的地步[1]，也可以作为一个突出例证。

对抬汪公的解读，可以使我们认识和了解屯堡文化特质的来源和变迁。汪公信仰移植到贵州屯堡，与傩文化、地戏结合，形成了一种特殊的文化模式。随着年复一年抬汪公仪式的重复和继续，屯堡人的社会文化意识在成长和加固。地戏这一屯堡文化特质的表现形式，强化的文化特征就是忠义，就此而言，其产生与抬汪公也有不可忽视的联系。看过地戏面具以后，人们都会留下深刻印象，那就是极为鲜明的善恶特征。地戏从不演反戏，专门演出忠君爱国的正剧，而且全部是军事戏剧，表明了其产生的地域人文历史背景，带有明朝初年大规模军事移民的深刻印记；唱本均为明中后期以前的内容，说明它产生的时间应在明后期。目前没有发现明朝当时记载地戏，这有一种可能，就是当时的地戏只是抬汪公或其他民间社会文化仪式中的一项程式而已。徽州本有抬汪公出游与演戏相结合的习俗，徽州的演戏也有戴面具的记载，而傩文化在徽州一带本来就是存在的，可能由徽州传入是一条线索，与当地苗族具有的傩文化融合，又是一条线索。可以推测，在屯堡，傩文化和汪公仪式融合在一起，衍生出了地戏这种颇具地方特色的文化形式。由此说来，随着明朝征南，大批军事移民聚集形成贵州屯堡地区，并带入了异地文化。这些文化本土化的过程，是伴随着移民的定居化、移民社区成为居民社区的过渡完成而实现的。

在屯堡不断被复制的汪公庙，说明了汪公的合法性与权威性，反映了汪公从客体到主体的演变过程。一方面官方敕封，纳入正祀；另一方面保留着民间信仰的特征，这使汪公在时代发生巨变时能够存续下来。作为徽州地区的保护神，从异地移入屯堡的成功，与其忠君爱民象征意义有直接关系。这样一个形象，在新的移民地区为统治者所需要，也为民间社会所需要，更与屯堡具有的鲜明军事气息的忠义风尚相结合。正是这种文化和国家与社会的契合，使文化移植得以成功，得到新移民的普遍认同，并建构了屯堡移民社会的特质文化。屯堡的抬汪公仪式还说明，统治者通过利用神道设教，达到稳定统治的目的；而民间社会通过一次次的汪公仪式，

---

① 参见1995年贵州省民族研究所、贵州省民族研究会编印的《贵州民族调查》卷十三《贵州少数民族爱国主义·屯堡人专辑》。

传承着民间文化传统的同时，也起着整合地方社会的作用。汪公本身反映了国家与社会融合的一面，说明国家和社会不是完全对立的，上层政治文化资源与下层民间文化传统之间有着密切联系。汪公由徽州地区保护神，发展成为屯堡军民“自己”的神，是与他具有多种实用性或者说功利性的功能相关的。正因为如此，卫所制衰败以后，这种深深扎根于社会之中的民间信仰文化，成为屯堡特质文化的主干，至今保存和延续了下来。

结　语

我们知道，屯堡之所以成为屯堡，与其特色有着紧密联系。在社会调查与文献爬梳中，我们发现屯堡的主要特色有三：一是屯军后裔，二是地戏，三是抬汪公。将这些特色因素联系起来，可以找到一条线索，即汪氏家族的“戎伍入黔”。在社会调查的基础上，主要根据汪氏家乘资料，我们理出了如下思路：一是汪氏家族与汪公入黔的关系，二是屯堡文化与徽州文化的关系。

汪氏家族入黔一支，几百年来鲜有记载，需要推敲之处尚多，且家谱错漏很多，间有不实之处，还有待发现碑刻资料，进行进一步考实；而抬汪公庆典则确认了屯堡与徽州的直接联系。无论在历史文献中，还是在实地考察中，我们都发现汪公信仰在屯堡的特殊地位，以及屯堡移民社会通过信仰和祭祀，形成了地方社会文化和权力网络的轨迹。

通过寻找汪公入黔的历程，探讨汪公信仰在移民社会建构中的作用，并进而以此为视角，追寻屯堡文化能以顽强的生命力延续至今的深层次原因，发现是明初大规模军事移民这一国家行为，改变了贵州屯堡的民族成份，更重要的是形成了人文特征，其中移植文化起了重要作用。研究这一个案，显然涉及了一个理论问题，那就是文化对于国家和社会关系的作用问题。将考察延伸到文化与国家和社会关系的层面，我们注意到汪公信仰这一上千年传统文化的积淀，在时间上和空间上都集中体现了屯堡文化的特质，在时间上年代久远，长期延续；在空间上则表现了移植文化的新旧连接。汪公这一乡土气息十分浓厚的地方神灵，来自他的故乡徽州，起源于祖先崇拜，明初大规模军事移民这一国家行为成为徽州汪公入黔的契机，伴随汪氏家族一支移民贵州安顺，汪公以其特殊的身份，在贵州屯堡成为国家与社会之间的中介，参与了屯堡移民社会的建构。

文化与国家和社会的关系是一个重叠交错与互动的过程，通过一年一度的汪公仪式，明代国家或者说王朝意识得到了屯堡人的认同，同时，形成了屯堡人主体的观念和行为。由此，明代国家与社会在屯堡高度融合，家国一体，在移民地区形成一种融合性和凝聚力极强的本土文化。就某种意义上说，正是这种特质使屯堡文化卓尔不群，历六百多年不衰，乃至延续至今。

黔中屯堡文化性质新探

朱伟华

贵州黔中屯堡文化作为历经六百余年积淀下来的目前国内最具特色的一种地域文化现象，自20世纪80年代进入研究视野以来一直热盛不衰。迄今为止，这一文化现象已经过了最初被发现的惊喜和兴奋阶段，所涉及的文化事象也逐一为人们所认知并梳理清晰，在各个领域已产出一批很有分量的研究成果。进入21世纪以来，全面整合已有的研究成果，引入更多参照系，对这一极具特色的文化现象予以重新审视，在新的研究高度上将研究向纵深推进，在第一轮研究成果的基础上对屯堡文化特征做出更为细致准确的界定，是研究者在新世纪应该完成的历史任务。

对于贵州黔中屯堡社区居民不是本地土生土长的少数民族，而是有明一代移入的正宗汉人这一事实，早在20世纪初就由于日本学者鸟居龙藏的贵州人类学研究成果而为学界知晓。中华人民共和国成立后，费孝通先生又在20世纪50年代的民族情况调查报告中强调过贵州汉族移民情况，但这一事实真正为社会公众认识并引起普遍关注，却是在20世纪80年代伴随改革开放带来的屯堡社区特有的地戏活动的复兴，以及民间留存了几百年的“跳神活动”第一次被当成“国粹表演”走出国门所引起的轰动。正是在这种直观而生动的戏剧表演里，正是从地戏活动其间的山居民宅、石坡石坎之中，人们找到了散落其间的语言腔调、生活习俗、建筑风貌、衣着服饰等跨越时代的异域特征，发现了名为“屯堡文化”的有整体特点的一系列文化事象。而随着中国社会改革的深入，随着不可避免的世界经济一体化进程带来的对民族文化的冲击和思考，全球化视野下地方性特征及地域文化研究的意义日益凸显，屯堡现象吸引了中外研究者的目光。地戏活动也令戏剧研究、民俗研究、社会学研究以及人类学研究学者感到惊喜并予以关注，带来许多争议、思考和启迪。

迄今为止，已有的研究范围和研究成果主要集中在以下三个方面。首先是追古溯源，探究来源。对于长期因历史悠久、文化深厚而自豪的中华民族来说，这无疑是一个极具吸引力的研究视角，大量研究成果都集中在通过对历史文献的考证，追溯屯堡村落的形成、移民兵士与母源地的渊源关系、前后生存环境的异同及地戏形成来源的追索之上。尽管由于时间久远和文献匮乏，在历史进程中，不少断裂点难以连接，同时空白处也无法填补，但这个领域还是挖掘了大量资料，产出了许多有分量的成果，取得了初步统一的意见。其次是通过田野调查、采集记录、座谈寻访、实地拍摄等多种方式，用文字、胶片和音像资料等各种媒介，对田野存在的生存状况进行抢救性的现象复原。在资讯高度发达的现代社会，在相对封闭的环境下长期形成的风物习俗，可能会在短期内迅速消亡，因此，这是最有价值的一部分工作，虽然我们知道，记录下来的也已经是处于衰败流变之中的现象，但仍然能为我们保留一些历史遗迹。最后是一种文化整合的努力。不少学者力图进行一种整体观照，给黔中屯堡文化定位，在更宽泛的时空背景之下，将黔中屯堡文化作为一部分，整合进贵州多元山地文化。所有这些成果和方法都弥足珍贵，都无可置疑地成为我们研究的基础和起点。所不同的是，我们希望在各个方向上都往前多走几步，希望建立更广泛、更有效的联系，希望提供更多的参照系和更深入的思考，弥补无法由文献和事实予以实证的缺憾。具体而言，我们会综合前一、二项的研究方法，以“互证”的方式寻找重合与分歧所在。我们观察到，在一些高频重复的记载中以及史料连贯性出现断裂的地方，往往隐藏着未被充分探讨的议题。这些区域为我们提供了新的言说空间，使我们有可能从中推导出新的结论。我们更大的希望，是在第三项上的扩展，即不仅仅局限在贵州地域，而是将中外文化和戏剧形态的一些相关因素引入，通过在广泛背景上的具体比较，推敲落实组成屯堡文化构图的细部笔画和结构框架，在共性中分离个性。在开阔的视野下，对这种文化的异质特征给予相对准确的界定，为日趋同质化的社会提供一种独特的文化模式。

已有的研究成果普遍认为，屯堡文化是“孤岛文化”，地戏是“戏剧活化石”，这种现象是由于异地风俗移植到相对封闭的环境中，历史事象以“遗存物”方式保存下来而形成。因此，黔中屯堡文化是由明代军人带来的、移植了江南遗风的移民文化这种观点，在20世纪的研究成果中几成定论。然而，我们的研究却有新的发现。我们认为，黔中屯堡文化并不是单纯的移民文化，更不是六百多年稳定不变的活化石，而是在母源地和移入地两种物理空间之间，在国家武士和乡村农民两种身份之间，在高位意识和低位生活状况两种心理空间之间，于一系列两极因素造成的生存张力中创造性地利用改造环境形成的特异性文化。屯堡社区居民的政治身份经历了从中心地位到边缘土著的跌落，生存条件从富庶发达地区向贫困落后地区转移，周边环境从相互认同的汉族生活群落移入充满敌意的少数民族聚居地，再加上兵患连年、朝代和政权的迭换更替，这一切给移入黔地之后世居于此的屯堡族群高度的危机感和生存压力，也激发了他们特殊的生存意志。在漫长的历史时期中，这个族群并非如人们通常所认为的那样，由于“天高皇帝远”成为化外之民而遗世独居，在封闭的环境中不期然地为今人保留下一份原始；也不是“心远地自偏”地自外于历史的变迁，以一种默默的固守保存着经代遗迹。恰恰相反，我们今天看到的一切，是他们积极应对变化了的生存环境的产物。整个屯堡社区不是一块保存完好的“异域飞地”，而是他们重建的故土家园；屯堡文化也不是一种足资见证历史遗迹的单纯移民文化，而是一种更为丰富复杂的生成建构性族群文化，它在形成过程中有着明显的文化增容和文化重组。实际上，随着研究的推进，我们惊喜地发现，作为汉民族族群文化的一种奇观，自足的屯堡文化体现出高度的符号化特征，积淀并传递着独特的文化符码。考察这个文化要结合母源地的文化因子和生长地的生存环境，要梳理不同时段各种力量进出这块地域造成的复杂情况，要关注屯堡社区生存空间条件给其间居住者共同体的心理影响，关注在历史变迁中社区在形成的“集体无意识”（因为在屯堡文化形成过程中可以看到太多自觉自为的因素，我们更愿意把它称为“集体有意识”），以及这种意识形态对整个社区在形成自身文化中的建构作用。正像前面所言，20世纪80年代，人们是从地戏中感知和发现屯堡文化，我们认为屯堡社区的基本生存状况和文化形成机制，也集中体现于其文化事象的代表——地戏的形成与表现方式上。地戏为我们深入了解屯堡社区的生存状况和文化形态，提供一个恰当的个案分析切入点。

过去的研究强调了屯堡文化承载者作为军人的身份，这是非常重要的身份。同时更要注意的是他们作为农民的身份，这既体现他们从军前作为中原和江南村民的本质身份，骨子里积淀着的是当地的乡土文化；同时又体现是为了屯田而不是戍边，才令他们在远离家乡的西南真正扎根。中国农民安土重迁，农耕文化是建立在土地上的，有土就可以扎根，就能繁衍生息，他们依托着原来的根基，重新建立一种新的生活。戍边官兵带来先进的农耕技术，占据当时较好的生存地域，一方面能够以超出平均水平的条件生存，并有能力构建一种独特的社区生活圈；另一方面又受到自然条件和军屯建制的限制，没有发展出巨富豪商，经济上呈现出均质化的特点，从而形成一种与典型乡土中国的血缘宗法家族生存模式有别的地缘社区生存模式。汉文化是相对先进的农耕文化，其最高代表是儒家正统观念的确立，有一套相当完整的伦理体系。汉族移民刚开始以强势文化代表和自诩的正统心态处于少数民族文化圈之中，后来在汉族后移民的挤压下逐渐边缘化成为弱势群体。从戍边功臣到普通农民、从主流文化代表到边缘化甚至“蛮夷化”的过程在他们心中形成张力。在观念意识上，这批汉族移民后裔在构建自己社区小传统时，对汉文化大传统进行取舍。他们摒弃了被官方作为统治术发展而带来的儒家文化中的消极性元素，发扬了儒家文化早期的朴素活力和入世精神，推崇勤恳、团结、互助的社区意识。同时，他们表现出吃苦耐劳、不尚虚礼的实用性和功利性特点，以崇尚正统意识来彰显自身血统的高贵。我们发现，屯堡文化及地戏活动中最显著的特点是在其民间底层生活中对官方正统性的推崇，展现了一种“在野”状态下所持有的“在朝”心态，以及在“边缘”处境中所表现出的“中心”意识。屯堡文化崇尚正统意识，同时展现出一定的开放性（源于强势文化的自信）和较强的排他性（体现在自我中心和对外来影响的抵御）。这种文化具有相当的整合性与凝聚性，它融合了移民文化的包容、博弈和竞争性，又保留了本土文化的排外、均质和保守性。在屯堡文化中，几乎看不到宋代以后儒家文化过度成熟后所表现的“存天理灭人欲”的虚伪迂腐，也鲜见明代市民文化中活跃的反叛性和纵欲放达，整个文化更倾向于生产性、建构性，而非娱乐性、消费性。

传统社会和现代社会的一个重大区别，就是生活方式从以乡村为主转到以城镇为主，人际关系则从以血缘关系为主转到以地缘关系为主，因此，著名社会学家费孝通先生认为："从血缘结合转变到地缘结合是社会性质的转变，也是社会史上的一个大转变。"① 而乡土中国或曰传统中国，主要是建立在血缘关系之上的，费孝通在《乡土中国》中指出："血缘是稳定的力量。在稳定的社会中，地缘不过是血缘的投影。"② "很多离开老家漂流到别地方去的并不能像种子落入土中一般长成新村落，他们只能在其他已经形成的社区中设法插进去。如果这些没有血缘关系的人能结成一个地方社群，他们之间的联系可以是纯粹的地缘，而不是血缘了。这样血缘和地缘才能分离。但是事实上在中国乡土社会中却相当困难。"③ 明代以降，黔中一带连续的军屯、民屯、商屯等活动，大量外来人口的进入，使一些没有血缘关系的人结成一个地方社区，实现了血缘和地缘的分离，这正如《欧洲史》在分析中世纪大不列颠岛的日耳曼化进程中看到的现象："它不是补充人员式的日尔曼殖民化，而是移民式的日尔曼殖民化。"④ 黔中屯堡社区通过移民，以"换血"和"圈地"方式形成新的生存居落，实现了在中国相当困难的血缘与地缘的分离。然而，在特定的历史条件下，这种地缘化生存方式并没有带来西方式新兴城市的兴盛，带来近代社会生存方式的改变，而是从一种乡村走向另一种乡村，地缘又继发地通过血缘走向另一种稳定。这里有地缘连接和血缘联系的共同作用，更有一种凌驾于这二者之上的身份认同。如果我们可以简单地描述的话，以"征南"方式体现的军屯是其中最重要的因素。它以国家军事力量的强势，成为移民在数量增长、质量提高方面的"第一推动力"，而后通过"填南"方式补充的后继人员和军屯转为民屯的政策变化，使外来人口能拥有土地，真正落地生根，完成从兵到民的身份转变。这一转变形成了居民

① 费孝通：《乡土中国》，生活·读书·新知三联书店，1985，第 77 页。

② 费孝通：《乡土中国》，生活·读书·新知三联书店，1985，第 72 页。

③ 费孝通：《乡土中国》，生活·读书·新知三联书店，1985，第 74 页。

④ 阿尔德伯特等：《欧洲史》，蔡鸿滨等译，海南出版社，2000 年，第 135 页。

兼有“兵”与“民”两种身份、社区则建立在地缘与血缘双重联系之上的生存区域。我们还发现，在追溯屯堡人的祖籍来源时，被提到最多的祖居地是“南京应天府石灰巷”，不论这个指认是否真确，显然相当一部分移民是城镇居民，当他们迁徙到西南乡村定居时，由于开始的兵团建制，其居住区域高度集中，不少村寨中各部分都以“街”来称呼。如九溪村分有大堡、小堡和后街三部分，而西屯则划分为方街、程街、李街等，近邻住户彼此称呼为“街坊”。屯堡社区居民以土地为生，但其中许多人又不是土生土长、地地道道的农民，他们有城镇生活经验和商业意识，不用外出，在屯堡社区内就可满足对日常生活必需品的贸易交换需求。在传统的过于亲密的血缘乡民社会中，商业是不能存在的。屯堡社区移民现象本身，使商业可以在血缘之外发展。随着大批移民带来的能工巧匠的活跃，短期内大量人口聚集导致的物质匮乏，为商业活动提供了商机，加上商屯活动的兴起以及移民中城镇居民的经商传统，屯堡人一直被看成是“善贸易”的群体。同样不能忽视的是，城镇居民较高的文明程度、江南开化地区的“尚文”和“崇儒”传统、明代从朱元璋开始统治者的“重儒尊孔”政策所带来的积极影响，以及贵州作为主要放逐地所吸引的一些落难读书人带来的文化因子，这些都影响并参与了屯堡社区的文化建构，使这个社区在“尚武”之外又有明显的“崇文”风气。显然，我们今天看到的屯堡村落，是在“第一推动力”的作用下，由各色人群和各种趋向共同形成的历史合力现象，它是一个由复杂成因组成的特殊社区群落。过于强调军屯对屯堡社区形成的决定意义，会将初始动力看成全部力量，将一种长时段多因素合成的丰富文化现象简约缩略为单一现象的叠加。而这一现象成就的屯堡村落，既非传统中国靠血缘关系连接构成的乡土社会，又非近代以地缘为主形成的城镇社会，而是介于这两者之间，立足于自给自足的农业生产方式，又有粗浅社会分工和商业交换的社区聚落。它甚至形成了自己特有的社区意识形态和相应的文化事象，从而使这个社区具有自己与众不同的外显特点，有了自己的生活方式和意识形态。显然从形成机理而不仅是保存遗迹的角度看，才能使我们更加深刻地理解屯堡文化的特殊魅力。

同样，我们也坚持认为，一直被看成来源于军傩的地戏并不是成型后传入黔中的，而是入黔官兵携来一些“形式因子”之后，在本地多重因素影响下形成的，它是屯堡人在特定时代和特定社会环境中为特定需求而创造的。这个结论的提出当然需要在地戏的起源和形态方面进行具体研究，需要对历史资料和口传材料进行甄别梳理，需要对地戏涉及的形态因素重新解析。如果我们不能通过确凿史料为地戏起源提供充分依据，至少还可以将起源“悬置”在现象上进行讨论，可以在地戏与其他戏剧形态的比较研究中分析推断。我们发现，与中国城乡大量存在的民间戏剧相比，地戏有其特殊之处，无论是用“观赏剧”还是用“仪式剧”的标准来衡量划分，它都有着难以完全分割的剩余部分。例如，地戏十天半个月连轴戏的演出方式，与民间常见的目连戏等戏剧演出方式颇为相似。然而，地戏在演出方式和演出内容上具有高度的限定性——它只采用简单的说唱和对打，不涉及丝弦伴奏；只演历史题材中的征战武戏，且仅展示胜利场面。这些特点在一定程度上抑制了地戏的娱乐性和技巧性。此外，地戏的角色分工并不明显，缺乏提升表演技能的压力，技艺上难以得到显著提升，因此，很少出现目连戏中那种穿插的集锦式表演，所以地戏一直没有成为能进行商业演出的观赏剧。它也没有成为真正的傩仪，像许多在特定时间、特定场所演出的仪式剧那样，包含一些原始宗教色彩，与民间“巫术”相结合，为民众承担冲傩还愿、消灾纳福的世俗职能。地戏的功能既是特指的又是泛化的，地戏在屯堡社区既承担一般戏剧表演和民间傩仪的若干功能，也起到它们所不能替代的作用。我们把地戏定义为“继发性仪式剧”，它既是屯堡村落的集体仪式，也是屯堡社区特有意识的承载媒介，更是屯堡文化的一种象征。地戏不仅体现了屯堡人的自我身份认同，还承载着对屯堡光荣历史的一种再现和遥想。这使得地戏不能单纯地承担娱乐功能，也不能满足于为村民个体消灾避难，它有着鲜明的超越个体的整体价值取向。这使得这个社区长期保持一种内聚力和自豪感，并在中国农村的自然权力体系之外形成另一重意识权威，在乡民社会与虚幻的天皇玉帝之间，建构了一个想象的“国家权力”框架。这是普通农村所没有的特殊意识，也是地戏之所以不同于其他民间戏剧的原因所在。其戏剧仪式的来源与其说是与道家思想有一定的关联，不如说是与主流的儒家思想有极深的内在联系（虽然其关系的建立是想象的、虚构的）。而地戏未完成角色分化和艺术完形化的形式特点，与整个屯堡社区自给自足的“浅分工”状态一致。它以武打为表演主体体现的尚武精神，它唱本内容中流露的“唯忠为大”的观念意识，构成屯堡社区占主导地位的意识形态；而地戏的形成过程，无疑也与整个屯堡社区的形成过程同步。

因此，我们认为屯堡人绝不仅仅是承传了一种文化，他们也建构了一种文化。屯堡村寨中被认为是移植了江淮民风的四合院式小楼，加筑有石板的屋顶和石块的外墙，这种建筑所代表的布局严谨、等级有序的中原文化内核，是被建构包裹在坚硬的山石堡垒之中的。同样，防卫意识带来的狭窄的迷宫式巷道分布，也绝不是江南小桥流水人家的村寨布局。我们在田野调查中无论走到哪个屯堡村寨，都会听到村民自述自己的祖先是“骑着高头大马来的”征南将士，他们提到最多的祖居地是“南京应天府石灰巷”。“石灰巷”已成为一种帝辇之下的象征，这种光辉的历史记忆，已成为屯堡人的一种心理定式，一种他们保有的集体记忆。“每一个集体记忆，都需要得到在时空被界定的群体的支持。”[①]“过去不是被保留下来的，而是在现在的基础上被重新建构的。”[②]对于屯堡人来说，只要支持其屯堡社区存在，集体记忆也就会获得滋养，不断推陈出新，得以强化和丰富。正是以这种方式，古老的传统成为一个新的共同体记忆的天然支持物，新的共同体建立并保存这些传统，使这些记忆逐渐获得权威性和神圣性，使之融入自己的记忆之流中，并通过一次次的重新言说将其固化。因此，对我们的研究而言，更有价值的不仅仅是考察哪些东西被保存下来，还要思考这些东西为何得以保持，尤其是在这个过程中加进了什么东西。尽管移民们带来许多技艺、风俗、口音、习惯，但从来没有一个完整的“屯堡文化”可以移植，然而，现在它确实可知可感地在屯堡村落里存在着。这是曾为屯军的山民们建构的，是在江南的水与西南的山之间，在最高统治者的经国方略与日常百姓的居家生活之间，在中心与边缘、汉族与少数民族、开放与封闭、抵御与吸纳、文与武、商与农等等对立因素的矛盾统一之中碰撞产生的。

---

① 莫里斯·哈布瓦赫：《论集体记忆》，毕然、郭金华译，上海人民出版社，2002，第40页。
② 莫里斯·哈布瓦赫：《论集体记忆》，毕然、郭金华译，上海人民出版社，2002，第71页。

文化是公共的，意义也是公共的，文化分析就是梳理意义的结构，这使得这项研究看起来更像文学批评和文本解读——我们将屯堡社区看成一个社会大文本，企望寻找其中各种社会力量和文化事象之间的内在结构和含义。不过因为历史悠久，各种物质的、制度的、精神的因素叠加纠缠在一起，使这个文本字迹模糊，前后矛盾，充满省略之处，并带有可疑的偏见，因此，我们的努力将会充满艰险。然而，屯堡文化所具有的异质特征，即它的历史与现实共在，历时与共时互呈状况的罕见，尤其作为具有明确外显特征的地域性边缘性亚文化，其精神内核却是对中国传统主流文化的延续与拓展，这种特殊现象，使这种努力的结果值得期许。

文化人类学的目的在于扩大人类话语空间，提供更多增强人们相互理解的文化文本。解析一种民族或社区的文化，就是既要揭示出他们生活的普遍性，又要突出他们的特殊性，即使他们置身在自己本来的日常状态之中，也要让他们的生活状况变得可以理解。文化不是造成社会事件、社会制度和人们行动的原因，而是它们的结果。然而，当某种文化一旦成型，它又会成为原因潜在地影响人们的行动，而活动其中的人们，既是文化的主体又是文化的客体。尤其面对屯堡文化这种不是“曾在”（has been）而是“正在”（exist）的“胶着”状况，我们更难剥离历史与现状、原因与结果。对于这样一个复杂的交融体系，我们需要在多样的现象中寻求系统的关系，而不是在类似的现象中寻求实质的认同。为了适应研究对象本身的状况，我们综合采取文学、哲学、社会学、历史学、文化人类学等多学科结合的方法，提醒自己深切注意不要把对真实社区的文化人类学分析，变成对所发现事实的概念性操作，不要滤过其中的复杂的物质因素，而变成对社会学文本的唯美主义操作。同时在田野调查中我们也清楚地看到，由于生存环境的急剧变化，不少屯堡社区特有的文化事象已经或正在衰败变异；同时，口传史中普遍存在的从众心理、话语污染以及随意性等诸多因素，也常常使社会学方法失效。所有这些困难又使我们不得不更多地借助从文本中探究意义的文学训练，在进入研究课题时保持着文学式的敏感；不得不用一些猜测和联想来填补史料和事实无法弥合的空白，并尽可能引入较多相关参照系以防止主观色彩过强的弊病。在研究过程中我们发现，“文化”就其本源而言是“无中生有”的，人类为了适应环境和相互交流创造了文化符码，其意义是人类赋予的，以后人类却越来越依赖这些意义符号体系——语言、艺术、仪式、神话……所有这些为人们创造了一个必须适应的新环境。王尔德在其唯美主义代表论文《撒谎的衰落》（*The Decay of Lying*）中，将艺术的虚构、想象称为“撒谎”。其实，包括文学艺术在内的所有文化符码都是这样人为地建构出来的。所以，当我们发现许多在屯堡社区广为流传的说法并不是可靠的历史记录时，当我们看到若干被学者视为研究基础的前提只是“撒谎”经不起推敲时，这些并没有使我们失望。因为从阐释学的角度看，“谎言”本身就是屯堡文化的组成部分，这种“谎言”本身透露了他们的人文关怀和价值取向。对于我们的研究，有时它们甚至比事实的陈说更具有揭示性。我们的课题研究是定位于文化阐释而非现象呈现上，我们想寻找话语背后的结构和心理背景，探讨黔中屯堡文化和地戏形态形成的历史脉络及现实原因，追寻其内在的文化意义。这种更像文本解读的研究方式和研究结论，似乎与这个事实相当吻合——这项多学科综合研究课题，却是从文学角度接受国家社科规划基金项目资助的。

认真的文化分析都是从零开始的，过去发现的事实被重新发掘，过去产生的概念被再次推敲，过去形成的假设被重新验证。然而，每一项真实的、合法的研究又都不是另起炉灶的，它们是从其他相关研究中接受成果，逐步精雕细琢，运用到新的需要阐释的问题上，推导出新的结论。我们的任务是揭示使研究对象活动和有关社会话语的“言说”中具有意义的那些概念结构，并建构起一个分析体系，借助这种分析体系，将那些结构的一般特征及本质特点凸显出来，与其他人类行为的决定因素形成对照。我们认为，如果一项研究比前人的研究前进了一步，它并不是站在其他研究者的肩膀上，而是在挑战和被挑战中与他们比肩而行。

明代普定卫戍屯官兵原籍考

——兼谈“十八指挥定黔阳”

范增如

欲深入研究安顺屯堡文化，就必须考察它的渊源。欲知屯堡文化的源头，有效途径就是从考察屯堡人的原郡家乡入手。

一、普定卫职官原籍考

据万历《贵州通志》，普定卫职官设有掌印指挥一员、管屯指挥一员、管操指挥一员、捕盗指挥一员、经历司经历一员、镇抚司镇抚一员、五千户所各掌印千户一员、各管操千户一员、所镇抚一员、管军屯印百户十员、普定站管站百户一员、儒学教授一员、训导一员。上列卫指挥均为任事者，称为“见任管事指挥”，有定员。还有不任事者，称为“随操指挥”，无定员。安顺城乡有广为流传的谣谚云：

李杜蒋许葛范张，南北左右西五王，丁殷庄娄与黄马，十八指挥定黔阳。

这所谓的十八家指挥，是谣谚编制者认定的明洪武“调北征南”入黔并卜居安顺城乡的带兵官，其后裔世代繁衍不息，并以入黔始祖系指挥为荣光。说巧也巧，明万历《贵州通志》载有普定卫指挥使、指挥同知、指挥佥事凡十七家，姓氏几与谣谚全同。今按来卫人名为目，以来卫时间先后为序，编录考补如次。

（一）马闰

一世马闰：南京庐州府合肥县人，洪武年功升百户，（洪武 × 年）调本卫。按：普定卫设于洪武十五年，来卫时间当或随征大军入普定或稍后为宜。

二世：原缺、按：府志名录有马伯强，待订。

三世马仲：正统七年升指挥佥事。

四世马友仁：成化二年以父功袭署指挥佥事。

五世马武：弘治十四年为事降正千户。

六世马玺：十二年袭原职。按：当为嘉靖十二年，原职当为指挥佥事。

七世马恩：嘉靖三十四年袭指挥佥事。

八世马朝卿：沿袭。按：通志修于万历二十五年，沿袭即此时已沿例袭职在册，唯是见任管事还是随操不明。下仿此。

（二）许忠

一世许忠：南京滁州全椒县人，充先锋。洪武元年功升副千户，（× 年）调本卫。按：洪武元年至正统七年男许祯任正千户已历时七十五年，来卫时间绝不在洪武初年。

二世许祯：正统七年升正千户。

三世：原缺。按：嘉靖府志名录有许翼圣，待订。

四世许恒：景泰五年升指挥使。

五至七世：原缺，待考补。

八世许鉴：嘉靖五年降指挥佥事。

九世许应春：沿袭。

（三）王葆

一世王用：江西南康府都昌县人，洪武元年功升副千户。

二世王葆：洪武十七年调本卫。功升指挥佥事。

三世王铭：正统六年功升指挥同知。补：父乡贤，云：“指挥同知。骁勇善骑射。”正统中，征麓川殒于阵。朝廷嘉其忠，进子泰官一级。

四世王泰：正统六年以父功升指挥使。

五世王伦：正德元年为事降正千户。

六世王镇：仍袭指挥使。

七世：原缺，待考补。

八世王元爵：嘉靖四十三年升中军。按：指军标门下坐营军官。

九世王三锡：沿袭。按：袭原职指挥使。

（四）王辅

一世王宏：南京庐州府合肥县人，洪武元年功升正千户。

二世王辅：洪武二十年调本卫。按：以正千户来卫。

四世王昱：成化二年升署指挥佥事。

五至六世：原缺，待考补。

七世王贤：嘉靖元年升右参将。

八世王嘉武：沿袭。按：袭指挥佥事。

（五）章遇

一世章遇：南京凤阳府定远县人，洪武元年功升百户，二十一年调本卫。

二至三世：原缺，待考补。

四世章宗：景泰五年功升署指挥佥事。

五世：原缺，待考补。

六世章麟：弘治六年奉例授指挥佥事。

七世章银：嘉靖十五年袭署指挥佥事。

八世章达：沿袭。

（六）李进

一世李进：南京凤阳府定远县人，洪武十七年功升指挥佥事，二十四年充都匀卫军，复职，调本卫。

二至三世：原缺、按：咸丰《安顺府志》名录有李国珍，待考。

四世李献：天顺二年功升指挥使。

五至六世：原缺，待考补。

七世李应芳：嘉靖十一年升指挥佥事。

八世李先春：沿袭。补：咸丰《安顺府志》名录有李光春，注云："万历间任，见《圆通寺碑》。"当为一人。

（七）黄辅

一世黄忠：南京滁州人，洪武二年功升正千户。

二世黄兰：洪武二十五年调本卫。

三世黄鼎：正统七年升指挥佥事。

四至七世原缺：待考补。按：咸丰《安顺府志》名录有黄明达，不知是否在此缺中。

八世黄崇正：沿袭。按：世系属假定。

（八）范玉

一世范昌：南京凤阳府人，洪武五年功升百户。补：据《范氏宗史·休宁范氏世图》，其父名范澄。字澄仲，洪武间为民兵守凤阳，十四年征南留守本卫中所。有子昌以征进升普定百户，遂迁其地。授明威将军。

二世范玉：洪武二十六年功升副千户，调本卫。补：据《范史宗史》，袭副千户。

三世范琬：景泰元年功升指挥同知。补：据《范史宗史》，征麓川功升正千户。

四世范宗：按：原缺，据《范史宗史》补，升署指挥同知，世袭。

五至六世：原缺，府志名录有范任，不知是否在此缺中。

七世范武：嘉靖十七年降指挥佥事。

八世范宏：沿袭。按：袭指挥佥事。

（九）殷贵

一世殷雄：南京扬州府人，吴元年功升指挥佥事。

二世殷贵：洪武三十四年调本卫。按：洪武三十四年实为建文三年。

三至七世：原缺，咸丰《安顺府志》名录的殷祚昌，不知是否在此缺中。

八世殷尚贤：沿袭。按：世系不明，此系假定。

（十）丁曩哥台

一世丁曩哥台：高丽人，前元甘肃省右丞。洪武间宋国公下，功升指挥佥事，调本卫。按：宋国公名冯胜。

二世丁庸：功升指挥同知。

三至七世：原缺，咸丰《安顺府志》名录有丁英，不知是否在此缺中。

八世丁大任：沿袭。按：世系不明，此系假定。

（十一）杜友

一世杜泰：北直隶（京师）保安州人。

二世杜得成：洪武十六年升正千户。

三世杜友：永乐十五年调本卫。

四至五世：原缺，待考补。

六世杜俊：天顺八年升指挥佥事。

七至八世：原缺，待考补。

九世杜思召：沿袭。按：世系不明，此系假定。天顺八年至万历元年，中经一百一十年，至少要历两代才能到杜思召。

（十二）王斌

一世王杰：直隶合山县人，洪武二年功升副千户。

二世王忠：洪武三十年功升指挥使。

三世王斌：宣德六年调本卫，升迤西守备。补：乡贤。云：“指挥使，廉介公平，莅卫政三十余年，终始一节。”廖驹《普定卫儒学记》称本卫指挥，正统三年参与复修卫学宫。《明实录》载，天顺四年以后都督同知致仕。

四世王玺：按：据《明实录》补入，且云天顺八年袭父王斌原职普定卫指挥使。

五至七世：原缺，待考补。

八世王嘉宠：沿袭。按：世系不明，此属假定。咸丰《安顺府志》名录有王加龙，疑即此人。

（十三）郭斌

一世郭保：山西太原五台山人，洪武九年功升正千户。

二世郭敏：原缺。按：据《郭太夫人墓志铭》补，称怀远将军指挥同知，宣德六年终于官。

三世郭斌：宣德六年调本卫，升指挥同知。补：据《墓志铭》载，父卒，斌嗣其职，调普定卫任指挥同知，举族家焉。斌领军征剿广右叛壮，殁于王事。

弟郭贵：功升指挥使，参将。补：乡贤。云："指挥同知，机敏有能，守备普定等处，累功升都督，充参将。"镇守贵州迤西地方，桴鼓不惊，寻终于镇。又《明实录》载，景泰三年，指挥同知郭贵升署都指挥佥事，成化元年升都督佥事。又据《墓志铭》，兄卒，贵承其职。正统末，率兵策应清平等卫，以功累官至骠骑将军，都指挥使。复统兵征克西堡，以功升右军都督府都督佥事，未几，命充参将。

四世郭忠：原缺。按：据《墓志铭》补，系郭贵长子。《明实录》云，成化八年郭忠袭父贵州署都督佥事郭贵原职普定卫指挥同知。

五世郭雄：原缺。按：据《墓志铭》补，系郭忠长子。

六世郭仁：原缺。按：据《墓志铭》补，原职为普定卫指挥使，弘治十七年升都指挥佥事。又据咸丰《安顺府志》所载《王轼传》弘治十三年至十五年讨普安米鲁之役，指挥郭仁等"皆转战死"，所升官衔当为死后追赠。

七世郭瓒：原缺。按：据《明实录》补，云弘治十七年袭父郭仁原职普定卫指挥使。

八世郭振先：沿袭。按：世系不明，此系假定。又咸丰《安顺府志》名录有郭云栋，或在其前。

（十四）王源

一世王付二：南京庐州无为州人。

二世王礼：洪武二十年功升副千户。

三世王瑄：正统四年调本卫。按：应以副千户来卫。

四世王良：弘治六年功升正千户。

五世王雄：弘治十八年功升指挥使。

六世或至七世：应缺一人至二人。

八世王休乾：沿袭。按：世系不明，此为假定。所袭之职为指挥使。

（十五）蒋荣

一世蒋源：湖广永州府道州人。

二世蒋彦通：洪武元年功升指挥同知。

三世蒋荣：正统四年调本卫。按：当以指挥同知来卫。

四世蒋祚：成化十六年升指挥使。

五至七世：原缺。咸丰《安顺府志》名录有蒋尚忠、蒋德显，不知是否在此缺中。

八世蒋国勋：沿降袭。按：世系不明，此属假定。降袭为指挥同知。

（十六）庄高

一世庄成：山东青州府莒州人，洪武充军，功升指挥使。

二至三世：缺。

四世庄荣：景泰元年升都指挥使，以守备不设，充南丹卫军。

五世：缺。

六世庄高：嘉靖三年仍袭指挥使，调本卫。

七世：原缺。咸丰《安顺府志》名录有庄自新，不知是否为此缺。

八世庄立：沿袭。按：世系不明，此属假定。所袭之职为指挥使。

（十七）王冕

一世王端：南京和州人，充万户侯下军，功升指挥佥事。

二世王冕：调本卫，按：来卫时间不明。

王汝麟：沿袭。世系不明，袭指挥佥事。

这十七家指挥有十家为安徽人。洪武年间入黔者有九家，其中，有七家为安徽人，一家为江西人，一家为高丽人。有六家为百户、千户来黔，至万历年间才都成为卫级指挥。可见谣谚所谓“十八指挥定黔阳”并不都是卫级指挥，而所见家谱及入黔始祖辄曰指挥者多有虚假，当然千户、百户亦称指挥，但应当区分。

十七家指挥中，并无谣谚所谓的“娄”姓，《安顺府志》卫官录名却有娄氏千户一栏，录有娄忠至娄九阶八代姓名，称见娄氏谱，可见谣谚亦并非虚拟。谣谚中之“张”姓指挥，十七家中有章遇一家，继修《安顺府志·氏族志》有张义（即与顾成同克普定之张翼）一家，他们各不相同。谣谚中有“葛”姓指挥，与十七家郭姓有异，《安顺府志》载有卫指挥佥事葛氏名录凡八代，从葛晟（洪武中授）至葛公衮（天启二年死），称见葛氏谱。吴寅邦据葛氏谱撰《葛公衮传》，云：“公衮，世袭普定卫指挥佥事。”“明天启二年，安酋叛，至普定卫，衮御之，死于阵，贼陷城。”“道光戊申冬月，太守胡公派余浚河，至曹家街后岸，掘得一印，缴府验之，即普定卫也。印旁有枯骨杂土中。”疑即公衮尸骨。如此，郭、葛二氏俱为普定卫指挥。

说到普定卫指挥，不能不言及首任指挥顾成及其后裔世系。

一世顾成：字景昭，南京扬州府江都县人。万历《贵州通志·名宦》：“洪武初，以指挥佥事克复普定，留任本卫。”《明史·顾成传》：“以坚城卫指挥佥事从伐蜀，蜀平，改成都后卫。”洪武八年“调守贵州”卫，“已，从颍川侯傅友德征云南，为先锋，首克普定”。普定设卫，“进指挥使”。洪武十八年，“进贵州都指挥同知”，升任后事迹从略。

二世顾统：字总威，顾成长子。永乐八年胡纲《俞氏墓志铭》：“俞氏，故普定卫指挥顾总威公之妻也。”“洪武庚辰（建文二年）夏，总威公被召至南京见杀。”《明史·顾成传》，成“八子。长统，普定卫指挥，以成降燕被诛”。万历贵州通志·名宦》：“顾统，以子兴祖贵，封夏国公。”

三世顾兴祖：《俞氏墓志铭》，俞氏“生一子，兴祖，字世延”，“见任普定军民指挥使”。万历《贵州通志》载大学士金幼孜：“壬午（建文四年）内难平”，以顾成“孙兴祖袭普定卫指挥使”。万历《贵州通志·名宦》：“顾兴祖，成之孙，成卒袭镇远侯。”《明史·顾成传》：“统子兴祖嗣侯。仁宗（年号洪熙）即位，广西蛮叛，诏兴祖为总兵官讨之。”“宣德中，交止黎利复叛，陷隘留关，围丘温。时兴祖在南宁，坐拥兵不援，征下锦衣卫狱，逾年得释。正统末，从北征，自土木脱归，论死。也先逼都城，复冠带，充副总兵，御敌于城外。授都督同知，守备紫荆关。景泰三年，坐受贿，复下狱，寻释。以立东宫恩，予伯爵。天顺初，复侯，守备南京。”

四世失载。

五世顾淳：《明史·顾成传》，顾兴祖“卒，孙淳嗣”。

弟顾溥：《明史·顾成传》，顾淳“卒，无子，从弟溥嗣，掌五军右掖。弘治二年，拜平蛮将军，镇湖广。五年十月，贵州都匀苗富架作乱”，“诏溥充总兵官，帅兵八万讨之”。“加太子太保”，“诏入提督团营，掌前军都督府事。十六年卒，谥襄恪”。

六世顾仕隆：《明史·顾成传》，顾溥卒，“子仕隆嗣，管神机营左哨”。“正德初，出为漕运总兵”，“镇淮安十余年”。“嘉靖初，移镇湖广。寻召还，论奉迎防功，加太子太傅，掌中军都督府事。”“卒，谥荣靖。”

七世顾寰：《明史·顾成传》，顾仕隆卒。“子寰嗣。守备南京。”嘉靖“十七年。为漕运总兵官”，“镇淮南。会安南事起，移镇两广”，“安南遂定，三十年事也”。“隆庆五年，特起授京营总督。”“神宗嗣位，起掌左府。”以两度乞休故也。“久之，致仕，加少保。万历九年卒，赠太傅，谥荣僖。”

又有顾大祥者，据《安顺府志》，乃顾成九世孙，万历中任把总。称见《圆通寺碑》。

顾氏自成及兴祖以下数世俱官高爵显，远出卫指挥，故万历志未录。

普定卫尚有潘氏指挥，《安顺府志》据潘氏谱录，邹汉勋亦作《潘克常传》，略叙于下：

一世潘克常：南京应天府六合县人。史克善以功授指挥使卒，克常袭。洪武三十一年调普定卫，以功封昭武将军。补：大龙井龙王庙（原名龙神庙）有碑一通，云“潘将军号克常施田”若干，“坐落西王山小脚下”，又云“龙神庙建自天启”，时间相差甚远，录此存疑。

二世潘铸：克常子，与弟五人自永乐八年到正统十四年，多次出征俱有战功。

三世潘良佐：景泰二年至四年，从征有功，袭指挥使。天顺二年、成化元年从征有功。

四世潘礼：袭职。

五世潘玉：弘治十五年以军舍从征有功，袭指挥佥事，封明威将军卒。

六世潘大有：嘉靖十年袭父职。

七世潘文言：袭职。

八世潘侨：袭职。

九世潘希礼：袭职。天启二年从征叛苗战死，加赠昭勇将军。

弟潘希苏：廪膳生，袭职。明亡停袭。

七世潘文言、八世潘侨，时值隆庆、万历年间，看来未必袭卫指挥佥事，故万历志不载。

顾成、潘克常均为南京人，虽属江苏，然距安徽不远。

二、普定卫军屯人家原籍考

明普定卫所“五十军屯”即安顺四乡屯区，其军屯人家来源档案性文献阙如。《明实录》洪武十五年三月条但云：“上谕友德等以云南既平，留江西、浙江、湖广、河南四都司兵守之。”时普定虽隶云南，毕竟仅就大局而言，其分布到底不清。万历

《贵州通志》在各卫府州司风俗条间或提到外籍军民来源，如威清卫“卫戍军士皆湖广人”，普安州“郡城军民多自中州（河南）迁戍”，普定卫却失载记。唯咸丰《安顺府志·风俗》云：“郡民皆客籍，惟寄籍有先后。其可考据者，屯军堡子皆奉洪武敕调北征南。当时之官如汪可、黄寿、陈彬、郑琪作四正，领十二操屯军安插之类，散处屯堡各乡，家口随之至黔。妇人以银索绾发髻三绺，长簪大环，皆凤阳汉装也，故多江南大族。”

《安顺府志》认为普定卫军屯人家是调北征南时来的，其妇人是著“凤阳汉装”的“江南人”。宋之江南东西路指江苏、安徽、江西三省区，而江苏、安徽即明之南京，又称南直隶。续修《安顺府志·氏族志》称明洪武调北征南而来的各姓为“老姓”，兹将记叙清楚的老姓原籍设项列表于下。（见表1）

表1　老姓原籍基本情况

入黔始祖	原籍	入黔时间	职官	落籍地
张义（翼）	安徽凤阳府临淮县	洪武十四年	都佥事	夏官屯
张程	江南应天府石灰巷	调北征南时		仁冈屯
王大禄	江南江宁府拾珠巷	洪武时		石板房
王嘉臣	江南江宁府石灰巷	调北征南时	指挥	交椅
陈再兴	江南应天府石灰巷	洪武十年	通政大夫	幺铺
吴大亨	江南徽州府	洪武时	指挥	五官屯
吴德润	南京应天府上元县	洪武时	太子少保	杨家塘
褚良相	江南江宁府	洪武六年		花山
易福德	江西吉安庐陵	洪武时	指挥	
赵兴旺	江南太平府当涂县	洪武十四年	都司	安顺
鲍福宝	江南徽州府歙县	洪武二年	振威将军	鲍家屯
霍琳	江南徽州府歙县	洪武十三年	武显将军	安顺
谢秀夫	南京乌衣巷	洪武十七年	左军都督	

续表

入黔始祖	原籍	入黔时间	职官	落籍地
梅忠	陕西西安府三原县	洪武时	校尉镇抚	安顺
董成	陕西西安府咸阳县	洪武时	指挥	安顺
宋龙	应天府花柳巷	洪武十三年	指挥	安顺
朱元正	安徽凤阳	洪武十四年		九溪
黎正德	江西吉安府	洪武二十二年		九溪
金壹枝	南京应天府	洪武二年		曹家街
汪灿	南京徽州休宁县	调北征南时	前所百户	安顺
王铨	南京应天府	洪武十四年	都指挥	西王山
姜洪	南京苏州	调北征南时	二路指挥	汤官屯
王应泰	江西南昌	洪武十四年		水沟上
叶信颖	河南南阳	洪武初	参军	詹家屯
齐浚智	山东临淄	洪武十四年	宁渡定海县令	小屯
邓思化	南京应天府石灰巷	调北征南时		邓家水井
李少安	南京都司巷	调北征南时		中所屯

例 1：手抄本《汪氏族谱》(整理)。

入黔始祖汪灿系越国公第八子衍泽王汪俊之后，世居南京徽州府休宁县梅林街。自洪武十四年调北征南始入黔至普定卫留守，以功世袭前所第一百户指挥之职。汪灿创立祠堂于城内南门青龙山，前殿奉太祖汪华金容，后殿供列位夫人及合族先王神主，每遇正月十八日太祖诞辰之期祭祀，正月十七日预祭山门土地，十八日正祭太祖暨历代祖宗。

例 2：民间铅印《王氏宗谱·明十八指挥入黔屯垦纪略》。

公讳二天，字德舍，（序云居南京应天府珠市巷挂彩楼）于明洪武十三年率兵入黔，水西安氏貌为恭顺，内怀忮刻，苗夷伪为招抚，乃用毒药暗害，公中毒殒命，尽忠于广阳（广顺）。是时，二世祖武德将军讳铨字柳溪，年甫十九岁，于洪武十四年春奉命出师黔阳，尽室南行，授都指挥，统领十八指挥。

弘治七年，始大靖蛮方，安插屯堡，成绩卓著。八年奉报，上笃念微功，升授武备将军及振威将军王有功等。

《序》云："吾族处于习安，盖西王（北门西王山）之苗裔也。"

例 3：民国铅印《齐氏宗谱》。

浚智"公原任浙江宁波府定海县知县，明洪武十四年调北征南，公奉旨解粮来黔……时有贾张王李赵五姓军头……将屯军粮田……投于公前，祈公代办军需夫马调丁粮务等事，公收后落业于龙爪树，遂家焉"。

例 1《汪氏族谱》所载与历史事实基本相符。唐越国公汪华郡望即安徽徽州，逝世后成了徽州主神，汪公庙所多有。"迎汪公"迎神赛会很流行，尤以歙县、休宁县为盛。汪华有九子，第八子名俊，死后还单独为之立者，子孙繁衍昌盛。汪氏入黔始祖汪灿系汪俊后裔不会是攀附，且称百户，毫不夸饰，更觉可信。立汪公庙以作家祭理所当然，但凭一家之力把汪公信仰普及在屯区是不可能的。徽州又是五显（神像五人为伍者）信仰的发祥地之一。这两种信仰要在安顺屯区流行，没有大批安徽及临近安徽的人群的传播是不可能的。

例 2 可以说是讨论屯垦的专文。该谱载有本文开篇所引谣谚，所谓"十八指挥定黔阳"，屯垦是其重要内容，也肯定了南京籍官兵在屯垦中的功绩。该谱提到"大龙井下王衙街乃先王建牙之所也"，王衙街即双桥路。这叫人联想到许衙街（自强路）、蒋衙街（建国路）、范衙街（互助路）、马衙街（双眼井）、马衙后街，都与十八指挥有关，更有顾府街（民主路），档次又在其上。这都是明普定卫指挥开府设衙的遗迹。在明代，安顺简直就是最大的屯堡。

例 3 齐氏入黔始祖乃浙江知县，因解粮来黔，途中粮沉河中，不便回任交差，遂流寓安顺。他不从征军人，因受军头委托而经营屯田，落籍屯区。这给我们透露了当年屯田以缴屯粮为要务而经营者不必都是军户这一信息。

续修《安顺府志·氏族志》所载多依据家谱，一般说来，家谱于始祖入黔时间不尽精确，所任职官也不尽如实，但于郡望一项没有必要虚拟。以上统计虽极不完全，但认定普定卫戍军主体为明代南京人不会大错，安徽籍为数不少。这为我们了解屯堡文化的渊源指明了大方向。

屯堡文化研究

翁家烈

中华文化的主体是汉文化。汉文化有着许许多多的支派，屯堡文化即汉文化众多支派之一。屯堡文化形成的背景、保存与发展的原因、表现的形式均有其鲜明的独特性，但长期鲜为人知。近十年来，它才逐渐引人注目，不少学者陆续发掘并介绍，相关研究成果陆续见诸报刊。笔者依据古今文献及数次实地调查资料撰写此文，希望对促进屯堡文化的深入认识和研究起抛砖引玉的作用。

一、屯堡人

屯堡文化的载体是“屯堡人”。屯堡人是明代屯戍于贵州平坝卫、普定卫、安庄卫卫所屯军的后裔特有的称谓。《明史 · 兵志》云：“明以武功定天下，革元旧制，自京师达于郡县，皆立卫所。”[①] 卫所制是在“革元旧制”后实行的军事制度。其编制为：卫大约 5600 人，辖前、后、左、中、右 5 个千户所。千户所领有 10 个百户所，下领总旗 2、小旗 10。卫之长官为指挥使，所之长官分别为千户、百户。指挥使秩正三品，千户正五品，百户正六品。明洪武二十六年（1393 年）全国共设有 329 卫，有卫所官军 180 万。洪武年间，在今贵州境内设置 24 卫，卫所官军约 20 万。卫所官军以 3/10 集中布防，专事军事防御；7/10 分散屯戍，农时屯垦，农闲操练，战时出征。明太祖朱元璋强调：“屯田之政，可以纾民力，足兵食。边防之计，莫善于此。”指出卫所屯田制可起到巩固兵力又不扰民的重要作用。屯军须携眷属同往，编为军户，户籍归都督府，为世袭，世代不得变更。屯垦之田土由官府就地强行划拨，

① 张廷玉等：《明史》第二册，李克和等点校，岳麓书社，1996，第 1283 页。

按官兵级差定额配给，由军户各自世袭占有。

屯军依编制分别择关隘、交通要道外屯戍。屯戍地通称为“屯堡”，或单称“屯”，或单称“堡”。百户所在地名为“官堡”；总旗、小旗所在地谓“旗堡”；驻守路口负责瞭望、盘查之处称为“哨”；驿道上分段置军，以保障文武官员和公文往返所需的人力、马匹等资源，同时提供食宿的设施处则名之为“铺”。即《镇宁县志·地理志》云：“凡曰所、曰堡、曰旗、曰屯、曰哨，皆卫之属土。”《日知录·驿传》载，“今十里一铺，设卒以递公文”。各屯堡多筑有围墙做防御工事。墙内有街有巷，房舍列于街巷两侧作为屯军军户住宅。屯垦之田土分布在屯堡附近。屯堡作为军事戍守地的专称唐代已有。韩愈的《送水陆运使韩侍御归所治序》言，“屯堡相望，寇来不能为暴”。具有军事性质的“堡”读作“bao”。随着社会历史的变迁，屯戍性质淡化以至消失，人口逐渐增多，成分变化，屯区或发展为集镇，或衍化为大的村落，这时的“堡”则改读为“pu”了。

明亡清兴。随着中央王朝的更迭，明代的卫所屯田制亦为清代的八旗制、绿营兵制取代。康熙年间，贵州撤卫所改并入府州县。普定卫改为普定县，安庄卫并入镇宁州，平坝卫及柔远所改设安平县。失去政权为依托的卫所屯军军户自然地转为民户，成为普通的百姓人家，不过他们大多数人仍在屯堡内聚族而居。屯堡的军事性质消失了，但屯堡的人群与建筑犹存，并且屯堡作为地名一直留存至今。这些屯军之后裔便被专称为“屯堡人”。正如《平坝县志》所说：“迨屯制既废，不复能再以军字呼此种人。惟其住居地名未改，于是遂以其住居地名而名之为屯堡人。”屯堡人还有“屯军堡子”“屯田子”“堡子”等别称或简称。又因其妇女为天足不裹脚、保持其凤阳一带头饰，故又被称为“大脚”“凤头笄”“凤头鸡”。“凤头鸡”当是与“凤阳头籍”“凤头笄”之音近意误所致。外地人不知其详，见其妇女衣着头饰与其他汉民不同，以为是贵州的少数民族，于是更有“凤头苗”之误称。《贵州通志·土民志》载：“凤头苗，惟安顺府有之，此族原系明初征苗来黔，其始祖皆凤阳人也。女子挽髻于顶，与各苗迥殊，俗以凤头苗目之。”

屯堡人是清代裁废明代卫所屯田制后对分布在今贵州省平坝、镇宁、普定、长顺等地明初屯军后裔的专称。屯堡人口现30余万。其特点是他们的入黔祖先大都原籍江南，尽管历经数百年的社会历史变迁，他们的大多数一直聚居在屯堡社区内，并基本上较为完整地保持着明代江南汉族文化的形式与内容。这在汉族各支派中是十分罕见的。

二、屯堡文化

文化。就内容而言，它包含物质的、精神的及介于物质、精神之间并与两者皆有紧密联系的制度等三大部分。不同民族、不同地域、不同国家在不同时期的文化虽其内容与形式往往各不相同，但上述三大部分都是不可缺少的。屯堡人属于汉族，他们从古至今，无论男女对自己的族属从未含糊过。屯堡文化属于汉文化，无论从主观或客观而言，它都鲜明地属于汉文化体系。我们之所以称之为“屯堡文化”，是因为这一特定的汉族支派群体，以特定的身份来到了特定的区域，随着时间的转移，他们不仅未减弱或失去原有的文化基因，反而在某些方面有所增强和增加，这不能不说是汉文化史上的一个奇迹，也是汉文化体系中独特的文化典型。因此，我们称之为“屯堡文化”，就像人们常说的“齐鲁文化”一样。

1. 石头建筑

进入屯堡社区，放眼望去，一座座灰白色的村落会映入眼帘。那都是用石头做原料构成的建筑群。许多屯、堡、旗、哨所在地围有以石墩砌就的高而厚的石墙。墙有墙门作为内外进出的孔道。有的墙门上还耸立着墙楼，墙上还有凹字形墙垛。大石墙内有街道，又有若干巷道与之相交。街道、巷道皆以石块铺就。一些屯堡内修有石水渠或石水井。街道、巷道两侧排列着一幢幢三合院或四合院式的民居。各幢民居用石头砌就高高的风火墙。院门为双扇大木门，木门上有门楼，门楼有雕花额枋和垂柱。门内系方形石板天井。正房一列3间，墙、枋、门孔、窗孔皆以条石镶就。房屋的大门和壁窗上，小木枋被精心镶拼成菱形、回形、寿字形等各种精美的图案。正中一间为堂屋，堂屋内壁设置神龛。有的大院还于围墙后侧处砌有高高的石碉（俗称哨棚）。房屋中柱高度多为1.8丈（1丈≈3.33米）。屋顶为悬山式，俗称为“两面水”，并以方形薄石板覆盖。屯堡社区用石板盖屋的现象很普遍，于他处却罕见，故有“安顺一大怪，石板当瓦盖”之说。屯堡社区不仅建筑材料普遍取用石料，连日常生活中的许多器物，如碾、磨、擂、钵、水缸、粑槽、饲槽等，也普遍用石头雕琢而成，简直是个石头的世界！因而流传这样的顺口溜：“石头的街面石头的墙，石头的瓦盖石头的房，石头的碾子石头的磨，石头的碓窝石头的缸。”所有的建筑石料皆取自本地。安顺平坝、镇宁一带属黔中丘原盆地，岩溶地貌约占面积的 85%，岩山遍布。山上土层薄、林木稀，起层的薄灰岩颇多，易于开采剥取。以石砌墙、壁和盖顶远比木、土和瓦牢固，且经久耐用。石板房外部抗热性强，内部散热性弱，可收冬暖夏凉之功。石板天井、石块路，整洁而耐磨。许多屯堡聚落，就其气势形制而言有如一座座微型的小城镇，散布在万山丛中。

屯堡的石头建筑群落，融江南民居风格、军事防范需要及驻地天然石料为一体，形成了屯堡文化的一大奇观。

2. 古老的着装

衣、食、住、行构成人们生活的四大基本要素。其中“衣”所指当为穿着打扮，即所谓服饰。服饰有着保暖、遮羞、美观及表现身份等诸多作用。随着社会的发展，人们衣、食、住、行的内容与形式也在变化着、发展着。但历史上变化最大的却莫过于服饰。这主要是服饰所含身份性作用的结果。中国服饰变化最快的是汉族。少数民族的服饰也在变化，但以男性服饰变化为主。民变为官，就要“脱去蓝衫换紫袍”。游离出本民族寄居于另一民族群体中，常常会“变服从俗”。王朝更迭一次，社会上的服饰总要变换一批。服饰竟然成了识别朝代的一种显形标志。唐、宋、元、明、清各朝代、各阶层的着装总是各不相同的。屯堡人男性服饰按照时代的规定性发生了变化，唯独妇女的服饰突破了这一规定，经过清代、民国至今仍保持着基本原型。《平坝县志・民生志》言：“此种妇女头上束发作凤阳妆，绾一笄，故又呼之凤头鸡……有绾作三绺式，着竹笄即作谓凤头笄。”《百苗图咏》卷五谓：“男子衣服与汉人同。女子燕尾梳于额前，状若鸡冠……头披青带，腰系大带，足缠百布，善织带子。”《镇宁州志》卷四载：“妇女不缠脚，勤于农事。”这是清代及民国年间的记载，与现今屯堡妇女的着装是一致的。年轻妇女身穿蓝、绿或紫色的右衽大襟长衫，长至小腿。袖口和襟缘均镶有由寿字或万字形图案组成的青色花边。袖宽而短，仅至肘。冬季，另以绒布制成近尺长的手笼一副，套于手腕以保暖。腰束宽 5 寸（1 寸≈3.33 厘米）、长 1.4 丈，两端有缨、穗的丝带一条。丝带交叉于腰后且吊垂向下至膝弯。罩长方形青布围腰于前，长过膝。下装为青布长裤（俗呼长裤为中衣）。从不缠足，平时穿布鞋，农活多穿解放鞋，冬春季节有的还穿钩尖平底绣花布软靴。

头前之发平梳于后，两侧之发下梳遮住双耳，呈 U 字形，发尾捻为绺，从耳后向上并入，连同其他头发梳至脑后绾为髻，套于马尾编成的圆发罩内，横插簪、直插笄各一只交于发髻内呈十字形，以折叠为 4 指宽的白布头巾围于额上髻下。有的老年妇人的头上系以银或铜练一条，以之绕髻一周，此即所谓明安徽的凤阳头式，称为“凤头笄”，讹为“凤头籍”，更讹为“凤头鸡”。有的人对此装扮感到奇异而呼之为“凤头苗”，将屯堡人作为少数民族视之。

屯堡老人们都说，她们的这种着装是祖宗在“调北征南”时从原籍带来的，代代相传，基本未变。屯堡人的籍贯多是安徽、江西与江浙一带。这一地区在宋为江南道，治所在江宁（今南京）。此后，人们习惯上将这一带称之为江南。在拥有近 12 亿人口的海内外汉族支派或社区中，至今仍能群体性地普遍保持 600 多年前江南民间汉族服饰者，盖为绝无仅有的了。这不能不说是文化发展史上的一大奇迹。

3. 农商并重

屯堡人的先祖们入黔屯戍前基本上是江南农民。江南地区自魏晋南北朝以来逐渐成为我国的鱼米之乡，商业繁荣。他们屯戍黔中后，肩负着防守、屯垦“寓兵于农”的双重任务。军户的粮饷所需全赖各自在定额份地耕耘的收获自给，同时，还须提交定额粮食，以供专事防御的 1/3 卫所官兵的开销。农业是屯军的基础产业，成为屯军的生命线。军户生活有无保障、生活的好坏均以对所属额田的投入的多少、效益的高低为转移。将故土的作物品种及生产技术运用于新垦的田土上便成为自然、必然之势。于是牛耕、施肥等先进的传统农业生产技术与水渠、堰塘、水车等设施于屯堡社区比比皆是，使黔中地区的农业呈现出兴旺发达景象。不时出现的军务牵制着屯军，他们不可能全身心地务农，而农时又不可以错过与延续。于此常有的两难境地下，军户的妇女们只得突破“男耕女织”的传统儒家礼规，走出家门，承担起本属于男子职责的农耕重任，渐之成为屯堡社区农业生产稳定的主力。社会的客观需要改变了传统的性别分工。田野作业，尤其是山区的农业生产颇费体力，与家务劳动或闺阁内飞针走线截然迥异，是“小脚女人”所绝不能胜任的。这就是在缠足之风盛行的时代，屯堡妇女不缠足，被称为“大脚妹”，甚至于屯堡人被称为“大脚”的根源所在。

明代以前，贵州的城镇寥寥无几。贵州城镇的兴起是在明代。明王朝在贵州各地设置了大量的府、州、县及卫，于行政区治所及军事重镇处纷纷修建城池，作为大大小小的军政重心，城乡之分日渐形成。广大农村地形复杂，气候多样，民族成份众多，物产的种类丰寡不均。为了解决城乡、军民、不同地域、不同族别间生产生活物资的需求，商贸活动亦于明代在贵州兴起。在人口稠密、位置适中、交通较方便的一些屯堡村寨开设场市，分别按十二生肖时日于规定的地点举行农村集市贸易，人们称之为“赶场”。各城镇除有场市外，还慢慢地出现了专事经营商贸活动的行商坐贾。清代贵州的城镇增多，城镇商贸和农村集贸更发达。来自商贸领先的江南的屯军及其后裔屯堡人，不失时机地充分把握和利用这一机遇积极参与，成为贵州商贸活动的主力。嘉靖《贵州通志・风俗》记载当时的情景为：“居田者，以耕织为业；城市者，以商贩为生。务本逐末，恒相半焉。”徐霞客游至普定卫对所见颇为赞叹，在其《黔游日记》中写道：“城垣峻整，街衢宏阔……市集甚盛。”农商并重使得普定卫城的经济繁荣程度位居全省之首，《黔书》曾做过这样的记述，“环市宫室皆宽敞壮丽，人家以白石为墙，石片为瓦，估人云集，远胜贵阳。昔尝议立省会于此”。《安平县志》卷五载，屯堡人“男子善贸易”。镇宁布依族苗族自治县四旗堡即设有场市，以牛、马二日为场期，周围 10 千米范围的村寨按期前来参加集市贸易者达千人。场上货物主要是酒、肉、蔬菜、米、生猪、农具等。该堡于清代常年约有 20 人专以赶场为业，从此场低价购入货物到彼场以高价出售，赚取差价，俗称赶“溜溜场”。有的还将货物运到 50 千米外的募役（本县属）、关岭县的花江、贞丰县的者相、兴义县的皇脚等地出售，购买桐油、红糯米、棉花、洋纱等回来转销。鲍家屯成为屯堡人服饰不可或缺的装饰物——丝带这种特需商品的唯一生产地与销售地。在以农为本、视商为末的封建社会里，屯堡人能冲破封建传统意识的禁锢，做到“务本逐末”两不误，既抓生产又积极促进流通，其精神与实践都是十分难能可贵的。尤其难能的是，屯堡妇女也勇敢积极地参与商贸活动。清代后期及民国年间，她们中的一些人即进入城镇摆摊卖蔬菜、豆腐以及炒熟之葵花、豌豆、胡豆。改革开放以来，更将小生意做到贵阳、做到望谟，甚至远在辽宁的沈阳及内蒙古的呼和浩特、海拉尔等一些城市里，常可见到穿着整洁的屯堡姑娘们挑着茶叶于街上游走贩卖。

4. 宗法严密

屯堡人的先祖被征调从军时，官府即规定须携眷属同行，所需装备皆由宗族合力制备。他们带着众多亲人、族人的祝愿，深情惜别故土，到达垦戍地后，以家为单元编做军户。儿女长大，婚嫁全过程均由父母主持操办；老人亡故，丧事则由孝子全力承担。无论婚丧，所有亲戚、近邻都当作大事，主动、热心地前来祝贺或哀悼，并根据婚事、丧事各仪程、环节所需积极给予支持、帮忙。

清明扫墓，宗族全体合祭“大众坟”(该姓氏最早落籍于斯的始祖墓)，合祭人数少则数百，多达数千，之后各房族分祭各自主坟。除夕各家于堂屋正壁写有“天地君亲师位”神龛前祭祀祖宗后，合家围供桌吃“团圆饭”——“年饭”，饭毕围火炉“守岁”陪祖宗过年。正月初一再祭祖毕，儿孙须向父母礼拜——“拜年”，父母散发“压岁钱”。下午全家到祖坟焚香拜墓。初二以甜酒、汤圆供祖。十五复盛置酒再祭祖。“七月半”家家户户门前插香烛迎祖宗回家，陈茶、糯、果、酒、肉供奉，并于室外焚烧“包袱”送祖。各宗族重视修谱、续谱、藏谱、用谱。各族谱均固定有字辈，写明各分支的处所与名字。族谱正本由族长家世代珍藏，抄本若干分给各房长者保管。如平坝县天龙镇陈氏族谱载，其原籍为南京应天府，入黔始祖为陈宝典、陈谟、陈信、陈诰四弟兄。后三者分别派驻毕节、贵阳及云南。长兄陈宝典留驻安平卫之饭笼铺（今天龙镇天龙村），定字辈为“日荣怀先德，忠孝家茂兴，国庆开景泰，伦明世永泽”。二世祖第三、第六子迁去安庄卫之凡化，后其子孙中又有自凡化迁往今六枝的则溪、关岭的沙营、普定的大坪等地的。子孙出世须按规定的字辈命名。老人常以族谱所载之宗族世系、先祖事迹告知并教育儿孙，使之明谱系、别亲疏、遵礼仪、图上进。

屯堡的布局常以宗族为轴心。初建屯堡时，该屯堡屯军同一姓氏者多，该姓氏则作为屯堡名，如安庄卫属之陈家堡、廖家堡、董家堡、郭家堡、桂家堡、皮家堡，普定卫属之詹家堡、鲍家屯、马家屯、单家屯、袁家屯、郑家屯、马家屯。同一屯堡之屯军若为杂姓，屯堡内的住区依姓氏划分。各姓氏繁衍之子孙所建家室的住宅，常在其所划定的片区内扩展，形成家族的聚居点，一般称之为“苑”或“院”。如在四旗堡墙垣内有张家院、吴院子、黎院及大房院、二房院、道士院等 6 个小聚落。后三者分别为秦氏的长房、二房、三房（因其子孙中有人以为人当堪舆、做道场为业，故被称为道士院）聚居处。各苑皆以街巷做分界线。同一家族或房族基本居住在同一苑（院）内，不同房族的住地大体相邻。人多势众的大姓氏，在其所在屯堡内还建有宗祠（俗称为祠堂），作为同宗族子孙供奉祭祀祖先的场所。如镇宁李广堡之徐氏家祠、郭旗堡之李氏宗祠、十三旗堡的张氏宗祠、雷召堡之王氏宗祠、河上堡之张氏宗祠、张官堡之刘氏宗祠和伍氏宗祠。而丁旗堡则有叶氏、汪氏、皮氏（皮氏宗祠有 2 处）、庄氏、陈氏等 6 个宗祠。宗祠内皆供奉有其历代祖先牌位。每年二月春分日，各姓族人在族长率领下聚集祠堂共祀祖宗。解放后祠堂多已圮废或改作他用。屯堡人通过婚、丧、祭祀、上坟、修谱、居住结构、建祠堂等多种形式从时空上不断巩固和强化宗族意识、宗族内的认同感、宗族内的凝聚力。

5. 崇尚教育

屯堡建立初期，在新的动荡环境中，屯军的任务是以军务为主，屯务为重，一时还谈不上教育。当大局稳定、屯堡定型之后，教育逐渐为卫所屯军上下所重视。屯堡社区也相继建立起供屯军子弟受文化教育之安庄卫学、普定卫学、平坝卫学，后改为镇宁州学、安顺府学、安平县学。除官办之卫、府、州、县学外，清代属于民办性质的一些义学在屯堡中兴起。义学或称为义馆。如安平县之猪槽堡、饭笼铺、九甲堡、五里屯等皆设有义学。一些乡绅热心教育，为官学、私学捐助学田以资教学所需开支。清末及民国年间有乡绅或较大的宗族也延聘教师为自己子弟或族人授业，于是私塾（俗称私馆）在许多屯、堡、旗、哨、铺中普遍出现。

屯堡子弟入学者多，中功名者众。仅镇宁县，明代即有中文举者 19 人，清代中文举者高达 72 人。尤以张家堡最为突出。《镇宁县志》卷三载，该堡伍氏“其先江西人”，“伍氏本武族。五传至咸，始以文学科第其世家”。他“好读书”，于嘉靖乙酉年（1525 年）中举，成为安庄卫第一个举人，给族人巨大的鼓舞，族人纷纷效仿其好学之风。张家堡举人辈出，带动了安庄卫教育的勃兴，“安庄榛狉之俗为之一变，文教于是兴焉”。崇教之风自乡村吹入城市，镇宁县城之氛围发生了巨大的变化，《安顺府志》卷十五谓：“城中无贫富子弟，皆教之读。通衢曲巷时有读书声。”崇尚教育的风气在屯堡社区得以延续和发展，“富不丢猪，穷不丢书”成为屯堡人的普遍认识。“笔杆没多重，无志拿不动”“读书不用功，等于白费工”“好记性不如烂笔头”“走不尽的路，读不完的书”等谚语广传民间。在文教日兴的长河中，涌现出若干杰出的屯堡学人。安平县的陈法中进士后授职为检讨，改授刑部郎中，后改任知府，升为运河道，调大名道，乾隆二十六年（1761 年）卸任归来，于省城贵阳“掌教贵山书院”。执教十载，所得俸酬分文不取，“十年修哺无所取，购书储院中，备香火”。著有《易笺》8 卷、《河干问答》等书。解放后，屯堡社区读书之风更盛更浓。如镇宁祝英哨 2300 人中，55 岁以上者已无文盲，学龄儿童入学率达 98%。平坝天龙镇村 3443 人，1996 年在校大学生 2 人、大专生 3 人、中专生 4 人、高中生 97 人、初中生 748 人、小学生 1501 人，各级各类在校生共 2355 人，占全村总人数的 68%。黄干夫、黄齐生昆仲更是屯堡人中的佼佼者。弟兄俩出身于安顺么铺贫寒人家。黄干夫 17 岁中秀才，于贵阳“经世学堂”毕业后，约集一批有志青年设算学馆，又名达德书社，1912 年改名为“达德学校”。黄干夫任校长，后调任提学署实业科长。民国建立后，黄干夫任贵州省实业厅厅长，创办劝工局、农事实验场、女工讲习所、商品成立所等。黄齐生于达德学校任教期间，倡办女学，提倡“天足”，并携其 8 岁之外甥王若飞来校就读。1913 年任达德学校校长。袁世凯称帝后，黄齐生带王若飞至上海参加讨袁运动，1919 年倡导私费留学，相继带领学生赴日本、欧洲留学，回国后任遵义县省立第三中学校长，因反对屠杀进步人士、支持学生婚姻自由，1927 年被省主席周西成通缉而出走。后黄齐生于南京与陶行知一起从事乡村教育研究。1935 年返达德学校主持教务。抗战期间积极宣传抗日，1944 年举家赴延安，1946 年重庆校场口事件发生，延安各界公推黄其生前往慰问，后与王若飞、叶挺等同机返回延安途中，因飞机失事遇难，朱德称“贵州老教育家黄齐生先生自戊戌政变起即抱着争取中国民主改革信念，多年为此奔走努力不懈”，董必武悼词为“黔中教育带新芽，人道先生第一家”。

6. 五显、汪公、唱佛歌

“南朝四百八十寺，多少楼台烟雨中”，江南寺庙特多的遗风在屯堡社区得以传承。许多屯堡内部建有庙宇，有的还不止一座。如饭笼铺有三教寺、天台寺，丁旗堡有西峰寺、财神阁，云山屯有文庙、云鹫寺。卫城中的寺庙则更多。安庄卫城有城隍庙、旗纛庙、昭灵庙、通灵庙、紫霄观、高真观、紫云庵，平坝卫城有城隍庙、武庙、东岳庙、文昌阁、永福寺、紫竹庙、三清观，普定卫城有东岳庙、马王庙、崇真寺、圆通寺、武当山寺、飞虹山寺、普德寺、长寿庙。屯堡社区无论城乡，宗教之风盛行，除因沿袭故土遗风之外，还因屯军驻扎于陌生之地，负责执行防范民族地区的“运动”的任务，镇压少数民族反抗，加之军官的贪暴，屯军常受欺压。《明实录》载，兵部尚书王骥在其一份奏折中说：“各都司卫所官多非其人，玩愒苟禄，贪墨无耻，私役壮卒……”“贵州等二十卫所……良田为官豪所占，子粒所收不及一。贫穷军士无寸土可耕，妻子冻馁，人不聊生。”随时可能有冲突对抗发生，胜败难料、生死未卜，在此内外交困的状况下，屯军们对“神灵”的依赖心理更是加深。从对“五显”“汪公”的特有信奉更可得到明显的印证。

《新搜神记 • 神考》谓，“五显父为萧永福，宋时人，一胎五子，俱以显为派……能降妖救难，故民立朝祀之”。五显又名华光，传说受封为火部兵马大元帅，号华光天王。供奉五显的处所名为“五显庙”或“华光庙”。《安顺府志》卷十五载，“各村皆有”。《镇宁县志 • 民生志》载，每年正月初八，民众以汤圆供华光。中午，城内外各户具备香烛、鸡、酒恭候于路侧，“迎华光神像，谓之救火”。届时，“炮竹喧闻，锣鼓惊天，远近趋集，大街小巷，观者如堵，为全县民众每年最狂欢之日”。个人还愿，则在家中祭“五显坛”，名为庆坛。汪公名为汪华，安徽休宁人。传其隋代为官徽州，武德四年（621 年）率都归唐，受封为越国公，逝后谥为“徽州府越国公忠烈汪王”。或谓隋末唐初时，歙州灾荒，汪华向某将军借粮赈济，民众得以度荒存命，遂尊之为神。屯戍黔中的卫所官军为江南籍，其中有不少汪姓。《安顺府志》卷十五载，“屯军堡子，皆奉洪武敕调北征南。当时之官汪可、黄寿、陈彬、郑琪作四正，领十二操屯军安插之类，散处屯堡各乡，家口随之至黔”。祭汪公的活动在此得以延续发展。祭祀活动主要在今安顺狗场屯、鸡场屯和鲍家屯 3 处进行。每年正月十七、十八、十九三日，各寨民众在德高望重者率领下、在锣鼓声中拥入汪公庙，将汪公塑像移到红轿里，于屯街上游行。沿街各户门前设案燃香烛、放鞭炮迎接，且人们一一参拜。

屯堡社区庙会之风盛行。每逢玉皇会、观音会、关帝会，成千上万的人群络绎不绝地向坐落于二三十里以外山上的相关寺庙进发，到庙里上香拜佛。朝山拜佛的人群主体是妇女。这天，她们穿着整洁鲜艳的屯堡服装，斜挂香袋，三五成群轻快地行进在田野间、山路上。她们于神像前焚香祈祷后及往返途中的路边歇息时都要唱“佛歌”。佛歌皆为七言句式。奇怪的是，她们所唱“佛歌”，内容全是古代言情小说或地戏剧本中的爱情故事或历史武戏，只是每唱完一段间歇时，照例唱上一句“佛呵，南无阿弥陀佛”作为中途休息的标志而已，与神佛无关，与朝山拜佛的氛围也不协调。但却不被反对，不遭指责，年年如斯。究其原因，在终年承担生产、生活重任的超负荷重压下，屯堡妇女借为数不多的拜佛之机略事放松，既表达了人畜平安、五谷丰登的良好愿望，又可无忧无虑地相聚交谈、唱笑，调节一下身心。

7. 花灯与地戏

花灯和地戏是屯堡社区普遍盛行的民间传统艺术。《安平县志・风俗志》载，“元宵遍张鼓乐，灯火爆竹，扮演故事，有龙灯、狮子灯、花灯、地戏之乐”。许多屯堡聚落都有灯班和戏班。每个班子由二三十人组成。唱花灯在春节期间举行。旦角俗称幺妹，丑角俗名唐二。道具为扇子、手巾。唱花灯流程是先在屯堡内宽阔场地举行“开灯”仪式，一对对旦角、丑角依次演唱，最后全班集体演唱收场。一些人紧接着前来“接灯”，邀请灯班至家中慰劳。花灯班以唱跳形式为主人家祝福。如此一家接着一家地唱跳至夜深方散。跳地戏的时间一般在春节和农历七月。地戏角色分为文、武两类。文者有帝王、文官、道人、小军、歪嘴、和尚、土地菩萨等，民间统谓之“文将”；武者有老将、少将、女将、正将、反将（指“番邦”将领）等。在锣鼓声中，表演者面罩青纱、额顶面具、腰围战袍、背插战旗、手执木质刀枪，通过唱、道白、打斗等形式逐一展开剧情。

表演者于较宽阔的场地演出，无戏台，氛围庄严肃穆。观者远近围睹，热闹非凡。剧情故事取自《封神演义》《说唐演义全传》《说岳全传》《薛仁贵征东》《薛丁山征西》等历史故事。各屯堡所唱地戏的剧本通常是相对固定、世代相传的。如镇宁果寨、龙家寨、龙井铺演唱的是《三国演义》，和尚堡演唱的是《薛仁贵征东》，张胜堡演唱的是《薛丁山征西》。一般一个屯堡只有一个戏班，只演一堂戏（即一个剧本中系列性的若干剧目）。几个大姓并存的屯堡也有两个以上的戏班，演两堂以上的戏。如镇宁四旗堡秦、黎、张 3 姓各有一戏班，每一戏班各演一堂戏。1939 年后合成一个大戏班，演出《说唐演义全传》《说岳全传》两堂戏。花灯、地戏班子成员都是屯堡内的普通农民群众。角色虽分男女，但一律由男性扮演。活动经费解放前来自各屯堡聚落的公田公土的部分收入，解放后则采取按户凑份子的方式筹集。参加排练、演出全属自愿，无任何报酬，所需服装还得自备。跳地戏演出虽与唱花灯演出同在春节期间、同一屯堡里进行，但于场地与观众上并不会产生矛盾。花灯是在夜间唱，地戏是在白天跳。花灯是以轻松的小调、诙谐的说白、欢快的舞蹈以收娱乐、热闹之效，地戏是以神奇的扮相、庄重的唱白、激烈的打斗以达识忠奸、扬正气、驱邪疫之功。

8. 语言孤岛

任何一个民族都有自己的语言。民族语言是民族特征的标志之一。随着社会历史的变迁，民族语言的状况各自不同，有的得以保存，有的发生变化，有的逐渐消失，有的则持续发展。汉族语言有着区域性，从而形成若干方言。贵州汉族人口约占全省总人口的2/3，绝大部分操汉语北方方言中的川黔、黔东南、黔南3个次方言。屯堡人所属的市、县城镇及一般汉族村寨，讲的是北方语中的川黔次方言，唯独屯堡社区所讲的既非川黔次方言，也不是黔东南、黔南次方言，于贵州广泛分布的汉语中形成一个独特的方言岛——屯堡话。

屯堡话语音的声母为23个，韵母为29个。比以安顺城区为代表的川黔次方言中的安顺话的声母多4个，有舌尖前音；韵母少4个，无撮口呼韵母。音调中的阴平为中平。说话时卷舌韵母和儿化韵母的现象表现突出。如“吃”读为“痴”,“茶”读为“叉”,“信”读为“新”,“镰刀”读为“拈刀”。“今天是龙明天是兔，后天外天赶二铺”，用屯堡话则说为“今儿龙明儿兔，后儿外儿赶二铺”。屯堡人在日常交谈中，用4字构成的成语或俗语时，故意隐去最后一个字不说，被隐去不说出的这个字恰好是这句话的宗旨所在，故称为“言旨话”。在闲谈中，巧妙地运用言旨话能使人感受到轻松愉悦的氛围，增添情趣，并展现出机智与风趣。如粗茶淡（饭）、对河二（面）、班门弄（斧）、风调雨（顺）、儿多母（苦）、四季平（安）、三战吕（布）、定海神（针）等。以言旨话闲聊者，平时需要有较强的记忆力，交谈时又要有较强的联想力，否则不能自然流畅地说出来，或一时听不明白对方讲的是怎么回事。

人的思想行为无一不是通过语言为基础运转的程序或结果。在新的环境里语言发生了变异，但记忆的本能及思乡恋故的情愫是难以磨灭的。有的屯堡人外出经商、从军，会遇到落籍异地的乡亲。于是，有的人将所在屯堡的特点编为顺口溜，用以长年在外者识别乡亲或外出认定乡亲的一种方式。如镇宁四旗堡墙垣所开6个门中，南门最大，为该堡进出的主要通道，于是有人将此编为三句话：“一出门洞三个包，一进门洞三洞桥，桥上有把‘尸拈刀’。”意为“南大门外有3座小岩山包，南大门内有座3孔石桥，桥上刻有一把石镰刀”。屯堡话在屯堡人中起着认同作用，有着强大的凝聚力，也是识别屯堡人和非屯堡人的一个重要标志。

三、屯堡文化的成因及其意义

明王朝建立后，元王朝的残余势力主要有北方的瓦剌和云南的梁王，两者对新建的明朝政权构成南北夹胁之势，妨碍着明朝一统大业的实现。处于湘、桂、川、滇之中的贵州，是云南与内地交往的通道。征云南的30万大军中有25万是沿黔东北，经黔中、黔西南而进入云南的。平定云南梁王后要能控扼云南，就必须稳定贵州，以贵州作为战略要地。《黔记·止榷志》谓，“贵州，官则土多汉少，民则夷十汉一”，“我朝但因云南从此借一线之路以通往来”。要使少数民族众多、土司林立的贵州保持稳定，《明太祖实录》载，朱元璋认为贵州“诸蛮夷易生变乱，（征南）大军一回，彼多跳梁啸聚……今且还军分驻要地”“以休士卒”“以控蛮夷”。即是说，要牢固有效地控扼云南，首先要控制住拥有权力和甲兵的土司及广大的各族人民群众，为此必须在贵州屯驻重兵。云南地处边疆，毗邻诸国，区域比黔大，人口比黔多，明代在云南共设有20卫，驻守官军6万余人，布置兵力不可谓不重（广西境内设10卫、四川境内设17卫），但与贵州相比较又不如贵州。仅洪武年间，贵州境内即设24卫，贵州都司所辖20卫之军士即有14万余人。其中，平溪、普安等卫巧设置于黔东北、黔中、黔西南这条通滇干道上。明代卫所机构的设置，据《明史·兵志》载，规定为“系一郡者设所，连郡者设卫”，卫的编制为5600人。但在不过一郡的区域内，却分别设置了普定、安庄、平坝3卫，且此3卫的兵力普遍超编：普定卫旗军8864人，安庄卫旗军5779人，平坝卫旗军5890人。所以如此，是因为这一区域地理位置上与云南毗邻，同时也是通往云南的古道近云南段的重要路段。在行政上，该区域在元代及明初为普定府，“普定土知府安锁叛附梁王”。就对云南而言，这一带处于重中之重的战略地位，故为领导农民起义推翻元王朝登上皇帝宝座的朱元璋高度重视，他不惜破例于此部署如此庞大的兵力。《安顺府志》卷二十三载，洪武十八年（1385年），明王朝以普定军民府“土府权重，多交引夷族为奸”为由将其罢废，其地随后被划归分散安顺、镇宁、永宁州及宁谷、西堡、十二营、康佐、募役、顶营长官司管辖，并隶于普定卫。西堡长官司曾多次率领仡佬族人民进行反抗斗争，均遭受残酷镇压，并且西堡长官司于康熙五十四年（1715年）被废除。同年废除的还有宁谷长官司。十二营长官司陇氏传至明末因绝嗣而停置。募役长官司长官礼安氏病故乏嗣，该官职于嘉庆年间被废止。与普定卫、平坝卫相邻的土司为金筑安抚司。万历三十八年（1610年）起，金竹安抚土舍金大章连续3年一再“乞改土归流”，朝廷遂改金筑安抚司为广顺州。

屯堡人之入黔始祖——屯军本籍多系江南。《顾氏宗谱》载，普定卫指挥使顾成“隶籍江南松江府华亭县人”。平坝天龙镇《陈氏族谱》载，陈氏原籍南京应天府。安顺鲍家屯鲍氏籍贯安徽歙县，汤官屯姜氏原籍苏州阊门。万历《贵州通志·普定卫·职官》载，普定卫副千户王用乃“江南都昌县人”，百户范吕为凤阳府人。《平坝县志·民生志》载，“此种妇女头上束发作凤阳妆”。《镇宁县志·风俗》载，“屯堡人，一名凤头籍”。所崇奉之汪公事迹主要流传于安徽徽州、歙州凤阳等地，五显（华光）庙流行于江西、江苏、浙江一带。故《安顺府志·风俗》称“屯军堡子……故多江南大族”。宋之江南路，治所在江宁，辖及今江西全省及江苏、安徽两省的长江以南地区。日后，这些地区便被人们简称为“江南”。普定、安庄、平坝3卫官军的原籍为江南，他们携带原籍的眷属集团性地屯戍下来。同一区域的人，在同一时段内，以同一身份（军户）集团性地长期移住到同一个新的区域内，原籍文化随着其载体一道，在新区域内运行，自然地形成定式，这便是形成屯堡文化的主观条件。境内大土司普定土府在明初就已废除，近邻大土司金筑安抚司于明末主动要求“改土归流”，境内各长官司也多于明末清初相继废止，土司与卫所官军摩擦，争战次数少、规模小、时间短，屯军及后之屯堡人的损失、流散也就不多。屯军势力的强大、土司势力的弱小，使屯堡社区相对说来未出现剧烈的根本性的变化，未发生深刻动荡是屯堡文化得以形成和巩固的客观条件。

屯堡文化是传统与创新相统一的一种典范。屯军及后之屯堡人既全面保持着原籍江南时之衣食住行、农商并重、宗族关系、崇尚教育、语言习俗等文化传统，又能根据屯戍地的自然环境与社会环境，在居住地普遍采取军事性的石头建筑格式，将以娱神为主、为驱邪迎福的傩发展为以娱人为主、鼓舞士气、振奋人心的地戏。

尤其当军情紧急时，据《镇宁州志》卷八载，“昼则妇女巡墙，男准出堡战斗；夜则妇女燎号火，男准巡御垛垣”，妇女须协助屯军防守。为不让屯军因军务而影响农时，妇女主动承担起农事，久而习以为常，故《安平县志》载屯堡人“男子善贸易，女不缠脚。一切耕耘，多以妇女为之”，这更是对传统进行了大胆的突破和创新，为屯堡社区的经济基础增添了新的强大活力，为屯堡文化创建了积极而富有生机的新的社会风尚。屯堡妇女普遍务农、参与商贸活动，这说明中国封建社会中受儒家礼教束缚最深的汉族妇女，在解放运动的道路上稳步迈出了具有历史意义的一大步。

明代在西南地区实行的卫所屯田制，就“寓兵于农”的目的而言，基本上是成功的，尽管后期由于朝廷的日趋腐败，卫所军官大多贪暴，导致卫所屯军大量逃逸、屯田制松弛、屯田荒芜，但就总体而言，一直与有明一代相始终。明代的卫所屯田制属于军事移民性质和制度，主要涉及以屯军为代表的广大军户。军户是以屯堡为单元的基层军事组织，承担着防戍和生产的双重任务。任务之繁重和艰辛超过单一的阶级或阶层。但屯军的基本属性是军人，屯堡的基本属性是军事组织。明王朝的国家政权是屯军、屯堡存在的根本。明亡清兴之后，清王朝以其八旗制和绿营兵制取代了明代的卫所屯田制。屯军、屯堡失去了国家政权的需要和依托。在此王朝兴替激烈、社会变革深刻的历史转换关头，屯军是聚是散、屯堡是存是废已成为不可回避的重大现实。最后普定、安庄、平坝 3 卫的屯军们根据当前形势及自身实际做出的选择是：大部分仍然聚居于所在屯堡内，成为纯粹的农民，屯堡成为普通村落。屯军变为屯堡人，屯堡变为村落，实质上就是由军转为民。军转民的问题在这里能如此自然、顺利地实现，绝非偶然，而是其历史积淀奠定的根基。首先是农商并重为他们奠定了坚实的经济基础，特别是广大妇女成为农业生产的主力，为屯堡社区增添了强大的生产力，成为不可或缺的劳动者，有力地促进了屯堡社区经济的发展。其次是崇尚教育的传统，被动地尚武，主动地崇文，使之文化素质得以提高，拓宽了从业范围，并未将自身和子孙后代的命运寄托于享有特殊待遇的军人这一世袭职业上。最后是以江南文化为根基，结合屯堡地区自然与社会环境而构建的屯堡文化所起的巨大凝聚作用。当然，屯军成功地实现了实现转向屯堡人的转变，即由军转为民这一历史性转变，他们顺利且成功地保持了主体聚居在屯堡内的状态，确保了文化载体的聚而不散，同时文化区域也未发生大的变动。这一转变对于保护屯堡文化免遭严重冲击和削弱、避免巨大震荡，以及确保屯堡文化能够较为完整地、全面地传承，起到了关键作用。

屯堡文化的影响是多层次、多方面的。贵州是多山区，山地与丘陵占贵州面积的 97%。万亩连片的盆地、坝子全省不足 20 个。且 3% 的面积属于土层薄、透水性强的岩溶地貌。耕地少而瘠，许多岩溶山区不宜开垦来种庄稼，靠扩大耕地面积发展农业的道路行不通，且会造成水土流失的严重后果。屯堡社区主要运用先进的农田水利建设技术、优良品种以及耕作技术来提高农作物的产量及质量，在此过程中，社区总结出一系列经验之谈："犁得深，耙得烂，一碗泥巴，一碗饭。""肥是庄稼宝，平时要积好。""栽树栽草，人畜两饱。""栽树栽桐，子孙不穷。"屯堡社区还用乡规民约形式保护山林。《镇宁县志》卷二载《十三旗永护森林碑序》谓，村寨附近的林木遭到了乱砍滥伐，特"集村众而申讨之。议决一致，期以十年，自培自植，勿剪勿败"。屯堡社区往往举办"吃乡议"活动，村民们共同商议关于庄稼、山林保护以及社会治安的维护的条规，并将议定后的内容张榜公示，同时，于村外设立标竿（名为火竿），以示警诫。违者被拿获则缚于竿头，于其下燃烧柴火熏之，名为"爬火竿"。屯堡建筑物除梁、柱、椽、门、窗系木质外，全系石料，省去许多建筑木材。在人口不断繁衍、人多地少状况下，屯堡人摒弃毁林开荒以增耕地、增粮食的捷径，用精耕细作的方式以补耕地的不足。他们还能因地制宜地调整农业品种，如于清代发展了白蜡虫和茶叶种植，到了 20 世纪 80 年代又成功培育了白心红苕、下白上青的萝卜等特色农产品，并发展了生猪养殖、烤酒制作、豆制品加工等家庭副业，这些特色产品被作为商品远销各地，为屯堡人带来了经济收益。他们利用处于交通沿线以及与城镇关系密切的地理优势，在以农为本的基础上，积极从事商贸活动，拓宽经济领域，从而缓解了耕地不足的制约，走出一条不过分掠夺自然资源造成生态破坏的有效途径。弘治《贵州图经新志》卷十四载，"卫俗本淳朴，迩颇失其故态""惟贸易日趋于利"；《黔南识略·总叙》亦载，"安顺（府）所属则兼多负贩"：

明清文献均将屯堡社区商贸活动作为突出的现象记入史册。其实，重农善商正是屯堡人能够适应社会变迁、保存并弘扬屯堡文化的重要物质条件。普定、安庄、平坝3卫辖区内卫所屯堡虽较他处密集，但毕竟只是点、线分布，广大面积上仍然是少数民族地区，散布着彝族、布依族、苗族、仡佬族等。由于这里屯堡密集、屯军众多、官军势大力强、土司势力相对薄弱，少数民族能于较大程度地从封建领主制的严重束缚下解脱出来，摆脱人身依附关系，能有选择地吸取汉文化。弘治《贵州图经新志》卷十三载，平坝卫“自开建以来百年于兹，渐被王化。风俗渐移而登科入仕者累有其人矣”，普定卫“自立军卫以控制，卫之熏陶，渐染中原衣冠之俗，亦尚义重文”。嘉靖《贵州通志》卷三载，安庄卫“地杂百夷，环城百里皆诸夷巢穴……然与卫人错居，近亦少变”，普定卫附廓诸夷“自立军卫以控制之，渐染中原之俗，亦尚义重文，服器用婚丧之礼皆可观矣”。入清以后，军户转为民户，屯军变为屯堡人。由于已无根本利害冲突，屯堡人与少数民族群众间的交往渠道变为更加畅通，屯堡文化的传播也日渐深广。《安平县志》卷五载，“仲家……男子服饰与汉人同”“有人学食饬而登贤书者”“红仡佬葬用棺，垒土为坟。每逢清明、除夕、中元节，向坟前标挂纸钱，与汉人无异”。《安顺府志》卷十五载，青苗“多通晓汉语”“补侬（布依族的一支系）通汉语”。《镇宁县志》卷三载，民国年间的“仡佬……语言渐灭，装束渐同汉族”“夷族（布依族）丧礼……请堪舆卜地择日与汉无异。富有之家仍仿汉制，行成服、祭奠、点祖等礼”“除夕、清明……四月八、端阳节……七月半……中秋……重阳等节，与汉族同”。由明代的“渐染中原之俗”到清代的“颇循汉礼”，再到民国年间的“同于汉族”，可以看出屯堡文化日益深广的传播过程，也反映出少数民族接触、选择、逐步吸纳屯堡文化的过程。当然，文献所载之“王化”“中原之俗”“汉人”“汉礼”，并非仅指屯堡文化、屯军或屯堡人。在明清及民国时期，普定、安庄、平坝3卫及后来的安顺府境内，非江南籍从事农、工、商的个体汉人也日渐增多，他们多与各少数民族交错杂居，这些汉人所承袭的汉文化对少数民族也产生了一定的影响。但以屯堡文化为主要形式的汉文化对少数民族的影响才是最深、最广的。屯堡服饰、地戏等在布依族、仡佬族中的传播就是典型的事例。汉文化是中华民族的主体文化。文化，就内容而言，有物质文化、制度文化、精神文化三大类；就表现形式而言，有显形文化和隐形文化之别。服饰属于显形文化范畴。自清军入关，清王朝颁发剃发令之后，无论是官是民，无论士、农、工、商，男子必须一律剃发扎辫，在“留头不留发，留发不留头”二者必居其一的高压下，全国汉民族的服饰随之发生变异。数百年来，关于明代汉族服饰的具体式样，我们只能从文献记载、墓葬出土的文物、博物馆陈列的实物或画像等文字描述和孤立、静态的展品中窥见一二。这些服饰在现实生活中早已难觅踪迹，唯独在贵州的广大妇女群体中这些服饰仍然普遍流行。以屯堡服饰为主要标志的屯堡文化，全面系统地保存并传承了集汉文化大成的明代江南汉文化，同时还对其进行了发展，这不能不说是汉文化发展史上的一大奇迹，其难能可贵之处值得我们认真深入地研讨。

奇特的屯堡文化

胡维汉

有着奇特风俗习惯的屯堡，集中在以贵州安顺为中心的一带地方，从平坝至西秀的路上举目可见。初来者若遇上身穿屯堡服的妇女，会误以为她们是少数民族。有的屯堡人也自称“南京族”，大概是把祖宗的籍贯当作族名了。更多的屯堡人则说自己是汉族，不过不是本地的汉族，老祖宗是在明太祖朱元璋实施“调北征南”和“调北填南”政策的时候跟了来的。屯堡的风俗习惯表现出的种种文化现象，近二十年来，随着地戏的出国表演，引起了国内外专家学者和越来越多的游人的兴趣。这里，我写出自己关于屯堡文化的见闻和感受，也许能为对屯堡文化感兴趣的人增添一些雅兴。

屯堡的由来

开初，安顺一带的屯堡，对我而言简直是个谜，虽然我是安顺人，但现在我已经比较清楚，这些屯堡的源头是明初的军屯。为了保障军队的给养和政府的税粮收入，自汉代以后，历代统治者都曾采用过军屯的办法。所谓军屯，就是让驻军就地垦荒或用其他办法征得土地进行耕种。至 14 世纪，朱元璋力逐群雄，取元而代，建立了明王朝。此时，元顺帝虽已败走漠北，但还有一位梁王把匝剌瓦尔密在西南边陲的云南盘踞，负隅顽抗，把朱元璋派来的使臣都杀掉了。朱元璋大为恼怒，认为梁王“自恃险远，桀骜梗化，遣使诏谕辄为所害，负罪隐匿，在所必讨”，于是亲自部署征南事宜。老谋深算的他，认为取云南的最佳途径是经贵州。贵州原为元朝的顺元路，地域虽小，却是通云南的“襟喉”之地。因此，他采取了先安贵州，后取云南的策略。洪武十五年（一说十四年），他以颍川侯傅友德为征南将军，永昌侯蓝玉和西平侯沐英分别为左、右副将军，率领包括许多曾随朱元璋南征北战的安徽士兵在内的30万大军，分两路入云南，一路由傅友德亲自率领，经贵阳、普定（今安顺）、普安，“诸蛮望风而降”。征南大军中有位前锋名顾成，在克普定后，朱元璋“列栅以守”，顾成后任普定卫指挥使，又迁右军都督佥事，充总兵，镇贵州。朱元璋死后，永乐皇帝对顾成仍很信任，封他为“镇远侯”。顾成为镇守贵州立下了汗马功劳，在明永乐年间更是贵州的军事首领。他在安顺一带活动的时间比较长，安顺城内有一条老街，名“顾府街”，当是他昔年官邸所在地。在最大的屯堡九溪，文物部门还发现了顾成儿媳的墓碑。

梁王败亡，云南平定，朱元璋却忧虑起来：“至如霭翠（指贵州土司）辈不尽服之，虽有云南，亦难守也。”在征南进程中，他“先安贵州”的策略是奏效的，贵州一些土司对征南行动曾给予了许多帮助，但也有降而复叛者，于是他对稳定贵州局势煞费苦心。霭翠的妻子奢香夫人忍辱负重维护国家统一的故事，就发生于此时。除了使土司臣服外，更重要的措施是设立统领军事的贵州都指挥使司，整修通往云南的各条驿道，并在驿道沿线设立卫所，这些卫所由军队把守。这样既可保证驿道畅通云南，又可监视土司。这一时期在贵州全境共建立24个卫，132个千户所，2个直隶千户所，驻军近20万人，比周边的地区都多。这些驻军，有一些可能就是征南的那支队伍留下来的。这样多的军队要吃饭，军屯制度势在必行。军屯的官兵都可以带眷属，这些眷属从家乡涌入贵州，与他们从军的亲人一起，加上后来的移民，成为今天屯堡人所称的“老祖宗”。清刘昆《南中杂说》说：“明高祖以天下大定，兵多无所用，故设卫所以分之，号曰屯丁。”说“兵多无所用”，大概是没有弄明白明朝廷的用意。

随着卫所军屯制度的实行，“民屯”和“商屯”也发展起来。所谓“民屯”中之“民”，是指“土人”，也即明初后来的屯军。所谓“商屯”，是商人出资募人立屯堡，辟土地，向政府以粮换盐，再售盐以牟利。无论军屯、民屯、商屯，都必然推动称为“屯堡”的村寨的建立和发展。照今天一些屯堡人的说法，“屯”和“堡”是有区别的，“屯”住的是屯军和他们的家属，“堡”住的是“填南”来的移民，又称“客籍汉人”。实际上，这种区别并不明显。居住着屯堡人的寨子，也有不称“屯”和不称“堡”，而称“哨”“关”“旗”或别的寨名的，不过今天统称为“屯堡”。

严格意义上的屯堡人，是指明代屯军或移民的后裔，他们的祖先多来自江南一带。《平坝县志》说：“朱元璋从安徽凤阳起兵，凤阳人从军者特多，此项屯军又多为凤阳籍。”这种说法可以从一些屯堡人保留的家谱中得到印证。所谓“江南”，大概是泛指安徽、江西、江苏、浙江、湖北、湖南等地区，也有来自陕西、河南等北方地区的。屯堡人的先祖们给贵州带来了这些地方比较先进的科学、技术、文化和生活方式，促进了贵州的开发和经济发展。

明永乐十一年（1413 年）贵州设布政使司，正式建省，而卫所军屯的制度却一直延续下来，屯军们“三分戍守，七分屯种”，对形势的稳定和土司制度的改革，起到了保障的作用。直到明末清初，土司势力大为削弱，“改土归流”的政策逐步实行，卫所军屯制度也就随之瓦解了。不管怎样，这一带保留着许多明代文化特征的屯堡却一直存在着，直到现在。但不可否认，屯堡的文化还融合了清代和现代的文化。一些屯堡人在谈论地戏、唱本以及屯堡服饰等等的时候，也都承认这一点。人们感兴趣的是这些屯堡传承了或大体传承了明代的“老祖宗”带来的或创造的某些文化形态。让我们走近一点，观察一下这些文化形态吧。

神奇古朴的民间艺术

人们对安顺一带屯堡的关注，首先是由其独具特色的民间艺术引起的。这些民间艺术包括地戏、唱书、佛歌、山歌、花灯等，特别是闻名遐迩的地戏，犹如窗口，可以窥视、分析屯堡文化的底蕴，具有历史学、人类学、民俗学、文艺学等多学科的研究价值。

地戏，顾名思义就是当地表演的戏剧。这名称始见于清道光《安平县志》：“元宵遍张鼓乐，灯火爆竹，扮演故事，有龙灯、狮子灯、花灯、地戏之乐。”当地人对它的称呼是“跳神”，现在也改称“地戏”了。清康熙《贵州通志》上有一幅《土人跳鬼图》，画面与现在的地戏相似，可见古人还称它为“跳鬼”。地戏的表演者全部是男性农民，表演时身穿布制长衫，腰间围着绣花战裙，背上扎靠旗，由头上垂下黑纱罩住面部，额上戴木制的各种彩色面具，上插野鸡毛，在一锣一鼓的伴奏下载歌载舞，表现剧情。剧目的内容都是明以前及明、清两代流行的演义小说和民间说唱中曾有的征战故事，如《三国演义》《封神演义》《薛仁贵征东》《薛丁山征西》《杨家将》《说岳全传》等当中的故事十分丰富。地戏分布在以安顺为中心的县、市，据专家对安顺等十个县、市的调查，已发现有三百七十多堂，有屯堡的地方几乎都有地戏，一般的屯堡应只演一个剧目，称一堂戏，大的屯堡也有演两三堂戏的，每堂戏多是连台戏，有的可演半个多月。地戏只在每年春节和稻谷扬花时表演，一般都是在本屯堡表演，屯堡间有时也有交流，年复一年，年年观者如堵，百看不厌，恐怕没有哪一个剧种具有如此倾倒众生的魅力。

地戏的唱腔和舞蹈都有着浓厚的农村生活气息。唱腔高昂，受山歌的影响而非山歌，与当地流行的另一种民间曲调相似。演唱时一人唱众人和，有专家认为这是来自江西的弋阳腔，而安顺一带的屯堡人祖籍江西的又有很多。唱词都是第三人称的叙事体。一些专家认为这是古代由说唱向戏剧演变过程中留下的痕迹，有的屯堡人则认为这是祖先将民间唱本直接移植入地戏的结果。地戏的舞蹈主要是武打动作，同京剧等戏曲一样是程式化的，但又与这些戏曲不同，地戏班子称之为“套路”，有几十种之多，如“刁枪”“抱月”“冲枪”“理三刀”“打背包”“凤点头”“扳野鸡毛”“黄莺展翅”等等，各屯堡的称呼和表演大同小异。表演时，腾跃、出手、步法都展现出雄健有力的特点。作为道具的兵器均为木制，比较短小，屯堡人说这是为了便于小范围内的形体动作，也有人说过去曾用过真刀真枪。

这就要说到地戏面具了，屯堡人称之为“脸子”。面具是地戏的灵魂。没有面具，也就不称其为地戏了。这些面具用坚韧的丁香木或水白杨木雕刻而成，美轮美奂，即使不附丽地戏，也已成为一种享誉中外的民间木雕彩绘艺术了。一堂地戏的面具多则一二百个，少则三四十个，大体以剧中角色多寡而定。面具的种类主要有五种，屯堡人称为“五色相”，即文将、武将、老将、少将、女将。还有道人、小军、土地、麻和尚等杂色面具。“五色相”的面具面部连着戴耳翅的头盔，正面人物显得庄严威武，反面人物显得狞恶凶猛。雕刻有一定规矩，如刻眉毛有“女将一根线，少将一支箭，武将如烈焰”之说，刻嘴唇有“天包地”“地包天”之说。头盔上一般都刻龙纹，李世民头盔上的龙纹有十八条之多，女将则加刻凤纹，传说为“白虎星”下凡的还有加刻虎纹。面部除刻五官外，还加刻蝴蝶、花草、藤蔓等农村常见的东西。据有关资料，在广西发现了宋代面具，在贵州清镇发现了明代面具，它们与地戏面具有相似之处，这为研究地戏的来源提供了依据。地戏面具有专门的雕匠制作，有些雕匠是很出色的民间艺术家。

以上说的只是地戏的表现形态。人们，尤其专家学者最感兴趣的，是它深层次的内涵。如它与傩的关系，就是学术界的一个热门话题，人们对其的看法也并不一致。我认为地戏确实有傩的流变痕迹，至少含有“傩意”。

“傩”，是个假借字，也是个多义字。人们常说的“傩”，是一种驱除疫鬼的仪式，它起源于我国的殷商时期，周代大为盛行，以后历经演变，由傩祭的仪式发展为傩舞和傩戏，大体可分为宫廷傩、民间傩、军傩和寺院傩。至今我国的一些地方还有傩戏流传。宋代是傩戏的形成时期，同时也传入军队，是为军傩。一些专家认为，地戏就属于军傩的系统。傩由傩仪到傩舞、傩戏的演变，也是酬神、娱神的成分逐渐削弱，娱人的成分逐渐增添的过程。屯堡人原来称地戏为“跳神”，这个“神”字是大有讲究的，寻找“傩”的踪迹，就要从此切入。

原来的地戏表演，是在一个大的仪式框架里进行。这仪式有着比较明确的规定程序。主要是祭祀“神灵”，请求他们到人间驱逐邪恶和灾害，带来吉祥和丰收。而面具则是“神”的象征和载体。这一点，恰恰与古代傩祭中的戴假面具驱除疫鬼一脉相承。地戏面具从“开光”（上漆）、“开箱”（表演前将面具从箱内取出）到“封箱”（表演完毕将面具放存箱内），都要举行祭仪，供雄鸡、刀头（切下的大块猪肉），烧香蜡纸钱，由“神头”（即地戏头）念祷词。这样，在屯堡人的意念中，面具就有了“神”气，可以到人间来驱邪纳吉了。演员们穿戴完毕还要到屯堡的庙宇举行“参庙”仪式，正式表演前要举行“扫开场”“设朝”“下四将”的仪式，表演结束后要举行“扫收场”的仪式。现在，这些仪式由于带有迷信色彩，表演时基本上都取消了，而在很多屯堡人心里，驱邪纳吉的精神积淀是难以消除的，他们看地戏不是单纯为了娱乐，而是伴随着深深的祈愿，或许正因为如此，他们一整年都能保持愉悦舒畅的心情。我想，这就是他们对地戏百看不厌的缘故了。

多数专家认为，地戏是由明代的屯军和移民从江南一带带进贵州的。明嘉靖年间修的《贵州通志》有记载："除夕逐除俗，于是具牲礼，扎草船，列纸马，陈火炬，家长督之，遍各房室驱呼怒吼，如斥遣状，谓之逐鬼，即古傩意也。"这说明了明中末期之前，贵州已有具"古傩意"的仪式。清康熙《贵州通志》载："土人所在多有之，盖历代之移民，在广顺、新添、新贵者，与军民相通婚姻，岁时礼节皆同……步首则迎山魈，逐村屯以为傩，男子妆饰如社火，击鼓以唱神歌，所至之家皆饮食之。""土人"是指屯军的眷属亲戚，是屯堡人的一部分祖先。傩既然主要在"土人"中表演，那么它完全可能是"上人"从其故上带来的，这与屯堡人的说法是一致的。地戏的形成是个较长的过程，可能经历了明、清两代，而其形成又与明初屯军的练武有关。明永乐元年，镇远侯顾成就曾上奏，请求训练金筑等司的士兵。许多屯堡老人都认同这种"练武说"。

唱书，是一些屯堡中老年男性的一种娱乐方式，偶尔也有女性参加。唱书通常在夜间进行，中老年男性聚集一室，由一位识字的人手持唱本，用一种既不同于地戏也不同于山歌的富有抑扬顿挫韵味的腔调唱出。这些唱本的内容都是流传甚久的历史演义故事和民间故事。历史演义故事与地戏的剧本有很多相似之处，但题材要广泛得多，如《白蟒台》《关公困土山》等故事就是地戏剧本所没有的，还有民间传说的爱情故事，如《白蛇传》《柳荫记》《彩楼记》《水打蓝桥》等，更是地戏剧本所没有的了。有些屯堡人还刻印唱本和地戏剧本，以及有关占卜堪舆、民俗活动内容的本子。我们在安顺城镇，甚至在贵阳街头，会发现一些地摊上摆有纸质粗糙、字迹却清晰的油印本，那就是这些屯堡出品的了。

可别小看这些刻印者，他们是屯堡的文化人，对屯堡文化的传承有很大功劳。关于唱本与地戏本子的关系，比较复杂，我在安顺双堡曾听几位老人说，明洪武年间老祖宗来到这里，见周围的少数民族会唱歌跳舞，老祖宗觉得屯垦的生活很枯燥，常常想家，所以就将从家乡带来的唱本改编成地戏来演。这说法有些道理。我国的戏剧，就是由民间说唱演变而成。一些演义小说的胚胎，也发育于民间话本。说书在我国汉族地区源远流长，也有只唱不说或连说带唱的，屯堡的唱书属于只唱不说一类。他们唱书一是为了娱乐消遣，二是为了劝人向善。

唱佛歌（或唱佛调），则在屯堡女性中盛行。屯堡女性多信佛，唱佛歌不仅是一种礼佛活动，现在还成了一种娱乐活动。在相传为“菩萨”诞辰或“得道”的日子，妇女们（主要是中老年妇女）要去“朝山”。她们穿戴一新，肩挎内装雨伞、食品、香烛之类的布袋，三三两两地邀约上路，到远近的寺庙去烧香化纸拜佛，并唱佛歌。唱佛歌一般是集体活动，朝山时常在焚化纸钱的大铁炉前进行，妇女们全靠记忆齐声合唱，唱腔悠扬婉转，很为动听，与男子唱书的腔调不同，更与地戏的腔调大异。至于佛歌的内容，则很有趣且值得研究，那同“佛”或“佛经”简直没有关系，而与唱书的唱本内容大抵相同，多为两汉、三国、唐宋的故事。也有别的内容，如“四季歌”之类的民间小调。唱完一个小段，要加上一句“佛呵，南无阿弥陀佛”。这种“佛歌”可能是敦煌石窟中发现的唐代变文的演变形式，同时也可能是宝卷这一文学形式的流变产物。变文和宝卷都是说唱文学，有佛经故事和非佛经故事两类，宝卷中的非佛经故事，就有《梁山伯宝卷》《白蛇宝卷》《岳飞宝卷》等。这种古老的说唱艺术在屯堡地区竟还有踪迹可寻，实在难得。妇女们唱佛歌时，听不懂屯堡腔的人，会以为她们真的在念经。唱佛歌的场合不限于朝山，有些仪式举行的时候（如演地戏前的“开箱”仪式），偶尔也会请一些妇女手持香火，唱较为简短的佛歌。现在，唱佛歌的娱人成分更大大增强了，屯堡妇女坐在寺庙的山门前休息，或者在场坝上亲戚朋友处歇脚的时候，也唱佛歌。

唱山歌，是在屯堡地区中与“神”或“佛”无直接关系的民间艺术活动，青年男女最为喜欢。唱山歌在贵州农村普遍流行，而屯堡地区的山歌却有其独特的风味。山歌在屯堡地区流行的历史相当久。清康熙《贵州通志》就说土人“种植时田歌相对，哀怨殊可听”。

不过，后来唱山歌已不限于种植的时候，逢庙会也唱，甚至到茶馆唱，到大街上唱。现在在安顺一带和贵阳的茶馆里，常会听到高亢嘹亮、节奏明快的男女山歌对唱，或是山歌对唱的录音，那基本上都是屯堡人唱的。他们唱的山歌一般都是即兴创作，“见子打子”，即所谓“农歌无本，全靠嘴狠”。敢于在人前对歌的都是能手，他们嗓音嘹亮，才思敏捷，伶牙俐齿。山歌的内容与地戏、唱本、佛歌的内容完全不同，没有什么故事情节，除谈情说爱之外，还涉及天文地理、生活生产、山川风物等内容。山歌的字句不要求一定整齐，却要尽量押韵。一位屯堡老人用山歌的形式向我做过介绍：“莫说农歌没意思，其中含意有价值，短短文章八个字，唱尽古今千家诗。”“莫说农歌价值低，其中含意甚稀事，其中含意无所比，香似桂花甜似蜜。”他还说山歌越唱变化越多，内容变，句子变，腔调也变，除了四言八句，还有飘带歌、滚带歌、盘歌、排歌、结巴歌等多种形式。我特地向一位女山歌手请教，她耐心地逐一为我演唱，其中的“结巴歌”最为有趣。如女的唱：“哥在山前山后山左山右左坡右坡南坡北坡上坡下坡栽葡萄，妹在楼前楼后左楼右楼上楼下楼转角楼上绣荷包，哥栽葡萄大大小小酸酸甜甜苦苦辣辣长吊长吊大个大个来送妹，妹跟你绣个丁丁拐拐拐拐丁丁须须甩甩甩甩须须鱼跳龙门凤穿牡丹八仙过海的花荷包。”男的则回唱：“哥在山前山后山左山右左坡右坡南坡北坡上坡下坡栽葡萄，妹在楼前楼后左楼右楼上楼下楼转角楼上绣荷包，哥栽葡萄牵丝挂网挂网牵丝密密麻麻麻麻密密给妹吃，妹送哥一个红红绿绿须须甩甩甩甩须须丁丁拐拐拐拐丁丁鱼跳龙门犀牛望月喜鹊登梅鹭鸶闹莲野鹿衔花猴子盘儿的花荷包。”这种歌是很考人的，一旦对答不上，在对手面前就输了。从对唱山歌的活动中，我们可以看到屯堡人文化心态的另一面，那就是活泼生命的自由宣泄。

跳花灯，在屯堡地区也很流行。花灯在云南、广西（称彩调）、贵州、四川、湖南都有，是群众喜爱的古老的民间艺术，并非屯堡地区独有，屯堡地区的花灯就属于贵州的西路花灯。屯堡人中有“地戏是屯军带来，花灯是老百姓带来”的说法，这种说法不一定准确，但由此可见花灯在屯堡地区流行的时间不短。春节期间，有些屯堡村寨既演地戏又跳花灯，有的地戏班子的头子就是花灯班子的头子，但有一条规矩，白天只能演地戏，不能跳花灯，花灯只能在夜间跳，因为他们认为花灯尽是打情骂俏的内容，见不得天日的。有的屯堡村寨则只演地戏，不跳花灯，认为花灯不属于屯堡的玩意儿。有的屯堡村寨则又只跳花灯不演地戏，他们认为当地的“风水不好”，不能演地戏，或当地住的不是纯粹的屯堡人。这些说法不一定对，但这些现象是存在的。

屯堡的刺绣也很有特色，见于被面、枕套、帐檐、服装花边、鞋面、围腰、背扇、帽子等，地戏表演者身着的战裙、背靠和腰带上所系饰物，也常能见到精美的刺绣。这些刺绣中的一些图案比较古老，但很有讲究。

光怪陆离的民俗信仰

屯堡人的民俗信仰很杂，除了坚决抵制天主教和基督教，屯堡人可说是多神论者，有人认为这是受古代“巫”的影响。

在屯堡人家，堂屋正中几乎都贴有红纸“神榜”，中间一般都写“天地国亲师位”，两旁所列的“神讳”则有详有简，但释、道、儒、巫齐备，如来佛祖、玉皇大帝、大成至圣、五显华光等神灵和平共处，一同受到奉祀。其实，这些“神灵”在屯堡人心中并非完全不可侵犯，我就在一户人家的“神榜”上发现了“英国观音”“美国观音”“日本观音”等名讳，可见当代一些屯堡人在写“神榜”时是不拘一格，带有随意性的。在屯堡，供“神榜”的现象较其他汉族村寨普遍。

屯堡的庙宇也特别多，大的屯堡有几处，除了佛寺，关帝庙、五显庙、汪公庙比较多。这些庙宇历经数次圮废与重修，尽管禁令频出，但重修活动仍屡禁不止。一些庙宇虽以某位“神灵”命名，供奉的却还有其他神灵，如汪公庙就还供奉佛祖和观世音菩萨。名山有名刹，如安顺云山屯的云鹫山上就有始建于清初的佛寺，平坝的天台山也有这样的佛寺，其梁柱上刻有明代的确切纪年。“五显”在历史上具体是哪位神祇，人们并不十分清楚，有时候将其同佛教的华光如来相提并论，有时又与“五通”凶神混为一谈，屯堡人弄不清这些，因此他们统称为“五显华光”。古代江南一带供奉“五显”的较多，与“五显”相关的传说也较多，这位面目模糊的“神灵”，有可能是当年的屯军和移民从江南带到贵州来的。可以确认为他们带来的是“汪公”。此公原来是人不是神，据考证，他是安徽歙州人，生于公元586年农历正月十八日（一说二月二十八日），卒于公元649年。隋时在歙州为官，隋末在群雄角逐中曾在本郡称吴王十余年，境内平安，深受百姓爱戴。后降唐，被唐高祖封为歙州总管、上柱国、越国公。贞观二年（628年）唐太宗还授予其左卫白渠府统军事，参掌禁军。贞观十七年（643年）改封他为忠武将军，行右积福府折冲都尉。唐太宗征辽时，任命他为九宫留守。后来他病逝长安，被追封为徽州府越国公忠烈汪王，归葬歙州后，父老乡亲便请求建立祠堂以供奉祭祀他。据传以后他屡显“灵应”，北宋大文人苏辙在歙州做官时曾写《致祭灵惠汪王文》，对他的“庇佑”称颂备至。宋乾道四年（1168年）朝廷还追封他为“信顺显灵英济广惠王”。据明嘉靖的《徽州府志》载，徽州当地较大的汪公庙就有二十六所。“汪公信仰”进入贵州，显然与明初安徽籍的屯军和移民直接相关。清咸丰《安顺府志》载:“汪公庙在城内青龙山上，祀唐越国公汪华。又各屯等寨皆有。按汪公保障泸安，故有凤阳来者，享祀不衰。”青龙山是我少年时常去玩耍的地方，只有庙的废墟了，而在一些屯堡地区，至今还保留着汪公庙。

庙宇多，庙会也就多。相传屯堡有观音会、关刀会、雷神会、牛王会、马王会、秧苗会、三元会、蟠桃会等。至今有的已衰微，有的还很兴盛，如观音会一年就有三次，如前所述，遇有大的庙会很多妇女就要去“朝山”，青年男女则要趁此机会去玩耍，看热闹。精力旺盛的妇女甚至不辞劳苦，跋山涉水去远处“朝山”，连贵阳黔灵山的弘福寺、东山的仙人洞她们也都去过。庙会实际上已经不是单纯的“礼佛”“拜神”活动了，而是与旅游、娱乐和集市贸易融为一体了。

屯堡旧时还有“迎菩萨”的活动，所迎的“菩萨”也很杂，据《安顺府志》的记载，有东岳、关圣、华光、城隍、大王、杨泗将军等“菩萨”。现在，这些活动大多已被取消，只有安顺东面的屯堡的“迎汪公”活动久盛不衰。其中，又以吉昌屯的活动最为隆重。该村立有汪公庙，供有红面长须、身穿官袍的汪公木雕像。相传每年农历正月十八是汪公诞辰，屯堡村民从正月十七凌晨就要为神像举行沐浴、上袍等仪式，然后将其抬入木轿中端坐，天明后由德高望重的老者扶持，轿前有仪仗队鸣锣开道，轿后跟随高妆彩车、莲船、地戏队，一同巡游全村。村中每户人家都要设置香案并摆放供品，同时燃放鞭炮以示迎送。巡游完毕，人们将轿抬回庙内，扶神像归位，并举行祭奠和读祝文等仪式。祝文除对汪公歌功颂德外，还充分表达了人们祈求祛灾纳吉、庄稼丰收的殷切希望。在这个活动中，神灵崇拜和祖先崇拜是混在一起的。是日，四乡和城里人都赶来观看，演地戏、唱山歌等活动也同时展开，热闹极了。据专家考证，此项活动源于安徽。明嘉靖《徽州府志》载："二月二十八日，歙休之民舆汪越国之像而游，云以诞口为上寿。设俳优、狄鞮、胡舞、假面之戏。飞纤垂髾，偏诸革鞜。仪卫前导，旗旄成行，震于乡井，以为奇隽。"[①]这与百年后安顺屯堡的"迎汪公"活动，何其相似。

屯堡人的民俗信仰还表现于日常生活的诸多方面，如婚丧大事、养儿育女、架房立屋、上坟祭扫等等，规矩和禁忌甚多。如婚娶就有说亲、纳采、迎亲、回车马、过晒席、拜堂、撒帐等烦琐的仪式，养育子女有吃满月酒、剃头酒以及逢生日的"割尾巴"酒等活动。旧历年初一不能扫地，不能动针线，不能泼水等。几乎在人一生中的每个重要环节，他们都要用仪式来包装，由此可见其对生命的重视。当然，是否举行这些仪式要由家庭的经济状况来决定，也同人的观念变化有关。

屯堡的民俗信仰植根于历史传统的长河，发轫于对大自然变化现象的不能理解。趋吉避凶是人的本能使然，先民们总是祈求福祉的永恒，灾祸的祛除，而这却非人力所能左右，于是人们便相信，有神佛、命运等超自然力量在冥冥之中主宰着一切。这种观念逐渐渗透到礼节、仪式、禁忌等多种形式之中，使形式本身变得尤为重要。这种传统被一代一代人因袭和恪守，形成了一种复杂而神秘的生活网络和氛围。这当中，必然含有许多封建性的糟粕。随着科学的普及，观念的更新，政策的指引，这一切已经或正在发生变化，安顺的屯堡也正处于这变化之中。如庙会中的娱人成分增多，生活中许多烦琐的仪式、禁忌逐渐淡化和消失等等。

---

① 见《徽州府志》卷二，明嘉靖四十五年刊本。

古风犹存的生存方式

安顺一带屯堡人的生存方式也颇耐人寻味，他们的居住环境、语言服饰、日常生活习惯，都具有明、清两代尤其是明代的某些特征。

这些屯堡一般都在交通比较方便的坝子里，四周青山环绕，绿水萦绕，风光秀丽，颇有江南山乡的雅致。屯堡的规模都比较大，少则近百户，多则近千户。一些屯堡居民的姓氏、籍贯比较混杂，并非完全按照家族聚居，这显示出不同时期移民的特点。较大的屯堡有石砌的寨墙和门洞（或门楼）。由于这一带多岩山，民居除了采用木构架外，其他部分全由石头建成，院墙砌的是石块，院落铺的和房顶盖的是石板。那房顶的石板错落交垒，时间久了显露苔痕，犹如蜡染上最美的冰裂纹，屯堡人称之为“罗汉衣”。民居虽自成门户，但布局相当密集，远远看去，那一片片石板房洁白如雪，与周围的青山绿水相映成趣，煞是好看。一些民居颇具江南四合院的特点，有正房、厢房、朝门，有的院内还有水井。富裕的人家在木制窗棂上雕有象征吉祥如意的花纹，朝门有雕花垂柱。屯堡内的布局有如市井，有街、巷、庙宇和祠堂，有的庙宇内还有戏台。最大的屯堡九溪就有五个寨门、三个街区（每个街区又有若干小巷）、三处庙宇。有些建筑为明、清遗址，以云山屯、九溪最多，而建筑最精美的当数云鹫山下的本寨，外国朋友曾称之为中国典型的古城堡。

这些屯堡人虽使用汉语，但语音却很特别，与安顺城内和其他汉族村寨不同，多卷舌音，带有明显的北方语音痕迹。儿时我的伙伴们喜欢地戏中的角色“小军”，常模仿他的腔调：“小军报到，元帅得知，肚皮饿了，拿饭来吃。”其中的“得”为阴平声，不是其他安顺人说的阳平声；“吃”读若“痴”，其他安顺人说的是“池”。屯堡语言还多“儿”音，如说“昨儿天”“今儿天”“明儿天”等，同北京人说“昨儿”“今儿”“明儿”相差无几。当问起缘故时，屯堡人会说，他们是“离乡不离腔”。奇怪的是，屯堡人的祖先多来自江南一带，却难以发现江南一带的语音。

服饰是屯堡人的鲜明特征。尤其是妇女，身穿右衽布制大袖长袍，领和袍袖边沿均镶有彩色丝线绣成或织成的花边，腰系真丝黑色宽带，前有围腰，人们称为

“屯堡服”。她们中已婚的妇女头发后挽成髻，插有银制或玉制的长簪，头上围一圈包帕，老年的为黑色，青年的为白色；未婚的姑娘则梳长辫，不挽髻。据《安顺府志》载，旧时“妇女以银索绾发分三绺，长簪大环皆凤阳汉装也”，这种发式称为“凤头笄”，看来现在已发生一些变化。她们的脚上常穿尖头布鞋，多是绣了花的。这种服饰虽历经演变，仍具有某些明代特点，在全国是罕见的。

在屯堡中还有一个奇特的现象，即妇女在生产生活中的作用很突出。清康熙《贵州通志》说到土人，也即明代移民时说“男子间贸易，妇人力耕作”，此风延续至今。人称屯堡妇女为“大脚妹”或“大脚”，她们是从不缠足的。屯堡人说，明太祖朱元璋的皇后马娘娘就是大脚，“露马脚”的典故就出自这位马娘娘身上。是否明初安徽一带的农村妇女就不缠足呢？这尚有待稽考。反正在屯堡中，妇女在进入老年之前，都是家庭的主要劳动力，田土里的轻重活儿她们都能干。在城镇中，担粪经常能看到屯堡妇女的身影，这些粪桶就有一百七八十斤，但她们走起路来却步履矫健。而一些家务活路，如带娃娃、煮猪食、盘菜园、舂煤、盖火之类，倒多由男人承担。这可能有一个原因，就是“男子间贸易”。清道光《安平县志》也说，屯堡“男子善贸易”。即是说，他们很会经商做生意，能工巧匠也不少，这在安顺是有名的。其实，屯堡妇女在贸易方面也不示弱，不过搞的都是小贸易。在安顺城镇，乃至贵阳市区，常能见到屯堡妇女挑着箩筐，兜售炒熟的南瓜子、葵花子和花生之类，夜晚她们则在收费最低的小店住宿，自己煮饭吃，很能吃苦耐劳、节俭能干。总之，比起别的村寨的汉族妇女，屯堡妇女显得泼辣得多，勇敢得多，开放得多。在屯堡生活的许多方面，都可以看到女性精神的张扬。

屯堡人很好客，特别在生活逐渐富裕的今天，有客人必以酒食款待。酒是自烤的糯米酒，俗称“乒当酒”，意思是酒醇而度数不高，人会不由自主地喝得很多，一出门就醉倒在地上。菜肴也十分丰盛，过去安顺城内的美食是很有名的，这些美食在屯堡同样可见，并且还独具特色。比如辣子鸡烧豆腐，即便不是设宴之时，这道菜也是屯堡人家餐桌上的必备家常菜。一锅油汪汪的鲜红鸡汤中浸泡着雪白鲜嫩的豆腐，一上桌就使人食欲大开。最有趣的是客人身后常悄悄站着一位妇女，手拿装了米饭的木瓢，客人才吃下半碗饭，她就麻利而准确地将瓢扣在你的碗上。她们不劝酒，却劝饭。

安顺一带的屯堡文化包含的内容甚广，我写的只是东鳞西爪。倘若能对贵州的文化开发起点作用，则感幸甚！

安顺屯堡人主体由来新探

陈训明

自20世纪80年代初以来，极富特色的贵州安顺屯堡人及其地戏成了海内外学者和新闻媒体关注的热门话题，对于旅游观光者也产生了很大的吸引力。关于安顺屯堡人主体的来源，似乎早已形成定论。其基本观点是：一、安顺屯堡始建于明代初年，屯堡人的祖先主要是洪武年间“调北征南”而来的军户。二、这些军户大都来自凤阳和南京。他们的后裔至今保持着明代江南人的服饰和风俗，因而安顺屯堡人的别称“老汉人”是合理的。

对于第一点，我赞同一半；对于第二点，则完全反对。

我所赞同的第一点中的一半，是指安顺“屯堡人的祖先主要是洪武年间‘调北征南’而来的军户”；至于说“安顺屯堡始建于明代初年”，则未免有悖史实，因为至迟在元代，今安顺及其周边地区已建屯堡，屯驻军队。论者每举洪武十五年（1382）明太祖朱元璋谕令征南将军颍川侯傅友德在普定等地戍兵屯田作为安顺设置屯堡之开端，不知为什么竟忽略了该谕令中“考元时所留兵数”这几个至关重要的字。[①] 须知，这些文字表明，元朝统治者就曾于这些地方留兵屯守。傅友德等人当时无暇查阅典籍，回奏说“兵数无从稽考”[②]。而我们从《元史》中得知，在这之前六十余年，元朝当局便在安顺及其周边地区驻兵屯田，连第一批屯兵的人数和来由也非常清楚：“壬午，立普定路屯田，分乌撒、乌蒙屯田卒二千赴之。”[③] 乌撒与乌蒙系指今贵州威宁与云南昭通。当时在此两地屯驻的既有白族、维吾尔族人和汉人军户，

① 贵州民族研究所编《〈明实录〉贵州资料辑录》，贵州人民出版社，1983，第29页。

② 贵州民族研究所编《〈明实录〉贵州资料辑录》，贵州人民出版社，1983，第29页。

③ 齐豫生、夏于全主编《二十五史（全十二卷）》（第十卷），吉林摄影出版社，2002，第326页。

自然也有不少蒙古人。"而在这之前，普定即已成立军民总管府，就是说早就驻有大军，其中包括元初征讨罗氏鬼国的军队：蒙古军六千，哈喇章军六千，雅尔哈张万家努军万人，以及后来补调的蒙古军万人。这数万人虽不会完全驻在普定，但以其地之重要，留驻者必不在少数。"①

由此可见，早在元代，安顺便设立了屯堡，屯驻了成千上万的军队。而这些以蒙古人为官长、以北方游牧民族为主体的军人，不可能不与当地彝、苗、仡佬等民族婚配，繁育后代，不可能不在带来北方游牧风俗习惯影响的同时，又接受当地农耕文化的影响，从而为独特的安顺屯堡文化的形成和发展奠定基础。因此，我认为，蒙古屯军及其在安顺本地的配偶，即是部分安顺屯堡人在这片土地上的始祖。

应当说，这里所说的"部分"份额不大，远不足以构成主体。安顺屯堡人主体的祖先，如上所述，我同意目前流行的说法：是洪武年间调北征南而来的军户。至于这些军户来自何方这一问题，乃是本文探讨的重点。

我之所以反对屯堡人主体来自凤阳、南京等说法，反对"老汉人"这一似是而非的称呼，系基于以下的理由。

其一，屯堡妇女特殊的发式和服饰表明，他们的祖先不是来自凤阳、南京等地的"老汉人"，而是北方游牧民族。

说安顺屯堡人祖籍安徽凤阳的论据之一，是民国《平坝县志》中的一段话：

> 明祖以安徽凤阳起兵，凤阳人从军者特多，此项屯军遂为凤阳籍。又此种妇女头上束发作凤阳妆，绾一笄，故又呼之为凤阳头笄，决非苗夷之类也。②

这段话中的"凤阳头笄"明显是对《黔南职方纪略》等书中的"凤头鸡"和

① 陈训明：《安顺屯堡与蒙古屯军》，《贵州民族学院学报（社会科学版）》1992 年第 1 期。

② 翁家烈：《屯堡人调研报告——宁谷镇"堡子"调查》，载贵州省民族事务委员会、贵州省民族研究所编《贵州"六山六水"民族调查资料选编·仡佬族、屯堡人卷》，贵州民族出版社，2008，第 214 页。

“凤头笄”等称呼的曲解。

“笄”本谓妇女插在头发上的簪子，屯堡妇女婚前梳辫，婚后束发插簪。“凤头笄”是说她们插上簪子的发式像凤头一样。凤头者，头上一撮毛突起之谓也。鸽子头上突起的一撮毛就称为“凤头”，而乌骨鸡因头上有一撮毛而被叫作“凤头鸡”。显然，“凤头鸡”是因屯堡妇女的特殊发式而对这整个群体不分男女老幼的谑称。不用说，“凤头苗”一名亦由此而来。而这里的“苗”字非专指苗族，而是原指西南少数民族。至于说安顺屯堡已婚妇女的发式是“凤阳妆”，我认为也缺乏根据。

屯堡人主体的祖先是洪武年间来的，距今已有六百余年。在这六百余年中，安顺屯堡与凤阳风俗服饰的变化快慢不同，大小各异，拿当今两地妇女完全不一样的发式进行对比显然说明不了什么问题。但是如果将安顺屯堡妇女的发式和服饰作为“活化石”与明代江南妇女的发式和服饰进行比较，或许能够说明一些问题。

据上海市戏曲学校中国服装史研究组编的《中国历代服饰》，明代妇女未出嫁前俱挽三小髻，髻上插首饰，结婚后改为成年妇女髻式，但是并不将前额头发扯光，也不在头上包帕、系巾。① 而据我实地考察，安顺屯堡妇女婚前蓄辫，婚后不仅挽发插簪，而且还要将前额至头顶的头发扯净，并将白帕或布条系于前额。二者的差异极其明显。至于服饰，安顺屯堡妇女与明代江南汉族更无共同之处：前者穿大襟长袍，系又粗又长的腰带；后者不穿长袍而穿上衣下裙，且衣为对襟，系裙之带细薄。至于缠足陋习，汉族传统既久，规矩亦严，至清王朝覆灭，才逐渐废止，而屯堡妇女不分贫富，始终不缠足，并因此而被周边汉人歧视性地称之为“大脚妹”。管见所及，倘若真为明代迁徙云贵的江南“老汉人”，他们对于缠足这一传统必定认真保持，并以此显示其不同于周围少数民族的“优越性”。直到 21 世纪初，云南省玉溪市通海县六一村仍有一个“中国最后的小脚部落”，生活着三百多位缠足的老太太。据说他们的祖先是洪武年间随沐英来到云南，分驻此间的。②

我在论及屯堡人服饰时，之所以只谈女性而不及男性，是因为服饰的变化大致

① 上海市戏曲学校中国服装史研究组编《中国历代服饰》，学林出版社，1984，第 244 页。

② 杨杨：《中国最后的小脚部落》，《新西部》2003 年第 3 期。

遵循这样一种规律：在比较开放的社会中，女性服饰比男性服饰更趋时髦，变化也更快。而在比较封闭的环境中，情况刚好倒过来：男子由于经常在外活动，为了与外部世界保持和谐，服饰每每做相应的变动；而女子因为活动范围受限制，承受的清规戒律多，故服饰比较稳定，受外界影响较小。这一规律也适用于屯堡人。远者不论，由清而民国而中华人民共和国，男性的服饰都随时代发生了几次巨大的变化，而女性的服饰虽说不可能不留下外部影响的印迹，但其长袍大袖青丝带的服装，对于紫、白、皂、青等色布料的偏爱，婚前梳辫、婚后扯发梳髻的规矩，冬天喜用帕子将双颊掩得严严实实以御寒的习惯，对于佩戴玉镯、玉簪等首饰的喜好，等等，都没有被时代的潮流所冲掉。

屯堡人的上述服饰特征，显然更像北方游牧民族，因为妇女穿长袍、系粗大的腰带，以及婚前梳辫、婚后盘发等，乃是蒙古族、达斡尔族等北方游牧民族的共同特征。而妇女不缠足这一现象，更为南北方少数民族所共有，只能表明他们的祖先不是"老汉人"。

其二，屯堡人特殊的语音和词汇表明，其主体不是源于安徽和江浙，而是来自北方。

凡是到过安顺屯堡地区或者仅仅与屯堡人交谈过的人，都会对他们强烈的卷舌音、儿化音乃至颤音留下深刻的印象。这些突出的北方话特点，都是凤阳、南京等江南地区口音所不具有的。屯堡人的一些特有词汇更是包括江南在内的整个南方地区所没有。比如著名的"得儿"（男阴）一词，在南方任何一个地区的方言俗语中都查不到，却见于《北京土话辞典》。①

行文至此，不觉想起明代著名旅行家徐霞客。崇祯十一年（1638），徐氏在经贵州去云南的路上刚好走过今安顺平坝、镇宁地区的屯堡地区。他是江苏江阳人，又到过安徽、浙江、江西等地，倘若此地屯堡居民穿的真是凤阳、南京或江南其他地区的服饰，说话带有凤阳、南京等江南口音，他一定会产生他乡遇故知的惊

---

① 徐世荣编《北京土语辞典》，北京出版社，1990，第100页。

喜感与亲切感，并且将此写进他的文字之中。可是《徐霞客游记》中凡写到屯堡人，均称为苗，只不过有时强调是“熟苗”而已。如谓平坝以西某堡之人为“苗人熟者”，表示这些人是在某种程度上接受了汉俗的少数民族，但又与土著少数民族不一样。

其三，屯堡人最具特色的食品表明，他们的先人不是来自江南，而是来自北方。这最具特色的食品是什么呢？是糕粑。这糕粑与江南的糕大不一样。江南的糕是用大米、大麦和大豆等磨粉蒸制，非常松软；屯堡人的糕粑则是用不带黏性的普通大米与略带黏性的晚米（即粳米）混合磨粉蒸熟，打成大块晾干，临吃时切片，或烤软蘸豆面和糖吃，或油炸食用。

屯堡人的这种糕粑与周围各地各族用糯米打的糍粑和用晚米打的饵块都不一样，显得十分特别。其相似者，只能在遥远东北的满族中看到。

《奉天通志》云：

> （满人跳神时）供祭者，猪肉及飞石黑阿峰。飞石黑阿峰者，粘谷米糕也，色黄如玉，质腻，糁（掺）以豆粉，蘸以蜜……磨粉作糕，糕有几种，皆略用油煎，必极其洁净。[①]

其四，安顺“迎汪公”的风俗在凤阳、南京等江南各地的历史和现实中都找不到根据，却能在北方少数民族那里获得合理的解释。

为了说明问题，请允许我引述常恩《安顺府志》中的论述：

> 安顺、普定，正月十七日，五官屯迎汪公至浪风桥。十八夜，放烟火架。狗场屯、鸡场屯共迎汪公，亦于十七日，备执事、旗帜，吹鼓喧阗，迎至杉树林，观者如堵。汪公庙，二场屯中皆有。如本年自狗场屯迎至鸡场屯庙中供奉，

① 《奉天通志》卷九十八，民国二十三年排印本。

次年自鸡场屯迎至狗场屯庙中祈祷。各乡多择宽平之处，鸣锣击鼓、跳舞歌唱为乐。[①]

据沈福馨先生考察，直到今天，每到正月十六（据说是汪公的生日），鸡场屯、五官屯、西屯等村寨仍常常举行“抬菩萨”的活动，将汪公的雕像从庙里请出来，用轿子抬着在村里游行，而地戏在这一天也特别活跃。可是，这汪公到底是何方神圣，不唯当地人说不清楚，考察者也弄不明白。[②]

对于这个难题，乌丙安关于蒙古萨满的论述为我们提供了启迪。他认为萨满们的请精灵歌中将原始信仰中的精灵“翁衮”与随李世民征东的运粮官王金和混淆在一起，把北方民族的精灵崇拜附和到汉族的历史演义传奇中去了。[③]

经这一混淆，古怪的“翁衮”就变成了人人理解的“王公”，再由“王公”变成“汪公”就非常自然了。

在蒙古语中，翁衮（一作“翁滚”）有神灵之意，系指祖先的灵魂及其体现的偶像。这些偶像五花八门，可以用木、皮、毛、毡、金属乃至布料来制作。他们男女有别，职业各异（如牧人与工匠），起初具有图腾性质，表现为狼、熊等形象，秘藏于圣林或圣洞之中，不准妇女接近。而专门的女性翁衮形体甚小，每每装在盒子或袋子里，挂在帐篷里的火灶门口，或者住宅与粮仓墙壁上。人们经常向翁衮奉献供品，祈求他们保佑，必要时甚至用牲畜和奴隶来祭祀。[④]

据此，我认为，屯堡人之迎汪公，即是由包括蒙古人在内的北方民族祭祀翁衮（祖神）的仪式演变而来，从一个侧面透露出屯堡人的真实来由。

其五，与迎汪公有关，屯堡地戏在其形成过程中虽然可能接受过南北傩戏的影

---

① 贵州省文史研究馆古籍整理委员会编《贵州通志·舆地志·风土志》，贵州大学出版社，2010，第 376 页。

② 沈福馨：《安顺地戏》，贵州人民出版社，1989，第 31—32 页。

③ 乌丙安：《神秘的萨满世界——中国原始文化根基》，生活·读书·新知三联书店，1989，第 148 页。

④ 托卡列夫主编《世界神话百科辞典 下册》，苏联百科全书出版社，1988，第 255—256 页。

响，但它主要是源于北方萨满的跳神。

“地戏”一名始见于道光《安平县志》，范增如推测此名是“对举于‘台戏’的称呼”，很有见地。而屯堡地区民众历来称之为“跳神”。[①] 胡维汉认为“跳神”之说在安顺民间影响深远，有必要弄明白它的真正内涵和外延。[②]

对于地戏何以叫作“跳神”的问题，有论者认为“跳”是强调演出动作的跳斗特点（颇类如今安顺依然盛行的斗鸡）；而“神”则是指演出者额顶面具装扮神像，同时又表示对神的敬畏。我觉得这种解释虽然不无道理，但却未能抓住本质。

须知，“跳神”作为一种特殊的巫术或宗教形式，早已存在于中国南北许多地区、许多民族中。比如喇嘛教的跳布札又叫跳神，民间的巫婆和端公作法也叫跳神。由于屯堡人跳神（演地戏）时既要举行种种仪式，又有戴面具、念唱跳跃且以锣鼓伴奏等许多讲究，因而上述几种跳神都不一样。

由于时代发展，风俗变化，跳神（演地戏）与迎“汪公”（翁衮）似乎成了不相干的两件事。其实在以前，屯堡人的迎汪公活动本身就是一种萨满跳神形式。前引常恩《安顺府志》关于安顺普定迎汪公活动的记述中，就说此时要“择宽平之处，鸣锣击鼓，跳舞唱歌为乐”。可见，当今的地戏即是由迎汪公这一萨满跳神仪式演变而来。为了便于说明问题，这儿再引民国《平坝县志》中的两段文字，因为它们对于研究屯堡人的风俗和地戏极为重要，而当今的学者们似乎又未予以足够的重视。

自初八日县城迎傩神起，至二十日前后南乡迎关帝止，此十许日中，如羊场河、大小王下、林下、界首、尹官新寨，各有所迎之神（神或有名或无名，无名者泛称某公。以意推想，所谓某公，必当日开辟之初，捍卫一方有功德之人物）。沿途旗帜鼓乐，铁炮、纸炮，供鸡牲，行跪拜，远近男女观者如堵（各

① 范增如：《安顺地戏释名及其他几个问题的探讨》，载沈福馨、帅学剑等编《安顺地戏论文集》，文化艺术出版社，1990，第1页。

② 胡维汉：《安顺地戏论文集·后记》，载沈福馨、帅学剑等编《安顺地戏论文集》，文化艺术出版社，1990，第153页。

地迎神皆筹有不动产之底金，惟沿途人家之鸡牲、烛炮，则自备）。此十许日中，城乡各地跳神（跳法：每组以数人击鼓锣，数人扮演《封神》或《三国》中等类人物，戴面具，执戈矛，作不规则之唱跳，近戏剧。每剧呼一堂，接神人家以堂数计，每堂酬些微金钱。扮者多为乡人，亦含有迷信中之游戏意味，并非谋利）。[①]

我认为文中的“某公”即是指“汪公”，亦即王公（随李世民征东的运粮官王金和）和北方民族祭祀的祖神翁衮及其变体。至于当今西屯人送给这汪公的“大唐敕封越国公忠烈汪公”的头衔，“生逢自德，长至新安，金陵创业，徽扬为官”的经历，都是由“凤阳—安徽—南京—江南籍”这一“情结”而编造的故事，不足为信。

说地戏主要源于萨满跳神的理由，除了上述者外，还可以举出以下一些。

地戏服饰简单，上半身不作任何装饰，但战裙却必不可少。有的学者将此解释为是为适应武打动作的需要[②]，我认为这难以令人信服。因为上半身穿上戏装也丝毫不影响武打动作，京剧即是极好的证明。这战裙即是对于萨满神裙的承袭。我们知道，蒙古族和达斡尔族萨满最具代表性也最不可缺少的服饰就是神裙。作法时只消在通常的服装之外穿上这种神裙就行。萨满对于法具箱神圣性的高度重视，在地戏中也能见到。

地戏面具的形制与使用虽与南方各地乃至安顺各民族傩戏面具的影响大有关系，但与北方萨满的跳神面具和图腾面具则有直接的传承关系。19世纪俄罗斯学者沙什科夫认为，面具是布里亚特、黑鞑靼、通古斯、科里亚克和楚克奇等西伯利亚民族萨满服饰必不可少的组成部分；而圣彼得堡人类学与人种学博物馆也收藏了几件涅涅茨等西伯利亚民族萨满作法的面具。[③]至于地戏中的动物面具，我认为是从蒙古喇嘛教的跳神面具演变而来，只是经过了萨满教的改造。因为萨满教（又称博教）在

① 丁世良、赵放主编《中国地方志民俗资料汇编·西南卷》，北京图书馆出版社，1991，第560页。

② 高伦：《贵州地戏简史》，贵州人民出版社，1985，第75页。

③ 见米哈伊洛夫斯基的《萨满教》。

蒙古人生活中根深蒂固，尽管忽必烈等元代统治者提倡和信奉喇嘛教，但广大百姓即使迫不得已接受，也会在信奉时加进许多萨满教的形式和内容。

其六，史籍证明，屯堡人主体的祖先不是来自江南的汉人，而是来自北方的少数民族。

主江南说者除喜引上述民国《平坝县志》中的一段话（“明初以安徽凤阳起兵，凤阳人从军者特多，此项屯军遂多为凤阳籍”）之外，还爱以屯堡人的家谱为证。

管见所及，迄今所披露的屯堡人家谱中，没有任何一部一代不断地从明代洪武年间记述下来，大都是在笼统地称其入黔始祖是洪武年间的先锋或先行官之后，一下子跳过数百年，从清代后期记起，对其祖籍的自述无法查证，很难确信。

至于“明初以安徽凤阳起兵，凤阳人从军者特多，此项屯军遂多为凤阳籍”这句屡被引用的话，实际上是经不起推敲的。不错，明朝开国皇帝朱元璋是安徽凤阳人，起兵之时，凤阳从军者的确特多；到明初，即到朱元璋登上皇帝宝座之后，凤阳籍的将士自然也不少。但是，单凭这一点，怎么就能证明安顺的屯军“多为凤阳籍”呢？这种似是而非之论，显然是一种臆断，由“凤头苗—凤头鸡—凤头笄—凤阳头笄—凤阳籍”这种荒唐推论而产生的臆断。

我们知道，朱元璋在“起事”之初，曾严禁将士带家眷。这样做，既有利于军事行动，又可作为防止他们投敌反叛的手段。① 而到夺得天下，推行军屯之时，虽然允许和鼓励家属移居屯所，但是此时凤阳乃是迁入移民而不是迁出移民之地。比如，洪武六年（1373）就从今山西、内蒙古和河北等省（区）迁入中立府（即凤阳）8238 户、39349 人。② 而在此之前，洪武三年（1370），已移江南民 14 万户于凤阳。③

“屯堡人的主体即使不是来自凤阳、南京，也是来自江浙、湖广和河南。”坚持这一观点的论者每举《明实录》中的一段话为据：

---

① 吴晗：《朱元璋传》，生活·读书·新知三联书店，1965，第 59—60 页。

② 安介生：《山西移民史》，三晋出版社，2014，第 288 页。

③ 吴晗：《朱元璋传》，生活·读书·新知三联书店，1965，第 215 页。

先是，上谕友德等以云南既平，留江西、浙江、湖广、河南四都司兵守之，控扼要害……[①]

查阅这段话所出的《明太祖实录》卷一四三，发现它仅仅是朱元璋于洪武十五年所表示的一种意图，征南大将军傅友德等尚未来得及执行。这一年，虽然设立了普定军民指挥使司，普定（安顺）及其附近地区的政权仍然由彝族等土著民族首领掌管。如洪武十五年、洪武十六年、洪武十八年，普定军民府知府及其部属还曾多次赴京朝拜皇帝。直到洪武十八年（1385 年）七月撤销普定军民府之后，离普定不远的安顺州（今称旧州）、西堡（今属普定县）和宁谷等处，仍为彝族土司管辖。洪武十九年（1386 年）十二月“云南安顺等州、西堡等长官司”仍向朝廷进贡方物（《明太祖实录》卷一七九），洪武二十年（1387 年）九月“普定安顺州宁谷寨六长官司土官阿窃等”赴京（《明太祖实录》卷一八五）等史实，均可证明这一点。

我认为，明代在安顺屯军垦田，当始于洪武二十三年（1390 年）。因为在这年五月，“筑普定、安庄城，置卫镇守”。所谓置卫，是指在城外屯驻军队，以保卫城池。一个月之后，明廷又“给云南诸卫屯牛”，并再增设威清（清镇）、平坝等卫（《明太祖实录》卷二〇二）。而洪武二十五年（1392 年）八月将安顺等三州、西堡等六长官司划归普定军民指挥使司一事，标志着普定（安顺）及附近的屯兵工作已告完成。

要完成屯兵，至少必须有充足的军队。我们知道，洪武十五年（1382 年）四月，普定卫指挥同知顾成击败攻城的西堡少数民族军队之后，朝廷只准许留四百人守城；后来尽管因为打通了前往云南的盘江天堑，攻破了西堡，也只准留兵千人守卫普定。这说明当时普定驻军的人数是非常少的。可是到洪武二十一年（1388 年）正月，傅友德即可从普定卫抽出军队去参与平定广西蒙古军人姚曲里歹的叛乱，这意味着此时普定的驻军已大大增加了。这些军队是从何而来的呢？

原来，在这之前不久，傅友德曾北征辽东，从那里带来了数以万计的蒙古降军

---

① 范增如：《安顺地戏释名及其他几个问题的探讨》，载沈福馨、帅学剑等编《安顺地戏论文集》，文化艺术出版社，1990，第 6 页。

及其家属。

洪武二十年（1387），朱元璋命冯胜为大将军，傅友德和蓝玉分别为左、右副将军，率领二十万人马前往金山（在今内蒙古通辽市东境，西辽河南岸），讨伐前元太尉纳哈出，纳哈出见无法抵抗，遂率将士及其妻儿投降。冯胜等奉令“尽将降众二十万人入关”。不久，立下如此丰功伟绩的冯胜被收掉大将军印，而降将纳哈出却获封海西侯。但是这海西侯也未能活多久，很快就死于随傅友德南下的途中。[①] 不言而喻，随纳哈出投降明军并被带入关内的二十万将士及其家属，即使不是全部，也大部分被傅友德带到了四川、云南和贵州。

纳哈出虽降于金山，但其原来的管辖和活动范围却包括今内蒙古东部、辽宁东北部和吉林西部这三省区交会的大片地方。元末时，此地既有蒙古人，也有女真人，而这两种民族中都有契丹人的后裔。由于屯堡人突出的语言、服饰和其他风俗特征与这些民族相近或相同，我认为其主体的祖先就是源于这些北方民族。至于说具体是哪一个民族，限于篇幅，只有留待下一篇文章来继续探讨了。

① 张廷玉等：《明史》，王天有等点校，吉林人民出版社，2005，第 2603—2604 页。

保持明朝遗风的汉人

——安顺屯堡人

姜永兴

公元1413年，明朝正式在贵州建立行省、设置“贵州布政使”，加强对贵州地区的管理，并以“调北征南”及“调北填南”的名义，军屯与民屯的形式，调遣大批汉民，或举家内迁，或三丁抽一，分别由赣、苏、皖、鄂、湘强迫迁入贵州。这是贵州历史上规模最大的一次移民，对贵州的政治、经济、文化的发展，产生了深刻的影响。

迁来贵州的汉族移民，当时分割成了几个移民集团，被分别安置在不同的民族地区，如以原籍为称谓的湖广人、南京人、龙家，以明代地方基层组织为称谓的里民、屯堡人，以服饰特征为称谓的穿青人，以及其他散居在各民族之中的移民及其后代。

在贵州地方史研究中，汉族移民问题是一个重要的课题，因其多渠道的来源（由不同缘由、不同时期、不同省区入境），在贵州省内居住分散（主要分散在黔中、黔西北、黔西南），跟不同民族（苗、布依、彝、仡佬等民族）交错杂居、频繁接触，故对贵州的开发，经济、文化的发展，以及在贵州的民族关系史上，都有着举足轻重的作用。同时，在跟其他民族长期处于共同的政治环境、共同的经济生活中，各民族在文化特征上的互相传播与渗透，又遂使这批汉族移民及其后裔自身也发生着变异，这种变异在族属认识上表现尤其突出。

遵循民族发展规律，对贵州省汉族移民及其后裔的现状，以及民族关系进行通盘考察，我们可将其划分为三种类型：

一是汉族移民迁来贵州后，长期生活在民族地区，在经济、文化、习俗、婚姻几方面，跟当地主要民族的关系很密切，且产生了一定的共同文化心理，愿意归化当地主要民族。

二是汉族移民迁来贵州后，尽管长期生活在民族杂居地区，但在经济生活、共同地域上，相对地单独存在、自成一体，内聚力较强，在心理上形成了既区别于当地其他民族，又自别于后来的汉族，要求成为单一民族。

三是历史情况跟上述汉族移民基本相仿，但在保留迁徙前的汉文化特征上，稳定性较强，在服饰上，至今还保存着古时的浓妆淡抹，以区别于当地后来的汉族，但仍坚持认为自己是汉族。

现在，妇女还保留“明代古装”的“屯堡人”，即属于第三种类型。

据民国《平坝县志·民生志》记载：“屯堡者，屯军住居之地之名也……迨屯制既废，不复能再以‘军’字呼此种人，惟其住居地名未改，于是，遂以其住居地名而名之为屯堡人。实则真正之屯堡人即明代屯军之裔嗣也，决非苗夷之类也。（屯堡人一名词，初本专以之名住居屯堡者，而凡住居屯堡者，工作农业，妇女皆不缠足，从事耕耘。厥后即不住居屯堡，如其妇女不缠足、从事耕耘者，率皆以屯堡人呼之，则屯堡人之意味又不专就住居论矣）”[①] 屯堡设置于贵州各地，一些地方志上都有记述，如咸丰《安顺府志》、咸丰《兴义府志》、道光《永宁州志》、道光《安平县志》、光绪《镇宁州志》、民国《关岭县志访册》、民国《平坝县志》等等，但至今还保持明朝遗风的，主要是安顺市附近地区的屯堡人，本文也主要谈及这部分人。

安顺屯堡人现主要居住于安顺城区东面，以及平坝县的高峰镇、天龙镇，此外普定县、紫云县亦有屯堡人分布。总人数当在 5 万人以上。

多年来，来自各省区的民族干部，在体验贵州民族风情与考察贵州民族工作时，对活跃在安顺区郊和城内，装束迥然有异的妇女，特别关注。当得知她们确实是汉族时，却深为惊讶，并普遍认为，生活在经济繁华、交通发达之地的汉人，文化上

---

① 陈廷棻：《平坝县志》，江钟岷修，政协安顺市平坝区委员会点校，贵州民族出版社，2021，第 132 页。

又独具风采，这个现象在国内实属罕见。回族因宗教信仰的关系，形成了特殊的生活习俗，使之异于周围民族。蒙古族与满族在历史上曾经是居于统治地位的民族，但他们中散居在全国各地的成员，跟周围民族在经济、文化上联系密切，天长日久，其民族特性乃至族别意识，都不同程度地趋于淡化。相比之下，安顺屯堡人历经数百年变迁，却依然保持其传统遗风，这在民族学上颇有个案研究的价值。

安顺的屯堡人，相传先祖都系江苏、安徽籍人，当地人收藏的大量家（族）谱都有这方面的记载，但入黔时间、缘由不一。有的自谓是洪武末，随建文帝逃难入黔；有的是洪武、永乐年间，因“征南”“填南”被强迫征调于此；另有少部分移民则是随后陆续内迁定居的。

“屯”“堡”是明朝的两种带有军事编制性质的社会基层组织。“屯”指的是军屯，主要由士兵组成，他们通过插标为界，以牛角互为联络工具，设立有围墙的屯所进行固守，其主要职务是驻军和扎营。“堡”指的是民屯，是强迫省外汉族农民迁往指定地点扎寨、垦荒、务农，其社会职务是负责供应驻军给养，以及传递文书、接送官员来往。

如果对现有的屯、堡遗址进行空间观察，则可窥见，明政府对屯、堡的设置与布局，其政治、军事的动机十分清晰。屯、堡都位于少数民族聚居区间的交通要道上，并把当地各民族割裂成数层，借以削弱本地少数民族的内部联系和力量。推行屯堡制，以兵养兵，“无事屯田，战时为兵”，是明政府镇压少数民族、控制边陲地区、维护封建社会秩序的重要措施，在护卫安顺府城上，也直接起到了屏障作用。

屯堡居民的祖先们，不管是军屯之兵或是民屯之民，都是被反捆着手入境的。屯堡人为何称大便为解手呢？因当时被充军的百姓，是被绳索捆着的，要大便先要解手，“解手”一词自此俗成。

随着贵州封建经济的发展，军屯、民屯的驻军、扎营性质逐渐削弱，并出现了土地买卖及兼并现象，屯田逐渐变为私田（科田），成为官吏、地方豪绅、地主的产业。军屯、民屯上的农民，也逐渐分化，其中大部分沦落为佃、雇农。其社会地位跟当地周围少数民族一样，共同遭受着汉族统治阶级的压迫与剥削，并受到后入迁的汉族的歧视。

屯堡的兵、民及其后裔，其语言、文化特征异于当地的少数民族，亦异于后来的汉人，并把后来的汉人称之为客籍汉人，自誉为老汉人。因屯堡都设在地势平坦、水近土沃的通衢要道上，这个得天独厚的自然条件，使屯堡人的经济生活，比当地少数民族优越、富裕，这是屯堡人文化特征长期得以保存的原因。

解放前，屯堡人内部，既无暴富者，也无赤贫如洗者，土改时划分阶级成分，只有极个别是地主、富农，而贫农约占70%，此外，中农比例亦不少。屯堡人家庭既讨地租种，从事农业，又经营手工业、副业来添补家庭收入（解放前当地已有较为发达的手工业）。

解放后，屯堡人的经济生活仍然保持与发扬“农耕为主，多种经营”的传统。农耕主要是种植水稻、玉米、大豆及各类菜蔬，主要经济作物是茶树，农户还牧牛、喂猪、饲养家禽。

当地的手工业与副业活动项目繁多，技艺水平颇高，其中，铸造锻制铁质农具除供应本地区外，还远销望谟等地。

手工业中还包括酿酒、熬糖、制作豆腐干等技艺，以及利用竹篾编制成方形提篮、背篼等传统手工艺品。

安顺屯堡人在其居住区栽种的茶叶，甘醇清香，畅销于贵州省内外。屯堡区也是安顺著名青茶的主要产地。当地小溪、河塘较多，不少农户养殖鸭群，制作光鸭，捕捞鱼虾，并将其投放市场。还有不少人赶马车、挖山砂，做木、泥、石工。

屯堡人在经济上善于经营，并十分注意外向型的发展。农村实行经济开放与土地承包责任制后，屯堡人中涌现了不少专业户、个体户，并走上了致富之路。安顺成为贵州省历史悠久的著名的商业城市，其中屯堡人参与的经济活动，有着一定的贡献。

屯堡人家庭中的妇女十分勤劳，几乎承担着强于男子的劳动任务。据《安平县志》载：“一切耕耘，系以妇女为之。”如下种、插秧、犁土、中耕、运肥、割谷、摘茶，以及打铁、挖砂，样样在行。在家庭中，妇女又勤于纺织、缝纫，所织土布，除自用外，亦外销。解放后，屯堡妇女又普遍从事小商贩，出售农副产品与手工编织品。屯堡妇女体格魁梧，身强力壮，在当地被称为“大脚”。在旧社会“大脚”一词，尽管含有贬义，但也佐证了屯堡妇女朴实强健，是家庭经济与生活的主要支撑者。

屯堡人祖先分别将各地汉语方言带入黔，定居安顺后，普遍接受汉语安顺方言的影响，只是在语音、音调上多颤音和卷舌音，跟当地方言稍有差异，如明天——明（儿）天，辣子——“拉”子，为那样——“郎”个，一窝菜——“儿”菜，吃饭——“此”饭等。在与他们接触和交谈中，一听音调，便知是屯堡人。

屯堡人跟当地农村其他汉族人的最大差异是在妇女的服饰上。屯堡妇女服饰的特点是“大袖、长袍、二码裙”。

屯堡妇女的服饰，有关地方志上都有记载，民国《平坝县志·民生志》记述：“屯堡人，男子衣著同汉人。女子穿滚边衣衫，尚青、蓝、红、绿等色，亦有长及足跟者，袄也滚边，腰带宽二寸许，织带青色垂须，绑腿尚红色，绑作螺旋式，袜尚白色，多旧色；鞋尚饰花，袜与鞋恒相联缀；屯堡人妇女不着裙，即袜鞋之著时亦少，多着草鞋。”目前屯堡妇女仍保持上述装束。

屯堡妇女现在的服饰是：身穿蓝、黑色宽长袍大袖衣服，袖宽一尺二寸，拴围腰，系绸带，头上戴包帕，脑后梳圆形发髻，垂挂银耳坠，胸襟缀宽花边，冬天打绑腿。姑娘的服饰跟妇女装束明显有异。

屯堡人对“大袖长袍”及丝绸带非常讲究，女子在家时是必须穿大袖长袍的，否则要遭到父母、社会的谴责与讥嘲，外嫁的姑娘，也须以此服饰为婚服。

最近几年屯堡青年男女外出读书、工作和参军的人数增多，同外界的交往日益密切，他们的服饰也有所改进。因大袖长袍费料费工，冬凉夏热，并不实用，年轻姑娘和已婚妇女对这种服饰的感情已逐渐淡漠，她们外出都另携带一套外衣，出村寨即改换时装，入村才穿“大袖长袍”。

安顺是贵州较早传入天主教的地区之一。19世纪末，英国卫理公会联合中华内地会，在安顺兴办教堂、医院、学校，吸引周围数十千米远的苗、彝少数民族信教，其宗教势力影响安顺以及六盘水水城一带，并跟柏格里的循道公会划定传教范围。天主教在安顺颇有影响，传教会教士党居仁、克拉克都是在安顺定居二三十年的“贵州通”，但令英国传教会烦恼的是，他们的宗教势力与影响却始终不能逾越安顺东门一步，这跟屯堡人的抗衡有直接关系。屯堡人自有传统信仰，不信天主教，犹如一道屏障，抵挡住了天主教的传播与渗透。

屯堡人的传统信仰主要是信奉坛神。据民国《镇宁县志·宗教》载，坛神有五显坛、川坛、花坛等。五显坛供奉五显、华光为主，药王、三圣及一切陪神皆附之，奉此坛者，为江南各省移来之汉族。川坛，主要供奉赵侯圣主，其次杨泗将军，奉此坛者大半为西南移来之汉族。花坛，花坛以供川主、土主二神为主。以上三坛，汉人信奉最力，而土人则否。

“文化大革命”前，屯堡家庭的堂屋正壁上多设立神龛，正壁墙角置神坛，神龛中供奉的神位颇杂，既有佛教人物，又有坛神赵侯，也有祖先牌位及有关农的诸神。所谓神坛，是一种小型瓦罐，里面盛香火及黄纸。现在许多人家已不设神龛、神坛。祭坛的方式是跳神与跳花。道光《安平县志》卷五记载：“正月元旦以至十五，击鼓以唱神歌，妆扮帷神，沿村逐疫，所至之寨必款以酒食（今酒亦少）。九月祀五显神，远近咸集，戏舞终日，至暮乃散。”现在跳神、跳花都已演化为屯堡人的节日活动。

以往的祭坛活动，多由川坛掌主主持，据当地老人回忆，祭祀坛神的初意是，每年春秋二季，各屯堡兵民，集中两次开展练武强身的锻炼活动与竞赛，嗣后才演变为以祭祀和宣扬坛神神威为主的活动。

跳神活动多为军屯（“调北征南”者）的后人组织。跳神一年二次，正月初一至十五，当地盛行戴脸壳跳神、演地戏（又名傩戏），剧目多为鼓励士气与宣扬尽忠报国的汉族传统古装武戏，如《三国演义》《薛仁贵征东》《薛丁山征西》《瓦岗寨》……但无自编剧目；谷子扬花时，举行跳“米花神”的活动。而民屯（“调北填南”者）的后人，则在春节期间举行跳花灯活动，跳花灯时，表演者手持彩灯与各类画像，串寨走村跳花灯，以图吉利。跳神与跳花灯，互相穿插举行，故春节期间，当地香烟缭绕，笙鼓齐鸣，热闹异常。

农历五月十三日，屯堡人有“迎菩萨”活动。是日，各屯堡轮流擎举“关圣帝”的雕塑像，串坝游场，供人瞻仰。

观音诞日，屯堡妇女又成群结伙，背挂黄布香袋，到寺庙拜佛。拜佛活动持续三天，其间势似潮涌，尤其是年迈的老妇，朝山时穿戴整洁，步履蹒跚，跋山涉水，自带干粮，到平坝观音山、贵阳黔灵山朝拜。屯堡人生活十分节俭，但在佛事上却十分慷慨，并乐于施舍。在宗教活动中，他们积极修阴德、做善事，同时乐于出资出力修桥、补路、筑堤等。

解放前，屯堡人的婚俗，严格遵循封建礼教的礼规，男女在择偶上无丝毫自由，联姻得由“父母之命、媒妁之言”决定，双方直至结婚当日还互不认识。定亲前须履行定亲仪式，互送生辰八字。结婚时男方要馈赠昂贵彩礼（但也可由双方商议），如头饰、首饰、围腰、丝带、衣服（十件以上，其中一定要有一件蓝长袍，两匹衣料）、猪肉、松粑等，也有送钱的，其主要用途是资助女家办宴席及嫁妆。

婚期选定黄道吉日，届时男方需备轿迎亲，男方所赠之部分彩礼，迎亲时又带回男方家。

婚后即同房，三天后新婚夫妇回门，在女方家做客数天，嗣后只在节日期间才能回娘家，无“不落夫家”之俗。

屯堡人家庭严格奉行“一夫一妻制”，家庭中“男尊女卑”意识比较浓厚，择偶亦讲究门当户对，也有姑表关系缔结婚约的，但姑表间无优先婚权。

结婚象征着女子结束姑娘的生涯，开始了妻子与媳妇的身份，故在服饰上有着明显的改变。

一、婚前姑娘梳独辫，头上不包帕，婚后需挽髻、包帕。

二、婚前姑娘上衣可穿小袖，或素色长袍，婚后定要穿大袖长袍，前襟缀花边。

三、围腰的腰带，姑娘时只能以布系上，打结在前，出嫁后才改用丝绸品腰带，且打结在后。围腰带、丝腰带是屯堡人最庄重的装饰，价值高达百元，不准人任意抚摸。

四、结婚时新娘要扯脸、剪眉。即把脸部的汗毛、前额毛一齐剪掉，眉毛剃成细柳状。

屯堡人不忌讳跟其他汉族与少数民族联姻，但新中国成立前，受汉族内部隔阂的影响，“大脚”与“小脚”(“后来汉族”）间很少联姻。历史上屯堡人跟当地仡佬族通婚的现象则较为普遍。

屯堡人的丧葬仪式跟当地其他汉族无异，主要程序为：木棺入殓（全套布制寿衣，不能用绸制品）、陪灵、出殡、入葬（看风水），直系亲属披麻戴孝。凶死者不准入家门。

老人病逝，外家或女儿要来奔丧、祭奠，吊唁时吹唢呐，敲皮鼓，做道场。尸体置于堂屋中央尸床上，尸床跟房梁垂直，头部需置正门侧。杀狗做供品。入殓后置一只公鸡于棺材盖上，下葬前先放鸡在穴内蹦跳几下，然后入棺覆土。公鸡不宰杀，赠给主持丧葬的道士先生。

上述主要情节及祭品，跟当地少数民族有一定差异，如当地苗族，把鸡扼死，挂在竹竿上，插于坟顶。

屯堡人解放前社会内部的上层建筑特别强固，整个社会由父系家长制以及封建宗法、伦理观念主导，这是屯堡人社会赖以长期维系的又一重要原因。

屯堡人刚迁入安顺时，仅有八个姓氏，各姓氏、家族有不同迁入史，但聚居一地后，他们同舟共济，现已无多大差异，现主要的大姓有：姜、滕、张、柴、严、王、杜、庄、余、潘。各家族内分设族长，族长权力颇大，如卖房、置地、开亲乃至家庭纠纷，都由族长主持管理。

历史上各家族中的老人，有联合组织的“老人会”，老人会由当地最年长及有威望者主持。据回忆，老人会在社会上有较高的权威，协调屯堡人中的重大事务，制定各类不成文法规，以及维护老人的合法权益。任何家庭发生违背伦理之事，均由老人会制裁，若出现遗弃丧失劳动力的父老的情况，则会招致全社会的谴责。社会上的鳏、寡、孤、独则由公众负责赈济，老人病逝则组织送终。整个社会长幼有序，扬善抑恶，社会秩序井然不紊。遗产由儿子间平均分配，女儿无继承权。

屯堡人跟当地少数民族杂居一起，关系历来和睦融洽。历史上统治阶级设屯置堡，旨意是加剧民族分裂和民族隔阂，但屯堡人多来自外籍的贫苦劳动人民，其后代又主要自食其力，很少有以仕途、科举出人头地者。屯堡人跟当地少数民族有着共同的经济生活与历史命运，在长期的和睦相处中，无任何互相欺压、歧视、械斗的史例。屯堡人跟当地仡佬族的关系尤其密切，仡佬族在许多方面（语言、服饰、信仰、习俗）深受屯堡人的影响。

当地原来的汉人（“客籍汉人”），俗称“小脚”，“小脚”多为城镇居民，妇女自小裹脚，不事劳动，历史上“小脚”歧视、欺压“大脚”，屯堡人在本民族内部，作为被损害、受欺辱的对象，久而久之，逐在心理、思想上形成深刻的烙印。屯堡人通过保留传统习俗，既强烈表示自己是异于当地少数民族的汉人，又表示跟后来的汉人之间，存在着一定的区别，客观上跟后来汉人在习俗和心理上保持着一定的距离，这种心理状态成了屯堡人长期保持明朝遗风的形象的精神支柱。

上述民族内部出现的这种不平等状态的历史现象，是由阶级社会统治阶级“分而治之”的政策造成的。这种相互隔阂、歧视的思想意识和文化心理，解放后随着经济、文化的共同发展都已涤荡无遗。如今，屯堡人的服饰，犹如往昔历史的“活的化石”，承载了屯堡人缅怀祖先的朴实情感与寄托。同时，同一个民族中呈现出的各种放射异彩的文化习俗，正是展现了民族发展过程中的枝繁叶茂、欣欣向荣的景象。然而，在族属认识上，这些差异却无任何意义。我衷心祝愿安顺屯堡人民，在改革开放政策的鼓舞下，发挥经济优势，树立新风新俗，在现代化建设中取得更大成就。

略论贵州屯堡人的族群认同基础及其表达途径

蒋立松

屯堡人是聚居在贵州中部的特殊汉族群体，其形成可上溯至六百多年前明代在贵州的军事屯田。按照翁家烈先生的解释，屯堡人是“清代裁废明代卫所屯田制后对今在贵州省平坝、安顺、镇宁、普定、长顺等县市内明屯军后裔的专称。屯堡人口现约30余万。其特点是他们的入黔祖先大都原籍江南，尽管历经数百年的社会历史变迁，他们的大多数一直聚居在屯堡社区内，并基本上较为完整地保持着明代江南汉族文化的形式与内容。这在汉族各支脉中是十分罕见的”①。屯堡文化构成了一个在汉文化体系之下的特殊的子系统，又与屯堡区域周边的其他族群文化有很大的差别，因而通常被指称为汉族的“孤岛文化”。文化的重要功能之一是满足族群认同的需要。认同问题是当下民族/族群研究中的一个热点话题。本文力图讨论屯堡人是如何通过文化表达来构建其族群认同的。在族群认同问题的研究上，屯堡人的研究具有一定的典型意义。主要表现为，在多族群互动的时空条件下，屯堡人努力地在文化传承过程中不断形塑自己的族群身份，从而使本族群在文化变迁的历时过程中得以保持自己的族群认同。因而，研究屯堡人族群认同的文化机理，对于我们思考和研究在多元文化背景下族群认同的基本特征以及族群认同的发展，具有一定的学术意义。

一、屯堡人族群认同的基础

在英文中，认同（identity）来源于拉丁文，指的是“相同”“同一”。认同是一种

---

① 翁家烈：《屯堡文化研究》，《贵州民族研究》2001年第4期。

心理态度。弗洛伊德提出的认同的概念，是指个体与他人在感情上和心理上的趋同过程。埃里克森将这一概念引入到社会心理学领域，并提出了与之相关的“自我同一性”“集体同一性”等概念。显然，族群认同乃是指族群成员之间对于彼此共享的相同性的认知与感受。不过，相同与相异又是一对互为因果的概念。对内“认同”，对外“认异”，才可能规定出族群认同的范围，即对“他”自觉为“我”。在中国的民族/族群研究中，认同问题自20世纪90年代以后渐成热点。2005年和2006年，张诗亚教授和张海洋教授分别出版了《强化民族认同：数码时代的文化选择》[①]、《中国的多元文化与中国人的认同》[②]，以宏观的视野讨论了中国人的认同问题。本文之所以提出屯堡人的族群认同问题，是因为屯堡人对于族群内部共享的文化，如共同的历史记忆、共同的民俗活动，乃至服饰、语言等，都有着很深的认可程度，并以此构建自己的族群身份，从而与其他族群进行区别。首先应该明确的是，屯堡人认同基础的研究并不等同于族群认同的溯源。按照笔者的界定，屯堡人的族群认同基础，是指构成屯堡人族群认同的若干相互关联的基本要素的综合体。而溯源则是对于屯堡人族群认同起始时间的重构和解释。二者本来是各有侧重的研究视角，但在不少讨论屯堡人认同的文章中，却倾向于将认同心理的起源等同于认同的基础，并在这种研究取向中，将历史上复杂的（特别是紧张的）族际关系看成是屯堡人族群身份认同的最重要的来源。那么屯堡人族群认同的基础是什么呢？笔者认为，屯堡人族群认同的基础同时表现在历时性和共时性两个维度上。因此，族群认同的基础应当同时具备这两个方面的特征。笔者进一步将屯堡人族群认同的基础归纳并表述为：共同的生计类型所形成的物化基础，共同的历史记忆所形成的情感基础，以及共同的文化所形成的文化心理场域。

（一）共同的生计类型所形成的物化基础

早期的屯堡人集团性地移民到贵州中部（黔中腹地）以后，很快适应了黔中地区的自然生态环境，选择了以集约农耕的生计方式为基础、商贸活跃的农商并重的

① 张诗亚：《强化民族认同：数码时代的文化选择》，现代教育出版社，2005。

② 张海洋：《中国的多元文化与中国人的认同》，民族出版社，2006。

经济类型。这种经济类型在屯堡区域的空间分布上所表现出的特征，内在地规定了屯堡人的族群认同基础。

其一，密集分布的聚落形态使位于黔中的屯堡区域不仅在自然地理上，同时也在人文背景上形成了相对独立的地理单元。在这片区域内，数百个屯堡村寨连片分布，寨大人多是黔中屯堡村寨的显著特点，如九溪村1000多户近8000人口，这在整个贵州山区的村落中是少见的。这些村寨形成时间早晚不一，大多数是在明清两代形成的。1995年笔者第一次对屯堡人进行调查时，分析了这种聚落特征对于保留和传承屯堡文化的积极作用。[①] 这种相对独立的地理单元并不能自然地产生出族群认同，却能够内在地规定屯堡人族群认同的基本取向，使族群认同获得良好而厚实的物化基础。

其二，屯堡区域内部以地域分工为基础，形成了“田坝区”和“交通线”的功能差异，进而塑造了屯堡人经济类型的特点。简单地说，田坝区的屯堡村寨以农为本，交通线的屯堡村寨则善工艺、重商贸，二者互为补充，在互为整合的过程中，形成了屯堡族群的总体生存格局。在这种互补的经济结构中，屯堡人内部，特别是交通线的屯堡社区，形成了各具特色的工艺及商贸传统。例如，鲍屯的丝绸带子、九溪的米贩子、本寨的小布生意等等，在黔中几乎是人所共知的“屯堡人的特点”。笔者在安顺大西桥进行调查时看到这样一副对联：“生意兴隆通四海，财源茂盛大西桥。”显示了屯堡人对于自身商贸活动的认同态度，这种经济特征对于屯堡人社会的影响是深远的。据孙兆霞等人分析：“屯堡族群在生产分工上形成田坝区与交通线的结构性建构，它们相互依存，却又分工有别，由此形成独特的、不同于以往我们所见过的以血缘为基础的地缘性自给自足的族群生产方式，也不同于一般前现代化社会向非农耕社会渐变的业缘、行会萌芽形态的特质，这样的社会生产结构的影响力，必然渗透到经济、社会、文化结构方面，同样形成经济、社会、文化形态的不同特

① 蒋立松：《贵州汉族的特殊群体——屯堡人——安顺地区屯堡人及其社会文化调查》，载贵州省民族研究所、贵州省民族研究学会编《贵州民族调查》卷十三《贵州少数民族爱国主义·屯堡人专辑》，为内部资料，1995年。

点。"[①]这样，建立在特定的生计类型基础上，屯堡人形成了具有自身特征的生存格局。这种格局进一步构成了屯堡人族群认同的重要的物化基础。

（二）共同的历史记忆所形成的情感基础

尽管对于屯堡人来源的构成还有若干悬而未决之处（例如，在屯堡人的早期构成中，除了屯军之外，有没有因商屯而移民的群体），甚至对于屯堡人主体的来源地也有意见相左的观点，但屯堡人是作为集团移民进入贵州中部并形成独具特色的屯堡区域，这也是学界的共识。[②]如果屯堡人只是拥有共同的历史，并不能必然地导致屯堡人族群认同的发生。事实上，屯堡人的早期来源既有屯军的成分，也有因经商和其他原因移入屯堡区域的移民。例如，九溪村在过去有十大姓开辟九溪的说法，十大姓中既有屯军，也有商人。另一个极富屯堡文化特征的本寨，则是在清代以后以土地购置的形式而形成的（如当地金、杨、王被称为上三姓，多为土地拥有者）。因此，我们可以说屯堡人的形成和早期来源与明代的屯军史实有关，但无法下定论说现今的屯堡人都是屯军的后代。

前引翁家烈先生对于屯堡人的定义主要是针对屯堡人的早期形成情况而言的。既然如此，屯堡人有没有一段"客观"的共同历史便成了一个问题。不过，从屯堡人族群的认同过程来看，屯堡人不断地建构共同的历史记忆，这种建构的过程十分复杂，但结果却是明确的：通过一种历史的建构，屯堡人获得了共同的移民历史的身份认同，并彰显了"军旅文化"的特征。由此，屯堡人获得了以共同的移民历史为认同轴心的共同的情感基础。

（三）共同的文化形成的文化心理场域

在特定的经济类型和共同的历史记忆的作用下，屯堡人通过内在的文化网络，形成了特定的文化心理场域。屯堡人的族群认同就是在这样一种文化心理场域中得

① 孙兆霞等：《屯堡乡民社会》，社会科学文献出版社，2005，第78页。

② 关于屯堡人的主体来源，陈训明先生曾撰文主张屯堡人的北方少数民族说。见陈训明的《安顺屯堡人主体由来新探》，载于《贵州社会科学》2002年第5期。笔者主张屯堡人主体的南方来源说，见蒋立松的《从汪公等民间信仰看屯堡人的主体来源》，载于《贵州民族研究》2004年第1期。

以传承、强化，并不断地适应变化着的时空条件的。屯堡文化在屯堡人社区内形成了一个巨大的文化场域，不断形塑屯堡区域内各种群体的身份认同。屯堡区域内人们的认同差异性特征十分明显，但巨大的屯堡文化场域不断地弥合这种差异性。例如，1995 年笔者在屯堡区域进行调查时，雷屯的屯堡人并不认同附近的本寨的居民为屯堡人，而称他们为“客民”，但现在这种互相不认同的差异性已不存在。究其原因，笔者以为，正是屯堡区域的巨大的文化场域重新形塑、整合了屯堡社区的身份认同。在这种文化场域中，人们或多或少接受、保持、操演着屯堡文化，从而不断获得屯堡人的身份认同。而这背后的力量，是一种“工具性”的目的。例如，在族群关系紧张的时候，人们通过这种身份建构，有可能获得一种凝聚力、安全感，从而具有对外抵抗的能力。而在族群关系缓和甚至十分友好的时候，人们又通过这种身份建构，获得一种自我发展的文化资源。最为典型的是 20 世纪 90 年代以来，由于屯堡旅游开发的利益驱动，不少地方的人们开始重新学习、发掘、操演他们自己的传统文化，从而开始了新一轮的屯堡人身份认同的热潮。在这种新的热潮中，屯堡人传统文化中的“原生”含义已经淡化，剩下的只是“中性”的文化符号。例如，屯堡地戏中有许多与战争有关的题材，而过去屯堡人对于地戏的操演暗含了对于紧张的民族关系的认识。而现在，地戏仍然被操演着，但已经丧失了原来的文化意义，只是一种表演性的、身份认同的标记而已。同样，屯堡人过去的住居形式表现了较强的封闭性，是当时民族关系的反映，而现在，不少屯堡村寨也在热衷于修建“符合屯堡文化特征”的建筑，但已经丧失了它原有的封闭性了。建筑也好，其他的文化要素也好，其外在的形式有可能相近，但所表达的含义已经随时代的变迁而变化了。同样的道理，“屯堡人”的称谓在不同时期其含义也是不一样的。在多元杂处的文化环境中，“屯堡人”目前所蕴含的意义在于他们是操演屯堡文化的特殊族群，其文化特色与周边族群文化相异。我们也许应该注意到，在当前的许多旅游介绍与宣传中，充斥着大量对于屯堡人的“他者的建构”，例如将屯堡人称为“朱元璋的戍边者”“贵州高原上的六百年前的部落”，笔者认为这是对于屯堡人的严重误读，并有可能让人对于当地的族群关系产生错误的判断。

二、屯堡人族群认同的表达途径

笔者用“文化的表达”的概念取代“文化的表现形式”，主要出于如下考虑：“文化的表现”偏重的是一种“客观”的文化所自然显示出来的特征，而“文化的表达”更偏重于文化拥有者“主位”的文化态度。族群认同是一种通过有选择的文化操演而展示出来的主观的心理倾向。因此，对于屯堡人族群认同的研究，更应该发掘当地人的“主位”的观点。屯堡文化有着丰富的表现形式，但并不是所有的文化事象都被选择作为族群认同的标志。只有那些在共同的文化心理场域中起关键作用的、对于构建共同的历史记忆有促进作用的文化事象，才被优先选作族群认同的表达途径，从而使这部分的文化价值得以凸显、强化，进而使外界对于屯堡人的“他识”获得了文化的依据。由此，屯堡人的“自识”与“他识”在互动中实现了统一。这是一个族性建构的过程，屯堡人的族性建构所利用和凭借的主要是屯堡人的传统文化，而屯堡人的传统文化主要源于明清江南的汉族文化。因此，屯堡文化的主要特色乃在于它是明清江南汉族文化在贵州高原的异地展现。

（一）敬汪公

汪公信仰是屯堡人的先民在江南的普遍信仰，至迟在宋代以后汪公信仰即经历了由家族神到地域神的演变。[①] 另据《安顺府志》的记载“汪公庙在城内青龙山上，祀唐越国公汪华，又各屯皆有”可知，汪公信仰过去曾是屯堡人普遍的民间信仰。汪公名叫汪华，安徽休宁人，生活在隋末唐初，是隋末唐初活跃在新安江流域的英雄人物。[②] 将历史上的英雄神化并加以崇拜，这在各个民族中是十分普遍的现象，如汉民族的关帝即属此类。屯堡人敬汪公的习俗可分为两类：一类是大多数屯堡村寨的村民在农历正月十六日到各地的汪公庙进行祀奉，另一类是流行于今安顺大西桥的鲍家屯、吉昌屯、狗场屯三地相同的“抬汪公”习俗。“抬汪公”的仪式十分神圣

① 蒋立松：《从汪公等民间信仰看屯堡人的主体来源》，《贵州民族研究》2004 年第 1 期。

② 关于汪华史实，《新唐书》《旧唐书》所载甚略。另外可参见汪文学《〈“汪公”考〉商补》，载于《西南民族学院学报（哲学社会科学版）》1994 年第 3 期，考之较详。

并且隆重，要经历念祭文、请汪公、抬华盖、游行狂欢一整套的复杂仪式。其中，鲍家屯抬汪公的日子是每年农历正月十七日，吉昌屯为十八日，狗场屯为十九日。在抬汪公头一天晚上，屯堡人把汪公从汪公庙中“请”出。第二天下午由村里最有威望的长者在前面带路，顺着村里主要街道逐家而过，汪公的神轿每经过一家门口，该户人家要用香、烛供奉，并燃放鞭炮，待鞭炮燃尽后又到下家。这样，整个仪式从头一天晚上将神像从庙中请出到第二天下午绕村一周后送回庙中，大约需要一天一夜的时间。据笔者在鲍家屯的调查，以前汪公神像由三地轮流供奉，有一年三处为抢汪公神像而发生争执，狗场屯夺其衣服，吉昌屯抢走华盖，鲍家屯抱走汪公神像，后来在三地各自建立汪公庙以祀。由此可知汪公在屯堡人心中的崇高地位。屯堡人关于汪公的传说中，多蕴含着深厚的感激之情。相传汪公曾救屯堡人于水火之中，故汪公成了屯堡人的保护神。鲍家屯的传说就有类似的故事：清咸同年间，鲍家屯鲍姓合族曾背负汪公神像避战乱于寨旁大箐，及乱兵将至之时汪公显灵，保全了鲍姓合族。由此可知，在汪公信仰中，汪公——神化了的英雄，在屯堡人建构自己共同的文化心态中扮演了双重身份：一是屯堡人的保护神，二是屯堡人自我认同的重要文化因素。屯堡人通过修建汪公庙和各种祭祀汪公的仪式，进一步维系着该群体的凝聚力。

（二）庆五显

五显信仰是屯堡人传承下来的比较独特的民间信仰。五显，《新搜神记·神考》载：“五显父为萧家福，宋时人。一胎五子，俱以显为派。长曰萧显聪，次曰显明，三曰显正，四曰显直，五曰显德。四显俱有仙根，而五显尤灵异。能降妖救难，故民争立朝祀之。”《南游记》则谓，如来佛法堂前一盏灯中堆积的灯花，被如来咒成人身，赐予本领五通并天眼一只，使之两次投胎炼成法宝三角金砖，得到风轮，被封为火部兵马大元帅，自号华光大王。故五显又称五通，又名华光。屯堡地区普遍建有五显庙或华光庙。《镇宁县志·宗教》载：“五显坛供奉五显华光为主，药王（川主、土主）三圣及一切陪神皆附之。”

《安顺府志》卷十五载，镇宁“正月初八，扮花亭、彩衣、锣鼓、旗帜、花爆，伺备华光出巡，男女老幼观者如堵”。《安顺府志》卷二十载，平坝清溪堡的华光庙建于明代，设于清顺治初，康熙二十三年（1684 年）移建于城内南街，乾隆四十年（1775 年）重修，嘉庆十八年（1813 年）增修。“五显庙有 5 座，分别在城内南门之宋家河、十家桥、羊场堡、大堡、齐伯房及车头堡”，又“五显庙各村皆有”。[①] 据文献记载，镇宁城内有五显庙 3 座。[②]“此外，十三旗、詹官堡、烈山堡、颜旗堡、蒋旗堡、雷召堡、桂家堡、王官堡、陶关堡、吴关堡等均有。”[③] 屯堡人对五显华光的祭祀活动分为两种。一是民众的祭祀活动，每年正月初八日，民众入五显庙，以汤圆供奉华光。有的地方以九月初九为五显华光诞辰，民众“多捣糍粑、陈酒醴、牲帛以祀”。另一种是个人还愿，在家中举行，又称庆坛。庆坛由掌坛法师主持，做大放兵和扎火墩两台法事，皆在夜间举行。关于这种民间信仰仪式，笔者想特别说明的是，它与宋明以来中国江南民间信仰的渊源关系。概言之，屯堡人的五显华光，乃是直接来源于宋明以来中国江南一带民间所信奉的“五显”神。《夷坚志》云：“德兴五显庙，本其神发迹处。故赫灵示化，异于他方。”《古今图书集成·神异典》引鲁应龙《括异志》亦云：“五显灵官大帝，佛书所谓华光如来，显迹婺源久矣，岁岁朝献不绝。”由此可知五显信仰，至迟在宋代，已流行于今江西德兴、婺源一带。进入有明，五显神信仰扩大至江西、江苏、浙江、安徽一带。《古今图书集成·神异典》引《宁化县志》载：“明太祖都金陵，即都中建十四庙。一曰五显灵官庙，以岁孟夏季秋致祭。”引《明会典》云：“洪武中，五显灵顺庙，每岁四月八日、九月二十八日遣南京太常寺官致祭。”又引《江南通志》：“华光庙，庙在金坛县慈云寺左，祀五显灵官。”由此可见，宋明以来五显信仰在江南一带是颇为流行的，迄于有清，这一民间信仰仍十分流行。康熙八年（1669 年），江苏巡抚汤斌上《奏毁淫祠疏》述道：“苏松淫祠，有五通、五显、五方贤圣诸名号，皆荒诞不德。而民间家祀户祝，饮食必祭。”既然明初安顺屯堡人多来自江南，他们将当时流行于民间的五显信仰直接带

① 翁家烈：《夜郎故地上的古汉族群落——屯堡文化》，贵州教育出版社，2001，第 140 页。

② 翁家烈：《夜郎故地上的古汉族群落——屯堡文化》，贵州教育出版社，2001，第 140 页。

③ 翁家烈：《夜郎故地上的古汉族群落——屯堡文化》，贵州教育出版社，2001，第 141 页。

到位于黔中腹地的屯堡地区则应当是顺理成章的事情了。总之，屯堡人的五显信仰表明屯堡文化与中国江南文化有渊源关系。屯堡人正是利用这些传统的文化符号标识自己的身份，进而强化族群身份认同。

（三）地戏的操演

地戏又叫“跳神”，主要分布在贵州省中部地区，在东起贵阳，西至关岭，北自普定，南迄紫云的土地上，分布着300多堂地戏。安顺市有地戏300堂，其中西秀区192堂，平坝县71堂，普定县24堂，镇宁县9堂，紫云县2堂，关岭县2堂。除安顺外，邻近的贵阳市有31堂，长顺县有31堂，六枝特区有6堂，共计68堂。[①]因为地戏的主要分布地区在安顺市，故又称之为安顺地戏。其特点是带脸子表演，只用一锣一鼓伴奏，以第三人称说唱本为脚本，只表演以正史为主线的附会于历史事件的神话故事。屯堡人跳地戏，是为了借助孔武有力的诸神以驱瘟逐魔、祈丰收保平安。春节跳神，是为了祈求新年人畜兴旺、五谷丰登、大吉大利。演出时间20天左右，叫“玩新春”。农历七月中旬在稻谷扬花时演出5天的叫“跳米花神”，那是为了祈求谷米丰收。地戏演出与岁时民俗结合进行。美国纽约大学教授理查·谢克纳（Richard Schechner）1988年第一次访问中国，即着重考察了贵州的傩戏和地戏，这种充分利用环境的戏剧形式非常符合这位“环境戏剧大师”理查·谢克纳的环境戏剧理论主张。[②]阳贤的学位论文对屯堡人地戏的认同功能进行了深入的分析。该文通过对屯堡地戏的详细探讨，提出了屯堡地戏具有导入教育、情景教育的特点，并且承载着道德教化、文化传递、文化选择等三项重要的功能。[③]这些功能得以实现的同时，屯堡人的族群认同也在自然的教化过程中得以完成。

综上所述，笔者认为，屯堡人的族群认同过程，乃是在特定的文化基础之上，通过自身文化和历史的不断构建而实现的。

---

① 阳贤：《面具下的教育——贵州省安顺地区屯堡人地戏仪式的教育人类学分析》，硕士学位论文，西南大学，2006。

② 尹永华：《环境戏剧，傩戏，地戏》，《读书》2003年第4期。

③ 阳贤：《面具下的教育——贵州省安顺地区屯堡人地戏仪式的教育人类学分析》，硕士学位论文，西南大学，2006。

明代贵州卫所及屯堡人形成的两个维度

吴 斌

贵州历史上的一个重要时期——明代对贵州的经营显得十分突出和重要。在明代，出于军事需要，贵州被设立为一个独立的省级行政区。一个最显著的特点是，在明代，贵州的卫所和屯军数量众多，大大超过了周边许多省份，这也为贵州屯堡人和屯堡文化的形成打下了基础。研究屯堡文化史，就必须研究屯堡人的形成及其变化，通过现象发现其中的一些规律。毫无疑问，贵州屯堡人的形成是一个值得反复探讨的、有价值的话题，因为它会直接影响到贵州屯堡文化研究的方方面面。

一

关于贵州屯堡人的形成，研究者基本认定主要是明初为平定云贵的军事需要而大量用兵及世袭屯守的结果。

明朝洪武十四年（1381 年），朱元璋对据守云南的蒙元梁王把匝剌瓦尔密用兵。《明实录》记载："征南将军颍川侯傅友德、左副将军永昌侯蓝玉、右副将军西平侯沐英率大军由辰、沅趋贵州，进攻普定，克之。罗鬼、苗蛮、仡佬闻风而降。至普安，复攻下之。乃留兵戍守，进兵曲靖。"[①] 由此可见，明军主力进军云南的路线大致是沿着今天的铜仁、镇远、贵阳、安顺、兴义，最终到达云南曲靖的，还有一路由明将胡海率领的五万明军从四川叙永下乌撒（今贵州威宁）而来。洪武十四年十二月戊寅（二十八），明军破元梁王派遣的司徒平章达里麻在曲靖防御的十万兵。

明洪武十五年（1382 年）正月丁亥（初七），太祖朱元璋设立贵州都指挥使司。

① 贵州省民族研究所编《〈明实录〉贵州资料辑录》，贵州人民出版社，1983，第 21—22 页。

“置贵州都指挥使司，令平凉侯费聚、汝南侯梅思祖署都司事。置云南左、右、前、后、普定、黄平、建昌、东川、乌撒、普安、水西、乌蒙、芒部、尾洒一十四卫指挥使司。”[①] 七天后，朱元璋下诏傅友德、蓝玉、沐英：“比得报，知云南已克，然区画布置尚烦计虑，前已置贵州都指挥使司，然其地去云南尚远。今云南既克，必置都司于云南以统率诸军，既有土有民，又必置布政司及府、州、县以治之。其乌撒、乌蒙、东川、芒部、建昌之地，更宜约束其酋长，留兵守御，禁其民毋挟兵刃。至如霭翠辈不尽服之，虽有云南，亦难守也。其从征军士有疾病疲弱者，每卫每限十人百人，可先遣还。”[②] 朱元璋的安排可谓既细密又深谋远虑，在云南建立省级军区和行政区，分兵守御，控制各地土司酋长，对水西土司霭翠，则特别加以防范。而远征大军中，每卫的五千六百人里仅遣还百人以内，足见朱元璋为将云贵永久纳归王土而不放弃随时用兵的决心。这样的记录在《明实录》中屡见不鲜，而且朱元璋的谕旨发布频率很高，他常常对一个问题反复下达旨意。比如在洪武十五年二月丙寅（十六）的敕谕中说：“自将军南征，大军所至，势同破竹，蛮僚之地，次第底平。朕观自古云南诸夷叛服无常，盖以其地险而远，其民富而狠也，驯服之道，必宽猛适宜，事之委屈。”[③] 朱元璋并以史为鉴，举汉、唐、元诸朝平定云南的例子，告诫傅友德等人：“将军观此，可熟察其情，详慎处置，今之计非惟制其不叛，重在使其无叛耳。”[④] 朱元璋的谋略和决心，使他采取了与历朝不同的策略，在战事获胜后，他留下大军进行留守，并设置卫所及屯田，这些举措奠定了明清时期西南边陲的稳定大局。

洪武四年至洪武二十六年，明政府在现贵州境内共建有贵州卫、普定卫、普安卫、乌撒卫、尾洒卫、层台卫、赤水卫、平越卫、五开卫、安庄卫、兴隆卫、镇远卫、威清卫、平坝卫、龙里卫、新添卫、清平卫、都匀卫、平溪卫、清浪卫、偏桥卫、贵州前卫、古州卫、铜鼓卫等二十四卫。[⑤] 这些卫中，除镇远、平溪、偏桥、五

① 贵州省民族研究所编《〈明实录〉贵州资料辑录》，贵州人民出版社，1983，第23—24页。
② 贵州省民族研究所编《〈明实录〉贵州资料辑录》，贵州人民出版社，1983，第24页。
③ 贵州省民族研究所编《〈明实录〉贵州资料辑录》，贵州人民出版社，1983，第26页。
④ 贵州省民族研究所编《〈明实录〉贵州资料辑录》，贵州人民出版社，1983，第27页。
⑤ 翁家烈：《夜郎故地上的古汉族群落——屯堡文化》，贵州教育出版社，2001，第31页。

开、铜鼓、古州等六卫隶属湖南都指挥使司外，其余都归贵州都指挥使司统辖。而这二十四卫中，就有平溪、清浪、镇远、偏桥、兴隆、清平、平越、新添、龙里、贵州、贵州前卫、威清、平坝、普定、安庄、安南、普安等十七卫分布在由湘西南入黔东、黔中至黔西入滇的通道上。[①] 普定的位置非常重要，《黔南识略》卷四这样评价："黔省之咽喉为镇远，其脊背则安顺也。"[②] "平滇之功实始于安顺也。"[③] 而仅在普定一府，就设置了普定、安庄、平坝三卫，可见安顺在明初平定黔、滇之役中的重要性。而安顺也是目前屯堡保留最集中的核心地区。

现在可以提出的一个问题是，当时贵州二十四卫中，为何留下完整建筑和有关联的民居，只集中在普定一府三卫所在地区，而其余遍布省内主干线的军事屯堡为何大多消逝无痕了？有些学者对这个问题进行了解释，比如安顺卫所密集，军人及家属数量较多，明代屯堡军人与周围少数民族关系对峙，周边土司势力较小，地处滇黔驿道中部重要地区以及江南集团的整体性迁徙，等等。这些解释都有一定道理，但似乎又不能完全解释上述问题。贵州境内的军屯，基本上都具有上述的条件。放眼国内，明代在北方设置辽东、宣府、大同、延绥、宁夏、甘肃、蓟州、山西、固原九镇，称为九边。和安顺相比，九边是国之重镇，军事地位更加突出，驻军更多，军屯更是密集，而且延续不断持续到明朝灭亡，也没有留下屯堡聚落和显著的屯堡文化，原因何在？

二

可以说，屯堡人的形成，主要源于明洪武年间的"调北征南"政策以及后续不断的"调北填南"行动，这些政策与行动促成了屯堡人规模化的存在，并形成了初期屯堡人最核心的主体。在这个主体之下，屯堡人带来并长期保留了他们家乡原来

① 翁家烈：《夜郎故地上的古汉族群落——屯堡文化》，贵州教育出版社，2001，第 33 页。

② 贵州省文史研究馆编《续黔南丛书 第二辑 上册 黔南识略 黔南职方纪略》，贵州人民出版社，2012，第 47 页。

③ 贵州省文史研究馆编《续黔南丛书 第二辑 上册 黔南识略 黔南职方纪略》，贵州人民出版社，2012，第 44 页。

的生活习俗和文化传统。这些文化作为当时最先进的主流文化，屯堡人不断地坚守自己的生活方式和文化特征，形成了一个独特的文化共同体，后来不断迁入屯堡地区的各种各样身份的后续者都能自觉或不自觉地认可和坚守这个共同体。当然，屯堡人和屯堡文化并不是完全地静止不动的，这个共同体并不是完全封闭的，尽管它常常给人静止不动的、“活化石”般的印象。

关于屯堡人的来源，可以肯定的是他们主要由洪武年间的大军构成，但说这些军人全部来自原籍安徽凤阳府、南京应天府以及江西、湖广等地则值得进一步考证。实际上，明初就曾调遣大量山西籍的士兵分戍南方的贵州、云南、广西、广东等地。如果仅从现今屯堡人的家谱来作考证的依据，似乎也并不一定准确。由于年代久远、修家谱的时间和出发点不同，以及种种功利因素的影响，导致“郢书燕说”的现象并非不可能发生。明初用兵规模巨大，兵源不可能尽出于太祖的家乡附近，二百余万兵源不可能都是从龙之兵。值得一提的是，有学者通过研究指出，屯堡人的父系祖先可能是明初投降明朝随傅友德征南的蒙元太尉纳哈出的部属，而屯堡人的母系祖先，除一部分随军入关的家属外，就可能是和当地通婚的土著妇女。其理由是：安顺妇女的宽袍大袖、宽腰带和独特的凤头发型，不是江淮的凤阳装而是北方民族的传统装束；屯堡人的卷舌音和儿化音与南方口音差别甚大，特别是著名的俗语“得儿”(男阴)，更是南方所无，而北方的天津、北京、辽宁和内蒙古则有；洪武二十年受降的元太尉纳哈出所辖范围正好是今内蒙古东部、辽宁东北部、吉林西北部，这些地方既有蒙古族，也有女真及契丹人的后裔，他们在安顺娶妻生子，成为早期的屯堡人。还有一个较有意思的理由是：明末徐霞客游历贵州安顺时，在屯堡地区把屯堡人视为“苗”和“生苗”，并没有他乡遇故知的感觉。[①] 这些理由不能不说具有一定的说服力，而且对原来关于屯堡人主体是江南人的学界普遍说法具有颠覆性，此外，对于安顺的旅游开发和屯堡旅游的卖点也有潜在的影响。从学理上而言，这种开拓性的研究无疑是具有价值的，起码它拓宽了关于屯堡人主体由来的

① 陈训明：《三论安顺屯堡人主体的由来问题》，《贵州民族研究》2008 年第 1 期。

研究视野。其实，不管早期的屯堡人是以江南籍还是北方籍为主，在六百余年间，人口的迁徙和人口数量的变化一直都没有停过，这也在不断改变屯堡人的构成。据《明实录》宣德七年（1432 年）十二月戊戌（十三）载贵州按察使应履平的上奏称："今贵州都司各卫官兵，原调广西备御者万余人，后分两班，每岁更代，如宣德五年二月遣还五千余人，其中逃者二千八百有奇，今年亡匿辄取在卫者补之，明年亡匿又取在卫者补之，循以为常，殆见不数年后，贵州卫所军伍日空。迩者，军政虽闻清理卫兵，为见足备。且贵州诸卫城池二十有六，屯堡七百有余，山洞险阻，蛮人叛服无常，觇知守卒疏懈，辄乘虚劫掠境内，连岁被害，民不安居。"[①] 从应履平的奏折可以了解到，设立贵州布政使司后仅二十年，贵州各卫官兵逃跑的就很多，从广西遣返贵州的五千兵就逃走了一半以上，导致兵员缺乏。而且，贵州卫兵经常劫掠驻防区，导致民不安居。又如，正统八年（1443 年）正月辛亥（十五），广西总兵官安远侯柳溥上奏称："原调贵州操备官军因无都指挥统领，以致沿途逃亡数多，阙军调用。"[②] 弘治九年（1496 年）八月丁亥（十三），巡按贵州监察御史丁养浩上奏称："贵州有军无民，修造供馈，其费皆出于国。初，原额地田正数之外不下数万顷，军有流亡，田则具在。但为豪强兼并，宜令守臣清出，不必加赋，岁收余租发于各卫所，别建仓贮之。"[③] 这里的"民"是指汉族农民，由于缺民，加之兵丁逃亡，屯田被地方豪强兼并的现象也出现了。这种情况一直持续到明末，在天启安奢之乱期间，贵州总督蔡复一于天启五年（1625 年）六月庚辰（初四）上奏称："向因饷匮兵逃，一举蹉跌，而黔局又当从头做起……臣今春招募开垦至八月获稻，庶米价可平耳。屯愈广则兵费愈省，发额当缩，而克敌不待二年亦未可知。"[④] 可见由于战事不断，加上士兵逃逸，贵州不仅缺兵，也缺粮。地方官员和军事首长也在不断地扩大屯田规模并招募屯田的农民，这种招募的对象应该是当地原有的或迁移至当地的汉族农民，

---

① 贵州省民族研究所编《〈明实录〉贵州资料辑录》，贵州人民出版社，1983，第 225 页。

② 贵州省民族研究所编《〈明实录〉贵州资料辑录》，贵州人民出版社，1983，第 291 页。

③ 贵州省民族研究所编《〈明实录〉贵州资料辑录》，贵州人民出版社，1983，第 568 页。

④ 贵州省民族研究所编《〈明实录〉贵州资料辑录》，贵州人民出版社，1983，第 1258 页。

应该是开放性的招募。所以，安顺一代的屯堡也概莫能外。因此，关于安顺屯堡居民的由来应该还有许多补充，而不单纯是卫兵的后裔，也应该是不断补充的屯田者的后裔。而屯田者的构成就有可能极为复杂，包括卫兵、个体游民、家族或集团性迁入者、流放者、商贾等等，这些人中，有主动迁入的，也有被地方政府征召的，还有被中央政府派遣来的。在几百年间，这种流动从未停止。

三

明代卫兵逃逸的现象，并非个别或只呈阶段性，而是贯穿于有明一代二百七十六年的历史中。明代虽然疆域并非中国历史上最广阔的时期，但明代却是中国历史上非常重视军事功能的朝代，其军事建制较为完善，而且战争频发，连绵不断。首先，明代创立了独特的卫所兵制和边班制，以两百万军户世袭为特点。通过频繁的军事调动，如调北征南、调南征北、调东镇西等，不仅导致了人口的迁徙，也避免了军事藩镇的形成。但是，长途迁徙的军人颠沛流离，生活十分困苦，处境十分艰难。在这个背景下，军人的不断逃逸与流失十分普遍，成了一个严重的社会问题。“南北士兵彼此不服水土，南方之人死于寒冻，北方之人死于瘴疠……路难费巨，逃亡者多。”[①] 有学者通过研究指出，明代卫所兵丁承担着作战、御边、守城、屯田、漕运等职责，而且分工明确，职有所专，各个卫所守军、屯军的比例都有详尽的规定。明代中叶以后，土地兼并日趋激烈，卫所屯田制度开始遭到破坏，卫所军丁的身份开始模糊起来，他们不再是纯粹的军人。其职责和功用开始复杂化，出现了“军无定用”的现象，许多军人不堪杂役的重负而脱籍逃亡。明英宗时期，有的百户所剩余的兵丁仅有一人；正统年间，全国逃亡士兵有一百二十万人以上，占全国总兵额的二分之一；弘治时期，全国逃亡的军士占洪武时期的百分之六七十。宣德以后，军屯租税过于沉重，屯田的士兵无法承担，于是纷纷逃离。[②]

屯田士兵的大量逃逸，不但使明代的兵员总额锐减，军事实力降低，也使卫所

① 刘金祥：《明代卫所缺伍的原因探析——兼谈明代军队的贪污腐败》，《北方论丛》2003 年第 5 期。
② 刘金祥：《明代卫所缺伍的原因探析——兼谈明代军队的贪污腐败》，《北方论丛》2003 年第 5 期。

和军屯陷于困境。这对于贵州境内的卫所来说，是大气候下的小气候，概莫能外。据万历三十八年（1610年）六月二十日，兵部复贵州抚按官胡桂芳的条陈时称："贵州铜仁总镇标下有兵四千九百七十三名，三十年新增兵六百名，今云标兵仅三百数目，缘何互异，仍行查核，务要声说明白，毋得欺隐。"[①] 铜仁镇五千五百七十三名士兵，八年时间内逃跑了五千二百人，这个现象确实让人感到吃惊。明代士兵的不稳定状况竟然达到如此程度，而且贯穿整个明朝历史，即便是贵州也是如此。如果士兵逃逸，其家庭是否会一起逃走呢？根据明军户世袭制，逃走一人军户就得补充一人，"正军"跑了"军余"就得补上，看样子一个士兵逃跑，其家庭很可能会一起或相继逃跑，其他军户的家庭也可能跟着逃跑。早在景泰元年（1450年）二月丙子（初一），总兵官靖远伯王骥就上奏称："贵州奸狡旗军，畏惧征操，各携妻孥逃回原籍；又有千百户等官买嘱卫所，假作公差，在外延往。"[②]

这说明士兵逃跑往往是携妻带子举家逃回原籍的，而且军官们也经常借故住在军屯之外。天顺四年（1460年）六月己未（十四），巡按贵州监察御史郭本上奏："窃见逃军有自首免罪之例，往往逃回原籍，既遂所欲，辄于所司首告复卫，未几仍前再逃，有至三次者，乞令逃一次者免罪，二次、三次者问断发遣。"[③] 士兵逃回原籍，大部分是习惯性逃亡，由于第一次逃跑免罪，有的被遣返驻戍地后还会多次逃跑，所以官员才会建议对二次、三次逃跑的士兵要治罪遣返。这成了明代的一个普遍现象，所以，有人因此对现今的安顺屯堡人是明初屯军的后裔打出了问号。其实，这样的现象至少说明一个问题，就是明代贵州军屯的人员流动是非常频繁的，主要是士兵的逃逸和补充过程。比如说，天顺年间贵州都司所属龙里、清平等八卫新军多从湖广征募，但往往逃窜。[④] 这期间，不排除军屯因士兵流失而空虚，随后由政府招募士兵或农民自发迁入原来的军屯，导致军屯性质发生变化，逐渐由军屯向民屯、商屯过渡的现象出现。

---

① 贵州省民族研究所编《〈明实录〉贵州资料辑录》，贵州人民出版社，1983，第1082—1083页。
② 贵州省民族研究所编《〈明实录〉贵州资料辑录》，贵州人民出版社，1983，第328页。
③ 贵州省民族研究所编《〈明实录〉贵州资料辑录》，贵州人民出版社，1983，第418页。
④ 贵州省民族研究所编《〈明实录〉贵州资料辑录》，贵州人民出版社，1983，第418页。

贵州在整个明代战事频繁，除了明初用兵黔滇之外，大大小小的征伐在贵州几乎从未间断。无论是经常性地镇压仲、苗，平定吴面儿、林宽，还是永乐年间平定思州田氏、万历年间平定播州杨氏土司，或是天启年间平定安奢之乱，战争延绵不绝，明政府耗饷劳师，花费了巨大的人力、物力。可以说明代经营贵州，政府一直在付出沉重的军事和经济代价。而这一切，均是由于贵州地理位置十分重要。万历四十四年（1616 年）正月壬辰（二十一），兵部给事中熊明遇上奏言："国家漕运江南四百万，寄径于山东漕河一线，而滇池天表又寄经于贵州官道一线，譬如人身，京师颅也，山东喉也，贵州尻也，此其要害。"[①] 然而，贵州长期用兵，地贫民穷，一直被视为天下苦寒之地。所以，贵州府库空虚、官吏无俸、士兵无粮的现象经常存在："贵州荒僻之区，兼多反复，近苗仲剽盗如云，菅艾职官，燔烧村堡，商旅之匿几塞，而监司强半挂绶，藩臬两署几空，吏三年无俸，军五岁无粮，将终置此遐方度外乎！"[②] 村堡被烧，商旅绝迹，省库基本无钱，官吏三年没有俸银，士兵五年没有军粮，可以想象当时军屯的状况。时值万历年间，贵州还没有大的战争，士兵和官吏的处境尚且如此艰难，五年无粮，士兵及家属不逃亡都不可能，更何谈军事功能的完备。这就不难理解当大的战争来临时（如水西之役、播州之役等），明政府不得不调几省之兵，几乎是举全国之力来经营贵州了。

四

现在回到上面所提出的一个问题，即明朝在贵州境内设立了众多的卫所，计有二十四卫一百三十二个千户所及两个直隶千户所。超过了四川的十七卫二十三所、云南的二十卫二十八所及广西的十卫二十二所。按明军制，每卫有士兵五千六百人，每千户所有一千一百二十人，为何只有普定府一带的屯军及其后裔一直保留下来，并延绵至今呢？按每卫五千六百人计，理论上贵州二十四卫共有卫兵十三万四千四百人，而且明初贵州的卫兵由于战争需要往往不止每卫五千六百人，有的达到八九千

① 贵州省民族研究所编《〈明实录〉贵州资料辑录》，贵州人民出版社，1983，第 1104 页。
② 贵州省民族研究所编《〈明实录〉贵州资料辑录》，贵州人民出版社，1983，第 1104 页。

人，如果按这个上限来算的话，贵州卫军人数超过了二十万，加上“军余”和家属，成为一个庞大的数字。“明代军事屯田的生产组织是以‘屯’为基本单位，一屯有若干军人或若干军户。军户有1名‘正军’充役，还有辅助正军料理生活的1人，称为‘军余’或‘余军’。正军和余军均可携带家室，那么通过贵州军屯所带动的人口约有70余万。”[①] 但是，就像上面引用的种种记载一样，明代贵州卫兵的逃逸现象也十分严重。大部分卫所的士兵在明代的各个时期都逃跑掉了，特别是在明末孙可望和李定国抵抗清朝的战争中。在战乱中，士兵不是逃跑回原籍或其他相对平安之地，就是改变身份，变为普通百姓。到了清康熙年间废除卫所制度，军户的后裔更是彻底失去了身份，变为地道的农民。

普定府地处黔中腹地，处于滇黔交通要道之上，地理位置十分重要。因此，普定地区的普定卫、安庄卫、平坝卫下属屯堡数量多，呈密集分布。普定卫有七堡、七十八屯，安庄卫有九十六堡、一屯；平坝卫有四十三堡、一屯。据嘉靖年间记载，平坝卫有军户五千八百九十名，普定卫有军户八千八百六十四名，安庄卫有军户九千九百七十六名。[②] 屯堡如此密集，加上屯军及家属众多，安顺历来就是贵州屯堡最密集、居住人口最多的地区。这是历史沿革方面的原因，这个原因还不足以解释为什么它能留存一批完整的聚落沿袭至今，特别是它一样经历了明代卫兵的不断逃逸和改朝换代的历史变迁。

要寻找这个问题的主要答案，除了历史沿革和周边少数民族不如水西彝族和黔东北、黔东南苗族那么凶悍善战，以及没有处在明初以后贵州境内战争的主要区域外，最主要的原因是安顺易于耕作和居住的自然环境。从贵阳往西，出清镇进入平坝后，田畴延绵，河网密布，土壤肥沃，地势平坦，没有了贵州境内通常的高山大川，气候也温和湿润。这个地区是贵州境内最适合屯田垦殖的地方，加上明代军屯均是占据安顺交通线上土地最集中、地理位置最好的地区，要养活军队及家属，就相对容易得多，这样，这个地区不失为理想的居住地，与许多屯军的原籍相比，也

① 黄才贵：《独特的社会经纬——贵州制度文化》，贵州教育出版社，2000，第349页。

② 《贵州通志》卷四，明嘉靖刻本。

不会有太大的差异，在自然环境和人口密度上，甚至好过他们的原籍。在这种地区，士兵的逃跑可能会相应较少，即使士兵和其家属逃跑后，也容易招募新的屯军或者老百姓进入原垦区进行垦殖。在卫所改制之后，军屯也很容易变为民屯和商屯，不断地吸引人们进入。在这个前提下，这片在贵州自然条件最好、最易于居住和生存的土地，在明清两代均较有生机和吸引力，为贵州屯堡的首善之地。这也就不难理解几百年间，安顺屯堡地区为何人丁兴旺，教化兴盛，生机勃勃了。当然，这时的屯堡已失去了明初建立它的种种功能，嬗变为一个独特共同体生存的地方。

五

以上就明代贵州屯堡人的形成做了一些基本的探讨，未涉及屯堡文化的诸多特征和要素。科林伍德曾经指出，历史学像神学和自然科学一样，是思想的一种特殊形式。科林伍德的历史观有以下几个原则，即有关历史思维的性质、对象、方法和价值的观念。按照科林伍德的理论，一切历史包括文化史都是思想的历史。无论这一理论会招致多么大的臧否，但它无疑拓宽了历史研究的思维空间，因为科林伍德回答了一个基本问题，就是“历史学是为了人类的自我认识”（柯林武德《历史的观念》）。换句话说，历史研究是一种手段，研究历史是为了观照现在和未来，它让我们知道人们从哪里来，做了什么以及在什么环境下做的，当时人们的思想观念，等等，对现实具有相当的参照性和干预性。

贵州屯堡文化史研究无疑也具有这样的现实意义。然而，诸多问题显而易见，其中包括对屯堡文化研究的方法、角度和视野的选择，以及对最根本概念的确定与解读。同时，还有这一文化现象作为一个文化共同体在数百年间的缓慢流变，以及影响这种流变的内在和外在因素。特别是，我们需要探索其传承的动力和轨迹是否存在规律，以及如果存在，这些规律对现今屯堡文化的命运有何积极或消极的影响。此外，这一特殊时代和地域产生的文化现象在全球化的今天究竟具备何种价值和参照意义，也是我们研究的重点。对于现今研究这一特定文化，我们是否应该开拓新的维度与空间，这同样值得深入探讨。

从明代滇、黔移民特点比较看贵州屯堡文化形成的原因

古永继

近年来，贵州屯堡文化已成为学术界的一个热门话题，相关研究成果堪称丰富。明代内地汉族移民大量迁入西南，对当地社会发展影响巨大。滇、黔两地同属云贵高原，自古以来即渊源深厚、风气相通，在地理、民族上浑然一体，政治、经济、文化关系密切，各方面相似之处甚多，然独具特色的屯堡文化何以仅见于黔中安顺一带？贵州学界同仁关于屯堡文化的产生已有诸多论述，笔者在此不揣浅陋、冒昧置喙，亦通过对明代滇、黔两地移民特点的比较，试从不同角度对屯堡人及其文化的成因做些补充。

一

历史上的云南，战略地位重要。唐宋时立足于此的南诏、大理，曾一度使中央王朝大感头痛。元蒙灭亡南宋，采取侧面迂回、南北夹击的方式，先从西北绕道四川攻灭大理国，再以其为基地进行“斡腹”包抄，最后灭亡南宋。从1244年的试探性进攻、1253年攻占大理、1279年南宋彻底灭亡，到后来元王朝与东南亚国家的交往和对其用兵中，云南都发挥了其他地方无可比拟的基地和桥头堡之重大作用。故朱元璋从明王朝建立伊始，即十分重视云南，对明军平定云南及收服当地民族首领的步骤、方略都亲自制定，遥控指挥。永乐时明廷将贵州单独置省，使其成为全国十三布政司之一，也是为了保障自湖南经贵州入云南通道的畅通无阻，全力巩固云南政局和疆域的稳定。明代通过各种方式向滇、黔两地迁入大量外地移民，其中，仅常驻留戍军士，云南即达15万，而贵州则达16万至20万之多；两地在移民的地

区来源（江南、东南各省）、民族构成（汉族为主并有部分回族）、人员组成（军士、官员、平民、罪犯、商人）等方面都基本相同[①]，但在移民的分布和影响上却不完全一致。

滇、黔两地为多民族聚居区，土官土司众多，经济文化落后，其社会发展途径及中央王朝对其实行的羁縻政策，长期以来均与内地大相径庭。滇、黔两地多山多水，大小盆地构成的坝子成了当地经济发展的主要支撑点。云南坝子较多且面积稍大，约占全省总面积的6%，条件较好。贵州坝子较少且面积狭小，仅占全省总面积的3%，条件较差，明代即有“天无三日晴，地无三尺平”“山多田少，地瘠水冷，刀耕火种，子粒秕细，鲜有收获”的说法。

明代移民在云南的分布，主要在滇池周边的云南府，洱海边的大理府，及澄江、楚雄、曲靖、永昌等地，涉及面相对均衡和广泛。这些地区多丘陵平坝，河流纵横，自然条件优越。明初以前，尽管当地世居民族占据主导地位，但自汉代以来，特别是经过南诏、大理时期的经营，以及元代建立行省后的开发，不少地区的封建制经济已有一定规模，其经济、文化发展达到了相当水平，成为省城以外各府州地区的经济文化中心。这些构成了云南社会整体发展赖以存在的重要条件和基础。云南外来移民的定居方式以城镇屯聚和坝区屯田为主，其特点为军屯与夷村交错、汉人与夷民杂居。移民虽携先进的文化和生产技术而入，但在城镇坝区内，这些移民和当地少数民族的差别并非悬殊，因而在相互交流、学习和融合的过程之中，不同民族、不同文化之间较少产生剧烈的排斥和冲突。外来移民与当地民族间的交流融合整体上呈双向性发展，在一些地区，人数较为集中的汉族移民在与当地民族的交往融合中占据主导地位，一定时期内能保持自己的某些特点而不消失，并使当地民族中不少人逐步走上汉化道路。如永昌府一带，明初江南人迁居此地，“故其习尚与江宁相仿佛，是以号小南京……语言服食仪礼气习，大都仿佛江南”；临安府，“士秀而文，崇尚气节，民专稼穑。衣冠礼度，与中州埒”。而人数较少且居住于传统少数民族聚

① 古永继：《元明清时期云南的外地移民》，《民族研究》2003年第2期。

居地的部分汉族移民，则往往被融合于当地民族之中。如乾隆《丽江府志略》记载，明代在内地与丽江的连通道路上设立了23个哨所，每个哨所驻有2至3个哨兵或哨民。然而，这些哨所在清初顺治时期被裁撤。值得一提的是，到了明末，这些哨兵或哨民全都改姓纳西族姓氏“和”。此为汉族融入当地少数民族中的典型事例。

另外，汉族移民为适应风土气候，在世代定居中也在不断吸取当地文化的营养而改造着自己，从而使云南汉族与内地各省汉族逐步形成若干差异。如明代云南汉族人居住瓦房，“各省止用板瓦，此中（云南）用筒瓦，以南中多风也”；雨天云南汉族人习惯戴以笋壳制作的斗笠，喜食“蒜脍”，并且在交易中多用海贝，这些习俗都是受当地少数民族影响的结果。清初的蒙化地区，当地少数民族“男妇以青布蒙首，体掩羊皮”，城镇汉人受其影响，“亦多效之”等等。这种状况，与其他移民地区的表现特征大体一致。

明代贵州移民的分布和影响，则有着自己的不同特点。

元代贵州分属四川、云南、湖广三省管辖，明王朝建立10余年后，云南仍为残元梁王势力所盘踞。贵州地当西南要冲，成为内地进入云南的咽喉要道，战略地位十分重要，“云南、湖广之间，惟恃贵阳一线；有云南，不得不重贵阳”[①]。欲长久控制西南，必先巩固云南；欲巩固云南，必先稳定贵州。因此，洪武中期傅友德、蓝玉、沐英率30万大军平定云南后，朱元璋即令其务必消除贵州的不安定因素，否则如当地土司不尽服之，“虽有云南不能守也”[②]。故明军从入黔开始，就在其辖区内尤其是从湖南经贵州东、中、西部直达云南的通道一线普遍设置卫所，并派驻重兵防守。永乐时，明廷将贵州单独设省后，更进一步加强了对贵州的控制。有明一代，明廷在贵州境内先后设置了贵州卫、贵州前卫，以及永宁、普定、平越、乌撒、普安、赤水、威清、兴隆、新添、清平、平坝、安庄、龙里、安南、都匀、毕节、敷勇、镇西等共计20卫，如加上当时地属贵州而兵辖于湖广都司的偏桥、平溪、镇远、清浪、铜鼓、五开六卫，以及万历时于遵义所设威远，则共有27卫。各卫下设所、

① 顾祖禹：《读史方舆纪要》，商务印书馆，1937，第4769页。

② 张延玉等：《明史》第六册，李克和等点校，岳麓书社，1996，第4666页。

屯、堡等，形成大大小小的军事据点，分布各地，而大多集中于自湖南经贵州出入云南一线的交通要道及附近城镇，贵阳以西安顺一带则为重中之重。这些地区“汉多夷少”，汉族人口超过了少数民族人口，其他则多属“汉夷杂处”或“夷多汉少”地区。这较之于云南移民在云南全省的分布相对均衡且广泛具有很大差别。

从汉族移民在贵州的影响看，大部地区与云南无异，即移民与土著民之间相互影响，交通沿线及城镇附近地区以汉化为主，偏僻地区也不乏被“夷化”之人。唯独贵阳以西的安顺一带独树一帜，汉族移民与周边民族界限分明，至今尚存留着既保持原本家乡习俗而又具有某些地方特点的移民后裔群体“屯堡人”。屯堡人的生活习俗世代相传，不仅语言和服饰长期保留明代的特征，而且有演地戏、跳花灯、抬汪公、祭五显等习俗。在婚姻丧葬、建筑风格上，他们也保持了古代遗风。这些独特的元素共同构成了屯堡文化，使其与贵州其他地区、后来进入的汉族以及当地民族的文化形成了鲜明的对比。屯堡文化傲然屹立于六百余年，堪称西南乃至全国移民文化中的一个奇迹。

二

对屯堡人的产生和屯堡文化的成因，近年来贵州学界同仁多有探究。或认为：1. 主观条件上，同一区域的人，在同一时段内，以同一身份集团性地长期移住到同一个新的区域内，原籍文化自然地形成定式。2. 客观条件上，重兵屯戍，卫所屯堡分布密集，土司与卫所官军产生摩擦，争战次数少、规模小、时间短，屯军及后之屯堡人的损失、流散不多；屯军势力强大，土司势力弱小，使屯堡社区相对来说未出现剧烈的根本性变化和深刻动荡。[①] 或认为：1. 屯军后裔对贵州本土文化缺乏认同感，对贵州的地域人文环境极不适应，又有来自经济文化相对发达的江南地区及征服者的优越感，使其不可能很快与当地土著民族融合。2. 严酷的环境压迫。自然环境方面，屯军所处地域，土地贫瘠，大都为喀斯特地貌；社会环境方面，屯军处于少数

① 翁家烈：《屯堡文化研究》，《贵州民族研究》2001 年第 4 期。

民族包围之中，从而使屯堡人长期封闭自身，受外部影响较小，文化传承较为单一。屯堡文化是文化封闭性的典型表现形态。[①]或认为：1. 历史上相对特殊的人文环境是外部因素。2. 屯堡区域结构的特殊性（屯堡密集、封闭，婚姻单一）是基础。3. 共同的祖先崇拜是根源。[②]或认为：以征服者的姿态出现的屯堡人，既不愿（也难以）融入当地民族之中，也得不到后来汉族移民的认可，他们身上同时体现了自尊和自卑的复杂心态，从而对外封闭、对内开放，形成了一个有着共同文化和心理特征的有凝聚力的屯堡族群和文化网络[③]，等等。

这些看法角度不一，有的确为真知灼见。但明代滇、黔两地的移民共同之处甚多，上述中的某些因素云南及贵州不少地区也同样存在，而为什么类似的屯堡人及其文化不见于云南而仅出现于贵州安顺一带？

笔者认为，除了以上所言外还应有其他原因，即明统治者对滇、黔移民的目的和任务不同，两地移民的类别及数量不同，滇、黔两地社会和自然条件不同，而安顺一带又比其他地方更为特殊，以致移民定居后为完成不同的任务和适应周边环境而走上了不同的发展道路。

明代云南的移民构成多样，除军事留戍、部分谪迁流放和自发流入者外，还包括在“移民就宽乡”政策下由官府强制迁入的大量行政移民。这些移民广泛分布于云南省内腹地，他们在军屯之外创建了相当数量的民屯，同时，在卫所之外也形成了不少外来移民定居点。“高皇帝既定滇中，尽徙江左良家闾右以实之；及有罪窜戍者，咸尽室以行。故其人土著者少，寄籍者多。”[④]洪武十七年（1384 年），即“移中土大姓以实云南”[⑤]；洪武二十年（1387 年），“诏湖广常德、辰州二府，民三丁以上者

① 黎铎：《融而未合　分而未化——从屯堡文化看文化个性的形成》，《遵义师范学院学报》2002 年第 1 期。

② 桂晓刚：《试论贵州屯堡文化》，《贵州民族研究》1999 年第 3 期。

③ 吴羽：《屯堡文化的时空建构》，《安顺师范高等专科学校学报（综合版）》2004 年第 3 期。

④ 见谢肇淛撰《滇略》卷四。

⑤ 见谢肇淛撰《滇略》卷四。

出一丁，往屯云南”[①]。有的百姓丁壮迁至云南后，往往被分派于要害地方，他们转变身份，成为卫所镇戍和屯田的军士。如洪武二十三年（1390 年），以平夷（治今云南富源县）地当“南北要冲，四面皆蛮夷部落，必置卫屯田镇守。乃命开国公常升往辰阳集民间丁壮凡五千人，遣右军都督佥事王成、千户卢春统赴平夷置卫”[②]。入滇外来移民的总体任务是巩固边防、稳定统治、提供赋役，积极融入当地社会，发展当地经济文化，最终达到“以夏变夷”的目的。这就迫使分布于各地的庞大移民群体不得不同杂居错处的当地民族打交道，从而在客观上推动双方相互之间的交流、学习及融合，使双方在政治、经济、文化上产生密切联系。这样，云南移民不可能将原籍带来的习俗特点长期完整地保留下来而形成特殊的独立文化。贵州可耕之地不多，并非条件优越的“宽乡”之地，官府安置移民的目的，主要是保障自黔入滇道路这一关乎西南安宁的生命线的畅通，稳定明王朝在西南地区的统治，因而并不要求他们为封建国家创造多少财富。这就决定了贵州移民中的绝对数量只可能是军事移民及其家属，其次是谪迁流放以及在各种原因下进入的自发流移者。

问世于清代、民国间的地方文献中，可见到一些有关明代滇、黔移民而让人感到困惑的说法。云南如清末吕志伊、李根源辑《滇粹》中作者佚名之《云南世守黔宁王沐英传附后嗣略》一文，即言明初镇守云南总兵官沐英在洪武二十二年（1389 年）冬入朝还滇时，“携江南、江西人民二百五十余万入滇”而安置于省内各府，“并奏请移山东、山西、江西富民六十余（万）（户）以实滇”，次年又奏请“移湖广、江南居民八十万实滇”，均被批准；沐英先后镇云南 10 年，“移民至四百余万”，后来其子沐春镇滇 7 年，“再移南京人民三十余万”至云南。[③]沐英父子多次努力，使外省移至滇的人前后有 430 余万人之多，此说为明代任何史籍所不载，但后世人们却乐于称引。而据《明史·地理志》所载，云南全省不包括军户及当地未入籍民族在内的编户人口，洪武二十六年（1393 年，即沐英去世次年）仅为 25.9 万余人，最

① 见《明太祖实录》卷一百八十六。

② 见《明太祖实录》卷二百一。

③ 见吕志伊、李根源辑的《滇粹》，光绪三十五年铅印本。

高峰时的万历六年也不过147万余口。另据今人研究，明代云南的总人口数，极盛时在350万以上。[①] 如《滇粹》之言可信，仅沐氏父子便使如此多的外来移民迁入，加上官方其他途径的迁徙，那明代云南的人口史就得重写。

贵州也不乏类似记载，如民国《续修安顺府志》对明代入黔移民即有“调北征南”“调北填南”之说，并言洪武时“徙江南巨族号称二十万人入云贵两省，是为今日云贵两省诸氏族之始祖”，等等。[②]“征南”“填南”，一指军事，一系民事，在性质上有重大区别。从语法角度讲，“征南”“填南”二者是动作行为“调”的施行者，应为同一主体。大批军队在中央部署下的南下进军自可说是“调北征南”，而大量内地百姓被官府统一征调南来，也才能称为“调北填南”。但稽诸明代史籍，“征南”确实不假，与众多留戍军士相关的史料即可印证；“填南”即如云南一样，由官府强制征发的批量民间百姓，则十分罕见。为圆此说，现在人们或把军事途径之外的其他各类零散移民归于“填南”行列，如谪迁、游宦、避难等[③]；或干脆把包括留戍军士在内的所有外来移民行为都统称为“调北填南”[④]，着实令人费解。明代贵州方志曾记载有关当时的移民状况，言省内“各军卫徙自中原……重以江右川湖贩商、流徙罢役逋逃”。而具体到各地则有差别：贵州布政司宣慰司，“郡人多中州之迁谪”；都匀府，“郡人皆自中州迁谪”；程番府，“郡多江西、川湖客民杂处”；黎平府，“军民死于锋刃者十之七八，后渐招集流亡，种植树艺”；普安州，“郡城军民多自中州迁戍”；龙里卫，“卫人多楚、越、吴、闽之裔”；安庄卫，“卫士卒皆中国之人”；兴隆卫，“卫之士卒来自湖湘，宗族交待从戍”；安顺州，“州民皆龙家夷类，多张、刘、赵、谢四姓”。[⑤] 这表明，构成明代贵州外来移民的主体是留戍的军士，其次是谪迁者（军民中也有相当部分属充军谪迁），再次是零星的商贩、逃亡罪人，以及某些地

① 路遇、滕泽之编著《中国人口通史》，山东人民出版社，2000，第751页。

② 民国《续修安顺府志》卷四，一九八三年排印本。

③ 俞宗尧、帅学剑、刘涛志：《屯堡文化研究与开发》，贵州民族出版社，2005，第17页。

④ 吴羽等编《安顺屯堡史料类编》，2004年贵州省哲学社会科学规划项目，第181—182页。

⑤ 沈庠修、赵瓒等：《弘治〈贵州图经新志〉》，赵平略等点校，西南交通大学出版社，2018，第190页。

区兵燹之后优惠招徕的补充人口，还有部分早已居黔的明代以前移民后裔等。

从明代的史料中我们可看到，当时的贵州境内，除军队之外，编户在册且可提供赋役的“民户”人口并不多，因此导致官府的日常开支难以自给，须长年仰赖朝廷从省外进行调配。弘治九年（1496 年）八月，巡按贵州监察御史丁养浩即奏言：“贵州有军无民，修造供馈，其费皆出于国。”① 嘉靖二十八年（1549 年）四月，普安卫安南所屯军李昂等聚众行劫拒捕 7 年后年被擒，巡抚贵州御史高羽中报功时称：“贵州军民鲜少，多系江西川湖流民侨居生事，宜申明保甲以稽土著。”② 在有的记载中，军队之外的汉人更是“稀客”。万历时王士性即云：“其开设初只有卫所，后虽渐渐改流，置立郡邑，皆建于卫所之中。卫所为主，郡邑为客，缙绅拜表祝圣，皆在卫所。卫所治军，郡邑治民，军即尺籍来役戍者也。故卫所所治皆中国人。民即苗也，土无他民，止苗彝。然非一种，亦各异俗，曰宋家，曰蔡家，曰仲家，曰龙家，曰曾行龙家，曰罗罗，曰打牙仡佬，曰红仡佬，曰花仡佬，曰东苗，曰西苗，曰紫姜苗，总之盘瓠子孙……所治之民，即此而已矣。”③ 这都说明，明代贵州的外来移民，并不存在如同云南一样有过大批被官府统一安排的迁入者；除军队及家属以外，其他汉族移民的进入是一个长期、缓慢和复杂的过程，数量也少得多，绝非简单一句话语所能概言。后人所谓“调北填南”，其实是缺乏史实支撑下有违科学的笼统含混说法；而“徙江南巨族号称二十万人入云贵两省”云云，入滇有之，入黔则无确实依据。

此外，清道光《安平县志》卷二《地理志》载：“洪武二十三年庚寅闰四月，以卢唐三寨及金筑府地置平坝卫……以宣德侯长子金镇袭指挥职，世守其地。于时苗夷远窜，地广人稀，诏以湖广长沙等处余丁，三户抽一，以实其地，分隶五所，列十五屯，总其权于指挥。仿唐兵之制，有事征调，无事戍守，屯田耕种，自食其力。”此为贵州历史文献中有关明代民间移民难得一见的资料，人数想来不少，但也

---

① 见《明孝宗实录》卷一百十六。

② 见《明世宗实录》卷四百七十一。

③ 王士性：《黔志》，张新民点校，贵州人民出版社，2010，第 9—10 页。

得不到明代史料的支持。《明实录·明太祖实录》云：洪武二十三年（1390 年）闰四月壬辰，“置平坝卫指挥使司于贵州威清卫，以金镇为指挥佥事领兵守之”。《明实录》记载简单得多，且无自湖广移民的说法。查《明太祖实录》，在此稍前还发生一事：洪武二十三年四月，“改平夷千户所为平夷指挥使司。上以云南列置戍兵，平夷尤当南北要冲，四面皆蛮夷部落，必置卫屯田镇守。乃命开国公常升往辰阳集民间丁壮凡五千人，遣右军都督佥事王成、千户卢春统赴平夷置卫”[①]。平夷卫、平坝卫，两者分处滇、黔而名称相近，设置时间相近，辰阳（今湖南辰溪一带）亦地属湖广。笔者怀疑平坝卫实无迁徙平民之举，上述记载极可能为清代《安平县志》的纂修者将两者混淆，张冠李戴，将平夷卫移民安到了平坝卫头上。

另一方面，贵州自然条件复杂，社会总体发展落后，不少民族尚处于农奴制阶段。洪武十五年（1382 年）明军始平定云南，朱元璋即令征南将军傅友德告诫士卒慎勿逃亡，否则“逋逃者既入蛮地，不复能出，盖非蛮人杀之，则必为禁锢深山，使之耕作”[②]。此种现象，在今川、滇、黔交界彝区一直延续到近代。与此同时，贵州许多地方长期与外界隔绝，一直是内地封建统治的空白，当地民族对陌生的外来文化和官府强权政治下的压迫剥削抱有极大的恐惧和反感，不时与之发生矛盾和冲突。正统八年（1443 年）八月，贵州宣慰使司贵竹等长官司，水西寨头目永则、阿克等即奏言：“贵州荒服之地，不通中国。自国朝开基，始创军卫，建置州县。彼时苗蛮虽被新化，终染旧习，时或梗叛，谋陷城池，焚烧驿传，劫掠乡村，军民不得安生。”[③]各地设置卫所、开展屯田不但挤占大量原本不多的平畴沃土，某些卫所官军的胡作非为、鱼肉乡民，更是促使社会矛盾不断激化。同年云南总督军务兵部尚书王骥等上奏：“贵州地方，诸种蛮夷所居，各卫所官军欺其愚蠢，占种田地，侵占妻女，遂至不能聊生，往往聚啸为盗。”[④]这必然导致更多的反抗，当地民族攻打屯堡城

① 见《明太祖实录》卷二百一。
② 见《明太祖实录》卷一百四十七。
③ 见《明英宗实录》卷一百八。
④ 见《明英宗实录》卷一百一。

镇、击杀官军的事件时有发生，明末万历时即出现“通路官商不敢往来，屯堡军民不敢出入，贵州数百里之境顿成盗薮”[①]的现象。清代有人指出，贵州自建省以来，终明之世，“蛮彝土贼叛者三十有二，中间围省城、陷府州县卫者十有四，杀巡抚藩臬、道府州县总兵、参将、指挥、都司、守备等官先后百有余员”[②]。这仅是对贵州全省各地民族反抗官府重大事件的概括总结，其他中、小事件则更多。而素有“通滇要区，黔藩咽喉”[③]之称的安顺，形势更不容乐观。首先，该地特殊的地理位置和复杂的地质地貌决定了其战略地位的重要性和特殊性，明王朝在此屯戍重兵，仅普定卫即设7堡、78屯，安庄卫96堡、1屯，平坝卫43堡、1屯。[④]屯堡分布之密集，在贵州全省都属罕见。其次，当地民族的反抗斗争自明初以来即连绵不绝，仅普定卫西堡长官司土司，即先后于洪武二十六年（1393年）、洪武三十一年（1398年）、宣德二年（1427年）、天顺四年（1460年）、成化十四年（1478年），多次联合邻近“蛮贼”“杀掠人财”“烧劫屯堡，聚众作乱”，[⑤]近百年间难以安宁，官府每次都须出动大批兵力，耗时数月甚至数年才能将其平定。特别在明末天启、崇祯间水西彝族土司安邦彦叛乱中，当省城贵阳遭受重创时，相邻的安顺也未能幸免，平坝卫城即两次被围攻多日，最后虽力御得全，但周边“四乡杀掠几尽”[⑥]，生命财产损失惨重。屯堡移民与当地民族间的交往如此掺杂暴力和血腥，关系自然难以和谐。从现存各地屯堡民居特有的厚重石墙及冷峻的箭孔枪眼之中，我们即不难想见当年战争攻守时双方厮杀的呐喊及硝烟散后的惨烈画面。长期生活在此条件下的屯堡军士与当地民族之间，究竟又会有多少相互交流、来往及融合的机会和可能？

---

① 见《明神宗实录》卷四百十四。

② 蓝鼎元撰《鹿洲初集》卷十一，清雍正十年刻本。

③ 见《明熹宗实录》卷三十九。

④ 范增如：《明代普定卫戍屯官兵原籍考——兼谈“十八指挥定黔阳”》，《安顺文艺》2003年第2期。

⑤ 见《明太祖实录》卷二百二十九和卷二百五十六，《明宣宗实录》卷三十四，《明英宗实录》卷三百二十三，《明宪宗实录》卷一百八十三。

⑥ 陈廷棻、陈楷：《平坝县志》，江钟岷修，政协安顺市平坝区委员会点校，贵州民族出版社，2021，第735页。

三

综上所述，笔者认为，由于客观条件的局限和制约，明代的贵州不存在大批被官府强制迁入的行政移民，即便偶有类似行为，人数也不会太多，从而导致军队与当地民族之间缺乏大量普通汉族百姓充当双方交往的润滑剂和联系桥梁。相较于云南，这对于促进各民族正常的交流往来、消除隔阂、推动民族融合及经济文化的发展而言，显然不在同一起跑线上。在此情况下，当地民族长期依附的自然是各级土司而非汉族官府，与屯堡移民之间在思想意识及行事作为上一直存在着巨大的鸿沟和差距。屯堡移民在完成护路任务的同时，面对恶劣的环境必然寻求自我保护及随时调节自我适应机能，安顺一带的自然和社会条件则更刺激和加强了移民的自我防卫和封闭性意识，从而在同一外来民族、同一经济方式、同一文化基础之上培育起有异于当地民族及后来汉族移民的特殊“亚民族群体”，形成一个个在当地民族环绕之下的移民孤岛，在各种因素的促成之下最终形成了延续至今的屯堡人及其文化。我们如果从更开阔的视野上来看待这一问题并进行相应比较，同时廓清人们在有关明代贵州移民问题上的某些误解和认识，相信对于进一步加强和完善屯堡文化的探讨和研究，将具有积极的价值和意义。

试论贵州屯堡文化

桂晓刚

位于贵州省中西部的安顺，集中居住着一支有着独特文化背景的汉族群体——屯堡人。他们在语言、服饰、建筑和一些节日文化及习俗上，都与今周边各民族（包括汉族）有着迥然不同的特点，形成了一种独特的文化——屯堡文化。

一、屯堡人形成及其文化表征

“屯堡人”这一称谓最早出现于民国年间的《平坝县志》：“屯堡者，屯军住居之地之名也……迨屯制既废，不复能再以军字呼此种人，惟其住居地名未改，于是遂以其住居地名而名之为屯堡人。”[①] 此外，各种地方史籍对屯堡人有各种不同的称呼。例如称之为“屯军堡子”，清《安顺府志》：“郡民皆客籍。惟寄籍有先后，其可考据者，屯军堡子皆奉洪武敕调北征南。”[②] 或称之为“凤头苗”，《贵州通志·土民志》载之“凤头苗，惟安顺府有之。此族原系明初征苗来黔，其始祖皆凤阳人也，女子绾髻于顶，与各苗迥殊，俗以凤头苗目之。其习俗多与汉族人同”。[③] 其他如《黔南职方纪略》名之为“屯田子”“凤头鸡”，安顺府“民之种类，于苗民之外，有屯田子、里民子，又有凤头鸡，凡此诸种，实皆汉民”。[④]《镇宁县志·风俗》称之为“凤头籍”，“屯堡人，一名凤头籍……相传明沐国公征南，调凤阳屯军安置于此”。[⑤] 此外，今汉族民间又称之为“堡子”“大脚”。上述各种称谓，追溯其渊源都与明初朱元璋在

① 见民国《平坝县志》，民国二十一年铅印本。
② 见《安顺府志》卷十五，清咸丰元年刻本。
③ 见民国《贵州通志》，民国三十七年铅印本。
④ 见道光《黔南职方纪略》卷一，清道光二十七年刻本。
⑤ 见民国《镇宁县志》卷三，民国三十六年石印本。

贵州军事经营密切相关。

明王朝建立后，元朝的残余势力梁王把匝剌瓦尔密仍盘踞云南，不愿归附。为了达到经营西南边疆、重点控制云南的目的，朱元璋于洪武十四年（1381 年），命颍川侯傅友德为征南将军，永昌侯蓝玉、西平侯沐英等为大将，统率三十万明军征讨云南，同年十二月取得胜利。云南平定后，朱元璋又谕傅友德等："比得报，知云南已克……至如霭翠辈不尽服之，虽有云南，亦难守也。"[①] 为了使经营西南的战略目标得以实现，明王朝在西南地区大量设置卫所。

安顺是素有"黔之腹、滇之喉"之称的军事战略要地。安顺经营得当，一方面可"右临粤西，左控滇腹"，另一方面隔鸭池河拥兵威服，扼控水西安氏向黔中发展的咽喉要地，所以安顺在明政府中享有"黔之脊背"的美誉。明洪武十五年（1382 年），明廷在贵阳置贵州都指挥使司，使其统领十八卫、二所，其中贵阳以西的六卫（即威清卫、平坝卫、普定卫、安庄卫、安南卫、普安卫）就有威清、平坝、普定、安庄四卫的治所在今安顺境内。随着卫所的大量设置，军士们奉命控扼要地，广开屯田以自给，这批屯军及家属（按明制，军队可携带眷属，所谓"佥军"）从此落籍贵州安顺一带，他们构成了屯堡人的最早来源。

除了史志的记载之外，一些屯堡人后裔修撰、保留的家谱，同样印证屯堡人的历史来源与明初在贵州的军事行动有着直接关系。例如安顺市大西桥镇九溪村的《顾氏宗谱》载："始祖成公，由前明洪武二年，奉敕征讨滇黔，授征南都指挥之职。躬膺王命，统率王师，自吴来黔，其后平服黔地有功，封镇远侯进征南将军，遂久镇南疆……聚族于此邦者十三府。"又有安顺市七眼桥镇雷屯村的《雷氏族谱》（修于道光年间）载："洪武二年随卫国公常（遇春）奉旨南征，洪武十四年又随颍川傅统领带兵平贵州，留守镇宁卫……洪武十八年奉之调征兴义五属一带，开通滇道……被箭伤左膀阵亡……因我祖来黔屯兵守此地，故名雷屯。"

据此，可以判断，明初在安顺军事屯田的军民，是现今屯堡人形成之渊源。但

① 见《明太祖实录》卷一百四十一。

是构成现今屯堡人群体的不能仅仅简单地归于明初屯军的后裔，他们还包含了大量以其他方式进入屯堡区域的移民。因为从明初迄今六百余年的历史中，其间军屯的兴衰、人事的更迭、王朝的变换，不可能使当时的社会组织结构和人员构成完整地演化至今。

明初卫所的设置和军屯的兴起，主要是为了保障军力，镇压当地各族人民的反抗。由于军屯要占据大量的良田沃土，这必然会激起当地少数民族人民的反抗，加上卫所军官多倚仗权势对辖区内少数民族施行残暴统治，鱼肉所辖军户，更激化了矛盾。据《明实录》记载，正统六年（1441 年），行在户都员外郎高佑奏："又贵州、云南二都司并各卫所军职官员，不思保障军民，科敛土官、土民财物，以致逼迫非为。"正统八年（1443 年）云南总督军务兵部尚书靖远伯王骥等奏："贵州地方，诸种蛮夷所居，各卫所官军欺其愚蠢，占种田地，侵占妻女，遂致不能聊生，往往聚啸为盗。"① 在这种状况下，各族人民反抗及攻打屯堡致使军户逃亡的事件屡有发生。明代此类有规模的少数民族反抗屯军事件有二十余次，平均十三年半即有一次。此外，当时这种外部环境压力，导致了明中后期以来大量屯田军户外逃，对此《明实录》也有不少记载。如景泰三年（1452 年），总督湖广、贵州军务右都御史王来奏："湖广、贵州只被苗贼所耗，军民疲惫极甚，其军职尚不警惕，公行贫虐，士卒受害，往往逃避。"② 同年，贵州按察使王宪奏："贵州卫所、站、堡、旗、甲军人，往往逃亡，十去八九。"③ 成化六年（1470 年）八月，巡抚贵州右副都御史秦敬奏："贵州旧设二十卫所军十四万五千四百有奇，分除屯田之外，守城支粮者仅万五千人，后因减其月粮，逃之愈多。"④ 针对军户大量外逃所造成的卫所废弛、屯田荒芜的现象，明政府只能不断征调民户以填补空缺，如嘉靖癸丑年（1553 年）贵州巡抚都御史刘大直上奏："临境目击凋敝，因令各省清查前荒田地，招集军民流离诸人芟岁耕

① 见《明英宗实录》卷一百一。
② 见《明英宗实录》卷二百一十二。
③ 见《明英宗实录》卷二百二十五。
④ 见《明宪宗实录》卷八十二。

种。"[①]同时以三年内免缴纳租粮作为招种优惠条件。从这些记载看出，明中后期由于军屯制度逐渐废弛，贵州各卫所不断出现军户大量逃逸、民户不断进入这样一种情况。迄至清代，由于卫所不复存在，屯军失去了其政治依托，军户也失去了特权，变为普通百姓，这使得屯堡内部人员的流动得到进一步变化。特别是清雍正七年（1729年）以后，政府在贵州颁令废除军田，许照民田一体买卖，由此，因土地隶属人的变化，人员的流动进一步加强。

根据对屯堡村寨的田野调查，我们发现，这些屯堡村寨的村民由不同的姓氏构成，他们对各自姓氏的来源均有不同的解释，有的源于明洪武年间的"调北征南"政策，有的则是稍后的"调北填南"行动，还有的是出于其他原因而来。如屯堡人的最大村寨，安顺市七眼桥镇的九溪村，最早约在明初"征南"战事结束后，有"十大姓"开辟九溪之说。在其后的发展过程中，九溪屯堡人的构成不仅保留了军士的成分（如九溪的朱、张、宋、汪四姓），也有其他因素迁入者，如王、黎、袁、翟、何五姓，其先人为所谓"调北填南"时迁来，而刘姓、徐姓则于清嘉庆年间以经商的方式迁入。

因此，现在我们所称的屯堡人，应该不仅仅指明初屯军者的后裔，也包括同期入黔或其后因种种原因入黔的移民后裔，他们主要居住在现今的屯堡人村落，其文化习俗、宗教信仰、语言、服饰、村寨建筑及心理状况都很相似。

六百余年的漫长历史，屯堡人形成并保留了大量属于自己的独特文化，这些独特的文化现象，是我们认识和研究屯堡人的重要标识之一。屯堡人的文化表征呈现于社会生产生活的各方面，具有典型识别意义的主要为民居、语言、服饰、传统习俗、艺术等方面。

1. 村寨民居。屯堡人的村落大多建立在内有水源、近溪河而靠山的位置。屯堡人村寨或大或小，大都以石头砌成的城墙作为寨墙，并建成屯门和用于瞭望、防御的碉楼。屯堡的民居即坐落于城墙之内，这样以城墙为外围构成了屯堡村落的布局，

---

① 见嘉靖《贵州通志》卷三。

城墙内每一个民居单元都比较规整地分布在巷道的两旁。巷道分主巷道和支巷道，一般只有一条主巷道，有的主巷道还承担集市街道的功能；支巷道又有若干小巷道连通各民居单元。主巷道的中心区建有寺庙，这里是屯堡人的宗教及社会活动场所，而通往各民居单元的小巷道皆互不贯通，为单向死胡同。每个屯堡民居单元（四合院或三合院）亦自成一个封闭的系统，均建有严实的大门、围墙，并砌有用于瞭望和防御的碉楼。

2. 语言特点。屯堡人的语言与贵州其他地区的汉族语言在发音腔调上有着明显的区别，即便是与其周边的汉族，发音也有较大区别，带有大量的卷舌音和儿化音，形成独特的“堡子调”。如“一”至“十”通读阴平。这些发音特点与笔者所了解的江淮口音有较多的相似之处，它们之间在语言学上是否存在渊源关系，尚需进一步研究。通过大量记载下来的史料对屯堡人现有姓氏源流的考据，可以发现，无论移民时间早晚，其先人多来自安徽、江西、江苏一带。如安顺大西桥镇鲍家屯一块立于清光绪二年（1876 年）的族约碑亦有“况我鲍氏，籍肇南京”的记载。大量的江南移民聚居在特定的屯堡区域内，遗存了一些原居地语言特征是完全可能的。

3. 服饰特征。屯堡文化表征上，妇女的服饰尤为突出。屯堡妇女穿蓝色或青色的长至脚踝、宽衣大袖的大襟长袍，腰系布或锦丝质地的长腰带，结节垂于臀后，脚穿尖头平底绣花布软靴，小腿套着绑腿，在衣襟、袖口处都装饰有花边。额头扎白布带（老年妇女多黑色），佩戴银耳坠、玉或银手镯。已婚妇女修面挽发髻，其上套着马尾编织的发网，插以银质或玉石发簪；未婚姑娘则长发独辫置于脑后。

4. 传统习俗。屯堡人的传统习俗与贵州其他地区的汉族传统习俗大多相同或近似，但也有其独特的地方，现择其要述之。

（1）抬汪公。“汪公”是屯堡人信仰的“神祇”，几乎每个屯堡人聚居的村寨，都有汪公庙。对汪公的敬拜在屯堡人的社会生活中占有重要地位。汪公为何许人？笔者在对屯堡村寨的调查中发现，几乎每个对自己群体文化历史有所了解的屯堡人，都可以说出汪公的由来，并且不论姓氏、家族，基本上认同他为自己这个群体的祖先神。

据屯堡人称，历史上确有汪公其人，名为汪华，安徽休宁人，生活在隋末唐初，是一个政绩昭著的地方官。相传在隋末唐初时，歙州闹饥荒，汪华向一将军借粮，挽救了大家生命，得到歙州百姓的极大拥戴。百姓为了永世不忘救命之恩，将汪华视为神祇，并供奉他。现在的屯堡人中，只有大西桥镇的鲍家屯、吉昌屯、狗场屯有抬汪公习俗，而且非常隆重。鲍家屯抬汪公是每年农历的十七日，吉昌为十八日，狗场为十九日，其他屯堡村寨只是在十六日到汪公庙祀奉。

鲍家屯是屯堡人非常集中的大村，共有451户，2000余人，全村姓氏有鲍姓、汪姓、江姓，其中鲍姓400多户，1800余人，汪姓20余户，江姓几户。并且鲍、汪、江三姓在历史上就有亲戚关系，江姓与鲍姓的始祖为姑表亲，汪姓与鲍姓始祖为姨表亲，鲍姓的始祖为明洪武二年（1369年）征南而来，籍贯为安徽歙县。

由此，我们可以认为，敬汪公菩萨的习俗是安徽的屯田军民从家乡带来的。理由有三：其一，当时安徽籍的屯军人数较多；其二，明开国皇帝朱元璋为安徽人；其三，屯田军民共同的心态。这些都为屯堡人共同拜祭汪华习俗的保存与弘扬创造了条件。

“抬汪公”时，屯堡人头天晚上把汪公从平时香火侍奉的汪公庙内请出，第二天下午由村里最有威望的长者在前面带路，顺着村里的主要街道逐家而过，汪公的神轿每经过一家门前，该家要用香、烛供奉，并燃放鞭炮，待鞭炮燃尽后又抬到下家。整个仪式从前一天晚上将神像从庙里请出到第二天下午绕村一周后送回庙里，大约要一天一夜的时间。

（2）跳花灯。跳花灯是屯堡人非常喜爱的一项民间传统娱乐活动，其渊源与地戏极可能同出一辙。屯堡人每年的正月间和七月中旬，有白天“跳神”(地戏)，晚上玩“花灯”一说。地戏内容主要是演武戏，而花灯内容是以民间传说和生活中的男女情爱为主，抒发情感，演绎琐碎生活中的礼俗趣事。由于与日常生活中的内容贴切，跳花灯活动极易引起人们的共鸣，深得屯堡群众喜爱。跳花灯主要道具是扇子和手帕，男执扇、女执帕，过去没有女演员，而由男子装扮。男角称“唐二”，女角称“幺妹”，用锣鼓和胡琴、月琴伴奏。节目有《白蛇传》《柳荫记》《蟒蛇记》《五更望夫》《八仙图》《送夫》《劝猪》《朱买臣》《铡美案》等。其对白诙谐风趣，语言通俗，有小丑的夸张风趣、小旦的开朗泼辣和小生的风流洒脱，巧妙地运用扇子和手帕，艺术地再现生活中的划船、挑担、砍柴、打铁等场景，即兴发挥的成分很浓，同时也融入了边唱边舞的元素。

跳花灯开场前演员一般要过“参果碟”（又称“测盘子”或“破阵”）之关，主要是考验演员的机智程度与即兴发挥。形式一般是把蔬菜、瓜果类食品盛于碗碟里及把生活用具置于餐桌上，根据物品搭配或摆放位置，隐喻历史典故或象征人物事件，要求演员用演唱形式将各个碗碟或摆放在餐桌上的物品，以借物猜谜的手法猜出，玩灯人即兴以大吉大利的语言道破谜语奉送给看灯人。

（3）地戏。在春节期间和农历七月中旬谷子扬花时，安顺的屯堡村寨到处可见农民自编自演并自称为“跳神”的活动，称之为地戏。

安顺地戏，历史悠久，源远流长，一般认为起源于明初屯军时期，随着大量江南汉族人的迁入而逐渐形成，但具体情况在当时的史籍并无记载。

到了清代已出现了不少对地戏的记载，如康熙三十一年修订的《贵州通志》卷三十刊印了《土人跳鬼之图》，图上的地戏场面，与今天安顺地戏的演出情况基本一致，即图上表现的穿常服、戴面具、伴奏只一锣一鼓等。乾隆年间陈浩彩绘的《百苗图》中，有错把屯堡人地戏活动场面归为少数民族的活动场面的，其形式与现今的活动场面很相似。道光七年《安平县志》记载有“元宵遍张鼓乐、灯火爆竹，扮演故事，有龙灯、狮子灯、花灯、地戏之乐”，“地戏”一词首次出现。之后，《续修安顺府志》载：“黔中民众来自外省，当草莱开辟之后，多于习安逸，积之既久，武备渐废，太平岂能长保？识者忧之，于是乃有跳神戏之举，借以演习武事，不使生疏，含有寓兵于农之深意。迄今安顺境内，盛行不衰。”康熙年间修《贵州通志》，迄今三百余年，三百余年前的地戏场面与现今形式差不多，这证明了地戏出现后至今受历史及社会环境影响，发展缓慢。

地戏表现形式的渊源可从以下两方面认识。一方面，明代屯田军民以江西、安徽籍人士居多，肯定会把当时他们在江南的一些文化因素移入，包括地戏的表现形式。另一方面，经诸多研究地戏的专家考证，现今安顺地戏表现形式与起源于元末明初江西弋阳一带地方戏种“弋阳腔”，有较密切渊源关系。明洪武调北填南时，正是“弋阳腔”发展的高潮时期，江西籍屯军和移民将其带入贵州，演化成屯堡人群体性的一种文化表现形式。

现今安顺地戏的分布多与明时所设的屯军地密切相关。地戏盛行的地方都是分布在当时屯军的地点，凡是屯堡人聚居的村寨都有地戏存在。地戏表演所需场地简单，道具为木制的短刀长枪，演员额上戴着被屯堡人称为“脸子”的木雕面具，身上穿着长衫，背插小旗，腰上系着战裙，伴奏的乐器仅为一锣一鼓，在一人启口、众人接腔的伴唱下以人物上下更换时空变换，借三五步为万水千山，就竹鞭为金戈铁马，倚桌椅象征高山要塞，在抑、扬、开、合的厮杀，挡、架、翻、窜的格斗中呈现一种虚实结合，形神兼备，击鼓进兵、鸣金收兵的古代战争景象。

地戏表演的内容，现存都是武戏，脚本内容多为中国古代历史上及民间传说中的精忠报国的英雄故事，且多为正史类人物。按故事的历史年代分主要戏目有商周时期的《封神演义》《大破铁阳》，秦汉时的《楚汉相争》《三国演义》，隋唐五代的《反山东》《四马投唐》《粉妆楼》《残唐五代史演义》，宋代的《二下南唐》《八虎闯幽州》《三下河东》《九转河东》《五虎平西》《五虎平南》《岳雷扫北》《精忠传》，明代的《英烈传》等。从商周时期到明代，凡是民间说唱的英雄人物都有所表现，仅元代除外。这一方面反映了民间汉族对元朝的非正统地位有所看法，另一方面与屯堡人的先民屯军初始目的是征服云南、与元军作战有密切关系。

从历史发展来看，地戏的节目内容是不断充实和发展的。地戏演绎的许多故事是明代以后形成的，而非明初“征南”和“填南”以前形成，如《粉妆楼》等。

安顺地戏的主要标志面具（即屯堡人称的“脸子”），表现形式富有特色。脸子一般为剧情所需分别代表“文”“武”“老”“少”“女”五种，俗称为“五色相”，制作一般用柏杨木雕刻，油漆彩色花纹，突出的特点为眼睛大而有神，立体感很强；眉毛是“女将一根线，少将一支箭”，刚猛的武将如烈焰；嘴的造型既有上唇盖下唇，也有下唇盖上唇。一般脸子的底色，白色代表奸诈，红色代表忠勇，黑色代表刚烈；

脸上的饰纹主要有蝴蝶、花草、蔓藤等写实性强且农家常见之物。

地戏正戏演出之前和之后，要举行“开箱”“参庙”“扫开场”“扫收场”“封箱”等仪式。“开箱”又称“请脸子”，是演出前举行的一种祈神仪式。“开箱”仪式多选择在黄道吉日隆重举行，届时全体演员身着戏装，把装面具的木箱搬到演出的场坝。场坝中设一神案，上面放着烟、酒、水果、糕点之类的供品。扮演正派主帅的演员在木箱前焚香化纸，其余演员列队站在两边。烧完纸钱，主帅带领众演员对着木箱下跪叩首，念诵请神的诗文。念毕，起立，主帅手端酒浆奠祭众神，一面念诵奠酒词，然后将一只雄鸡的鸡冠咬破（或宰杀一只雄鸡），以鸡血点木箱的各个部位。在一阵鞭炮声中，主帅开箱取出面具，演员按照各自扮演的角色戴上。戴毕，主帅率领众演员列队到本村各公共场所，如水井、河流、寺庙、山林驱邪逐疫。每到一处，焚香烧纸，燃放鞭炮，观众尾随其后观看，十分热闹。“参庙”是地戏演出之前，需对庙宇进行参拜，祈求神灵保佑村寨无灾无难，清吉平安。“参庙”在“开箱”之后举行。“扫开场”在正戏演出之前进行，锣鼓声中，观众来到演出场地，这时，两名头戴面具的小童手持扇子、手帕走进场内，把人群分开，边舞边唱“扫开场”的诗文。“扫收场”在跳神结束之后举行，届时全体演员身着戏装，按敌我双方站成两个弧形，和尚、土地神出场，念唱滑稽逗趣和纳吉逐疫的诗文。扫场完毕，双方主帅点兵，各兵在鞭炮声中绕场三周，卸下戏装，将面具摆在神案上，前面一排为正面人物，反面人物放在后排。宰杀雄鸡一只，焚香化纸；神头（戏班之首）带领众演员在神案前下跪、叩首，念“封箱词”，然后用新买的白棉纸将面具一一包好，小心放入箱内，木箱用红纸条封严实，纸条上写“吉年吉月吉日封”，并将服装道具收捡好，以备秋季或来年春节使用。

二、屯堡文化存因探微

屯堡人的形成和发展已有六百余年的历史，其独特的文化现象，能够较系统和完整地保留至今，形成独具的区域性特征，原因是多方面的。

第一，历史上相对特殊的人文环境是构成屯堡文化留存的外部环境因素。

明代对贵州安顺的军屯，从战略的角度主要是出于达到扼控云南和水西，同时镇压当地各少数民族反抗的目的。因此，卫所屯田的设置大多是处于交通要道并且水源良好、土地肥沃之地，这就不断引发当地原居的各少数民族人民与卫所屯军的激烈冲突，仅明代各少数民族有规模反抗屯军的斗争就有二十余次。如明洪武十四年（1381 年），普定土知府安琐领导的各族起义；洪武十五年（1382 年）普定联军起义；洪武二十六年（1393 年），西堡一带的仡佬族和彝族，在长官阿德的领导下起义；洪武三十一年（1398 年），西堡一带的仡佬族和彝族，在必莫者和阿革傍的领导下起义；等等。随着朝代的更迭，屯田卫所制的废弛，社会动荡的反复出现，加之屯堡人所居地多为交通要道，且土地较为肥沃，屯堡人家境较为殷实，屯堡地区为兵匪必经之地和侵扰的对象。这些外部人文环境压力的结果，首先表现为屯堡文化特征之一的民居特点——带有明显的防御和武备的封闭型建筑。其次，由于外部人文环境的压力，屯堡军民及以后不断迁入屯堡的移民，将原居地的文化要素带入屯堡地区并固化和封闭于此，从而阻碍了其与周边各民族的文化交融。此外，安顺位于云贵高原的腹地，相对中原偏远，为屯堡文化的历史遗存创造了条件。

第二，屯堡区域结构的特殊性是屯堡文化留存的基础。

从地域上对屯堡社区进行划分，能很明显看出其密集的特点。明朝在贵州许多地方广设屯田，尤以安顺为甚。据记载，明代屯军近二十万，之后，又以其他方式进入屯堡区域的移民更多。大量的屯军分布于交通沿线，并占据大量农耕条件较好的土地，逐渐形成比较密集的屯堡区域。屯堡人在这一区域内聚群而居，连片集中，世代相守，再加上群体的文化背景和语言的一致性，从而为文化认同提供了极大方便，为屯堡文化的保存、传递奠定了坚实的文化基础。

屯堡区域结构的特殊性还表现在其相对封闭性上。这主要表现为通婚的范围和其社区组织结构的封闭性。

屯堡人的通婚范围在历史上有着明确界定，通婚只在屯堡人之间，绝对不会同周边其他民族建立婚姻关系，甚至在屯堡人中，某些姓氏之间可互相开亲与某些姓氏之间不能开亲都有较严格界定，如安顺市大西桥镇鲍家屯的鲍姓与梅姓因历史渊源互相之间绝对不开亲。这种婚姻结构的单一性和封闭性，从其社区内部阻隔了屯堡人与周边其他民族的交融，抑制了同周边文化的交流与互相影响，为屯堡文化保持其纯洁提供了可能。

从历史上看，屯堡人移入贵州，多是以一个家族、一个地域整体移屯为主。这一点从现有屯堡文化保持较明显和完整的村落来看，多数是以一姓或几姓大家族为主建成的村落，间杂其他姓氏。《安顺府志》载："郡民皆客籍，惟寄籍有先后，其可考据者，屯军堡子皆奉洪武敕调北征南。当时之官如汪可、黄寿、陈彬、郑琪作四正，领十二操屯军安插之类，散处屯堡各乡，家口随之至黔……故多江南大族。"屯堡人在历史上以家族为单位，形成紧凑而且封闭的结构系统，每个家族都十分强调本族的纯洁性，屯堡人中历史上禁止收养外姓养子的习惯就是证明。例如安顺市大西桥镇鲍家屯立于清光绪二年（1876 年）的"饬纪敦伦"碑就有以族长的名义不准家族收养外姓为子的禁令。其碑刻："盖闻五伦教于尚书，五服垂于典礼，则纪伦常自古，迄今莫能曲也。况我鲍氏籍肇南京，祖父以来也崇礼教，讵得今弁帽视乎？顾欲重伦不先杜弊，则伦终灭。族长惶恐争列条陈，使口禁戒，愿我族人无别老幼胥宜谨守，庶自无祐之吉无不利。有违者是灭弃天伦送官究治。一禁接外姓螟蛉……"禁止收养外姓养子的根本目的，就是避免家族内的财产和土地旁落外人，维护家族内部社会结构的稳定。

综上所述，我们可以推论，屯堡区域结构的密集性和社区结构的相对封闭性，是屯堡文化得以固化并保存和传递的基础。

第三，共同的"祖先崇拜"是屯堡文化得以留存的根源。

屯堡人的形成粗略划分，由两部分构成最早的先民，根据大量的史料、方志、族谱记载，是明初"调北征南"而来的江南籍的汉族军士及其家属，以及其后又因各种原因在不同时期迁入屯堡区域的汉族移民。他们作为文化的载体，把原居地文化因子带入了屯堡区域并保存和延续至今，并形成了称之为"屯堡文化"的汉族地域文化，这种文化的表征带有浓郁的江南文化特色。屯堡文化能够保存并传递迄今，除了屯堡人的群体所处的特殊的人文及地理环境，相对特殊的屯堡区域结构促使之外，一个重要的根源是屯堡人的核心结构，即明初进入现今屯堡区域屯田的军民的后裔有强烈的“崇祖心态”。“祖先崇拜”是汉民族传统文化的重要组成部分，表现在民间是其传统文化的核心部分。明初屯田军民奉皇敕开疆拓土，在社会上拥有特殊的地位和作用，具有整体意识和自豪感，作为他们的后裔，这种传统的优越心态被顽固地保留下来，表现为对祖先的推崇。据笔者在屯堡村寨的调查，屯堡人在讲述其祖先来源时，大多冠以“是奉皇命征南而来”“骑高头大马打仗而来”之名，以显示其祖先地位的尊崇。他们祖先的行为使他们产生的这种强烈的优越感和自豪的心态，或可称之为特殊“祖先崇拜”，使得原有的习俗和文化内涵被顽固地留存下来。其后进入屯堡区域的移民，由于他们与初始地的居民有着相同的文化背景，相似的生活习俗，共同的心理素质，在相同的地域环境下，很容易在文化特征上趋同一致。

屯堡文化是在特定的历史背景下形成的具有鲜明地方特征的区域性文化，从文化的现象本质上看仍属于汉文化范畴内的地域文化。屯堡文化的形成和留存至今已有六百余年的历史，是在一种特殊的历史条件下形成的江南移民文化，并且较好保留了文化原生状态，这对汉民族对贵州历史开发与贡献及古代江南文化的研究有着重要作用。

安顺屯堡人与屯堡文化

帅学剑

当景仰闻名于世的黄果树瀑布、织金洞等风景胜地的人们来到地处贵州腹地的安顺，徜徉其间尽情地享受大自然的无私馈赠时，可能会在山野小道、田边地头不时看到身着宽袍大袖衣衫、头包绉帕、发别银簪、腰系丝绦的农村妇女。她们那或白或蓝或绿或紫或灰或淡红的独特服饰，常会使人以为这是贵州少数民族的一种；其实，她们是地地道道的正宗汉民族，这就是史书上所称的“屯堡人”。

何谓屯堡人？“屯堡者，屯军住居之地之名也。”（民国《平坝县志》）在贵州黔中，以安顺为辐射中心，包括普定、平坝、镇宁、紫云、清镇、广顺、长顺等方圆几百平方千米内，生活着在语调、习俗、服饰、信仰等方面既有别于当地少数民族，又有别于其他汉民族的汉人。他们所居住的村寨多以带军事性质的屯、堡、官、关、哨、卡、卫、所等命名，如詹家屯、双堡、金官、东关、林哨、林卡、安庄卫、中所等。其中又以屯、堡为多。“以其住居地名而名之为屯堡人。”（民国《平坝县志》）

屯堡人不是当地土著，而是外来户。“屯军堡子，皆奉洪武敕调北征南……散处屯堡各乡，家口随之至黔。”“屯堡人即明代屯军之裔嗣也。”（民国《平坝县志》）据史载，明朝初年，元梁王把匝剌瓦尔密坐镇云南，不愿臣服明王朝，几次违反朱元璋的旨意，甚而斩杀明朝派来的使臣，引起明王朝的震怒。为巩固西南边陲，朱元璋任命颍川侯傅友德为征南将军，命其率步骑三十万出征云南。大军于明洪武十四年（1381 年）九月出发，分两路入云南，十二月到达普定。不久之后，朱元璋令安陆侯吴复在阿达卜择地修建了安顺城。此后，安顺方圆一带即成为明王朝军队的大本营。征南战事一直延续了许多年，军事镇压的结果，并未制服西南，反叛之火不时重燃。为此，明王朝采取征剿兼安抚的策略，并积极推行屯田制度，使屯军和家属就地立寨安居，“待以岁月，然后可图也”(《明太祖实录》)。不久之后，即洪武二十一年（1388 年）第二次南征后，又从江南诸省大量移民来黔“填南”。这样一来，由屯军和移民构成了安顺方圆一带独特的居民。在斗转星移的几百年漫长岁月里，屯军在征服者的优越感和怀乡念土的复杂情愫中，在黔中封闭的自给自足的自然经济条件下，慢慢形成了在语言、文化、服饰等方面独具一格的独特汉人——安顺屯堡人。正如民国《镇宁县志》记载：“汉族迁徙来最早者，为明洪武初年征南屯田戍边之军队。”又咸丰《兴义府志》：“全境之民，多明初平黔将卒之后，来自江南，尚有江左遗风。”

除史书记载外，众多屯堡后裔留存的家谱中也可看出来龙去脉。例如，曾经威震一方被土著称之为“杀人魔王”的先锋官顾成，其后裔（现居安顺市九溪村）就纂修了《顾氏宗谱》，当中就记载：“始祖成公，由前明洪武二年奉敕征讨滇黔，授征南都指挥之职，躬膺王命，统帅王师，自吴来黔。其后平复黔地有功，封镇远侯进征南将军，遂久镇南疆……子孙聚族于此……”旧州詹家屯曾氏（唐宋八大家之一曾巩后裔）修于清康熙五十四年（1715 年）的《合族志》记载：“……曾巩后裔曾德一，祖居江西南丰至明朝初年，任征远将军之职，率师来黔，镇居于安顺府。”同寨《叶氏家谱》亦记载：“予始祖叶公言禄，因明太祖朱元璋初年被派遣南征，始从詹氏指挥麾下，任参军官之职，调北征南，平复世乱之后，奉命改土归流，徙居黔地，分驻安顺府属普定县三起，蒋塘河、永斗里、詹家屯居住，令屯军为民，垦田为生。”这些记载，确证安顺屯堡人“即明代屯军之裔嗣也”(民国《平坝县志》)。他们入黔后，不仅达到了明王朝镇压反叛、巩固统治的军事目的，而且也带来了江南先进的农桑，促进了贵州经济的发展；不仅实现了明王朝率疆统一的宏图大业，而且带来了多姿多彩的江南文化，为贵州文化史添写了光彩夺目的一笔。

屯堡人从江南来到贵州后，虽然居住在贵州交通比较发达、经济比较繁荣的黔中，但是他们在特定历史背景下所形成的独特心境，使其在生活习俗、语言服饰、文化爱好、宗教信仰等方面顽强地保留着突出的个性，形成了令人惊异的具有鲜明地域特色的安顺屯堡文化。这里仅举一二以管窥蠡测，领略其文化内涵的独特风采。

新春佳节之际书写春联，这是中华文化的一部分，是中华民族独有的精神财富。据陈云瞻《簪云楼杂话》记："春联之设，自明太祖始，帝都金陵，除夕，使有公卿士庶家门须加春联一副。"由此可见春联盛行于明代洪武年。因而来自江南的屯堡人盛行书写春联就是顺理成章的事了。每当新春佳节到来之际，家家户户的门庭院落、猪舍牛栏处张贴春联的一片喜庆景象，实实令许多外来者惊异。

屯堡人的居室、服饰、语言等独特风貌不仅与贵州境内的大多数汉人不同，就是与地处安顺的其他汉人（绝大部分是清代"填南"而来）也有着明显不同。安顺的开发虽早于明代，但大量汉人的涌入却是明清时期的几次移民。"汉族迁徙来最早者，为明洪武初……多为赣苏籍。"（民国《镇宁县志》）"上谕友德等以云南既平，留江西、浙江、湖广、河南四都司兵守之……"（《明实录》）"后来者皆川、湖人氏。"（《兴仁县补志》）由此可见，从不同地方而来的移民，带来了不同的习俗文化。就居室而言，"后来者"的居室木瓦结构居多，而屯堡村寨是典型的石木结构，那"石头的街面石头的墙，石头的瓦盖石头的房，石头的碾子石头的磨，石头的碓窝石头的缸"的奇特石头世界使人惊诧。当你步入这石头的世界，看见那由石头的城墙、石头的屯门、石头的碉堡所组成的战争建筑文化，不能不佩服屯堡人对生存环境的适应，还会感受到当年战争环境的惨烈。面对多山环境里所充分展示的石头的可塑性时，你不能不惊叹屯堡人的匠心独具和别出心裁。

屯堡人的服饰不同于一般汉人，特别在妇女身上有着明显的不同。其他汉人多着宽袍窄袖不加花边，颜色以青、蓝为多；妇女婚前长辫垂臀，婚后挽髻但不打包帕。屯堡妇女则始终保持着大袖长袍修花边的时代遗风，特别在一对高帮尖头鞋上，充分展现了江南刺绣的特色。由此可见，汉民族是一种善于吸收他人长处的民族，随着时代的变迁，从"胡服""满服"等其他民族的服饰中吸收长处而不断演变。即使居住此地的汉人，其服饰也在不断变革，而唯独屯堡人却"冥顽不灵"不改祖制，至今仍身着或青色或蓝色或紫色或绿色或粉色的宽袍大袖衣衫，女子却又显示出一种不落俗套、不拘传统的自由。在过去，封建礼俗使很多汉民族的妇女饱受痛苦，女人以"三寸金莲"为美，为了裹成小脚，多少女子饱尝痛苦而流干了眼泪，而屯堡人却大反礼俗、大反汉规，不以脚小三寸为美，任其自然，悠哉游哉。虽然这也被认为有悖时尚，被人瞧不起而鄙称“大脚”，但却为她们从事繁重的家务劳动和农田劳动提供了极大的方便。

一堵城墙，隔成两种语音。“离乡不离腔”的祖训使屯堡人说话的音调显得别是一番风味。黔中方言虽属北方语系，但屯堡人说话在声调的调值、带卷舌音等方面，与城区汉语有很大的不同，形成一种独特的方言。

屯堡文化的另一侧面是对宗教的笃信与对神灵的虔诚。屯堡人自落土贵州以后，面对环境的改变、土著的反抗，为求生存，那种对自然的依附心理和对神灵的崇拜心态更加炽烈。自然而然地他们把江南佛教的盛况也带入了贵州，庙宇寺庵星罗棋布于秀山峻岭村落山寨之中。在方圆百里的有限范围内，有名的寺庙就有天台山的五龙寺、杨家桥的云台山寺、汤官屯的万化洞寺、九溪的普德寺、七眼桥的粮仓洞、云山的大佛殿、五官屯的观音山寺、宁谷的龙家寺、时家屯的石佛寺、颜旗屯的杨圣庙、吉昌屯的汪公庙、大屯的狮子山庙、白旗屯的将军庙、头堡的关帝庙、幺铺的兴隆寺、富家屯的永斗寺、金官屯的龙华寺、詹家屯的培风寺、东屯的东州寺、吕官屯龙佛寺、郑家屯文峰阁、玉官屯大安寺、曹庆屯永峰寺等，这些大小庙宇把屯堡人引入了佛境的心界。天上玉皇、地下阎罗、西方如来、东海观音、关帝岳圣、孔孟贤哲、牛马二王、汪公灶君是屯堡人顶礼膜拜的菩萨。这种对神祇的偏执信奉和祈求达到家家有神龛、月月有佛事的程度。正月朝玉皇，二月观音会，三月朝王母，四月浴佛会，五月迎城隍，六月祭土地，七月地藏王，八月中秋节，九月重阳会，十月祭牛王，十一月贺冬，十二月祭灶王。一年十二个月，屯堡妇女背上香袋四处朝山拜佛，此种虔诚的情景远远超过其他汉人和其他民族，就是曾经盛行于安顺城区和少数民族村寨的天主教也无可奈何，其势力难以跨入屯堡村寨一步。

“跳神”又称地戏，是屯堡人情有独钟的一种民间戏剧。它那祈福纳吉的傩的原质与质朴的打斗跳跃有机融合，借由宗教意识依附于民间艺术而得以延伸。在安顺一带的屯堡村寨中，地戏剧团就有三百多堂（跳一部大书为一堂），每堂有农民演员二十来人。每当新春佳节和稻谷扬花时节，他们就敲响了一锣一鼓，在寨前空地上，焚香祝祷，戴上木质面具，穿上战裙，手执刀枪斧钺，搬演历代王朝兴废的争战故事。他们所唱大书有《三国演义》《封神演义》《说唐演义全传》《杨家将》《说岳全传》等二十多部。令人思索的是，这二十多部书中既没有缠绵悱恻的《西厢记》之类，也没有大快人心的《包青天》之属；既没有神奇怪诞的《西游记》之列，也没有离经叛道的《水浒传》之系。这可能是因为一个“忠义”把屯堡人的情愫凝聚在一起。屯堡人因对心目中英雄神圣人物的崇敬，绝不允许“失败”行为来亵渎英雄的神圣精神，因此，在安顺地戏中，当地有“《三国》不跳走麦城，《岳传》不跳风波亭”之说。地戏，这一原始、粗犷，被人们誉为“戏剧活化石”的民间戏剧，何以被屯堡人所独爱呢？风风雨雨几百年，当曾经风靡一时的安徽贵池傩戏、江西南斗傩舞已被现代文化冲击所剩无几时，移居屯堡村落的地戏为何仍然风风火火地上演至今呢？《续修安顺府志》记载：“草莱开辟之后，人民多于安逸。积之既久，武事渐废。然四顾环境，尚多苗蛮杂居其中，识者忧之，于是乃有跳神戏之举。……盖借农隙之际，演习武事，亦存有寓兵于农之深意也。”屯堡人出于怀乡念土的感情需要，将这曾经活跃于家乡的民间艺术视为精神寄托的具象化形式，通过锣鸣鼓响来慰藉心灵；屯堡人出于显武增威的信念追求，把对前世祖辈的缅怀和开疆拓土的追忆，以及子孙不废武事的希冀，在地戏武打的喊杀声中重复上演。而屯堡人更是把虔诚的信奉和美好的期待熔铸在一个个毫无生命的木质假面上。演员戴上假面，在烟雾缭绕中就成了屯堡人心灵中崇敬的神祇和天上下凡的星宿。在跳戏时必不可少的“扫寨”“扫场”“开财门”等仪式中，人们希望借神的力量来驱邪纳吉，以及获得心理上的满足和精神上的需要。

说到“跳神”，不能不提及在不少屯堡村寨每年或隔年举行的一种民俗活动，称为“迎春”，又称为“迎神”“迎菩萨”。《礼记》上记载：“立春之日，天子亲率三公、九卿、诸侯、大夫，以迎春于东郊。”何谓“迎春”？这是我国古老的带有浓厚宗教色彩的文化祭祀活动。随着岁月的流逝，慢慢演变成一种祈福纳吉的民俗活动。在不少屯堡村寨中，至今仍然留存。他们所迎神灵多为民间神和历史人物神，如汪公、闻太师、关帝、岳圣、郭子仪、欧阳春、包公、杨泗将军、马元帅、五显、双龙菩萨、白云菩萨、五陵官、康王等。在这众多神灵中，尤以“迎汪公”最多最盛。《安顺府志》记载：“汪公庙在城内青龙山上，祀唐越国公汪华，又各屯皆有。”又“正月十七五官屯迎汪公至浪风桥。十八日夜放烟火加架。狗场屯、鸡场屯（现改吉昌屯）共迎汪公”。众多迎汪公的屯堡村寨中，尤以吉昌屯场面最为壮观隆重。在正月十八日汪公诞辰这一天，四邻八寨来观玩者多达数万人。这里所祀汪公，据史载系“保据州郡，镇静一隅”、“为政明信”、降唐后唐高祖封为上柱国越国公、唐太宗封为忠武将军九宫留守等职的“歙州贼首”汪华。他因有功于黎民百姓，为人民所拥戴，死后人们将其奉祀为神，并世代享祀他。而来自江南的屯堡人，他们最初对汪公心怀感恩戴德之情，随后这种情感升华为祈福纳吉的虔诚，这种思维一直延续至今。因此，在当年征南入黔时，他们不顾路途艰险遥远，或背着神像千里迢迢落居黔土，奉祀神像；或从家乡运来蓁木，虔诚地雕刻神像，建造庙宇供奉。这无疑为安顺的屯堡民俗文化，又增添了令人思索的一笔。

花灯，这也是屯堡人喜爱的另一种散发浓郁芳香的民间艺术。虽说同为民间戏剧的一种，它的娱乐成分却远胜宗教底蕴浓郁的地戏。它与其他地方的“秧歌”“二人转”“采茶”“彩调”“花鼓灯”一样，属乡间文化的一支。由于它以场坝、院落为演出场所，又称为“吹地灰”。其特点是以歌舞为主，间带演出一些以家庭生活、男女情爱为内容的小戏，如《干妈问病》《刘三妹挑水》《打舅娘》等，称为“灯夹戏”。这与地戏“只演征战故事戏、不演家庭生活戏，只演帝王将相戏、不演才子佳人戏，只演忠孝仁义戏、不演神怪反叛戏”形成鲜明对比。花灯更偏重以娱人为主。演出时，以男女两个角色为主，男称“唐二”，女称“幺妹”。旧时，在“好女不看灯”的古训下，女角多由男子扮演，便于诙谐打趣、不受拘束。表演时，二人各执手中花扇，边舞边唱边说白。曲调高亢婉转，舞步轻快飘逸，对白诙谐风趣，这与地戏粗犷、严整、激越的风格大相径庭。其演出时间也在春节农闲之时，多数屯堡村寨的地戏班子，既能“跳神”，也能“玩灯”。一般都是白天跳戏，晚上玩灯，使得整个村寨成天都沉浸在虔诚与欢乐之中。究其历史，花灯也不是本土文化，也是屯堡人从江南带入贵州，这无怪乎在上千首的花灯曲目中，有不少曲调明显地带有江南韵味。

在屯堡地区，还有一些耐人寻味的文化现象，那就是唱山歌、唱佛歌、唱孝歌。

山歌，是劳动人民（特别是男女青年）在劳动之余抒发情感的一种山地文化。每当有娱乐或佛事的场所，男女相聚，引吭高歌，你唱我接，情趣盎然。其唱法有对歌、盘歌、疙瘩歌、飘带歌等样式，即兴而作，随口而唱，比兴风趣，调侃诙谐。一些男女往往在对歌中相互盘问，增进了解而定下终身。

唱佛歌，是中老年屯堡妇女喜好的一种娱乐活动。每当朝山拜佛休憩之时或农闲夜晚，屯堡妇女三三两两围聚在一起，你唱我接，歌声轻缓、婉约。她们唱四季，唱百花，数十二月的变化，数古今历史的变迁，念行善积德的故事，念忠孝仁义的传说，一句“佛也！拿魔魔弥陀！”把人们的思绪引入了佛的境界，让人们去接受佛的教化。令人叹服的是，她们当中尽管大多数人并不识字，却能了解四时万物的演变；虽然很多人未出过远门，却能知晓中国历代王朝更替的来龙去脉。其知识的获得，伦理道德的教化，就是从代代传承的一首首佛歌中得来。在这里，我们不能低估了这种山野文化在整个中华大文化范畴内的地位和作用。

唱孝歌，不言而喻它是丧事活动中的一种文化形式，是整个丧葬文化的一部分。孝歌的内容绝大部分都是劝人行善尽孝的，用歌唱的方式哀悼死者是音乐特有的功能作用，它以七个音符的魔力让生者从孝歌的劝世内容中受到感化。

饮食文化有助于人们了解当地的人文历史。来自江南的屯堡人对故土的怀旧心态，必然会使他们延续家乡的习俗以聊自慰。江南一带的农村，喜欢用桐油炙砂焙炒玉米、花生等物，屯堡人沿袭此俗至今。如果打年糕是江南农村除旧迎新的喜庆心理表现，那么屯堡人过年打粑粑恐怕还带有一点念土的情愫吧！再有，屯堡人屯居黔土后，四野是“黑洋大箐”的荒芜，四处是土著不服的恨声，为适应战争的需要和封闭的环境，他们在饮食上多选择利于储存的食品，这成了他们求生存的必要选择。直至如今，屯堡人仍喜欢食用泡酸菜、糟辣子、酶豆腐、干豆豉、腌盐菜、干板茄子、豇豆、香肠、腊肉、血豆腐等食品。

总之，安顺屯堡人是汉民族的一个独特的群体。在特殊的历史条件下，他们形成了自强不息的个性特征，并将从江南带来的诸多民俗民间文化（除前述外，还包括民间工艺、立房建屋、婚丧嫁娶等）融入当地，极大地推动了安顺的经济和文化发展，为黔中地区的繁荣打下了坚实基础。这种独特的自我平衡心态及其所产生的排他性，更是保护和传承了他们独特文化的艺术个性，凝聚成了具有鲜明地域特色和强烈吸引力的文化标识。如今，这些熠熠生辉的艺术内涵越来越为人们所关注。

从对抗走向融合

——屯堡人与周边少数民族的关系

郑正强

黔中的屯堡人从入住的那一天起，就与周边的少数民族形成严重的对立。这是由征南战争的性质和屯堡人自身的文化特质造成的。

洪武十四年（1381 年），朱元璋发动的征南战争，打击的目标首先是云南的梁王，其中也包含“耀兵西南”的意思，即向西南各少数民族显示朝廷的军事实力，使之不敢叛乱，诚心归顺。但他清醒地知道如果不收服西南民心，即使把梁王消灭了，还是不能安定边陲。因此，在大军攻取昆明，逼死梁王之后，他给傅友德传谕：“至如霭翠[①]辈不尽服之，虽有云南不能守也。”他后来采取“调北填南”的策略，以大批移民配合屯军深入少数民族领域，形成掎角之势；其目的更加明确，即改变少数民族在这片土地上的人口分布状况，从而钳制其势力范围，达到长治久安的目的。在这种军事政策下形成的屯堡人，自然一开始就与周边的少数民族形成对立，何况他们就地屯田，强占了黔中大片土地，戈矛所指之处百姓纷纷逃亡，遇到反抗就出兵镇压。这是有案可稽的，如普定卫指挥使顾成攻克安顺后，与彝族部落形成对峙的局势，志书记载，顾成“列栅以待”，后来双方发生战争，顾成一举攻破彝族人主政的“安顺土府”，数万彝民逃进深山大谷，失去家园。吉昌屯一带原为仡佬族人寄居地，屯戍军士进驻以后，仡佬族人被迫背井离乡，逃到别处栖身，竟无一人留居原地。屯军就像闯入羊群的狼，打破原先的平衡，在黔中引起巨大的波动。据专

① 霭翠：水西彝族部落首领，其妻奢香，奢香在他死后袭其职守。

家统计，贵州境内屯军强占的土地就有957600余亩之多，这种强制的军事行动，不能不引起少数民族部落的仇恨和反抗。洪武十五年（1382年）四月，就在征南大军攻克昆明、大理不久，已经归顺的乌撒、东川、芒部的少数民族重新反叛，安顺的“西堡蛮”（西堡在今普定县境内上官寨，为仡佬族世居地）也跟着反叛，约有1500余名仡佬人武装进攻普定卫城。这次行动虽然被富有战争经验的顾成镇压下去，但反抗并未因此结束，终洪武一朝，有案可稽的西堡仡佬族人与屯军的军事较量至少有4次。洪武三十一年（1398年），仡佬族人和水西彝族人在必莫者、阿革傍的领导下，数千人向屯军发起进攻，劫烧屯堡、攻打城池。已升任“右军都督佥事、佩征南将军印”的顾成急调安庄卫指挥陆秉统军与普安卫、普定卫合兵镇压。

黔中的少数民族群众为什么多次发动武装叛乱呢？《明英宗实录》的记载揭示了其中的原因：“贵州、云南二都司并各卫所军职官员，不思保障军民，科敛土官土民财物。”“贵州地方，诸种蛮夷所居，各卫所官军欺其愚蠢，占种田地，侵占妻女，遂至不能聊生。”这就毋怪少数民族群众要铤而走险、奋起反抗了。

少数民族部落的这种反抗运动此起彼伏，使朝廷花费了大量的人力物力，疲于应付，这不是朱元璋所希望的。在他的心目中，西南边地的土官土民，“鲜知礼义，治之则激，纵之则玩”。他采取的办法是：“必威德兼施，使之畏服，不如此不可也。”[①]就是先耀以兵威，使其知惧，再柔之以德，安抚化导，使其帖服。在军事行动之初，他告诫傅友德等，对一些没有采取对抗行动的氏族部落如水西彝族，不能采取进攻的办法，但也“不可托以心腹”[②]，而应留兵戍守，静观其变。在战争取得基本胜利，许多部落纷纷入朝献贡之后，他还是不放心，告诫说：“西南诸夷，虽曰归附，然不过暂入贡而已。”[③]他看到了问题的复杂性，预见到各部落重新反叛的可能。为此，他采取了一系列的“怀柔”政策：一是在战争重创后的土地上着手建设，兴学校，瘗战骨，广屯田。二是采取“以夷治夷”的办法，设立土司，以部落领袖担

---

① 见《明太祖实录》卷一百四十六。

② 郭子章：《黔记 中》，赵平略点校，西南交通大学出版社，2016，第771页。

③ 见《明太祖实录》卷一百三十九。

任长官，代替朝廷对部族群众实行统治。为使这些土司为朝廷效命，朱元璋随时对他们加以训导。思南宣慰使田智入覲，朱元璋开导说："礼莫大于敬上，德莫盛于爱下，能敬能爱，人臣之道也。"[①] 即用敬上爱下的礼教来规范土司的行为。土司朝贡地方风物，朱元璋都赐以钱物和中原衣冠，示以宽简仁心。三是选拔土司及其子弟入京到国子监读书，还在土司领地办学，施以教化。朱元璋说："治国以教化为先。"[②] 在他的倡导下，贵州境内先后办起了播州（今遵义）宣慰司学、贵州（贵阳）宣慰司学、思南宣慰司学、安顺府学、普安州学等，朱元璋对安顺土司者额敕谕说："凡有子弟皆令入学受业，使知军臣父子之道，礼学教化之事，他日学成而归，可以变土俗同于中国，岂不美哉！"[③] 朱元璋的这些做法，客观上有利于战后贵州的恢复稳定，但他派往贵州的一些将领并不完全领会他剿抚兼行的良苦用心，如驻守贵州的都督马晔一心想剿灭水西，故意寻衅生事，当众侮辱、鞭挞其部落领袖奢香，激其反叛，好乘机进剿。可是奢香深明大义，为使百姓不受战争之苦，忍受侮辱，只身入朝，面诉于朱元璋，要求惩治马晔。朱元璋明知马晔是忠于朝廷的，但权衡利弊，为了不致激变西南少数民族，维护西南的稳定，不得已只好将马晔治罪，以谢水西彝人，并赐奢香锦绮珠翠如意冠和金环袭衣。奢香为了感谢朱元璋的圣裁，承诺回到家乡以后修路报答，朱元璋十分高兴。在处理水西这一突发事件上，朱元璋的做法是十分妥帖的。他从长远考虑，怀柔施恩，重在争取和改善民心，比那些愚鲁的武夫高明百倍。奢香回到水西，果然不负前言，积极修路架桥，开通九驿，为贵州和平发展做出贡献。

遗憾的是，在征南将领中，像马晔一样一味以少数民族为敌的不止一人，更多的是借大军的声威肆无忌惮地欺压少数民族群众，激起少数民族群众一次又一次的反抗。据专家统计，洪武一朝贵州境内的民族反抗运动就有 38 次之多。这些反抗虽然都被镇压下去，但民族群众反抗之心不死，其视屯军为敌的仇恨难灭，一旦时

---

① 张廷玉等：《明史 第六册》，李克和等点校，岳麓书社，1996，第 4666 页。

② 张廷玉等：《明史 第六册》，李克和等点校，岳麓书社，1996，第 4666 页。

③ 见《明太祖实录》卷一百五十。

机成熟就会发生叛乱。朱元璋不得不在施德的同时，增兵戍守，加强布防。单是针对水西一带的民族部落，就增加普安、普定、安庄、毕节、乌撒、威清、龙里、平越等卫所的兵员，在每卫5600人的常数之外，大为扩充。据嘉靖《贵州通志》记载，普安卫军数有3万余名，赤水卫9300余名、安庄卫9900余名、乌撒卫9300余名、普定卫8800余名、龙里卫7300余名……这实在是不得已而采取的防卫措施。明嘉靖时的著名学者、诗人杨慎路过安顺时，写下这样的诗句："军堡鸣笳近，蛮夷荷戟多。"其中表现的就是这种严重对峙的战争局面。

在这种紧绷的敌我关系中，屯堡人对少数民族群众持有蔑视、警惕防范的心理，少数民族群众则对他们持怀疑、仇恨和报复心理，双方近在咫尺，心理却间隔着巨大的距离。即使在和平时期，依然没调和的余地，路途相遇皆侧目而视，互不买账。两种文化之间就更谈不上有什么接触和交流了。在屯堡人的心目中，少数民族是野蛮和落后的，朝廷正规军队的身份和强大的军事实力撑硬了他们的腰杆，儒家文化的正统地位和江淮先进的农耕技术又给予他们优越的精神霸权；他们以上国衣冠为荣，藐视民族文化的存在，这种与军事的对立并列的文化的对立，表现在许多方面。一是不与少数民族通婚，偶有例外，也是屯堡男子娶（或强占）少数民族妇女做妻妾，而不许屯堡女子嫁到少数民族村寨。一个典型的例子就是征南时已封安陆侯、主持修建安顺城的著名将领吴复，明史记载他"买妾杨氏，年十七"，洪武十六年吴复"金疮发，卒于普定"，杨氏"视殓毕，沐浴更衣，自经死。封贞烈淑人"。[①]这个年纪轻轻以身殉夫的杨氏是个什么人呢？《明史·吴复传》没有多加说明，《镇宁州志》却有记载：吴复妻杨氏，"州属十二营司僰人杨太之女，祖仕元为普定府通判。洪武间，吴复以安陆侯留镇，闻杨聪慧有志操，以礼聘之，未几，侯薨。氏哀毁几绝，翌日，沐浴更衣，于灵几后自缢死。事闻，赠贞烈淑人"[②]。

僰人即濮人或僚人，僰与濮音近可通，据专家考证，他们是仡佬族的先民，也

① 张廷玉等：《明史 第三册》，岳麓书社，1996，第2037—2038页。

② 常恩：《安顺府志》，邹汉勋、吴寅邦总修，安顺市地方志编纂委员会点校，贵州人民出版社，2007，第922页。

有考证为白族的。也就是说杨氏的族属可能是仡佬族，也可能是白族，总之是少数民族无疑。这是征南将士娶少数民族女子做妻妾的历史实例，然而也仅此一例，至今我们尚未发现更多关于屯堡人与少数民族通婚的记载。屯堡女子嫁给少数民族男子，数百年来几无一例。我曾就这个问题请教屯堡老人，他们都回答“没有”。至于《明英宗实录》所记，屯军将士霸占少数民族田地，占人妻女的事，相信是普遍和严重的，不然怎么会记入皇家档案里去呢？可惜《明英宗实录》中没有留下个案，使我们能够更清楚地了解当时事件的背景和具体细节。

在日常生活习俗方面，屯堡人也以自己为好，拒不吸收其他民族的长处。如苗族和布依族妇女的服饰绚丽多彩，配上多种银质项圈和耳环，灼人眼目，屯堡妇女不为所动，依然保持自己朴素的“凤阳汉装”。苗族、布依族妇女长于制作蜡染，用以装扮自己，屯堡妇女不用蜡染，哪怕它是一种好看的布料。少数民族妇女头饰奇特，多姿多彩：或挽偏髻于右耳，插以木梳（苗族）；或盘辫于头顶，插木梳成椎髻（仡佬族）；或结辫盘于头顶，盖以彩线镶边的头帕（布依族）；或将假发和真发混杂并挽髻于头顶，插木梳于头顶，缠以银练（苗族）；或后脑插大木梳，状如牛角，以毛线掺发混挽于髻，且盘于头顶（苗族）。然而屯堡妇女依然不为所动，更不模仿，依然保持自己的梳挽方式。

节日方面，屯堡人不过布依族的“三月三”祭山节、苗族的“四月八”和“跳花节”、仡佬族的“吃新节”“拜树节”、彝族的“火把节”“插花节”、回族的“开斋节”“古尔邦节”。屯堡节日虽有一些与少数民族节日属同一日子，但各自的过法不一样，主题也不相同。比如“六月六”，布依族以这一天为过小年，要祭田神、灶神和山神，家家庆祝，十分隆重；屯堡人则以这天为土地婆婆生日，虽也要祭土地，插纸钱于田中祈祝丰年，妇女们还要头插“忏纸”往安顺城西接引寺焚香化纸，称“烧西方大路”，过法与布依族却没有一点相同之处。

在婚俗方面，屯堡人的婚姻主要通过媒人说合，部分青年男女自主择偶。这部分青年大都是村中的活跃分子，双方在集体活动中结识、恋爱。然而说到婚姻，最后仍须托媒说亲，相似于布依族的“赶表”和苗族的“摇马郎”“向月亮”“游春”，表达方式却不一样。屯堡人的婚姻通常经历提亲、合八字、定亲、迎亲、拜堂、回门等过程，与各民族的婚娶过程大致相同，但活动细节却迥然相异。

在葬俗方面，屯堡人实行江淮传统的土葬，立墓碑、刻墓铭，不搞悬棺、洞棺、岩棺、竖棺葬式，不行火葬和葶葬。在治丧期间，不搞杀牛打戛的仪式，而行一种叫作“点药师灯”的祭奠仪式。虽也请和尚或道士诵经开路，追祭亡灵，与各族延请巫师、魔公祈祷相似，但说颂德经咒不仅语气和表达方式不同，内容也天差地远，纯为江淮汉人的传统模式。

药师灯在屯堡村寨才有，一般用一丈二高的果树树干作为灯柱，中间分为七层，每层设灯七盏并以灯柱为中心，四周雕塑十八罗汉及诸神佛像，灯顶做成宝亭，中间塑玉皇大帝神像，环绕玉帝雕护法神四大金刚。灯座为方形几案，底下塑四揭、土地神，整个灯柱上下总计有菩萨八十余座，每一层的层板上还雕有龙、凤、鹿、莲等吉祥物。我们在蔡官镇下苑村考查地戏面具的雕刻情况时，碰到村中一位老太太去世，得以观看了燃点药师灯祭奠亡人的全过程。活动是由道士来主持的，他们一行数人，绕灯诵经。灯柱上所有的灯都点燃，通体光明，香烟缭绕，一时之间诵经之声、铙钹之声盈耳。这灯柱为什么叫药师灯？我问了许多人，他们都不清楚，后来找到一位老人，才大致有了点眉目。据说这跟唐王李世民有关。传说李世民有一天做梦，下到阴曹地府，各种小鬼纷纷缠着他要钱，说不给就不放他回人世，李世民无奈找到了阴司管钱库的官吏，并借来一笔阴钱散给小鬼，小鬼就放了他，且不再纠缠，李世民醒来时，出了一身冷汗，想到地狱黑暗无边，小鬼着实可怜，就下令在寺庙中办水路道场，由高僧诵经，超度地狱小鬼，给他们以光明。寺僧们就设计了这高达丈余、光芒四照的药师灯。屯堡人把药师灯用于亲人的丧礼，其意似在让灯光照亮通向地狱之路，为亡灵送行，自然也包含了消灾祈福的意思，跟各民族砍戛办斋的立意相近，而做法却大异其趣，纯然是中原江淮的传统方式。

从文体活动方面来看，屯堡人也无意模仿少数民族的赛马、芦笙舞、板凳舞和“上刀山”的杂技表演，只跳自己喜欢的地戏、花灯，拒绝使用铜鼓、唢呐、芦笙这些民族特征明显的乐器。

总之，屯堡文化在与周边少数民族文化的对峙中，始终保持着严格的界限，不仅如此，在西方宗教文化的渗透面前，它也摆出了拒斥的态度。清朝鸦片战争时期，西方的基督教大量传入中国，把触角伸到中国的广大农村，包括云南、贵州这样边远的山区，无所不至。咸丰初年，法国领事神甫来到安顺，在西秀山麓修建教堂，收受信徒，开门传播天主教。光绪十年（1884年），英国牧师文藻、党居仁、白德礼等也先后来到，在水洞街修建教堂，传播基督教义。这两个教派不仅在城里发展教会势力，还奔走山寨，在广大农民群众中传教布道，他们在苗族、布依族村寨都取得成功，收受了大量信徒。英国牧师主要在苗寨活动，他们培养苗族传教士，开办教会学校，深入到偏僻穷困的苗族村寨发展教徒，如清镇的腰岩，普定的等堆，镇宁的江龙、募役等地，拥有信徒近3000人。法国神甫主要在布依族村寨活动，他们深入到安顺新场的勇克、干坝、老雄坡，普定的毛栗坡、陇戛、河头、斗篷山，镇宁的黄果树、江龙等布依山寨布道，拥有信徒数千人。教会的牧师和神甫不仅只身走乡窜寨，还把教堂建到了苗族和布依族人口密集的中心区，各有自己的势力范围。法国神甫仅在镇宁就建了11座天主教堂。

可是当他们把触角伸到屯堡山寨时，却遭到了白眼，屯堡人没有一个信奉他们教义的。从两教传入开始，到20世纪50年代初期，地方史志书籍大量记载了苗族和布依族群众信教的情况，却没有一处关于屯堡人信教的记载，屯堡村寨也没有任何一个地方修有教堂。这就是说，英、法两派教会势力在屯堡山寨没有立足之地。为什么会出现这种现象呢？原因恐怕在于屯堡人有稳固的儒家文化思想根基。

儒教是一种以敬祖为特征的“民族宗教”，强烈的血缘认同性，使它对一个民族有极大的内聚张力和延续能力，它排斥其他血缘的文化，本质上是一种防御性的地域文化。而基督教、天主教信奉的却是以“敬主”为特征的宗教，它认同超越血缘关系的“主”（上帝），毫无差别地对待一切民族，对所有民族都有适应性和包容性，这种特性使它成为一种“世界宗教”，带有极大的扩展性。两种宗教的本质差异导致了他们之间的对立。基督教传入中国时，一开始就遭到儒教猛烈的攻击。咸同时期，贵州境内发生的两起教案——“青岩教案”和“开州教案”，与其说是教会教民与官府的纠纷，不如说是“主的宗教”与“祖的宗教”的冲突。因此，当基督教的牧师和天主教的神甫去到屯堡村寨传教时，屯堡人自然是敬而远之，不予信奉。两教人员只好绕开他们，把重点转移到布依寨和苗寨中去。由此可见，屯堡文化在与各种文化的接触中有着异乎寻常的保持界限机制。

屯堡人与周边少数民族之间对立的松动，是在晚明屯堡走向衰落，特别是明朝灭亡，清人入主中原以后，这时他们的军事职能和军人身份逐渐丧失，没有了骄傲的资本，也失去了主宰这片地区的优势，完全变成了纯粹意义上的农民，仅作为一个相似于民族部落的群体而存在。这时，也只有这时，他们才比较平等地看待周边少数民族，跟他们逐渐亲善起来，互相“认干亲”、“打伙计”(交朋友)，逢红白喜事互相馈赠礼物，在集市上平等交易，不再巧取豪夺。咸同时期，他们还一起联合起来，共同反对清朝官府的压迫和剥削。村寨中也逐步容纳接受少数民族人家居住，形成杂居的局面。部分屯堡商人为了到少数民族地区经商，注意学习和使用少数民族语言，了解并遵守他们的风俗习惯，屯堡文人还在他们的诗文中赞美少数民族风情，比如永宁州人朱茂时的一首关于盘江铁索桥的诗写道：“叠嶂曾无三尺平，盘江狭处铁桥横。短裙窄袖花蛮女，宛在秋千索上行。”这既是对飞架于高山深谷的铁索桥的咏叹，也是对当地苗族、布依族妇女形象的赞歌。在屯堡人举行的祭祖仪式中，他们所唱读的祝词，也常借用民族风情来表达对祖先的敬颂心理。比如在一则流传于屯堡人中的《祭父文》，其中有这样的句子：“不能再见父容面，椎牛祭墓徒枉然。”[①]“椎牛”一词指的是苗族、布依族、仡佬族人祭父时杀牛砍戛的习俗，屯堡人的祝词中借用这种故事，表明他们在祖宗面前对少数民族习俗的亲切认同。屯堡人用于宗教活动的祭文或祝词，至今保存并传承下来的有40余种，都是在严肃的气氛中诵读的，措辞都很讲究，由此可见，屯堡文化吸收和借鉴了少数民族文化的优秀元素。在娱乐活动中，屯堡人与少数民族同胞的交往也日渐增多，每逢苗族群众的跳花节，许多屯堡地戏队都要去祝贺，他们来到花坡，像“参财门”一样“参花树”，演唱的

① 肖鲁黔、郭萍：《贵州部分地区的祭文与国民性》，《贵州师范大学学报（社会科学版）》1991年第3期。

祝词能将苗族跳花的历史说得一清二楚。自家有什么喜庆事情，也邀请少数民族同胞参与。比如我在章家庄亲眼看到，该村金氏修缮祠堂就请了苗族唢呐队前来吹奏，以此来烘托喜庆气氛并增进民族团结。

在民族平等亲和的大背景下，少数民族群众也渐渐冰释前嫌，不再与屯堡人为敌，化干戈为玉帛，对屯堡人表示友好。他们称屯堡人为“老汉人”“老大哥”，虚心学习屯堡人的长处，整合到自己的民族文化中去。比如他们向屯堡人学习冶铁技术，打造农具，改变过去刀耕火种的落后生产方式；向屯堡人学习先进的农耕技术，引进了玉米、黄豆、高粱、油菜等农作物，使生产生活面貌有了改观。苗族人称玉米为“那丢”，意为“汉人的粮”。

在精神文化活动方面，少数民族向屯堡人学习的东西更多，如汉文汉话，取汉名，像汉人一样过春节、中元节、中秋节，但是也掺进自己的民族特点，逐渐改变悬棺、洞棺、岩棺、竖棺葬式，实行土棺葬式，立汉字墓碑；像汉人一样在春节时贴春联，上层人家还在自家门楣上刻制楹联，如西堡长官司（仡佬族）大堂两边就刻有这样一副对联：“西川奏绩，南黔奏凯，昭武奋阴阳，十二支官声传播；创业于明，守业于清，勤俭度日月，数百载祖业就兴。”这显然是清中叶以后的遗迹，对联严格遵守汉人的声韵格律，极有可能是汉人所作，而被土司接纳。

少数民族群众还向屯堡人学习地戏，组建了自己的地戏班子，春节期间在花坡和赶集场所演出。例如清镇中八毛栗坡村的苗族群众就组建了一个地戏队，跳演杨家将故事；长顺石洞的布依地戏队除了表演剧目之外，还打破地戏不演造反戏的规矩，编演《水浒传》故事；贵阳花溪大寨的布依地戏队组建得最早，是道光年间平坝的屯堡地戏艺人龙得甫去那里鼓动筹建起来的，这个地戏队还把布依民歌、民谣、酒歌、划拳歌等融进传统地戏故事中去，丰富了表演形式，对地戏演出前后的一系列祭祀仪式则完整地保留，每道仪式都设香案祭供，对神祈祷，扫场封箱时按东、西、南、北、中逐一将天瘟、地瘟、牛瘟、马瘟、鸡瘟、鸭瘟扫除干净，求得清吉平安，人畜兴旺。安顺四周少数民族村寨跳演地戏的也不少，仅安顺市郊就有 14 个布依地戏队和 1 个仡佬族地戏队。由此可见，屯堡人和少数民族之间近百年来民族融合的情况。

民族间的关系由军事的对立、文化的对立发展到民族间的融合，经历了几百年的磨合，终于出现了新的景象，这是时代使然。时代在进步，各民族也在进步。

安顺屯堡与安顺屯堡人

颜建华

安顺屯堡人是汉民族中的特殊群体，这个群体同它毗邻的少数民族具有很大的差异性，同时又与其他的汉族具有显著的不同特征。按清代和民国所编的地方志书的记载以及综合考察现当代学者们的主要观点，安顺屯堡人主要是对明代卫所屯田制废弃后，生活在今西秀、平坝、镇宁、普定、长顺等地的明朝屯军后裔的专称。其境域以西秀区为中心，东至平坝县和长顺县西北，西至镇宁县，北到普定县，南达紫云县界，大约 1340 平方千米。根据专家们的田野考察，安顺屯堡人大约有 30 万人口[①]，从聚居在这块土地上的许多大姓的家谱来看，这个群体的祖先大多来自中国的江南地区，故清常恩《安顺府志·风俗志》言其“屯军堡子，皆奉洪武敕调北征南……家口随之至黔”。这个群体因明王朝“调北征南”的军事策略而形成，与明代卫所屯田制有着密切关系。从历史的角度看，这个群体已经传承了 600 多年，有着丰厚的历史底蕴；从聚居的地域来说，安顺屯堡人大多住在以屯或堡为名的区域内，保留了明代的一些军事遗迹；从文化的传承上讲，安顺屯堡较好地留存着明清江南汉族文化的鲜明特征。安顺屯堡人是 600 多年前江南汉族文化的鲜活样本。自 1902 年，日本人类学者鸟居龙藏到饭笼铺进行实地考察，他认为安顺屯堡人“真是不可思议”，到 1980 年以后，安顺屯堡人渐渐进入学术研究的视野。随着旅游业的兴起，对安顺屯堡人的研究进一步引起学术界的重视，出现了一些重要的研究成果；尤其是近年来安顺屯堡文化研究与旅游业的发展相结合，引起了国内外广大旅游者的兴趣，安顺屯堡和安顺屯堡人群体得到广泛关注，由此也出现了一些对安顺屯堡

① 蒋立松：《田野视角中的屯堡人研究》，《贵州民族研究》2002 年第 3 期。

人理解不透的误区。基于此，本文在已有的研究成果的基础上，对安顺屯堡和安顺屯堡人群体略书管窥之见。

一

屯田制度是历代政府为军队取得给养和税粮，利用兵士和农民垦种荒弃田地而采用的一项制度。这个制度由来已久，汉武帝时在西域屯田，汉宣帝时赵充国在边郡屯田，三国时曹操在许下屯田，唐以后各代屯田又称“营田”，有“军屯”“民屯”。元、明、清各代沿袭屯田制度，卫所屯田称为“军屯”。明代“盐商在边郡募民开垦耕种，以所得粮草换取盐引”，称为“商屯”。明代屯田的范围最广，直到明末屯政废弛，清代除有漕运的地方屯田仍隶卫所外，其余卫所屯田改隶州县，属于民屯。在安顺屯堡地域，存在的主要是军屯和民屯。

两汉时期，汉武帝为一代雄主，大力开疆拓土，在西南地区进行屯戍，汉代牂牁郡中的少数据点也有屯田。元代，今安顺一带属于普定路管辖。贵州为三省的毗邻之地，属于边荒地区，元代统治者鞭长莫及，屯田显得更加重要。蒙古统一中国后，控制天下的国策是“内而各卫，外而行省，皆立屯田，以资军饷”，通过“寓兵于农”[①]的方式，从而达到“养兵息民”的目的。普定路受曲靖宣慰司节制，元代统治者亦“置屯田为守边之计”。《元史·兵志》：“壬午，立普定路屯田，分乌撒、乌蒙屯田卒二千赴之。”[②]乌撒、乌蒙分别指贵州威宁与云南昭通，说明元代在今安顺一带已有屯军。《元史·本纪》也提到屯田之事，“敕免云南从征交趾蒙古军屯田租”，又《元史》中提及“普定路所隶部曲”“连结蛮寇，杀掠良民”之事，说明元代在今安顺一带有蒙古屯军屯田。这些史料表明在今安顺一带屯田由来已久，为明代大规模驻军屯田打下了基础。

---

① 见《元史》卷100，清乾隆四年武英殿校刻本。

② 见《元史》卷27，清乾隆四年武英殿校刻本。

二

明代在安顺设军屯，开始于洪武十五年（1382 年）。元代贵州分属于四川、云南、湖广三省管辖，明王朝建立 10 余年后，云南仍为残元梁王势力所盘踞。贵州处于西南要冲，成为内地进入云南的咽喉，战略地位十分重要。“云南、湖广之间，惟恃贵阳一线。有云南不得不重贵阳”①，要长久控制云南，就得先巩固云南；要巩固云南，就得先稳定贵州。《明实录·明太祖实录》载：“屯田之政，可以纾民力，足兵食。边防之计，莫善于此。”当洪武中期，傅友德、蓝玉、沐英率 30 万大军平定云南后，朱元璋就令汤和、周德兴、陈桓、唐胜宗等经理屯田，务使卫所官兵军食不乏。又《明实录·明太祖实录》载：傅友德等上奏于普定、乌撒等卫“戍兵屯田之入以给之”。今安顺一带主要属普定卫，是明代贵州屯田最早的卫所之一。贵州各卫下的军屯，一般以百户所为单位，有的称“屯”，有的称“堡”，有的称“哨堡”，这些名称在现今安顺一带仍保留着。有人以为“屯”指“军屯”，“堡”指“民屯”，是失之片面的。军屯是安顺屯堡形成的主要源头，民屯则由明王朝组织的大规模移民活动而形成。据《明史·食货志》载：“屯田之制，曰军屯，曰民屯。”又载：“其制，移民就宽乡，或召募或罪徙者为民屯，皆领之有司，而军屯则领之卫所。”据《明实录·明世宗实录》记载：“贵州军民鲜少，多系江西川湖流民侨居。”明代中期以后，外省流民因遭兵祸、荒灾，大量移迁黔境。民屯，在贵州主要采取“调北填南”“调湖广填贵州”的“移民就宽乡”的方式，从中原、湖广、江南等地强行征调大批农民、工匠、役夫、商人、犯官等迁徙贵州，还发给农民耕牛、种子、农具，实行 3 年不纳税的优惠政策，以安定移民，保障移民大量开垦土地，以便州县增加赋税。从现存资料来看，今安顺一带民屯甚少，大多为军屯转化而来。贵州的地名中，军屯与民屯有所区别，如“名屯名堡者为军户居住，名村名庄名寨名院者为民户居住”。民户的社会地位与军户的有区别，在卫所官员的控制下，民户不仅受到军

---

① 顾祖禹：《读史方舆纪要》卷一百二十一，光绪二十七年上海图书集成局铅印本。

户的歧视，还受到地方官吏的盘剥。

三

根据贵州民族研究资深学者翁家烈的观点，屯堡人是“清代裁废明代卫所屯田制后对今在贵州省平坝、安顺、镇宁、普定、长顺等县市内明屯军后裔的专称”[1]。就一般情况而言，安顺屯堡人主要是明代屯军的后裔，在生活上基本保留了明代江南汉民族的风俗习惯。“屯堡人”这个专名见于清朝后期，最早的史料是道光七年（1827年）刘祖宪纂修的《安平县志·风土志》卷五：

> 屯堡即明洪武时之屯军。妇女青衣红袖，戴假角（原注：以银或作细练至簪上，绕髻一周，以簪绾之，名曰假角，一名凤头笄）。女子未婚者，以红带绕头。已婚者改用白带（补注：道光二年徐玉章编《徐志稿》）……男子善贸易，女子不缠脚。一切耕耘，多以妇女为之（补注：乾隆《贵州通志》）。家祀祭神，多力善战，间入行伍，衣冠与汉人无异。

又见《安平县志·风土志》：

> 土人所在多有，县属西堡尤盛，相传为明洪武时，屯军之眷属亲戚，与屯军先后至者。因其居土日久，故曰土人，一曰旧人。一说土人，楚人也。元末从陈友谅反，及明太祖灭友谅，分兵剿其余党，反者皆逃入夷蛮中，以避诛戮。一名里子，衣尚青，妇人以银索盘头，与屯堡人无甚差异（原注：见《徐志稿》）。妇女不缠足，男子娴贸易，耕作多妇人为之。称曰县民，以别屯军也。

前一则史料表明屯堡人是明代屯军的后人，尤其着重记载了妇女的装束。后一

① 翁家烈：《屯堡文化研究》，《贵州民族研究》2001年第4期。

则史料载有两种观点：第一种以为“土人”来源于屯军及其眷属亲戚；第二种以为“土人”就是楚人，原为陈友谅的部众，为避明太祖剿灭而潜隐至今平坝一带，妇女的装束与屯堡人无差别，为了与屯军后裔相别，便称为“县民”。咸丰《安顺府志·地理志》说：

郡民皆客籍，惟寄籍有先后，其可考者，屯军堡子，皆奉洪武敕调北征南。当时之官，如汪可、黄寿、陈彬、郑琪作四正，领十二操屯军安插之类，散处屯堡各乡，家口随之至黔。妇人以银索绾发髻分三绺，长簪大环，皆凤阳汉装也。故多江南大族，至今科名尤众。

《安顺府志》也是把屯军作为屯堡人的主要来源，关于屯堡妇女的装束叙述与《安平县志》基本一致。又据1938年陈廷棻总纂的《平坝县志》载：

在平坝县人中，有“屯堡人”。所谓屯堡，即屯军居住地之名称。以意推测，大约屯军在明代占有二三百年之特殊地位。（原注：五十屯屯军散居五所，另隶一军籍，另耕一屯田。政府文告每云：军民人等，军冠民上。可见其当日之特殊矣。）旁人之心理的习惯，上务欲加一种特殊名号列之。迨屯制既废，不复能再以军字呼此种人。惟其住居地名未改，于是遂以其住居地名而名之为屯堡人。实则，真正之屯堡人即明代屯军裔嗣也。（原注：明祖以安徽凤阳起兵，凤阳人从军者特多，此项屯军遂多为凤阳籍。又此种妇女头上束发作凤阳妆，绾一笄，故又称之“凤头笄”。）决非苗夷之类也。（原注：屯堡人一名词，初本专以之名住居屯堡者。而凡住居屯堡者，工作农业，妇女皆不缠足，从事耕耘者，厥后即不住居屯堡，如其妇女不缠足，从事耕耘者，率皆以屯堡人呼之。则屯堡人之意味又不专就住居论矣。）

这段史料很重要，不仅表明“屯堡人”这一词语的初始意义，也阐明屯堡人的范畴及发展过程。我们如果仅仅着眼于屯军的后裔来认识今安顺屯堡人，是不全面也不符合发展实情的。明朝屯军的后裔只能构成安顺屯堡人的主体，而不是安顺屯堡人的整体。虽然从田野调查中收到许多家谱都言之凿凿地记载着他们的祖先都是“调北征南”而来，但家谱是后人所修，主要靠祖先的口耳相传，附会攀依之处极多。安顺屯堡人在形成的过程中有军人的成分，有以其他形式进入屯堡区域的移民。许多屯堡村寨虽然形成于明代，但发展扩大却在清代，而有的屯堡村寨却是在清以后才形成的。如今西秀区七眼桥镇的本寨，主要姓氏金、杨、王三姓，就形成于清代中期，他们以土地买卖的方式迁入本寨，其周围的屯堡人就称他们为“客民”。屯堡村寨的形成具有漫长的历史过程，安顺屯堡人的形成亦有先有后，构成安顺屯堡人的整体成分也不是单一的，具有复杂的因素。安顺屯堡人的构成成分具有多样性，迁入的时间也有先有后。今西秀区七眼桥镇九溪村人口众多，是现存最大的屯堡村寨，其历史最迟可追溯到明初“征南”战争结束之后，当时就已有屯堡人聚居，现今就有“十大姓”开辟九溪的传说。在九溪村的发展过程中，其屯堡人的构成成分不仅保留着张姓、宋姓、汪姓等屯军的后裔，也保留着王姓、黎姓、袁姓、翟姓、何姓等“调北填南”移民的后人，还有清嘉庆年间以经商的方式迁入的刘姓、徐姓。[①]这说明安顺屯堡人的形成并不是纯粹单一的，而有发展演进的复杂过程，简单地把安顺屯堡人看作是明代屯军的后裔，或主体为蒙古屯军的北方少数民族显然过于片面。元朝在今安顺一带的确已有屯军，但明王朝平定云南之后，就把蒙古屯军的领地作为了明朝屯军的屯兵之所，如元代的阿达堡，改设为普定卫，纳吉堡改设为安庄卫，元兵及其眷属逐渐被分化瓦解，并被明军及其眷属所同化。

四

汉族迁入贵州，从汉朝就已经开始。今安顺属于汉朝牂牁辖治，由西秀区宁谷

---

① 蒋立松：《安顺地区屯堡人及其社会历史文化调查》，载贵州省民族事务委员会、贵州省民族研究所编《贵州“六山六水”民族调查资料选编·仡佬族、屯堡人卷》，贵州民族出版社，2008，第236页。

镇一带遗存的大规模的汉墓群和已出土的汉朝遗物充分说明汉民族迁徙贵州已经很早，历朝各代在今安顺一带均有汉族迁入，大的移民是在明代。这些迁入的汉族，有的与当地关系密切，在经济、文化、习俗、婚姻等方面受到浸染，未能完整保存原来的生活习惯，已经与迁入时的原貌不同；有的内聚力强，在经济生活、文化心理方面保持着自身的习性，与当地民族不同，又与后来的汉族不同；有的稳定性强，保留移民前的汉文化特征，尤其是妇女在服饰上还保持“凤阳汉装”。一般说“安顺屯堡人”主要是指妇女还保持明代服饰的这一类汉族人。如果从所处的村寨的名称和居所来看，安顺屯堡人的范围应该还要广泛一些。如普定的夏官屯、余官屯、朱官堡等地的汉族就没有保持“凤阳汉装”。

今安顺一带的屯堡人，据地方志书和大量的家谱所载，其中江苏、安徽籍的后裔为数众多。考察家谱可知，他们先祖入黔的时间和原因不尽相同，有的屯堡人称自己的先祖来自洪武时期，有的称自己的先祖相传随建文帝逃难入黔，有的称自己的先祖于洪武、永乐年间因“征南”“填南”而被征调入黔，还有人认为有少数移民则是以后陆续迁居的。如天龙旧称饭笼铺，主要有郑、陈、张、沈四个姓氏，据传他们的入黔始祖籍贯均为“南京应天府”。《郑氏新谱》说，洪武十四年（1381 年），征南将军傅友德、左副将军蓝玉、右副将军沐英率 30 万大军远征云南、贵州。战争结束后，一部分军士按屯田制度择要地驻守屯田，郑氏始祖郑洪佐便定居天龙。从民国《平坝县志·人物志》所载文献看，陈姓始祖入黔的时间要稍晚一些。陈姓入黔始祖史称“陈万镒，明季饭笼铺人”，为陈氏第三世祖，因抵抗不合法纳税被判死刑，当地人奉为义士，立有陈万镒公显彰碑。如今天龙有“张家院”“沈家院”“郑家院”等地名，而无“陈家院”之名，说明陈氏不可能在明初定居饭笼铺。也有原为屯军后裔，后来渐渐淡化并丧失屯堡人自我意识的情况。平坝县白云镇陈氏家族的入黔始祖陈旺，明初于扬州府从军，在平坝卫当了百户，成为世袭军官。清代，陈氏丧失军官之职。陈氏家族人才辈出，涌现陈法等朝廷官员。随着家族社会地位上升，陈氏反而没有了屯堡人的意识。

“征南”或“填南”来的屯堡人中，存在着多次移居的现象，未完全守在始祖迁居之地。如《郑氏族谱》初修于咸丰五年（1855年），重修于1990年，据文中所载，在明代郑氏家族就出现了多次迁居的情况。其四世祖郑国清，明成化年间迁到了今西秀区大西桥镇鲍家屯、背陇坡，有一支迁到关岭县凡化（今坡贡、五里牌、碓窝田），郑贵吾一支在嘉庆年间迁到郎岱的折溪；七世祖郑登福、郑登方，嘉庆年间迁到安顺羊武，七世祖郑登崇，嘉庆年间迁到郎岱打志村；八世祖郑天祥，明万历年间迁到平坝县白云镇上坝村。这些材料说明，除了留在屯军居住地的屯堡人之外，还有许多未留在屯军居住地的屯堡人，留屯黔地的屯军后裔并不是完全固定在一个地点居住，他们分布的范围是广泛的。

五

早在明代，军屯就已经出现衰败现象。《明史·食货志》说："自正统后，屯政稍弛，而屯粮犹存三分之二，其所屯田多为内监、军官占夺，法尽坏。"万历年间的策衡说"屯法之坏，一坏于余粮之免半……屯粮日亏，征发日甚，不取之此，必取之彼，易欺者民，则倍征而不以为苛；难制者军，遂弃置而数间，非法之平也"。由这些论说，可看出屯田制度到明代后期存在许多弊端。军屯破坏的根本原因是军屯制度与日益发展的社会经济不相适应。明代中期以后，官僚、豪绅、地主、富商大肆兼并土地，国有土地制与地主土地私有制之间发生激烈的矛盾冲突，出现了"公私庄田逾乡跨邑，小民恒产岁朘月削"的局面。在商品经济的冲击下，卫所军官大肆侵吞屯田，盘剥屯军，许多军官暴发成为地主，大量的屯军则不堪忍受而四散逃亡，屯军逃散成为屯军衰败的直接原因。嘉靖《贵州通志》卷三载："贵州自国初置军卫设屯田……百八十余年以来，地方多事，逃亡事故，十去七八。坐是田地荒芜，子粒无征，节年逋负。"又《明实录》载，景泰四年贵州按察使王宪奏："贵州卫、所、站、堡、旗、甲，军人往差逃亡，十去八九。"嘉靖《贵州通志》卷七载："堡军逃亡过半，村寨迁徙不常。"查贵州都司所属各卫，原有旗军159928名，按照"三分守城，七分下屯"的常制，应有屯军10万人以上，到了明万历年间，屯军不及十分之一。如普定卫仅有1680名，永宁卫仅683名，安庄卫仅629名，平坝卫仅

615 名等，逃亡现象极其严重。据郭子章《黔记·兵戎志》卷二记载，贵州都司所属各卫所，仅存屯军 9060 名。同书记载普定卫旗军原额 6905 名，仅存 2439 名（与嘉靖《贵州通志》所记有出入）；军田原额 94713 份，仅存 32726 份。这种情况使屯田大量荒芜，出现了“屯军逃尽田何在！鸡犬无声宿莽滋”[①] 的荒凉景象。屯军锐减，面对荒芜的田地，统治者只能采用招佃的办法，把屯田招佃给一般农民，形成了“有屯田之名，而无屯田之实”的状况。对此，万历时的贵州提学谢东山《屯田议》亦有记载，如平坝卫“抛荒屯田六十二亩，招集民人等六十二名”。这样出现了汉民和少数民族进入屯堡与屯军杂处的现象，有的甚至取代逃亡的屯军而成为屯堡区域的居民。随着卫所的渐趋解体，屯堡村落化逐渐加快。同时屯堡人的成分也渐有变化，已经不完全是屯军或屯军的后人。

结　语

综合言之，汉代安顺已有中央王朝的军队屯田驻守，大量的汉墓群就可以说明这一点。由史料可知，元代安顺屯军渐多，这些军屯都是险要之地，后来被明朝军队接收，并同化了这些异族军民。安顺一带为明王朝重点屯兵之地，从《安顺府志》《镇宁县志》《安平县志》可知，明代的平坝卫有 44 屯堡，普定卫有 87 屯堡，安庄卫有 98 屯堡，屯堡分布密集，三卫合计就有 229 屯堡。据《明实录》载，宣德七年（1432 年）贵州按察使应履平奏报，“贵州诸卫城池二十有六，屯堡七百有余”。安顺明代屯堡占贵州屯堡 35.5%。“调北征南”的一般属于戍边的军户的后裔，“调北填南”的多属于来自江南等地汉族移民中民屯的后裔。清康熙年间裁卫改设州县，军屯制度废止，军户转化为民户，原来的屯军堡子完全转化为屯堡村落，原来的屯军也完全转化为屯堡区域的农民。经历了 600 余年的风风雨雨，军屯后裔大多还保存明代屯堡的遗风，成为汉民族中的一个特殊的群体，为研究明代的文化习俗留下了活的样本。随着社会的变迁和军屯的衰败，安顺屯堡人的成分也不断发生变化，屯堡人

① 唐树义等编《黔诗纪略》，关贤柱点校，贵州人民出版社，1993，第 325 页。

群体不再是单一的屯军后裔，呈现出多样性和复杂性，他们的分布也更广泛，有的虽然不着“凤阳汉装”，但许多生活和文化习俗仍然保留着屯堡人的特征。如果仅以妇女是否着“凤阳汉装”来论定是否为安顺屯堡人，显然不完全妥当。对于屯堡人的确定应进行综合考察，应从历史现象、文化现象、生活习俗、社会发展变迁等各个层面来审视，这样才能较好地把握安顺屯堡人群体的范畴。

参考文献

[1] 刘显世，谷正伦 .[民国] 贵州通志 [M]. 任可澄，杨恩元，纂 . 贵阳：贵州人民出版社，2020.

[2] 司马迁 . 史记 [M]. 北京：中国文史出版社，2003.

[3] 常恩 . 安顺府志 [M]. 贵阳：贵州人民出版社，2007.

[4] 刘祖宪，何思贵 . 安平县志 [M]. 贵阳：贵州人民出版社，2019.

[5] 陈廷棻，陈楷 . 平坝县志 [M]. 贵阳：贵州民族出版社，2021.

[6] 贵州民族研究所 .《明实录》贵州资料辑录 [M]. 贵阳：贵州人民出版社，1983.

[7] 张廷玉 . 明史 [M]. 上海：上海古籍出版社，1986。

[8] 宋濂 . 元史 [M]. 长沙：岳麓书社，1998.

屯堡人

——一个特殊的汉民族群落

罗布龙　李立洪

在今贵州省安顺市所属的西秀区、平坝县、镇宁县、普定县一带生活着一个特殊的汉民族群落，他们自称是“老汉人”或“屯堡人”，其妇女服饰至今仍保留着明代凤阳汉装的特征。其社区生活方式所体现出来的社区文化，至今仍与周边的少数民族村寨和其他汉民族村寨大不相同，研究者称其为“屯堡文化”。

屯堡文化是一种特殊的汉民族地域文化现象，源于明初中央政府对西南的用兵和其后的大规模移民。明洪武十四年（1381 年）九月，朱元璋令颍川侯傅友德为征南将军，率三十万大军征讨盘踞云南不肯降服的元梁王巴匝剌瓦尔密。次年，云南平定。为稳定明王朝在西南的统治，除了在贵州建立省一级的军事机构都指挥使司外（贵州于明永乐年间方正式建省），还于其地遍置卫所，全面推行军事屯田制度，二十万大军按照“三分守城，七分屯种”的原则，奉命就地屯垦。按明代兵制，卫所官兵皆为军籍，世代为军，称为“军户”。每一户有一名“正军”充役，户下一人辅助正军料理生活，称为“军余”或“余军”。为使军士“有亲属相依之势，有生理相安之心”，还规定正军和军余均须携带妻室儿女，无妻室之军士，政府予以婚配。因此，一人在军，全家同往。二十余万卫所官兵连同家属，其数不下七八十万人。（见《贵州六百年经济史》）再加上其后实行的“移民就宽乡”的大规模移民政策，亦即民间所谓“调北征南”，致使进入贵州的外来移民达百万之多，形成了一场前所未有的开发浪潮，彻底改变了贵州的人口结构和文化结构。军士和移民共一百多万人携带着中原汉文化的各种精神和物质的信息定居贵州，形成以中原汉文化为主体的一种特殊的文化形态。而这种文化形态是以“屯堡”作为主要载体而存在和展开的。明初在贵州大规模推行的屯田制度除军屯而外，还有民屯、商屯。军屯由军户及其家属屯垦，民屯由移民屯垦，商屯则是由少数盐商为换取政府的盐引招募流民进行屯垦。携带家眷的军户和携家带口的移民居住在“屯”和“堡”中，形成相对集中的定居点并发展成为社区。他们把从徙源地带来的文化“符号和内涵”移植到了屯和堡中：从建筑形式到各种风俗习惯，从社区组织结构到家庭结构，从文化礼仪（包括信仰和信念）到行为方式，从生活方式到生产活动方式（手工业和精耕细作的农事农作）。这种移植同时又受到环境（自然环境和社会文化环境）的影响和制约，表现出明显的军事屯戍的特征。一开始的军屯相对封闭，更多地体现为军事建构组织，与周边的少数民族社区不相往来，甚至还表现为一种对抗和对立；随着民屯的兴起和与少数民族关系的逐渐缓和，屯堡社区也逐渐开放，与周边少数民族社区的往来交流也逐渐增多，屯堡社区所承载的这种独特的汉民族文化的形态和功能的价值也逐渐开始体现，为汉文化在贵州的统治地位和主流地位奠定了基础，对贵州最终形成以汉民族文化为主体、各民族文化共生繁荣的一体多元文化结构起到了重要的不可替代的作用。

但是，随着明王朝在贵州统治的巩固，屯堡作为军事组织的功能逐渐弱化，特别是明中叶以后，由于屯政废弛，兵士逃亡，屯田体制受到私有化的严重侵蚀，屯军后裔逐渐完成了由军到民的身份转变，其地位也逐渐下降，其生存空间也遭到大量后移民的极大挤压。非但如此，由于后来的汉族移民所携带的文化信息更具优势，原先的屯军和屯民在文化上也遭到歧视，他们所代表和体现的具有强烈军事屯戍特征的社区组织形式及文化不被认同，以至到后来，他们不仅被看作是“另类”，甚至直接被归判为少数民族，被称为“凤头苗”。于是，这种以屯堡为载体的、曾作为中原汉文化在贵州的传播主体的文化形态，在少数民族文化和后来的汉族移民的文化的双重挤压下而日益边缘化，并最终彻底丧失了其主流地位。

对于一直以正统、征服者的强势地位而自居的屯军后裔来说，这是一个令他们很难接受，却又不能不接受的残酷现实。在这样的形势下，他们只能自我肯定，也需要自我肯定。以至于今天的安顺屯堡人自称为“老汉人”，把自己称作“庄家”，把后来的汉族移民称作“客家”，以强调自己的正统身份和昔日的辉煌。也正是这种自我肯定强化了屯堡社区的群体意识，增强了群体内部的内聚力，在双重文化的挤压下维护自己的尊严和昔日的辉煌，形成了一种与后来的汉民族移民文化保持一定差异的边缘性的文化形态。

20 世纪初，日本人类文化学者鸟居龙藏深入中国西南考察苗族问题，途经贵州，偶然在平坝县天龙镇一带发现一些服饰酷似少数民族却自称是“老汉人”的乡村妇女，溯其根源，得知竟是明代屯军的后裔，十分惊奇，将之写进自己的考察笔记，这是学术界对屯堡人及其文化现象的最早关注。20 世纪 80 年代初，经过多年折腾之后开始恢复的屯堡地戏，引起了一些本土文化学者的重视，在他们的研究和推动下，屯堡地戏第一次走出国门，1986 年在法国巴黎秋季艺术节上亮相，引起极大轰动。屯堡地戏作为“戏剧活化石”的美誉不胫而走，由此引发了持续不衰的屯堡文化研究热。

在研究中，人们发现，历经六百余年的沧桑巨变，在贵州乃至全国数以千计的屯堡，其形态都已消失殆尽的情况下，保留在安顺一带纵横不过百十千米范围内的屯堡人及其文化群落，作为一种特殊的汉民族地域文化现象，实在可以说是汉民族文化史上的一个奇迹。那么，究竟是什么原因使其能够“以不变应万变”，历经数百年的社会变迁仍能将其原有的文化传统（其中有很多甚至是他们的徙源地也早已消失无影的风尚习俗）较为完整地保留下来呢？

对此，研究者们有不同的解说。一种观点认为安顺屯堡人居住相对集中，形成了一定的聚落优势，相互影响，相互依存，不容易受到外来变化的影响。这种观点有一定道理，但它不能解释当年同样是屯堡遍布，同样有聚落优势的威宁、曲靖等地，为何没有出现同样的文化现象。另一种观点认为，这是由于屯堡人的身份优势和文化优越感；他们自恃为明王朝的“中央军”，是“正统”和所谓的“征服者”，又来自汉文化发达的中原地区，所以不屑于认同周边少数民族和后来的汉族移民文化。这种看法跟前一种类似，有一定道理，但同样也具有不周全性。

笔者认为，在探寻安顺屯堡文化得以存续的原因时，以下几个因素皆不可忽视。

第一，安顺处于“黔之腹、滇之喉”的地缘位置，在战略上具有十分重要的意义。因此，即使是在当年屯堡遍布的云、贵两省，安顺也属屯垦的核心区，明中叶以后出现的屯政废弛现象，对安顺虽有影响，但并未造成制度性的崩溃，安顺的屯田体制具有一定的稳定性。有资料显示，即使在经历改朝换代的社会大变迁后，安顺一带老屯堡村落直到康熙时期仍有按屯田数额缴纳钱粮的情况。这至少可视为屯田制的残余，反过来证明了屯田制度在安顺一带可能维持的时间较长，因而为早期屯堡聚落的存续提供了一定的制度保障。

第二，屯堡人在明代后期因屯政废弛出现的边缘化状况，使之逐渐遭到后来的汉族移民的排挤与歧视。在上百年的变迁中，在彻底完成了军转民的几个世代更替之后，屯堡人作为地道的农民，成了后来的汉族移民眼中的“另类”，被目之为“凤头苗而排挤出了主流文化圈”。在此挤压下，屯堡人既不愿融入少数民族，又不被后来的汉族移民的主流文化圈认同，只能采取守护的姿态，所以他们要自称为“老汉人”，以此来彰显自己的文化优势。这种因自身地位的边缘化而受到的排斥与歧视，可说是安顺屯堡得以存续的社会环境因素之一。

第三，安顺屯堡村寨的密集存在和屯堡人的来源结构以及由此形成的群体心理意识，也是一个不可忽视的因素。安顺屯堡以军屯为主，其军士主要来自当时的江淮各地，有的甚至来自南京或朱元璋的故乡凤阳，因而拥有一种根深蒂固的优越感和自豪感，这种优越感和自豪感不仅影响着他们的心理和行为，而且还成为一种深层的文化心理意识，乃至是群体性的心理意识，这种群体心理意识有一个顽固的指向，就是对自己昔日的辉煌和优越地位的充分肯定。这一点对他们所采取的文化坚守也起到了很大的作用。

第四，从无意的延续到有意的坚守。后来的汉族移民主流文化的排斥和歧视，刺激了屯堡人坚持和彰显自身文化传统的诉求，也刺激了他们抗拒变迁，于是，他们在密集的屯堡群落中寻求自我认同、自我确证的文化需要。由此一来，原有的一些风尚习俗也就有了刻意彰显的意义，而彰显的目的，仍在于展示自己屯军后裔的辉煌历史和文化优越感，以此来加强自身的凝聚力，抵抗来自后来的汉族移民的歧视和排斥。所以，在屯堡社区，屯堡人的生活方式、行为方式以及道德观念、礼仪风俗、信仰崇拜等等，实质上形成了一套结构稳定、功能互洽的文化支系统，影响并规范着屯堡人的生活，使之能够在漫长的历史变迁中保持某种稳定性。

总之，安顺屯堡文化之所以历经数百年不变，并得以较完整地保存下来，原因固然很多，也很复杂，但在后来的汉族移民的文化和少数民族文化的双重挤压下所形成的文化博弈以及屯堡人对自身的文化自信等等，肯定是其中的重要原因。

明代贵州卫所屯田比较谈

范增如

文化是某个人类群体的生存系统，它包括物质的、制度的、行为的、精神的诸多层面。安顺屯堡文化则是屯堡人群体的生存系统。这个生存系统的形成首先有赖于屯堡人群体的形成，而这个群体的形成直接是明代推行卫所屯田制的产物。有明一代，卫所屯田遍及贵州省内外，但都已成为历史遗迹，何以在安顺屯堡区形成了屯堡人群体的生存系统，并传承不息？本文拟就明代贵州卫所屯田做比较讨论，以辅助探寻其原因。

明代贵州省（始置于永乐十一年，称贵州承宣布政使司）设有多少卫所？万历二十五年《贵州通志》分卷详载有贵州都司所领18卫及2直隶守御千户所（属湖广都司所领者列入兼制卷），兹先设目列表如下。

分类	卫所名	置年	隶属	领所	原额旗军	万历查存
中二卫	贵州卫	洪武四年	隶四川都司，洪武十四年改隶贵州都司	5所	5704名	2911名
	贵州前卫	洪武十五年	隶贵州都司	5所	6905名	2439名
上六卫	威清卫	洪武二十三年	隶贵州都司	5所	5100名	1815名
	平坝卫	洪武二十三年	隶贵州都司	5所	5600名	2116名
	普定卫	洪武十五年	隶四川都司，正统三年改隶贵州都司	5所	6905名	2439名
	安庄卫	洪武二十二年	隶贵州都司	5内所及1外守御所	5599名	1659名

续表

<table>
<tr><th>分类</th><th>卫所名</th><th>置年</th><th>隶属</th><th>领所</th><th>原额旗军</th><th>万历查存</th></tr>
<tr><td rowspan="2">上六卫</td><td>安南卫</td><td>洪武二十三年</td><td>隶贵州都司</td><td>5 所（尚有 2 守御所）</td><td>5600 名</td><td>1201 名</td></tr>
<tr><td>普安卫</td><td>洪武二十年</td><td>隶云南都司，寻改隶贵州都司</td><td>7 内所及 4 外守御所</td><td>13777 名</td><td>913 名</td></tr>
<tr><td rowspan="5">西四卫</td><td>毕节卫</td><td>洪武二十年</td><td>隶贵州都司</td><td>5 所</td><td>5567 名</td><td>1211 名</td></tr>
<tr><td rowspan="2">乌撒卫</td><td>洪武十六年</td><td rowspan="2">隶云南都江司，改隶贵州都司</td><td rowspan="2">4 内所及 1 外守御所</td><td rowspan="2">6189 名</td><td rowspan="2">1448 名</td></tr>
<tr><td>永乐十二年</td></tr>
<tr><td>赤水卫</td><td>洪武二十一年</td><td>隶贵州都司</td><td>4 内所及 1 外守御所</td><td>7468 名</td><td>1088 名</td></tr>
<tr><td>永宁卫</td><td>洪武五年</td><td>隶四川都司，后改贵州都司</td><td>5 所</td><td>5943 名</td><td>缺</td></tr>
<tr><td rowspan="6">下六卫</td><td>龙里卫</td><td>洪武二十三年</td><td>隶贵州都司</td><td>5 所</td><td>5600 名</td><td>1212 名</td></tr>
<tr><td>新添卫</td><td>洪武二十三年</td><td>隶贵州都司</td><td>5 所</td><td>5999 名</td><td>888 名</td></tr>
<tr><td>平越卫</td><td>洪武十四年</td><td>隶四川，寻改隶贵州都司</td><td>5 所</td><td>7071 名</td><td>266 名</td></tr>
<tr><td>清平卫</td><td>洪武二十三年</td><td>隶贵州都司</td><td>6 所</td><td>980 名</td><td>385 名</td></tr>
<tr><td>兴隆卫</td><td>洪武三十二年</td><td>隶贵州都司</td><td>5 所</td><td>7137 名</td><td>1022 名</td></tr>
<tr><td>都习卫</td><td>洪武二十二年</td><td>隶四川，永乐十七年改隶贵州</td><td>5 所</td><td>6674 名</td><td>960 名</td></tr>
<tr><td rowspan="2">守御卫</td><td>普市所</td><td>洪武二十二年</td><td>隶贵州都司</td><td></td><td>1420 名</td><td>84 名</td></tr>
<tr><td>黄平所</td><td>洪武八年</td><td>隶四川，洪武十五年改隶贵州</td><td></td><td>1109 名</td><td>24446 名</td></tr>
<tr><td>合计</td><td></td><td></td><td></td><td></td><td>116347 名</td><td>48503 名</td></tr>
</table>

明代贵州都指挥使司始置于洪武十五年，贵州卫来隶当在此年。其余作别置年

或小有出入，因与本文讨论议题并无大碍，故兹不冗辩。湖广都司兼制的贵州境内卫所以及明末添置的卫所，另从《明史·地理志》中摘出补录如下：

> 五开卫：洪武十八年正月置，属湖广都司，后废，三十五年（建文四年，下仿此不注）十一月复置。
>
> 古州卫：洪武二十六年置，寻废。
>
> 铜鼓卫：洪武三十年置，建文元年废，永乐二年复置，属湖广都司。
>
> 平溪卫：洪武二十二年置，属湖广都司。万历二十九年十一月改属贵州都司，三十一年四月还属湖广都司。
>
> 清浪卫：洪武二十三年四月置，属湖广都司。万历二十九年十一月改属贵州都司，三十一年四月还属湖广都司。
>
> 偏桥卫：置年隶属同上。
>
> 镇远卫：洪武二十二年七月置，隶属同上。
>
> 以上七卫，除古州卫置而寻废外，其余六卫习惯上称为“东六卫”。这六卫虽置地在贵州行省境内，但军政上隶属湖广都司。
>
> 敷勇卫：本扎佐长官司，属贵州宣慰司。崇祯三年改置卫，属贵州都司。卫领四守御千户所。
>
> 镇西卫：本贵州宣慰司水西地，崇祯三年置卫，属贵州都司。卫领四守御千户所，中含定南所，治今普定县城。

从上列材料可知，有明一代，贵州行省域内（时不含北之遵义地区、东之天柱县及南之罗甸、望谟、贞丰、册亨四县）曾设置过27个卫及2个直隶御守千户所，分隶贵州、湖广二都司。基本上与明代相始终的卫所有贵州都司所辖之中二卫、上六卫、下六卫、西四卫、二千户所及湖广都司所辖之东六卫，凡24卫、2千户所。

贵州境内设置卫所，可以“调北征南”为界线分为三个时期：征南以前，已设置了贵州卫、永宁卫、黄平所，置时俱隶四川都司。征南期间，设置了平越卫、普定卫（置时俱隶四川都司）、乌撒卫（置时隶云南都司）、贵州都司、毕节卫（置时即隶贵州都司），可以说是直接应平南战争之需而设。征南以后，又广设卫所，经过调整，18 卫及 2 直隶守御千户隶贵州都司，“东六卫”始终隶湖广都司，终于洪武之世基本完成，以达长期控制云南边陲之目的。这些卫所都在“调北征南”时南、北两路大军进军云南的路线上，亦即湖广、四川进入云南的孔道上。可以说，贵州广置卫所是征南战争的产物和延续，设置目的不外乎通道和“控夷”。征南前，“以地皆夷獠多叛，添置黄平所守御之”（万历《贵州通志》）。征南中，毕节卫之设，乃征南总兵官颖川侯傅友德“十六年班师至此，以地宽广，四控皆夷，路当冲要，又因毕节驿名，乃奏缴乌蒙卫所印信，改建毕节卫，隶贵州都司”（万历《贵州通志》）。征南后，更添普市所，也是“以其地当滇贵要冲”（万历《贵州通志》）。

远在“化外”的新立偌小省份，竟然设置如此之多的卫所，其密集程度，几乎相当于明制 30 千米一堡的规模，而驻军之多则又远远过之，单就贵州都司所辖 18 卫 2 所旗军原额合计竟达 116293 名，加之湖广都司所辖 6 卫旗军，总数少说也有 13 万名，共计几乎相当于 30 万征南大军数量的一半。巨额旗军集聚边地，军需何来？卫所戍兵就地屯田，势在必行。仅据《明实录》所载如下数条，即知大略。

洪武十五年三月条载：云南平，“留江西、浙江、湖广、河南四都司兵守之”。傅友德即奏请以“戍兵屯田之入以给之。上可其奏”。

洪武十九年十二月条载：“五开等卫亦命军士屯田自食。”

洪武二十年十一月条载：“令（陈）桓等领兵屯田于毕节等卫。”（但据《明史·陈桓传》，普定侯陈桓已于洪武十五年即“屯田毕节，于是度道里，树栅为营，刊木通途，筑渠遏水。夷人不敢动，而屯田卒成，毕节遂为沃壤”）

洪武二十年十二月条载：又命陈桓、叶升“率湖广都司诸军驻普安分屯”。

洪武二十三年正月条载：命唐胜宗、张龙“往黄平、平越、镇远、贵州诸处练军士，提督屯田”。

洪武二十三年六月条载：“给云南诸卫屯牛。先是，延安侯唐胜宗等往云南训练军士，置平溪、清浪、镇远、偏桥、兴隆、清平、新添、龙里、威清、平坝、安庄、安南、平夷十三卫屯守，而耕牛不及，胜宗数请以沅州及思州宣慰司、镇远、平越等卫官牛六千七百七十六余头分给屯田诸军。”

贵州行省始置于永乐十一年，在此之前，平坝及其以西地区属云南行省，清镇及其以东地区（含毕节、水城）则属湖广行省。洪武间征南南路大军“首克普定”即征南首战告捷。引文中所谓“云南”当指云南辖地，同时也兼及贵阳以东卫所区。贵州卫所屯田始于征南期间及其以前所设诸卫所，起始时间当在云南既平时，至洪武末遍及新设诸卫所。留戍屯田之兵，主要是江西、浙江、湖广、河南四都司兵。随着屯田制的推行，军人家口随之入黔。这种史无前例的、大规模的集团式人口迁徙，为新型的强势群体“军户”的形成奠定了坚实基础。

如上所说，贵州都司各卫所原额旗军总计达11万余名，据后来的官方奏报，又远不止此数，可能包含了湖广都司所领东六卫原额旗军在内。奏报中常言旗军逃亡严重，以为是贵州军务之大患。如《明实录》载：

> 成化三年三月，贵州总兵官毛荣奏：“贵州都司原设旗军一十六万一千八百余名，今止有二万八千八百余名。”
>
> 成化六年八月，巡抚贵州右副都御史秦敬奏：“贵州旧设二十卫所军十四万五千四百有奇，今除屯田之外，守城支粮者仅一万五千人，后因减其月粮，逃亡愈多。”

典型卫所恐怕要算清平卫了，万历《贵州通志》云：“旗军原额九千八百三名，香炉山兵变及逃亡故绝，止存屯操共三百六名，防守炉山七十九名。”

按明制，驻扎在边地的旗军，三分戍守，七分屯田。担任戍守的旗军，既要驻防“夷乱”，又要频频出征镇压“夷乱”，特别是云南、贵州、广西等省（区）尤为突出，兼之待遇苛刻诸种原因，乘机逃亡，不可避免。上面引文清楚地表明：原额旗军中逃亡的是“除屯田之外”的“守城支粮者”。因此，不能以为旗军大量逃亡就是屯军大量流失，更不能进而以为屯田之法废弛不行。万历《贵州通志·艺文志》

载提学谢东山《勘处地方议》指出：

> 各卫正军虽有逃绝而余丁尚多，屯田虽多僻远而佃户颇众，动谓军伍缺乏，屯田荒芜者，伪也。大抵余丁多于旧时而借口于逃绝，屯田广于旧额而借口于荒芜，于是丁口为卖闲为资，田粮为私庄之蓄。此各卫影射之弊，守巡该道，尤宜留心清理者也。

“正军”即在役在册军人，“余丁”指正军准予随带丁口，可以替补正军。“卖闲”即军官收取军人贿赂，准其私自外出一段时日。谢东山，于嘉靖三十一年任贵州提学副使，任上所议，勘实了当时正军虽多逃亡而余丁尚多、屯田佃户众多而尚未荒芜的现状，且针砭了卫所军官瞒上肥私的弊病，不可不留心清理。至于军户丁口，据万历《贵州通志》载，原有军户72273户，丁口261869人，查存军户59340户，丁口184601人。数量虽有所减损，但仍是个庞大的军屯群体。更益之以众多的佃户，屯田绝不至于荒芜。兹将万历年间各卫所屯科田粮增减情况列表如下。

卫所名	原屯科田总数（亩）	查存屯科田（亩）		原屯科粮总数（石[①]）	查存屯科粮（石）	
		屯田	科田		屯粮	科粮
贵州卫	44689	27143	8468	5193	4900	453
贵州前卫	37056	33213	5215	5486	5240	286
威清卫	41350	16591	3738	5357	5166	202
平坝卫	36112	18806	3015	5125	4968	162
普定卫	76724	31962	14933	7609	6960	799
安庄卫	72193	18662	3404	6686	6512	238
安南卫	34670	16206	9431	5850	5380	506

① 石：中国市制容量单位，十斗为一石。

续表

卫所名	原屯科田总数（亩）	查存屯科田（亩）		原屯科粮总数（石）	查存屯科粮（石）	
		屯田	科田		屯粮	科粮
普安卫	78444	29140	24129	11480	11028	1190
毕节卫	64008	22467	22171	5082	4163	1116
乌撒卫	84938	82009	8551	6489	6555	425
赤水卫	57288	54276	12880	5703	5128	776
永宁卫	53391	53290	7394	7095	6777	453
龙里卫	63147	18244	1913	4303	4228	77
新添卫	26885	11597	2912	2647	2618	155
平越卫	37532	16495	143	2983	2658	5
清平卫	19708	6056	150	2608	2645	10
兴隆卫	49097	9374	1337	3222	3246	73
都匀卫	33570	23589	3566	3219	3057	208
普市所	5747	2628	909	872	824	49
黄平所	10023	7783	149	2508	2509	8
合计	926572	499531	134408	99517	94562	7191

原有屯科田总数与《明实录》正统年间尚书王骥所奏报“贵州等20卫所屯田池塘共957600余亩”小有出入，而查存总数633939亩少于原有数近30万亩，与谢东山勘议“屯田广于旧额”不符，可能就是因为“田粮为私庄之蓄”了。查存屯科粮总数101753石又略高于原有总数，也恰好说明“屯田荒芜”之伪。换言之，明代贵州屯田，时至万历年间仍呈持续发展势头。

贵州都司卫所先后设置，建制大小不尽一致，其屯田规模、发展变化亦不平衡。上六卫与下六卫具有很大的可比性，仍据万历《贵州通志》列出如下比较表。

项目		卫称	
		上六卫	下六卫
旗军	原有	42581 名	33407 名
	查存	10143 名	3863 名
军户	原有		
	查存	22992 户	10012 户
丁口	原有		
	查存	94142 人	570052 人
屯科田	原有	339493 亩	2100235 亩
	查存	190017 亩	95376 亩
屯科粮	原有	42107 石	18982 石
	查存	43111 石	18980 石

军户、丁口原有数，万历志载记不全，无法做精确统计。总体说来，表中所设项目，无论是原有规模，还是查存数据，上六卫大都大于甚至远远大于下六卫。再具体一点，上六卫中，威清卫屯科粮略增，平坝卫户口、种粮有增；安庄卫屯科田有减，屯科粮有增；安南、普安二卫户口、屯科粮俱略增。下六卫中，清平卫军户有减，龙里、新添、平越、兴隆、都匀五卫屯科田俱大减。还可查存科田、科粮两项，上六卫科田有 58650 亩，科粮有 3097 石，而下六卫科田为 10021 亩，科粮仅有 528 石，说明上六卫垦殖面积开拓更大，效益更可观。

上六卫、下六卫还可以从别的角度做些比较。一是地域宽窄。上六卫涵盖贵西今之清镇、平坝、安顺、普定、镇宁、关岭、晴隆、普安、盘县、兴仁、安龙 11 县（市），地域宽广；下六卫仅涵盖黔东今黄平、福泉、都匀、贵定、龙里 5 县市，地域窄小。二是军事战略地位。上六卫扼控贵西通滇孔道全程，特别是普定，在隶属云南时称之“滇之喉”，改隶属贵州后又称之“黔之腹”。下六卫虽亦多在要道上，但权衡轻重，始终次要。这两条又与建制大小有关。据万历《贵州通志》，上六卫除领32个内千户所外，尚领5个外守御千户所，且安南卫亦领2个外守御千户所（新兴、新城），下六卫仅领31个内千户所。卫所制大小适与防戍地域大小、得失利害成正比例。三是自然条件、经济文化状况。万历志在各卫所“风俗”条偶有碎语言及此事。威清卫，引旧志云，“卫戍军士皆湖广人……居田野以耕织为业，居市廛以商贩为主”。普定卫，“汉夷异俗，尚义重文，诗书礼乐不减中州，物产富庶”。安庄卫，引旧志云，“以耕织为业，家颇饶裕”，且云“尚儒重信”。安南卫，“流寓浸有华风”。普安卫，“郡城军民多自中州迁戍，士事诗书，农勤稼穑，尚文重信，尤胜他郡”。而龙里卫，“土瘠人稀”。清平卫，“卫人皆自江南迁者”“与夷民杂处”。兴隆卫，“卫人与附近夷民皆不事商贩，惟以力田为生，土沃力勤……而无匮之”。仅此略知：上六卫物产丰富，耕织效益可观，家可自给自足。这与田土较沃大有关系，人说贵州无平原，不尽然，平坝古就称“平原”，今驱车贵黄公路就可发现，平坝至镇宁县境可谓一马平川，这为卫所屯田提供了有利条件。而下六卫除兴隆（今黄平）外，基本可谓“土瘠”田少，屯田条件较差。上六卫商品经济有所萌芽，至今安顺屯堡人擅于经商，而下六卫似乎仍是单一的农业经济。上六卫“汉夷异俗”。或卫所单独存在，与上官司异域，或卫所与州县并存，前者治军，后者治长官司之“夷民”。这种分治，有利于屯堡社区的形成巩固。下六卫则人多“与夷民杂处”。下六卫多兼领长官司，龙里卫兼领大平伐司，夷民79户，1836丁口。新添司兼领小平伐等5长官司，合计1122户，5657丁口。平越卫兼领杨义司，民户失载，9129丁口。都匀卫曾兼领独山等7长官司，合计6436户，11511丁口。下六卫可以说是典型的“夷汉杂处”，这种环境难以形成巩固的屯堡。

平坝、普定、安庄3卫屯堡区更有独具的三大优势，即屯堡数量之多、密度之大居贵州全省之首，屯堡区军户丁口之众、屯田屯粮之多亦居全省之首，安顺首先突破“夷多汉少”的局面，以上在拙文《安顺屯堡史话》皆有简论，兹不重复。

屯堡文化事项研究

安顺屯堡方言研究之我见

袁本良

最近几十年来，处于贵州腹地的安顺屯堡文化以其独特的社会历史认知价值而越来越受到世人的关注，研究者渐多，研究成果也层出不穷。作为屯堡文化的一个重要组成部分，以“堡子话”为对象的屯堡方言研究自然也开始引起了人们的广泛关注。

就目前的情况看，与屯堡文化其他方面的研究相比，屯堡方言的研究无疑是一个薄弱的环节。这主要表现在：（一）对于屯堡话面貌的描写，除开一些散见于有关著作中的文学性表述[①]之外，真正从语言学（及语言文化学）角度进行的系统研究尚不多见；（二）在少有的从语言学的角度进行研究的成果中，部分成果比较明显地存在着描写上有欠准确全面、解释上不够充分深入的缺点；（三）从社会语言学的角度来观照屯堡方言，从而揭示屯堡方言的社会意蕴及文化价值的研究几乎还是空白。

安顺屯堡方言的研究应该包含两个层面的内容。一是对屯堡话做本体性的研究，即从语言学的角度，研究安顺屯堡话自身的结构（语音结构、语汇结构、语法结构）规律。二是对屯堡话做投射性的研究，即从社会语言学和语言文化学的角度，研究安顺屯堡话的历史文化背景，认识屯堡方言与屯堡文化之间的关系。通过前者的研究，可以揭示屯堡方言作为一种特别的汉语方言在语音体系、语汇体系等方面的诸多特点，正确认识屯堡方言与周边汉语方言的区别性特征。通过后者的研究，可以进一步揭示屯堡方言某些语言特点的来源及某些语言成分所蕴含的文化信息，深入了解屯堡方言的社会文化价值。以上两个方面，前者是研究的基础环节，后者则是

① 如郑正强的《南腔北调“二铺话”》，载自《最后的屯堡：一个汉移民社区的文化探究》，贵州人民出版社，2001 年版；吴之俊的《趣说“屯堡话”》，载自《风物履痕》，中国文联出版社，2001 年版。

研究的深化阶段。没有前一个环节的准确细致的描写，后一阶段的社会文化学意义的解释就会无从依傍，甚至会误入歧途；而没有后一阶段的科学解释，对屯堡方言的描写也就失去价值的体现和意义的提升。可见，对于屯堡方言研究的系统性和完整性来说，上述两个环节缺一不可。

现有屯堡方言的研究成果，据笔者所见，主要有以下几种：（1）《安顺市志》第二十篇第三章第二节“二铺语音”部分；（2）《贵州省志·汉语方言志》“二铺话”语音部分；（3）《屯堡方言初探》；（4）《从屯堡岛方言看早期贵州汉语方言的发展轨迹》。前面三种，主要是对屯堡方言的语音系统进行静态描写；第四种除了对屯堡方言语音系统进行描写之外，还包含一些从语汇角度进行文化学探讨的内容。

就语音系统的研究而言，上述四种研究成果对屯堡方言声韵调系统的描写并不一致。其中，“（1）”“（2）”“（4）”的描写大体相同，而“（3）”的描写却与其他三种有较大差异。现就“（3）”和“（4）”两种材料的研究进行比较，具体如下。

声母系统方面，“（4）”的声母数为23个（含零声母），“（3）”中所称声母数也为23个，但实际所列却只有22个。“（3）”相比于“（4）”，少了t、z与r相对的舌尖前辅音）、O（零声母）；多了w/v、y。“（3）”的描写有以下几点可以商榷：第一，w、v、y皆不是辅音而是半元音，从音位理论上说，它们在声母系统中应归为一个音位，即O（零声母）。第二，根据我们的了解，屯堡话的舌尖中音声母中存在不送气的d与送气的t相互对立，t即“拖”“泰”“贴”等字的声母，而“（3）”中未列出t。第三，“（3）”的声母表中只有舌尖后声母r，没有与它相对立的舌尖前声母，而在相应的解释中，作者却说“屯堡话里没有r这个卷舌音，含有r的音节在屯堡话里发成平舌音”，两处互为矛盾。我们认为，屯堡话中是存在卷舌声母［r］与平舌声母［z］的。

韵母系统方面，“（4）”的韵母为29个，“（3）”的韵母为28个。“（3）”相比于“（4）”，少了舌尖前元音［ɿ］和舌尖后元音［ʅ］，多了个ie。这里有以下问题：第一，“（3）”中未列屯堡话“字”“自”“刺”“私”“死”“湿”“史”“屎”“是”“日”等字的韵母，是明显的缺失。第二，其他调查资料显示，屯堡话中无ie韵母，安顺城区的ie

韵母字如“灭”“叠”“贴”“节”“雪”等，在屯堡话中是说成 i 韵母。第三，“（3）”中无“光”“爽”等字的韵母 uang，所列 uong 当是 uang 之误。

声调系统方面，“（4）”所描写屯堡话四声的调类和调值分别是阴平 33，阳平 21，上声 42，去声 35。而“（3）”对屯堡话四声进行了这样的说明：“第一声是高平调，调值最高；第二声是低平调；第三声有如猛虎下山，很有力度；第四声往上扬，类似于普通话的第二声。”“（3）”的表述存在的问题是：第一，对调值的描写没有采用国际语音学会通过的五度音高标记法，不仅难以说清情况，而且缺乏科学性。第二，屯堡话第一声的读法是中平调 33，与普通话和安顺城区方言的高平调 55 不同；第二声是低降调 21，而不是低平调。“（3）”对第一声和第二声的说明都不符合事实。对第四声的读法，“（3）”中也存在矛盾的表述，除前引“第四声往上扬，类似于普通话的第二声”的说法外，文中另一处则说：“与普通话的第四声音向正好相反，屯堡话的第四声具有向下俯冲的趋向，而普通话的第四声则是明显上扬。”两处表述中，前一处是符合事实的，后一处则正好与事实相反。

上述研究成果对屯堡方言语音系统的描写存在的不尽一致甚至失实失真之处，无疑影响了屯堡方言研究的质量和水平。在今后的研究工作中，应该更加注重田野调查工作，在充分调查和准确记音的基础上，才有可能对屯堡方言的语音系统进行全面准确的描写和归纳。

目前所见屯堡方言的研究成果，主要体现在语音系统的描写上。但屯堡方言的语言本体的结构研究并不仅仅局限于语音系统的描写，还应该包含语汇系统和语法系统的研究。当前的研究成果中对语汇系统已经有所涉及［比如“（4）”中对屯堡话的部分方言特征词有所讨论］，而语法系统的描写基本上还是空白。即使是对语音结构的研究，也不能只停留在对声母、韵母、声调系统的描写上，语音结构所涉及的其他诸多问题，如屯堡话中的异音问题、音变问题、语调问题等，都应该做全面细致的描写研究。

从方言学和历史语言学的理论架构以及屯堡方言的语言实际出发，我们认为对屯堡方言的本体性研究和投射性研究至少应该包含如下的内容。

一、语音方面的研究

对屯堡话语音的研究可以分为共时和历时两个方面。

在共时方面，要通过大量的田野调查记音，力求对屯堡话的语音结构做出准确的描写与归纳。屯堡话的语音系统包括声母系统、韵母系统、声调系统。屯堡话的语音特征包括声母方面的特征、韵母方面的特征、声调方面的特征、声韵调配合方面的特征。屯堡话的同音字表。屯堡话的语音变异，如语流中的合音、语流中的变调。屯堡话语音的内部差异，如文读和白读的差异、老派和新派的发音差异、成人语和儿语的发音差异，不同方言点之间的发音差异。屯堡话语音的外部差异，如与安顺城区方言的发音差异、与周边非屯堡汉语方言之间的发音差异。

历时方面的研究，主要采用历史比较语言学的方法，通过屯堡方言材料与其他材料的对比研究，推求屯堡方言语音系统形成和演变的轨迹；通过考察屯堡方言与其他官话区方言的渊源关系，寻绎或佐证屯堡移民的来源。可以利用的材料主要有两个方面：口语方言材料，如屯堡周边汉语方言材料，屯堡移民来源地如安徽、江苏、江西、湖北等地的方言材料。书面语音材料，主要是元末及明清两代官话语音系统的韵书，如《中原音韵》《韵略易通》《五方元音》等。

二、语汇方面的研究

屯堡话语汇方面的研究，大体上可以从如下一些方面入手。

屯堡话特征词的描写。调查并尽数列举最能显现屯堡话与其他方言差异的词语，目的是更全面地认识屯堡话的语言面貌。

屯堡话语汇的内部比较。如比较老年人和年轻人的用词差异，由此研究屯堡话语汇的历时演变；比较屯堡话不同方言点之间的用词差异，由此了解屯堡话与周边方言的相互关系。

屯堡话语汇的外部比较。如比较屯堡话与安顺城区方言语汇的异同，了解方言间的影响与融汇；比较屯堡话与移民来源地方言语汇的异同，认识屯堡社会文化形成的历史等。

屯堡话语汇次系统的研究。选择屯堡话语汇中若干个有一定特色的次系统，如屯堡话中的地名、屯堡话中的亲属称谓、屯堡话中的俗语（四字形容词、“言旨话”、隐语及其他）、屯堡地戏及祭祀活动用语等，做相对全面的描写，在此基础上探究其社会意义及文化内涵。

三、语法方面的研究

从实际情况看，屯堡话与周边汉语方言的语法差异并不显著，但也不能全部忽略。比如这几个方面是值得考察研究的：屯堡话中性状加强态形容词的构造特点，屯堡话的方位词系统、量词系统、语气词系统等，屯堡话的惯用特殊句式，屯堡话的同义表达句式。

以上关于语法方面的考察，都应该采用静态描写与动态比较相结合的方法，使相关的研究有助于加深对屯堡话发展轨迹的认识。

在语音、语汇、语法三个层面中，语汇层面的研究与文化研究的关系最为密切。在这一方面，除有人对屯堡地名、亲属称谓做过一些考察（吴伟军，2005）外，其余方面还大有文章可做。在今后的屯堡方言研究中，应该大力加强这个环节的研究工作。

安顺屯堡方言的研究具有重要的认知价值，即使撇开它对于认识屯堡文化的作用不谈，从语言学的角度说，它也有十分重要的意义。这是因为：（一）屯堡话是“岛方言”性质的汉语方言。岛方言的特点是受到周边其他方言的包围，它的主要特征与周边方言不同，却与远离它的其他地区的方言有相同或相似的关系。在已知的贵州三种岛方言（另两种是天柱的酸汤话和晴隆的喇叭话）中，安顺屯堡话以其值得重视的地理分布而受到人们的格外关注。（二）安顺屯堡话从来源上说是属于“军话方言岛”的汉语方言。明代的军屯制度造就了全国（主要是南方地区）的诸多“军话方言岛”，研究这些“军话”，有助于认识明清官话形成和发展的历史轨迹，认识方言间的交流与融汇。（三）安顺屯堡话是属于官话方言区的“军话方言岛”。迄今保留的“军话方言岛”一般都存在于南方的非官话区（如广东、福建、海南等地），这是因为在粤语、闽语等南方方言包围下的具有官话性质的“军话”在一定程度上往往固守它的独立性。像安顺屯堡话这种存在于官话方言包围之中的“军话方言岛”颇为罕见，因而也就更值得人们深入研究。

参考文献

[1] 伍安东，吕燕平．屯堡方言初探 [J]. 安顺师范高等专科学校学报（综合版），2004（1）：17-20+80.

[2] 吴伟军．从屯堡岛方言看早期贵州汉语方言的发展轨迹 [D]. 贵阳：贵州大学，2005.

"汪公""五显"崇拜及安顺地戏的两大流派

——兼论西路地戏和西部傩坛戏的关系

沈福馨

从安顺地戏分布图我们看到了这样一个奇怪的现象：星罗棋布的三百多堂地戏以安顺城区为中心，自然而然地形成东西两片"星云"，东边一片以周官屯、刘官屯一带为中心，向四周扩展，某些地方还呈现出"星座"式的"云团"。西边一片以幺铺、南山一带为中心，呈扇面式展开。两片"星云"形状各异，共同组成一条自东北向西南倾斜的"银河"，让人不由自主地想要探求其中的奥秘。

本文拟从这一现象性素材入手，力图寻求些带本质的东西，探讨安顺地戏的来龙去脉，供专家学者及同行们做进一步的研究。

一、东西两路地戏的差异

一般情况下，我们把安顺城区以东的地戏称为"东路地戏"，把安顺城区以西的这一部分地戏称为"西路地戏"。表面看起来，东、西两路地戏并没有多大的差别，但若仔细观察，就会发现二者之间确实存在着许多明显的差异。从戏剧形态的角度分析，它们的唱腔、套路、服装、道具，甚至使用的面具也多有不同。

我们首先看到的现象是使用帐篷的不同。笔者在《安顺地戏》一书中曾做过这样的记录："对于帐篷，有的村子喜欢用，也有的村子不喜欢用。有意思的是，以安顺市区为界，东边的村子一般不用。西、南两方的村子一般都用。北面蔡官区五堂戏，只有郭家屯一堂用，其他四堂不用。而郭家屯的位置，已在北面偏西。"

还可以补充一点，南面的村子以普定至宁谷这条公路为界，东边的村子不用，西边的村子才用。有趣的是，五官屯位于安顺城南，紧傍普宁公路东边，这个村子表现出来的现象是有时使用，有时不用，不用的时候居多。他们所使用的帐篷也只是一块包围三方的白布，没有顶，只在里面化妆，演出时并不做上下场门使用。

根据帐篷的使用情况，我们很容易区别出安顺地戏有东路和西路两种类型。东路地戏因为不用帐篷，表演时敌对双方的演员化装后分别坐在演出场地的两边，轮到谁出场时谁便站起来上场。而西路地戏的演员把帐篷当作“后台”使用，他们在里边做演出前的准备，一般从帐篷的左门出场，右门进场。帐篷的位置规定了表演场地的“正面”。

在服装上，东路演员的战裙多为一整块彩缎，在腰部围成一圈，好似“桶裙”。有的在桶裙外面再加片裙，腰间缀以香包和扇带，其上绣有各种图案和吉语，装饰华丽、繁复。女将或有披肩，庄重而华贵。西路演员不着披肩，战裙多为片裙，简单者左右各一片，复杂者前后再各加一片，少腰饰，简洁明快，便于做各种武打动作。在套路上，东、西两路的许多动作都是相同的，名称上也有好些类似之处，如“围城刀”“理三刀”等，几乎每个村子都有。但也有一些不同之处，东路地戏的套路名称比较文雅，如“双凤朝阳”“大鹏展翅”等；而西路地戏的套路名称则比较俚俗，尤其是小军的套路，多是一些诸如“小牛擦痒”“公鸡打架”之类的叫法。表演时，东、西两路都是一锣一鼓伴奏，一人唱，众人和。但西路一般是七字句，上句全唱完，下句只唱四个字，丢下三个字由众演员去和；而东路地戏一般都要上下两句全唱完，然后才由众演员去重复末尾三个字。唱腔上也有些许差别，东路唱法与当地山歌接近，西路唱腔则板眼稍多。众演员在和声时，西路演员要做“原地六步”转动，而东路演员只是原地站唱，不做动作（但中所屯地戏则例外）。面具的来源各不相同，分别源自各自的制作基地。虽然出于商业需要，面具艺人时常会涉足各地制售面具，从而导致了部分地区的面具出现交叉现象。但总体来说，东路地戏面具多来自周官屯、西屯和湖坝坡，戏友们崇拜的雕将是齐二、五公、罗建章等人；而西路地戏面具则多出自下苑吴氏之手，戏友们最信得过吴显清、吴少怀的手艺。

戏剧形态的不同，必然意味着更深层面的本质区别。我们发现东、西两路表演地戏的屯堡人，虽然都宣称自己的入黔始祖全是随朱元璋“调北征南”或“调北填南”的军队来到贵州，随着军队的解甲归田而成为这一地区的常住居民，但他们所信仰的神祇竟有很大的差异。屯堡人供奉的神祇一般有天地、关羽、杨泗等，有些神祇的名称也同中部地区一样，大都来自佛教。但东路地戏域内供奉“汪公”，西路地戏区域内供奉“五显”，却是一个非常特殊的现象。

二、“汪公”考

在安顺农村，严格地说，是在东路地戏分布的区域内，一些村子建有“汪公庙”，供奉一位红脸长须，身穿官服的神祇。民间还流传着许多关于汪公的神话故事。如传说唐时五凤楼火起，汪公显灵，扑灭大火，救民于水火之中。另外，相传清兵破徽州，总督张天禄夜梦一红面长髯者，告诫曰：“勿伤我百姓！”以为是关公显灵，及至汪公庙见汪公神像，乃大惊，于是徽州百姓免遭涂炭等等。汪公是什么人？他为什么会受这方百姓如此尊崇？为了方便具体分析，本文拟将拙著《安顺地戏》（修改稿）一书中的有关章节抄录于下，以期全面且系统地考察这一问题。

> 每到正月十六、十七或十八，安顺一些村寨常常会举行“抬菩萨”的活动，他们所抬的“菩萨”就是“汪公”。据说正月十八是汪公的生日，而在汪公生日前后举行的这种仪式，完全是为了表现对这位神人的敬奉。目前，举行这种仪式最甚的村寨恐怕要算鸡场屯。其次是西屯和五官屯……
>
> 农民们把汪公雕像从神庙里请出来，端坐在轿子里，由村里最有威望的长者为前引，前呼后拥，鸣锣开道，在全村游行。神轿后面跟着高妆彩车。走到每户农家门前几乎都有香烛供奉，鞭炮迎送……整个仪式从前一天晚上将神像从庙里请出来到第二天下午绕村一圈后送回神殿，大约需是一天一夜时间。这一天，四乡的农民都赶来看热闹，像过盛大的节日。而地戏也在这一天显得非常活跃……
>
> 这像是佛教“行像”仪式，但所行的神像并不是佛教中的神祇。我试图打

听这位“汪公”是什么人物，得到的答复几乎都是“说不清楚”，或者干脆说是“菩萨”。一个偶然的机会，我在西屯看到了一本关于抬汪公时村里人捐赠款物的簿子，幸运地看到序言部分有如下几行极简单的记载：

大唐敕封越国公忠烈汪王，王生逢自德，长自新安，金陵创业，徽州为官……

以下全是描述汪公相貌和他辅佐朝纲，为民行善的赞词……这位汪公到底是什么人呢？我起初猜度，可能是一位显赫的历史人物。考“自德”，历史上并无此年号，恐系“至德”之误。而使用“至德”年号者一为南朝陈后主陈叔宝，从公元583年至586年；一为唐肃宗李亨，从公元756年至758年。既然汪公是“大唐敕封越国公”，他又是“生逢至德”而不是“生于至德”，有可能就是唐肃宗时的人。但翻阅唐史对于这位“越国公”，并无记载。这使我如坠五里雾中。

不久，我得到鸡场屯迎夏盛会上发布的一份汪公简历，上面写着：

忠烈王汪公讳华，原籍安徽省徽州府休宁县梅林街，于隋朝大业丙午年正月十八日子时赋生……后殁于陕西长安，享年六十有四。朝廷追封为越国公忠烈汪王，并应徽州臣民所请，将其遗体葬于安徽歙县。

这份资料看起来要详细得多，尤其是出生地写得如此真切，似确有其人，但仔细考证，隋大业十四个年序中，并无丙午，这又是一个疑问。为了进一步搞清这个问题，我注意收集有关汪公的材料。值得注意的是，在最近五年里所获的多份资料中，没有两份是统一的。五官屯留下的一部清同治年间的抄本上说：

汪公讳华，生于陈至德丙午年正月十八日子时，官至越国公，死于唐太宗四年九月二十日戌时，寿六十四为神。大唐敕封徽州府越国忠烈汪王。

以下还有汪公生九子，皆为王，时称“九子十王”的记载。但我更关心的是汪华的生卒时间。据此资料，汪华生年为南朝陈至德丙午年，即公元586年比较可靠，它更正了我原先据西屯村材料认为其生年为唐至德年间的看法。但这段文字也有明显的矛盾，尽管它把汪华的生卒年月日都写出来了，似乎已毋庸置疑，然而，唐太宗（贞观）四年为公元630年，陈至德丙午为公元586年，这中间只有44年，“寿六十四为神”又成了一个问题。

后来，我从狗场屯获得的资料帮助校正了这个问题。狗场屯上街《薛丁山征西》地戏团成员多为汪姓，他们称汪公为先祖，认为洪武十四年以武威郎之职率兵入黔的始祖汪轲“乃汪华之嫡系后裔”。汪轲在洪武征南时屯兵狗场屯，为防止武备颓废而搬演地戏，传至今日。狗场屯的资料中关于汪公的记载是这样的：

隋文帝杨坚开皇五年（585年）正月十八日汪华生。父汪珍莹公，母歙西郭氏……唐高祖李渊武德四年（621年）九月甲子日降唐封越国公，唐太宗李世民征高丽进京封九宫太守。于贞观二十三年（649年）三月初三病逝于京，享年六十四岁。唐高宗李治永徽四年（653年）六月二十四日发柩回原籍，葬于歙州北七里之岚山。

这份资料上生年与卒年之差正好为六十四年，这一点较之五官屯的资料更为可信，毕竟隋文帝开皇五年与陈后主至德四年相去不远。但如以当时的历史情况论，歙州尚属陈领地，应以陈后主至德四年纪年为宜。因此，西屯资料中的“生逢自德”应订为“生于至德”。歙州隋时先治安徽休宁县东万安，后移治歙县。因此，鸡场屯资料上的生地为“安徽省徽州府休宁县梅林街”，似可确认，隋时亦称新安为万安，后亦移歙县，所以西屯材料说的“长自新安”亦即休宁，两份材料于此并无矛盾且能互补。而汪华在唐高祖武德四年率部归唐之事，在鸡场屯的资料中也有同狗场屯资料相类似的记载。至此，我们将几份资料综合考订，相互印证，得到一份相对完整的汪公基本情况的资料：

汪公名汪华，安徽歙州休宁人，生于陈后主至德四年正月十八，父亲汪珍莹，母亲歙西郭氏。汪华从小在新安长大，及长创业于金陵。隋时为徽州地方官，唐高祖武德四年九月率部归唐，受封为越国公。后隋唐太宗李世民征战有功，封九宫太守。贞观二十三年三月病逝于陕西长安，享年六十四岁。朝廷追封为徽州府越国公忠烈汪王。应家乡父老臣民的要求，于唐高宗永徽四年六月遗骸发回徽州，葬于城北七里的岚山上。

我想这应是目前关于汪公的最为详细的资料，而这是否就是确实可信的，由于唐史对于汪华并没有只字的记载，因而这仍然是一个谜。

尽管我们花了大量精力所考证的汪公至今还无法确认实有其人，但至少有两点可以肯定：一是汪公作为神，并不是宗教神，而是历史人物神；二是这位历史人物的籍贯为安徽无疑。在实地考察中，我们注意到安顺以东的许多屯堡人均指认汪公为自己的先祖。《平坝县志》载："朱元璋从安徽凤阳起兵，凤阳人从军者特多。此项屯军又多为凤阳籍。"《清镇县志》亦有相关记载，清镇县（今为清镇市）城为明武略将军焦琼所建，而我们从老鸡场焦姓家族获得的家谱也表明，焦氏祖籍亦为安徽凤阳。洪武十四年调北征南的大军中有朱元璋的义子西平侯沐英，所率亦朱元璋嫡系部队。因此，在东路地戏分布区内的平坝、清镇等留下大量的安徽人，这是一点也不奇怪的。于是，我们有理由做出这样的推论：东路地戏主要由安徽军人带入贵州，并且连同"汪公"崇拜一道，保留至今。

三、"五显"崇拜与西路地戏

与东路地戏分布区域崇拜汪公相似，西路地戏分布区则多供奉"五显"。有的村子建有五显庙，有的村子虽无五显庙，但许多农户的堂屋神榜上供有"五显华光"的牌位。步入西边的农村，会明显地感觉到五显同天地、杨泗诸神一起，成为这方居民崇拜的对象。

五显是一位神还是五位神？其说不一，典籍中记载亦颇多歧异。光是"五显"

之名，便有所不同。一说为显聪、显明、显正、显直、显德五位同胞兄弟，一说第四位“显直”应为“显志”。或认为“五显”为五位菩萨的总称，或认为“五显”仅指五位菩萨中的第五位，或认为特指第三位。明刊本《三教搜神大全》载：“五显公之神在天地间相与为本始，至唐光启中乃降于兹邑……传言邑民王喻有园在城偏北，一夕，园中红光烛天……见神五人自天而下……邑人乃相与斩竹薙（剃）草，作为华屋，立像肖貌，揭（敬）虔安灵……先是庙号上名五通，大观中始赐庙额曰灵顺，宣和间封两字侯……理宗改封八字王号：第一位显聪……第二位显明……第三位显正……第四位显直……第五位显德……”[①] 由于这段文字中提到过“先是庙号上名五通”，因此，一般认为“五显”即“五通”。但《聊斋志异》中的五通神为淫邪之神，蛊惑妇女，名声丑恶。安顺西部屯堡人供奉的“五显”，绝不可能是民间讹传的“五通”。

那么，“五显”到底是什么样的神祇呢？笔者曾在《安顺地戏》一书中记录过当地农民关于五显的传说：

> “五显”是妙善公主一胎生下的五位神灵。一天，公主生下一个大肉球，丈夫用剑砍开，蹦出一个长着五个脑袋的孩子，父亲又用剑把他分成五份，这就是“五显”。有的农民还说得出这一天是阴历九月二十八，因为在“五显”降生这一天他们常常举行纪念仪式。但是哪个朝代，哪一年的九月二十八，就不大说得清楚了。只有个别人说是在宋代，这与《三教搜神大全》中说“五显”降生于唐光启中显然不同。

我们注意到，安顺西部农村关于“五显”降生的传说，似本于《五显灵官大帝华光天王传》。《五显灵官大帝华光天王传》即《南游记》，又称《南游华光传》，为晚明闽南书商余象斗编著。《南游华光传》，四卷十八回五万余字，从华光降生写到阴司寻母，最后皈依佛道。书中写道：华光原为如来法堂前一盏油灯，听经闻法，修成

---

① 袁珂：《中国神话传说词典》，上海辞书出版社，1985，第 74—75 页。

人身，乃火之精、火之灵、火之阳。如来赐予五通，“一通天，天中自行；二通地，地中自裂；三通风，风中无影；四通水，水中无碍；五通火，火里自在”，并开天眼，取名“三眼灵光”。曾投胎斗梓宫赤须炎玄天王处，得妙乐天尊传授十八般武艺并赐五口冒火丹，玉帝封为火部兵马大元帅。大闹琼花会，被玉帝贬去卯日宫做游神。因受不了邓化的报复，在卯日簿上题了反诗，走下中界，在劝善大师火炎王光佛处从戒。一日随大师到天界省视父母，闻听太子招兵往中界捉拿华光，遂打破娑婆镜，放走金睛白眼鬼和吉芝陀圣母，逃回中界。吉芝陀圣母逃回中界，吃了南京徽州府婺源县肖家庄长者肖永富之妻范氏，化作其身。华光为避天界捉拿，受火炎王光佛之劝，投胎到肖家。《南游华光传》中关于华光转世的描述与安顺西部地区关于五显降生的传说颇为相似，特抄录如下，以资比较。

安人醒来，便觉腹痛，叫醒萧长者。长者起来，即备香烛，当天祷告，乞早降生一男子，接续香烟。祷罢。侍女出报长者曰：“安人分娩了。”长者问曰：“是男是女？”侍女曰：“不是男女，乃是一个牛肚样。”……长者大怒，便令家童：“扛出去丢在河内……”一个家童领命，即把那牛肚……丢在河内，那牛肚一滚上岸。家童大惊，又丢在河内，那牛肚又一滚上来。如此数次……长者闷闷不悦。

却说火炎王光佛变作一僧，入萧家去化缘………即贺喜曰：“此物不叫牛肚样，乃一肉球。”长者曰：“果是肉球，要他何用？”和尚曰：“长者年至四十无子，今日连有五位贵子。”长者曰：“一个不见，连有五个在何处？”和尚曰：“此肉球内有五个孩子……你若不信，我即将我刀剖开你看。”……里面果有五个孩子，长者大惊……和尚曰：“今日乃是九月二十八日，是他兄弟五人生辰，我不免代五位令郎各取一名。”……和尚即代大的取名叫做萧显聪，次名显明，三名显正，四名显志，五名显德。

从这段描写可以看出，安顺西部农村的民间传说与之非常接近。华光从肉球降生，生日为九月二十八，这些是完全相同的，不同的是肉球由谁来割开，割开后并未再做分割。显然，安顺的民间传说是根据《南游华光传》演绎出来的。我们注意到《南游华光传》中描写五个神祇出世后，即安排四位兄长拜辞父母去修行，仅留下华光一人在身边。《南游华光传》也仅写华光一人故事。可见“五显华光”系指“五显”中的第五位。安顺西部农村的神榜上供奉的是“五显华光”，庙中的华光亦为“三眼灵光”像，这同《南游华光传》完全吻合，因此，我们断定此地农村供奉的五显应为火神无疑。同时我们也注意到，五显庙中供奉的五位神祇，居中的一位为华光，塑得比其他四位高大威武，按排列似行三，但农民仍说他行五，因本事大而塑在当中。这种对华光的特殊情感，同《新搜神记》中“四显俱有仙粮，而五显尤灵异，能降妖救难，故民争立庙祀之”的记载也是吻合的。

据一些书籍记载，北宋时对五显的崇拜即最先流行于今江西婺源、德兴一带，后来才逐渐传开，成书于晚明的《南游华光传》。当据民间传说编写，余象斗之所以如此明确地把五显华光的出生地写在“南京徽州府婺源县肖家庄”，这同历史上婺源人对华光的崇拜是分不开的。我们说五显神为江西神，一点也不过分。《明实录》中记载了朱元璋的旨意，云南平定后首先留守的即是江西兵。可以设想，安顺西部这些祖籍江西的屯堡人，当他们的入黔始祖于明初将地戏带入贵州时，必然同时带有浓烈的五显崇拜意识，以至世代相传，沿袭至今。

四、西路地戏与贵州西部傩坛的契合

所谓“贵州西部的傩坛戏”，是指分布在织金、纳雍、威宁等这一片贵州西部地区的傩坛戏，这些地区的傩坛戏一般也被称为“庆坛戏”。贵州西部的傩坛戏比较集中的地区是织金的凹河、以那，纳雍的乐治、居仁、阳长、城关、龙场等地区。解放初在安顺也曾与地戏共生过，但后来消逝了。这一类型的傩坛戏表演形式与黔东北、黔北、黔南、黔西南的傩坛戏同属一路，都为请神还愿而演出，在主人的堂屋或院落里表演。傩堂供奉“三清图”或同一性质的“案子”，演出不分季节，都在还愿的吉日进行，一般连演二至五天。面具多则二十四个，少则两三个。可以化装表演。伴奏除打击乐器之外，还有牛角、海螺等，乐队一般由五至七人组成，唱腔有“九板十三腔”之说。表演分为娱神的“阴戏”和娱人的“阳戏”，阴戏属“法事”，阳戏为寄生于傩坛的戏剧表演。

贵州西部的傩坛戏在表面上与其他地区的傩坛戏多有相同，但内里却有许多细微的差异，而正是这些差异为我们透露出其间可供突破的信息。贵州西部的傩坛戏与众不同的一点是可划分为三种类型：一是以供奉五显为主的，称“五显坛”，掌坛师称为“道士”（女的称“迷娜”）；二是以供奉赵侯为主的，称“赵侯坛”或“玄坛”，掌坛师称为“端公”；三是以供奉天地菩萨为主的，称“娘娘坛”，掌坛师有端公也有道士，并且有“文坛”“武坛”之说。与众不同的另一点是，贵州西部傩坛戏中的“五显坛”只在穿青人中流行，而在汉族人中主要流行“赵侯玄坛”，大部分“井水不犯河水”，绝不相互混杂。“赵侯”即赵公明，为财神，在汉族人中流行财神崇拜，这是不足为奇的现象。令人疑惑的是，穿青人到底是什么样的族群？为什么崇拜五显？他们与安顺西路地戏分布区域内的屯堡人有什么关系？

在纳雍县阳长镇，我们了解到一些非常可贵的资料。穿青人系洪武征南时到贵州的江西人。李姓入黔始祖为李代禄，生三子，名千一、千二、千三。千二挑拨千一和千三的矛盾，千三被迫搬迁到紫云火贡，与苗族开亲，变为苗族中一支——黑苗。因此，黑苗亦称“汉苗”。只有千一、千二两支人成为穿青人。至于为什么会出现“穿青人”的称谓，说是当年吴王剿水西，为了区别这些征南入黔的江西人，便送青色小旗给他们，让他们插在门上，以避兵燹。后因插在门上或可有诈，又改为插入中堂，仍有诈，便索性做青色衣服，日常穿着不便作诈，这便是“穿青人”称谓的来历。同样，在纳雍、织金一带，穿青人都有着相似的经历，如以那张姓称入黔始祖是张正雄，曾官至按察使，祖籍江西吉安府六林县。因此，我们可以得出这样的推论：穿青人同西路地戏分布区域内的屯堡人一样，也都是朱元璋“调北征南”时流入贵州的江西人。

这就不难理解，为什么在安顺西路地戏分布区域存在着五显崇拜，在穿青人中也存在着五显崇拜。而西路地戏与西部傩坛戏既然来自同一个地区，具有相同的傩神信仰，必然还会具有更多的本质性的内在联系。但为什么屯堡人的五显崇拜只留存在庙堂里和神榜上，穿青人的五显崇拜却保留在傩坛戏里？这不能不说是一个有待解决的问题。

五、余论

综合以上分析，我们得出了东路地戏来自安徽，西路地戏来自江西的推论。即使在东路地区有少量的江西籍人和江苏籍人也表演东路地戏，在西路地区也有少量的其他省籍人表演西路地戏，这是不足为奇的现象。但是，当我们根据西路地戏分布区域与贵州西部傩坛戏之间共同的五显崇拜和共同的先祖籍贯，断定它们之间必然有着内在联系时，这就引出一系列亟待解决的问题。

我们曾经做过以下三种情况的设想：1. 明初江西傩原本是傩坛戏形态，屯堡人将其带到贵州之后才受到安徽军傩的影响，在与其临近的安顺西部地区衍化为西路地戏，仅仅留下由傩堂衍变成的帐篷和由道袍转化成的片裙的这点痕迹，而穿青人则较原始地保留下当年入黔时带来的傩坛戏形态。2. 当年江西籍军人带入贵州的仅仅是五显崇拜，根本就没有任何戏剧形态，入黔后受到不同傩戏的影响从而分别形成西路地戏和西部傩坛戏。西路地戏以东路地戏为蓝本，而西部傩坛戏则吸收了从四川传入贵州的端公戏形态，将傩坛戏神由原来的赵侯改成了自己崇拜的五显。3. 当年江西籍军人也如同安徽籍军人一样，都带入了军傩，由于屯堡人比较集中地屯驻于安顺而将其完整保留，穿青人则因为比较分散而被傩坛戏同化，仅仅留下相似的五显崇拜。

然而，以上诸种设想仍然难以解释西部傩坛戏曾经与地戏共生的现象。二十多年前，在西路地戏地区曾经有过较多的傩坛戏（民间亦称“庆坛戏”）。坛神也是五显，道士、迷娜曾经是一些人的职业，普通老百姓家也供有“坛神五显”。即使是在东路地戏的中心地带，作为安顺地戏脸子之乡的周官屯和刘官屯一带，也曾经有过傩坛戏，也是五显坛，表演《蒋四龙送妻》《三元会》等剧目。当地农民传说是当年南征时任、李二家将菩萨掉在江里，因此，需要由这两姓人家“晒神”，遂有此活动。这种与西部傩坛戏完全相同的傩戏类型，只是在近年才彻底消失的。如果说明初的江西傩原本只是傩坛戏形态，到贵州之后才衍变成地戏的话，似乎能够从现今仍然遗存在江西的傩文化形态中得到证实，但却无法解释为什么在同一地区会出现两种互不相同的傩戏类型，即一部分原始保留，一部分彻底改变，且并无衍变过程的中间层次出现。如果当年江西籍军人入贵州的仅仅是五显崇拜而根本就没有任何戏剧形态的话，就不可能在安顺受傩坛戏的影响。如果说穿青人带来的军傩被傩坛戏同化的话，屯堡人中间就不可能有傩坛戏的出现，因为这种现象表示有的军傩被同化，有的完全不被同化。

还有另一种可能，即当年的江西籍军人带到贵州的，既有军傩地戏，也有民间傩坛戏。只有同时带入两种形态各异的类型且认真加以保留，才有可能出现今天两种互不相同的傩戏共存而无中间过渡形态的局面。

两种傩戏被同一支军队带入贵州，这似乎是不可思议的事情。其实，只要我们认真分析洪武十四年的这次“调北征南”，也就不难理解了。《明实录·明太祖实录》卷一百三十九“洪武十四年九月壬午”条载：上御奉天门，命颍川侯傅友德为征南将军，永昌侯蓝玉为左副将军，西平侯沐英为右副将军，统帅将士往征云南。友德等既受命，上谕之曰：“云南僻在遐荒，行师之际，当知其山川形势，联尝览舆图，咨询于众，得其厄塞。取之之计，当自永宁先遣骁将别率一军以向乌撒，大军继自辰、沅以入普定，分据要害，乃进兵曲靖。曲靖，云南之喉襟，彼必并力于此以拒我师，审察形势，出奇制胜正在于此。既下曲靖，三将军以一人提劲兵趋乌撒，应永宁之师。大军直捣云南，彼此牵撤，彼疲于奔命，破之必矣！”

我们从其他史料中还可以看到，这支征南大军于洪武十四年九月丁未抵达湖广，乃按朱元璋旨意分兵两路，北路由都督胡海率领，联郭英、陈桓等部共五万人马，从永宁（今四川叙永境内）向乌撒（贵州威宁）。东路大军为主力，由傅友德、蓝玉、沐英亲率，由辰州、沅州进入贵州，于洪武十四年十二月攻克普定，并以此地为大本营，屯驻大军。从今天这一带的居民构成分析，就是江西兵为先行，开路于前，安徽兵殿后，驻守大营，遂留给我们西、东两片不同籍贯的屯堡人聚居在一起的社会现状。北路明军受阻于赤水河，傅友德率东路大军西进，元梁王调集人马在曲靖抵抗。白石江一战，元军惨败，傅友德乘势挥师北上，夺乌撒，接应受阻于赤水河的北路大军，再夺七星关，打通了通往毕节的道路。接着大军西进夺取云南，而北路人马则大部屯驻于黔西各地。当我们打开今天的贵州傩戏分布图，星罗棋布的傩文化分布点，正好可以窥见当年的军事行动计划。从黔东北向黔西南一条横贯的“银河”，这是当年东路大军行进的路线。安顺两片较大的“云团”，这是江西籍屯军和安徽籍屯军的聚居处。黔西星星点点的分布，是当年北路大军留驻的痕迹。

从贵州傩文化分布图中，我们可以看到当年行军的路径，反过来，根据当年行军的路径和屯军的情况，我们同样可以发现和研究这片土地上的傩文化遗迹。除了安顺东、西两路地戏，至少还可以涉及黔东北、黔西南以及黔西的部分傩坛戏，如威宁的“撮寸已”和云南澄江的关索戏。这些当然是今后的学术课题，恐怕也不会是一朝一夕即能解决的，但我们今天起码可以先做出这样的结论：安顺东路地戏为明初安徽屯军带入的原始军傩，西部地戏为江西籍屯军带入的原始军傩，贵州西部傩坛戏则为途经四川的北路屯军带入的民间傩戏。

中国古代军旅祭祀遗韵

——屯堡地戏

庹修明

地戏是指主要流行于贵州清镇、平坝、镇宁、普安、兴义、长顺等二十多个县（市、区），以及贵阳市郊区广大农村的一种古老剧种，它属于傩戏的一种——军傩。地戏活动的中心在安顺，因此，习惯上叫“安顺地戏”。地戏在贵州有三百多堂，仅安顺就有一百二十多堂。

一、军傩的源流

军傩是古代中国的一种宗教仪式和民间艺术形式，主要用于军队的岁除、誓师演武等场合戴面具进行的群众傩舞，兼备祭祀、实战、训练、娱乐的功能。“军傩”一词，虽晚见于“大傩”“乡傩”，最早在南宋周去非《岭外代答》里出现：“桂林傩队，自承平时名闻京师，曰：‘静江诸军傩。’”但据《周礼·夏官司马》载：方相氏职属“夏官司马”。“马者，言为武者。”司傩长官虽属巫官亦属武官。方相氏“执戈扬盾”当为军人。郑玄注《周礼·春官》曰：“傩谓执兵以有傩却也。”“执兵之傩”，亦军。

方相氏驱鬼要戴上“黄金四目”的面具，面具是保护神的象征，也是人想象中与鬼蜮搏斗的精神武器。面具用于军旅，有振奋士气、护佑士卒、克敌制胜的心理作用。“神头鬼面”在战场上出现能震慑敌方，使之恐惧、瓦解。最早将面具用于实战的是东晋的朱伺。据《晋书·朱伺传》云：“夏口之战，伺用铁面自卫。”至南北朝，步朱伺者众。此外，傩仪还增添了一项新功能——耀兵示武。《魏书·礼志》载：

“高宗和平三年十二月，因岁除大傩之礼，遂耀兵示武。更为制，令步兵陈于南，骑士陈于北，各击钟鼓，以为节度。其步兵所衣青、赤、黄、黑，别为部队，盾矟矛戟，相次周回转易，以相赴就。有飞龙腾蛇之度。为函箱鱼鳞四门之阵，凡十余法，跽起前却，莫不应节。阵毕，南北二军皆鸣鼓角，众尽大噪。各令骑将六人去来挑战，步兵更进退以相拒击，南败北捷，以为盛观。”

军傩所用面具，最初是铜质的，故有“黄金四目”之称，“黄金”可能就是指铜质，后为铁面。《北齐书·神武帝纪》载：“西魏晋州刺史韦孝宽守玉璧，城中出铁面。”北齐之后，军傩由耀兵示武渐向舞蹈艺术转变，面具也渐向“刻木为面”转变。据《旧唐书·音乐志》载：“代面出于北齐，北齐兰陵王长恭，才武而面美，常著假面以对敌。尝击周师金墉城下，勇冠三军，齐人壮之。为此舞以效其指挥击刺之容，谓之《兰陵王入阵曲》。”《兰陵王入阵曲》经艺人加工，成为一代假面歌舞之冠，亦称“代面”或者“大面”，即是军傩之流变。

唐宋时期，是傩仪向傩戏发展的时期。唐段安节《乐府杂录》载，唐代宫廷大傩沿用汉代旧制，但规模大增，方相氏为四人，侲子多达五百余众，而“百姓亦入看，颇为壮观也”。宋以后，傩仪渐趋衰退，并向边陲地区转移，但作为戏剧的傩，却迅速发展起来。我们可以从孟元老的《东京梦华录·驾登宝津楼诸军呈百戏》里看到“诸军傩”戏的存在，傩仪最迟在宋代已经形成了戏。

“……忽作一声如霹雳，谓之‘爆仗’，则蛮牌者引退，烟火大起，有假面披发，口吐狼牙烟火，如鬼神状者上场，着青帖金花短后之衣，帖金皂裤，跣足，携大铜锣随身，步舞而进退，谓之‘抱锣’。绕场数遭，或就地放烟火之类。又一声爆仗，乐部动《拜新月慢》曲，有面涂青碌，戴面具金睛，饰以豹皮锦绣看带之类，谓之‘硬鬼’。或执刀斧或执杵棒之类，作脚步蘸立，为驱捉视听之状，又爆仗一声，有假面长髯，展裹绿袍靴简，如钟馗像者，傍一人以小锣相招和舞步，谓之‘舞判’。继有二三瘦脊，以粉涂身，金睛白面如髑髅状，系锦绣围肚看带，手执软杖，各作魁谐趋跄，举止若排戏，谓之‘哑杂剧’……忽有爆仗响，又复烟火，出散处以青幕围绕，列数十辈，皆假面异服，如祠庙中神鬼塑像，谓之‘歇帐’……”

贵州地戏是在“诸军傩”的基础上发展形成的，是属于傩戏系统里的一个分支——军傩。

二、地戏的由来

明王朝建立初期，局势极不稳定，元朝残存势力负隅顽抗，边疆“诸蛮”不停地叛乱。云南地处边陲，元残存势力相当顽固，加之又是“诸蛮”世居所在，长期动荡不堪。为征服云南，朱元璋于洪武十四年（1381年）任命颍川侯傅友德率兵三十万远征云南，年底抵达普定，旋即赴云南曲靖，在白石江边与元军决战，大胜。元梁王巴匝剌瓦尔密挈妻子投滇池自杀，云南收复。从出师到取胜，明军仅用百日。

安顺素有“黔之腹、滇之喉”之称，是兵家必争之地，也是南征军的重要大本营。明初的安顺，主要居住布依族、苗族、仡佬族等少数民族居民，留居的汉民仅十之一二。随着南征军屯居贵州，大量汉族人口内迁，改变了贵州历来“民夷杂处而夷居十八九”的居民成分和“溪涧山箐，内外隔离”的闭塞局面。为了防范“诸蛮”叛乱，朱元璋令择地建城。在修建城池的同时，明军在安顺平坝一带，设置屯、堡、卫、所驻扎人马。贫苦出身的皇帝朱元璋认为：“养兵而不病于农者，莫若屯田。”屯田的结果，巩固了边疆，养活了士兵，发展了当地经济，并把中原文化带了进来。

傩文化的主体本是中原文化，明军中盛行的融祭礼、操练、娱乐为一体的军傩和在中原民间传承的民间傩，也随南征军进入贵州，并与当地民情、民俗结合，形成了以安顺为中心的贵州地戏分布格局。

贵州地戏，基本上或主要是沿着南征军的行军路线及屯田驻军地分布的，呈现出明显的带状结构，其中心是贵州安顺，并一直延伸到云南澄江阳宗小屯一带。澄江阳宗小屯的“关索戏”，就与地戏具有相似的特征，同属军傩系列。至于关索戏，是军傩进入该地后才定名的，与当地对关羽父子的崇敬有关。

地戏研究著名学者沈福馨，绘制过一份安顺地戏分布图。分布图显示，安顺地戏呈两片星云式结构，其中最密集的一片以鲜陇大寨为中心，向四方扩展，展现安顺地戏与当年军屯的关系。地戏大都分布在屯、堡、旗、关、哨等一类当年屯军的村寨，那些不是屯堡的村寨就很少有地戏，特别是少数民族村寨更为罕见，即使有，也是从屯堡村寨学去的。戏的唱腔，《贵州通志》称之为“神歌”，七字一句，主角一气唱完，其他演员重复最后三个字，声音清越、高亢。地戏唱腔中，平调用得最多。平调又称“普调”“普板”，粗犷拙朴，易学易记，极易普及。

地戏的唱腔，近似安顺山歌、花灯的调子及川剧的高腔。这种一人唱、众人和的唱腔及打击乐伴奏的形式，与弋阳腔十分接近。弋阳腔是一种古代声腔、剧种，元代起源于江西弋阳一带，特点是一人独唱、众人帮腔，只用打击乐器伴奏，明代嘉靖时流行于今江苏、北京、湖南、广东、福建、云南、贵州等地。由于方便与当地语言和民间曲调结合，在其直接和间接影响下，产生了不少新的剧种，形成了一种新的声腔系统，一般称为“高腔”。清代以来，独立的弋阳腔剧种反而衰落，甚至绝迹。

屯堡人的祖籍正是弋阳腔流行地区，屯堡人受弋阳腔的影响，懂得弋阳腔的唱法和特点，地戏在其基础上形成是顺理成章的。

有关贵州地戏的地方史料，最早见于明嘉靖《贵州通志》卷三：“除夕，是夕具牲礼，扎草舡，列纸马，陈火炬，家长督之，遍各房室，驱呼怒吼，如斥遣状，谓之逐疫，古傩意也。”尚不见南征军习武征伐仪礼与当地民俗相融合的迹象。

到了清康熙十四年（1675 年），这一现象在贵州已非常普遍，《贵州通志》卷二十九有一段很具体的描述：“土人所在多有，盖历代之移民。在广顺、新贵、新添者，与军民通婚姻，岁时礼节皆同，男子间贸易，妇人力耕作，种植时，田歌相答，哀怨殊可听。岁首则迎山魈，逐村屯以为傩，男子装饰如社火，击鼓以唱神歌，所至之家饮食之……”康熙三十一年（1692 年）的《贵州通志》，刊印了一幅《土人跳鬼之图》，图后附有一段文字，画面上的地戏场面，与今天安顺地戏演出几乎一样。

清道光七年（1827 年）刘祖宪修《安平县志》卷五《风土志》载：“元宵遍张鼓乐，灯火爆竹，扮演故事，有龙灯、狮子、花灯、地戏之乐。”“地戏”一词开始出现，沿用至今。

三、屯堡人与军傩

祖先崇拜是一种以祭祀祖先亡灵而乞求庇护为核心内容的信仰习俗，它融合了图腾崇拜、生殖崇拜、灵魂崇拜的元素，成为远古时代凝聚先民群体意识和意志的重要精神力量，有效推动了物质生产和人类自身的发展。进入文明社会后，这种崇拜在一些文明滞后的民族中被保留下来，逐步演变成具有高度民族凝聚力和向心力的准宗教的民族心理需求，渗透到每一个家庭。祖庙网络和祭祖礼仪，就是这种心理的物化表现，这种强烈的准宗教心理需求，在民族迁徙中表现得特别强烈。

澳大利亚历史学家格迪斯曾经评价说："世界上有两个苦难深重而又顽强不屈的民族，他们就是中国的苗人和分散在世界各地的犹太人。"苗族历经苦难而顽强不屈，四处迁徙而不忘根本。苗族历史上的大迁徙有五六次，局部的迁徙更是此起彼伏，每次迁徙都关系着苗族的生存和命运。背负着苦难深重的历史，是什么力量支撑着这个民族的生存、发展？苗族用顽强的凝聚力延续和增强了民族的生命力。贵州黔西南州晴隆县中营地区的"喇叭苗"，现在还流行着一种独特的祭祖仪式，叫"庆坛"。庆坛是以家庭为中心的家族活动。庆坛是要"安坛"，以三节竹筒"贮米豆数事为洞以栖神"。据说这支苗族，先祖离开湖南时忘不了自己的祖宗，由于祖宗牌位在征战中无法携带，为了祭祀方便，便从故土桃源洞砍来一段三节长的金竹，用以代表辛勤开拓故土的祖先，竹筒挖出三个小孔，将金、银、五谷置于竹内，用红纸封牢，象征这些财富都出自勤劳的祖先，后代要永世不忘。竹筒放置于家神牌位的正中供奉。每当有新的家庭诞生，又要举行仪式，另置竹筒安坛。在不少苗族地区有竹王的传说，竹是拯救万物的神圣之物，是生生不息，具有顽强生命力的象征，具有图腾崇拜的文化内涵。

安坛之后是庆坛。庆坛要悬挂一副古老对联：

源溯三千年，世存代袭，烟香萦绕。喜后裔贤达，子孙灵祯，修天地善果，人间善洁，效法古训，里表遗俗，才得逢吉庆，须承后三霄天子。

靖黔六百载，文逞武道，旋复盘河。赞祖德宗功，合门昌盛，忆黑洋征战，普纳攻坚，屯田耕耘，生息繁衍，百折不挠业，建敬奉仙洞桃源。

庆坛仪式烦琐，多达五十六项，加上时间伸缩性很大的傩戏、傩技表演，要几天几夜才能完成。仪式内容大致为请神奏事、退秽收邪、架桥迎神接祖、造桥护桥、庆神、酬神还愿、营建皇坛、迁坛、安坛、求财求子、送神。这些仪式与黔东北等地傩坛仪式大同小异，说明贵州傩是中原、荆楚傩文化的同源流变。

“喇叭苗”的先民是湖南宝庆府（今邵阳市城步苗族自治县）都督胡海所率的由永宁趋乌撒的宝庆部队，系明洪武年间征云南大军的一部分。云南平定后，于洪武二十年十二月，由普定侯陈恒、靖宁侯叶升率湖广都司诸军屯戍普定，分扎曲靖、越州、中营等地，属洪武二十年所设安南卫辖区，为胡海所率宝庆兵屯区，随后迁来妻室，屯田驻扎。

“喇叭苗”信仰三洞桃源（天霄、云霄、洞霄），其形制为庆坛，与今湖南邵阳地区苗瑶各族信仰的“娘娘教”及“庆娘娘”有渊源关系。这种传统傩祭活动，明代就已风行，至晚清已成乡例。以竹节三洞为傩祭主神，在贵州的傩祭中尚属少见。庆坛科仪本《师门迎三霄》所载《路途记》和仪事迎祖公祖婆的道路（迁徙路线）与“喇叭苗”从湖南经贵州入云南的明清两代驿道和屯军卫所设置相吻合。研究苗傩“庆坛”的历史与现状，对于推动贵州开发史、民族关系史，特别是苗族迁徙史的研究有重要的学术价值。

在“喇叭苗”被迫长途迁徙入黔的前后，又有一支汉民族队伍大迁徙入黔。然而，不管是含着悲泪来的苗族，还是随军征战的汉族，结局却是很相似：思乡、念故，顽强地保存着本民族的心理特征和风俗习惯，做着有朝一日回归故里的梦。周边都是少数民族且又人口众多，汉族人口甚少，安顺汉族屯堡人，以其勤劳和聪明能干，在贵州这块神奇的土地上创造了屯堡文化，为古代民族的研究提供了丰富的文化资源。

在贵州腹地，以安顺城区为核心辐射区域，覆盖普定、平坝、镇宁、紫云、清镇、长顺、晴隆等方圆几百平方千米的地域内，居住着一群汉人，他们在语调、习俗、服饰、信仰、建筑等方面呈现出不同于当地少数民族和其他汉人族群的文化特点。这些汉人所居住的村寨多以带军事性质的屯、堡、关、哨、卡、卫所等命名，其中屯、堡最多，“以其住居地名之屯堡人”(《安平县志·民生志》)。“屯军堡人，皆奉洪敕调北征南……散处在屯堡各乡，家人随之至黔。”“屯堡人即明屯军之裔嗣也。”(《安顺府志·风俗志》)

几百年前，屯堡人从江南水乡随军迁徙至云贵高原，因征战有功，划封黔中最富饶之地生活，但从入黔之日起，回归故里、落叶归根、客居思乡的情结，从屯堡人的祖辈一代一代传下来。当这种希冀被时间的洪流冲刷得无影无踪时，一种渴望保留传统文化的心态，就成为屯堡人强大的内聚力，表现在生活的各个层面，形成了独特的屯堡文化。

屯堡文化在海外有较高知名度的当数安顺地戏。地戏是由南征军带入并在屯堡中发展和完善的，在内容上，征战是地戏唯一的主题，武打是地戏的表演特征，英雄崇拜贯穿于地戏演出的始终。

屯堡人主要信奉坛神。祭祀活动，以跳神（地戏）为主的，多为“调北征南”屯军后裔。跳神一年两次，正月初一到十五，要戴着脸子（面具）跳神、演地戏。地戏是屯堡人交流、认同的一种艺术表现方式，具有强烈的内聚力。“调北填南”民屯后裔，春节期间要举行“跳花”活动，“跳花”时手执彩灯与画像，走村串寨，以图吉利。“跳神”与“跳花”互相穿插，香烟缭绕，笙鼓齐鸣，十分热闹，这是屯堡人由于坚守“离乡不离腔”的民俗心理而形成的具有几百年历史的古朴民风，正是这种民风，使军傩地戏流传至今。

四、古军傩遗韵——地戏演出

地戏演出时，村口或醒目的地方要插上一面大红旗，旗上绣着很大的“帅”字，表示这个村子里今天要演出地戏，也有纳吉之意。演出由“开财门”“扫开场”“跳神”“扫收场”四部分组成。演出前，要将存放脸子的木箱（柜）从神庙或存放人家里抬出来，举行庄严的开箱仪式，请出脸子。有的村子还要举行祭庙、祭桥、祭水等仪式，尔后才开始演出。开财门之前先要“下四将”，即由四员大将表演“杀四门”，驱赶四方妖邪。

“开财门”由演员扮成剧中人物，到村寨里各家各户门前说“吉利话”，主人家则备果品迎候，一来表示对演员的尊敬，二来以祝互吉。尔后，燃放鞭炮送客。

“扫色”是一种打扫演出场地的祭祀仪式，也是军傩的主要特征之一，因为演出夺关斩将，必定留下许多阴魂，是不能不预先祭奠一番的，含有扫除各种邪魔保村寨平安、演出顺利之意。

主持这项活动的是“麻和尚”和“土地公公”，演员们以领唱、齐唱的方式，唱驱赶妖魔、扫除病邪和祭奠阴灵的段子，有时还要杀鸡宰鸭用禽血祭扫。目前，这一过场正逐渐淡化。

地戏的正戏演出叫“跳神”。交战双方的君主或主帅先坐在圆场地营房位置，有戏随戏，无戏看戏。观赏者们站在圆场地边缘上，然后“出马们”亮相，自报家门。

戏从“朝王”开始，入朝面君，报告敌方已发兵进攻，君主听后，求良将以拒敌，情节于是步步展开。由于是双方交战，地戏剧目只有武戏，没有文戏，更没有生活小戏和公案戏，只演“正史”，不演庞杂剧目，连中国古典文学名著《红楼梦》《西厢记》《水浒传》，也没有改编引入。

宋运超先生在《传神戏剧志述》一书中，将地戏演出程序概括为八项：

(一)“开脸”：择黄道吉日，由“神头”率演员去神庙，在寨主主持下，从箱子中请出珍藏的“脸子”(面具）后，进行用鸡血（象征生命的复活）给“脸子”“开光”的仪式；演员戴上“开光”后的“脸子”，即为“神”而非人了，故不称演戏而称“跳神”。

(二)“参庙、辞庙”：“神”之中的“一号人物”居中，其余一字而排开唱：“庆祝七月中元节，将爷引兵来参神——参玉皇、阎罗、罗汉、土地、孔子等，求其保佑无病无灾、五谷丰登、六畜兴旺。”

（三）“扫开场”：由两个小童分戴红、蓝“脸子”，手持扇、帕（花灯也用此道具）雀跃科场，在喧闹的锣鼓声中，边唱边舞，跳完祝吉舞蹈后，念：“和合三仙，两手把住肩，有人侍奉我，财宝万万千……”

（四）“朝廷”：小童扫场毕，剧中正反四员将官同时出场同时起舞驱邪并吟诗。

（五）“设朝”：小童“扫场”毕，剧中正反四员将官和将演出的史实以及看戏的人三者连接起来，起导入演出的作用。“设朝”后进戏剧演出。

（六）“跳神”：即地戏演出。

（七）“扫收场”：由戴“脸子”的峨眉山和尚与南天门土地对唱：“口是心非扫出去，一团和气扫进来；多灾多难扫出去，清吉平安扫进来；坏人坏事扫出去，正大光明扫进来……和尚拜土地，年年有吉利；土地拜和尚，年年大兴旺。

（八）“封箱”：“扫场”结束，“神头”念念有词，放好“脸子”后“封箱”，送回神庙珍藏，以待来年再次请“神”。

五、地戏剧目与唱腔

地戏演出的剧目、本子又叫“地戏谱”。“谱，布也，列年事也。”（刘熙《释名》）地戏具有以史为线索的性质，民间艺人有“戏叙史册”之说，陶关地戏队的大旗上就有这四个字。按历史年代编排，现存剧目有《封神演义》《大破铁阳》《东周列国志》《楚汉相争》《三国演义》《大反山东》《四马投唐》《罗通扫北》《薛仁贵征东》《薛丁山征西》《薛刚反唐》《三下河东》《九转河西》《残唐演义》《二下南唐》《初下河东》《二下河东》《三下河东》《九转河东》《二下偏关》《七郎八虎闯幽州》《五虎平南》《五虎平西》《岳飞传》《岳雷扫北》等，全是唱朝纲兴衰的战争故事，这是军傩最主要的特色。

地戏是移民带进贵州的，移民中以屯军及军属为主体，其职业心态、军旅生活使移民群体推崇尚武精神，热爱战争中涌现的英雄及其传奇故事，特别是那些出身士卒、在战争中成长为主帅的英雄，诸如薛仁贵、狄青、秦琼、岳飞、关羽、张飞等人物。故而剧目中“不吉利”的情节，农民们是避而不演的，如“三国戏”只演到刘备进西川，封五虎上将为止，“走麦城”是不演的。《岳飞传》只演到朱仙镇而不演风波亭。一般唱本以凯旋、团圆为结局。

地戏剧目反映的时代是从商周到明朝，上下三千多年，但以唐宋战争为主流，一出戏一般分为十几本，每本又分若干回目。有学者对安顺演出最多的地戏剧目进行调查统计，前十位是《三国演义》《薛丁山征西》《大反山东》《四马投唐》《三下河东》《五虎平南》《杨家将》《薛仁贵传奇》《五虎平西》《说岳全传》。

地戏以第三人称叙事说唱本为剧本演出，唱本中并不标明“唱”“白”等字句，唱和白的前面也不标明谁唱、谁说，这种唱本不是圈子里的人很难看懂。地戏唱本最老的版本为清代巡右五经文堂所刻的木刻本，但现在已难见到。现在农民所用的为手抄本，多为民国年间所抄。近年油印本流行，在安顺地摊上也能买到，但不够准确、规范。由台湾《民俗曲艺丛书》收录、帅学剑编的《贵州安顺地戏剧木选》（剧本校订本），是第一本公开出版发行的地戏剧本。

地戏剧本的韵文句式以七言为主体，兼及一些十字文，少数的五言，平仄宽松，要求不严，接近口语。对白是半文半白的散文，生硬且陈旧，但用得不多，一般用以连接剧情。剧本结尾或事件告一段落有“诗云”一类的赞语，起概括、强调、总结的作用。有人认为地戏说唱本的形态正是戏剧由说唱衍变而来的证据。

地戏唱腔古拙朴实，简单但也强调变化，有平调、喜调、悲调之分，也有“传十字”“吟诗”“对语”等唱法。“传十字”用于书信来往，因唱词多为十字句而得名。“吟诗”用在描述主将上阵前披挂打扮，开头往往用“赞曰”二字启动。“对话”几乎与对白相同，用于叙述对话的地方。

地戏伴奏的乐器，只有一锣一鼓，相传地戏传入贵州时就是如此，因为，那时还是军队的演武操练，当然只有军锣、战鼓。这两件家什使用数百年不变，因为它与地戏热烈质朴的气氛非常协调。鼓点是军傩的“指挥”，丰富严整，已逐渐形成“套数”，有“催战鼓”“行军鼓”等诸多名目。

六、地戏角色

安顺地戏，正规演出只准男演员参加，没有女性。角色有文将、武将、老将、少将、女将，还有道人、小军、丑角。虽然已粗具种种角色，尚无成熟戏剧中生、旦、净、末、丑等行当，属于标准的“农民戏剧”，武将是剧中梁柱，最受观众仰慕。

军傩的性质决定武将在地戏中的中心地位，武将是最受器重的角色，这些角色被美化为星宿下凡，神通广大，武艺高超，并赋予传奇经历，深为乡民仰慕。地戏里的女将，包括丫鬟、小姐，都是由男演员扮演，没有女性参加演出。

道人是个专门的行当，名目繁多，有铁板、飞钵、鱼嘴、乌龟、水牛等，他们都是一些法力非凡的角色，或修炼成道，或助主夺取天下，或依仗法术助主兴兵。这些角色的出现渲染了地戏的神秘氛围，增强了地戏怪诞的色彩。

丑角主要是“老歪”，是一个戴歪嘴面具的角色。唱本中没有一句他的台词，全凭演员临场发挥，是个滑稽可笑的角色。

小军又叫“小军老二”，角色往往由小孩子来扮演，出场的机会比较多，临场锻炼，长大后升演主将，这是地戏传承的一种好办法。“小军”动作简单、自由，可临场发挥。

地戏里的动物也是由演员扮演，是独立的角色，有白虎、松鼠、赤兔马、呼雷豹等。用人扮演动物，是地戏角色的一个特点。

地戏的布景道具等都很简朴，这是农民戏剧的特征之一。布景就地取材，常用桌子、树枝、竹竿之类的小物什。桌子象征高山、关隘，几张桌子搭成高台，插满树枝，即成《封神演义》里的神界。道具中最常用的是兵器和脸子，兵器是木制的刀枪剑戟，短小轻捷，便于在小圆场里挥舞。

地戏在道具使用上充分体现农民戏的不拘一格，如《三国演义》中张飞，本该使用丈八蛇矛，但到了安顺，刀、剑、矛、枪，拈什么顺手就使什么。鞭炮、魔术弹、黄烟，意味着道人斗法；布片、旗子一招，就钻天入地了；战败则要摘下面具，置于地上，观众立刻就知道这是首级已被斩下。

武打是地戏的灵魂。只要演武戏，则每戏必打，每场必打。仅《薛丁山征西》一台戏就有十六个关口，数十个战阵。总的说来，武打戏分主将及小军两套，主将有八个套路：操刀、挡刀、追刀、两飞脚、三飞脚、摆劈亮翅、前甩后甩、扇子戏。小军套路要亲切多了：猪拱鼻、背背篓、捡石头、插秧、小牛擦痒、打背板、敲九棍、刺咽喉、分比脚、围城。两套武打套路不可掺杂混用……身份在那儿摆着呢！

地戏演员都是农民，戏装也多由农民自备。其实，所谓戏装，不过是在日常生活服装上加上一条“战裙”，而战裙也往往由演员自家妻子手缝。当然，兴致好的会细细绣上各种图案。讲究的演员，腰间多佩饰物，如鱼、如意、香包、扇袋等，或绣上各色图文吉语。这些饰物，与角色身份无关，为演员的爱人所赠，很可能小军佩一精美荷包，而主将腰下则空空如也。

屯堡的风俗习惯，青年男子扮地戏，实为一种充满吉喜的荣誉，缝制战裙的夫人作为观众站在场外，自然别有一番滋味在心头了。地戏演出，有如军事行动，严整肃穆，决不许懒散嬉闹，很受村民敬重，且视为村寨兴旺的标志。村寨演出组之间经常互访，切磋技艺，联络感情。在彼此迎接仪式上，要“摆谜语阵”，村民们都踊跃参加，气氛甚为欢乐和谐。

在贵阳市郊和安顺部分地区有不少布依族村寨，那里也有地戏演出。《贵州古代史》载：“在都匀府、安顺府、南笼府一带的布依族，从屯兵那里学会了在平地上表演的‘地戏’，春节时用布依语唱（有的也用汉语）。服饰和汉族穿的大致相同。”布依地戏有剧本、服装、脸子，唱腔采用布依族喜爱的七言民歌和十言酒礼歌，汉族观众多时也用汉语唱。戏装与汉族相同，但另有一套本民族的服装和佩饰；乐器除汉族地戏用的锣鼓外，还有布依族的月琴、洞箫、铜锣、铜鼓等。

除布依族外，苗族、仡佬族对地戏也很喜爱，许多村寨都吸收搬演屯堡地戏。六百多年前征发屯田的“圣旨”，想来早已没入缓缓流淌的历史长河。

七、地戏的面具

地戏的脸子，是神化了的英雄面具。英雄崇拜是祖先崇拜的演进，晚于鬼神崇拜。从崇拜的对象、面具的造型及其所表述的内容和形态看，地戏面具应晚出于傩堂戏面具。

地戏面具同时具有神格和人格。安顺等地有专门从事脸子雕刻的艺人。村寨演出班子新购置的面具，未经法事前，可以随便放置，视为木雕；一经点将封号，即为神物。“开光”是将面具升华为“神”的仪式，由雕匠主持，先将脸子郑重陈列在神龛上，然后杀一只大公鸡，以鸡血点在脸子上，同时念动开光词，赋予脸子以生命。

地戏演出时，演员无一例外都要戴上面具。地戏对面具的戴法与傩堂戏不同，前者先用青纱长筒套头将头包住，置面具于额头之上，而不是像傩堂戏那样戴在脸上，这样做的原因是便于武打。

面具用丁香木或白杨木精雕细刻而成，做工讲究，神态生动。面具由面孔、帽盔、耳子三个部分组成。面相分文、武、老、少、女五类，俗称“五色相”。除主将外，还有小军、道人、丑角、动物等类别。诸多面具中，武将面具最复杂，可细分为少将、老将、女将、番将、正派将军、反派将军等面具五官造型，形成了一定的程式，如眉毛必遵循“武将烈如焰，女将一根线，少将一支箭”之说，嘴的刻法有“天包地”与“地包天”两种，眼则是“男将豹眼圆睁，女将凤眼微闭”。

地戏脸子与耳子雕刻独具匠心。头盔上的服饰分龙凤饰、星宿饰、吉祥饰等。男盔一般饰以龙纹，若隐若现，有头有尾，对称严整之下变化多端，图案有“二龙抢宝”“十八金龙”等。女盔常用凤纹装饰，飞舞回旋，优美华丽，图案有“凤翔牡丹”“双凤朝阳”等。

地戏里的重要角色，大都是天上星宿下凡，有着很多传奇故事。艺人们于是发挥想象，令面具直接述说。如岳飞的头盔上雕一只大鹏金翅鸟，薛仁贵的头盔饰以白虎，金兀术的头盔和鼻子上都有火龙，樊梨花的头盔则需以玉女装饰。

吉祥事物多取谐音，也有索性直书其上的，如《四马投唐》中程咬金面具的头盔是一只蝙蝠，翅膀下有两枚古钱，额顶帽檐上有一个“寿”字，合起来即为“福（蝠）寿双全”。地戏面具的耳翅是能动的，常饰以龙凤和各种吉祥的花草。

就技法而言，地戏脸子多为浅浮雕与镂空相结合，精细却不烦琐。脸子的色彩用贴金、刷银的亮色，以及红色、绿色、蓝色、白色、黄色、黑色等，几乎没有哪一种颜色不可以拿来用上。有的面具还要镶嵌上玻璃片，富丽堂皇，十分了得。

地戏面具是根据“地戏谱”提供的线索和民间有关此类人物传说来雕刻制作的，这些英雄人物在地戏演出中已趋定型，并有大量文字、图画、雕刻、脸谱可供参考，加上一堂地戏的面具可多达百余面，实难避免雷同。如今地戏面具已日趋程式化、脸谱化、工艺化，渐渐少了傩堂戏面具的那种个性与灵气。

参考文献

[1] 沈福馨，帅学剑，艾筑生，等. 安顺地戏论文集 [M]. 北京：文化艺术出版社，1990.

[2] 沈福馨. 安顺地戏 [M]. 贵阳：贵州人民出版社，1989.

屯堡人婚姻习俗与择偶观的变迁

曹端波

一、问题的提出

婚姻是人类社会重要的社会制度，是规范化的法律概念。韦斯特马克认为婚姻是“得到习俗或法律承认的一男或数男与一女或数女相结合的关系，并包括他们在婚配期间相互所具有的以及他们对所生子女所具有的一定的权利和义务”[①]。婚姻是男女择偶的制度性安排，任何社会都不允许无限制地性滥交，婚姻在制度上区分了合法的性与违规的性，“在婚姻中性被认为是善的（good）、正常的，符合社会利益，因为它繁衍后代保存延续”[②]。婚姻不只是涉及性，婚姻具有规范性的同时，还具有经济的、社会的功能。

婚姻习俗与一个社会特定的历史背景相关，一种习俗之所以存在，在于这一习俗能有效维系社会的正常运转。择偶观是人们在寻求合法的性资源的一种价值取向和选择标准，择偶观与社会发展相关，并对婚姻制度的形成产生影响。

屯堡人是指以贵州省安顺市为中心，东起平坝西至镇宁在内的一个汉族特殊群体。“屯堡人”的称谓在民国时就已形成，民国《平坝县志》记载：“屯堡者，屯军住居之地之名也……迨屯制既废，不复能再以军字呼此种人，惟其住居地名未改，于是遂以其住居地名而名之为屯堡人。”[③] 屯堡人在身份上认同为汉族，认为自己是明初因

---

① 韦斯特马克：《人类婚姻史》，李彬等译，商务印书馆，2002，第33页。

② （美）罗伯特·F. 墨菲：《文化与社会人类学引论》，王卓君、吕迺基译，商务印书馆，1991，第79页。

③ 见民国《平坝县志》，民国二十一年铅印本。

"调北征南"而来的江南人，《黔南职方纪略》将这一认同汉文化的群体称之为"屯田子""凤头鸡"等，"民之种类，于苗民之外，有屯田子、里民子，又有凤头鸡，凡此诸种，实皆汉民"。

屯堡人对于自己祖先的历史记忆是来自明洪武年间的屯军，与祖先一样同属江南人。其实，屯堡人的形成有一个历史过程，是居住在明初设置的屯堡居住范围内的早期汉文化群体[①]，因居所而得名，并形成了其独特的共同体文化。屯堡人共同体的形成是在这一区域中面临外界较大的挤压，为共同生存而形成的汉文化亚群体。屯堡人共同体的构建既需要有一个相同的祖先历史记忆，也需要形成一个较为巩固的经济、社会联盟。

婚姻是一种社会行为。在传统社会，婚姻并不仅仅是男女双方当事人的事情，而是关乎家族、村落的超个体的社会行为。婚姻仪式的举行即是为了使婚姻当事人结合成家庭这一事实获得社会群体的认同和批准。任何社会的婚姻都是有规则的，婚姻习俗与择偶观受当时社会发展需求的影响，与其社会的道德、规范相一致。屯堡人在族群形成过程中，为实现群体的凝聚，形成了与屯堡人共同体生存、发展相适应的婚姻习俗与择偶观。20世纪80年代以来，由于社会的变迁，屯堡人婚姻习俗与择偶观也随之发生了变化。

屯堡人传统的婚姻习俗和择偶观对于屯堡人共同体的构建和维系具有重要作用。因此，考察屯堡婚姻习俗及择偶观在现代社会的变迁，对于研究屯堡文化及当前屯堡社会状况具有重要意义。

---

① 屯堡人的主体来源在学术界有较大争议。部分学者根据口碑及明初设屯堡的历史，认为屯堡人的主体来源是明初江南移民；而另一部分学者根据服饰和习俗认为其男性祖先主要是明初随军而来的北方民族（参见蒋立松的《从汪公等民间信仰看屯堡人的主体来源》，《贵州民族研究》2004年第1期；陈训明的《三论安顺屯堡人主体的由来问题》，《贵州民族研究》2008年第1期）。笔者认为屯堡人有一个历史形成过程，其名在于居住范围属明初所建的屯堡，至于其族群，则应属元明清时期迁入这一居地的各类群体，因共同体文化的构建，形成了共同的祖先来源记忆。

二、屯堡婚姻限制习俗

屯堡人对于婚姻有严格的习俗，他们只有遵从这一习俗，婚姻才能被社会认可。屯堡婚姻习俗与周边少数民族不同，强调“父母之命，媒妁之言”，禁止青年男女自由恋爱、自由婚配。屯堡婚姻习俗是屯堡人在特定的历史背景下形成的适应屯堡人发展的一种策略，其婚姻习俗能有效维系这一群体的发展。

1. 婚姻圈。婚姻圈是可婚集团因婚姻关系而结成的社会圈，任何社会的婚配都有一个“外圈”，也有一个“内圈”，超出外圈或囿于内圈都是不允许的，正如韦斯特马克所说：“人类在择偶上有内婚制与外婚制这样两类规则。前者禁止本群体中的人与其他群体中的人联姻，而后者则禁止同一群体中的人结亲。这两类规则各自用于不同的群体，相互并无抵触。”[①] 屯堡传统婚姻严禁屯堡人与非屯堡人通婚，尤其是周边的少数民族。屯堡即是屯堡人的婚姻外圈，超过这一界限，即是违规的婚姻，得不到屯堡社会的认可。此外，屯堡人严禁同宗之间或结为兄弟的姓氏之间开亲，同宗或异姓结拜兄弟视为同一家族的人，是婚姻的“内圈”，“内圈”之内禁止开亲。

2. 非屯堡人不婚。屯堡人传统婚姻禁止与少数民族甚至与非屯堡的其他汉族通婚，非屯堡人不婚是屯堡人文化共同体形成的重要因素及表现形式。婚姻是集团最为基本的认同，如苗族的婚姻圈严格限定在本支系内部，有着不同服饰不婚的习俗，同一服饰不仅可婚而且是最为基本的族群认同。非屯堡人不婚将屯堡人的婚姻严格限制在屯堡人这一文化共同体内，不仅有效排斥了外部文化的侵入，而且对于内部族群的凝聚和认同具有巨大的强化效应。如安顺市西秀区宁谷镇藩孟村的熊家是苗族，与同村的刘家、王家等共邻达百年之久，互通语言，关系密切，但不开亲。又如在九溪和天龙之间的石板房是外地迁来的汉族，尽管石板房汉族经济发达，文化与九溪、天龙相近，都是“汉族”，但屯堡人称其为“客家”，不与开亲。

3. 同宗、异姓结拜不婚。屯堡人与汉族相同，属父系社会，严禁同宗之内通婚。

---

① 韦斯特马克：《人类婚姻史》，李彬等译，商务印书馆，2002，第516页。

如20世纪80年代，九溪一个顾姓青年，因属朱家过继到顾家，有朱家血统；后来喜欢了一个朱家姑娘，两个人相爱，但遭到女方家长的反对，两人顶住社会压力结婚，然而至今还没有得到女方家长的同意，双方家长互不往来。屯堡人属外来移民，人们在迁徙和定居过程中，为了增强家族力量，往往与他姓结为异姓兄弟。异姓兄弟是一种拟制的家族，结为兄弟的两族不仅在称谓上等同于家族内部，而且在认同上将其视为同一宗族成员，只不过在祭祖时有不同的祖先。视为同一宗族者禁止开亲，因此，结为异姓兄弟的两个宗族之间严禁通婚。如小山寨的权姓与雷姓属结拜兄弟，两家如同兄弟，不允许开亲。同宗、结为兄弟的宗族是屯堡人婚姻的内圈，限制内部婚姻，有助于扩大屯堡人的交往圈，并与其他宗族形成婚姻联盟。

4. 祖先诅咒不婚。屯堡人在生产生活过程中，为争夺有限的资源，不可避免地产生集团之间的冲突和矛盾。婚姻是一种集团联盟，集团之间的冲突在一定场合下有时会导致联盟的破坏，在此基础上的婚姻也会随之结束。祖先诅咒不婚往往传承一个故事或者传说，以使后代遵守永远不婚的禁令。如九溪在过去与鲍屯不开亲，相传因鲍屯一姑娘嫁到九溪后，因与丈夫发生矛盾而死，鲍屯极为愤怒，到九溪“坐外家”①。九溪与鲍屯因这次事件导致不和，从此双方发誓永不开亲。又如张家庄的金家与吴屯的刘家不开亲，相传早期吴屯刘家挑水要经过金家的路，由于双方有矛盾，金家不让刘家经过自家的路去挑水，矛盾愈演愈烈，以至于双方诅咒开亲者绝子断孙，因而断绝婚姻关系。而在同一村寨内部，有祖先矛盾者也禁止开亲。如九溪顾家与徐家不开亲，相传顾、徐两姓祖先在“征南”的时候发生冲突，发誓互不开亲。

5. 巫蛊禁忌。巫蛊信仰在贵州少数民族传统社会较为盛行，受周边民族的影响，屯堡社会也有巫蛊禁忌，即严格限制与有巫蛊的人家开亲。屯堡人称放蛊为放药，认为蛊婆会偷偷将药藏于指甲内，在人们不注意时将药弹入食物中，中蛊者没有蛊婆的解药只能等死。屯堡人过去较害怕蛊婆放药，七眼桥镇猴场村的PGZ告诉笔者，他曾在20世纪60年代到石头寨做活路，一个月后听人说东家会放药，因害

---

① 坐外家是屯堡社会的一个传统习俗，即当本家族出嫁的姑娘在婆家遭受委屈时，为伸张自己家族的正义，女方家族到男方家族讨说法的习俗。

怕而只身逃走。人们认为蛊婆一般眼睛呈红色，蛊婆放药药死一人，她的庄稼要好三年。过去每一个屯堡均有几户家庭被怀疑有蛊，人们谈蛊色变，更不用说开亲了。人们相传新寨有一户人家会放药，20世纪80年代其子在读书时就没有同学敢与他说话，大家都避而远之。有蛊的家庭在社会上受到人们的排斥，只能与其他有蛊的家庭开亲。

6. 姑表、姨表不婚。屯堡人为了扩大自己家族的联盟，往往不在姑表、姨表之间开亲。姑表、姨表兄妹不同宗，在理论上可以开亲（遵守同宗不婚、非屯堡不婚的原则）。然而，事实上为了加强本家族与外界的联盟，姑表、姨表之间一般不开亲，但在屯堡并没有严格的限制。姑表、姨表婚姻状况在屯堡社会内部有不同的规则，有的地方顽固，有的地方相对松动。比如藩孟姑表之间不婚、姨表之间可婚，而九溪有的老人认为姨表不婚、姑表可婚。姑表、姨表之间的婚姻在屯堡没有出现严格的禁忌，只是人们为了获取更大的资源，往往通行这一规则。如A家庭与B家庭是婚姻关系，在下一代A与B就不通婚，各自寻找可婚家庭，A家庭可与C家庭开亲、B家庭与D家庭开亲，这样A、B、C、D四个家庭便因A与B上一代婚姻联盟关系而形成拥有四个家庭的扩大联盟。姑表、姨表不婚对于扩大家庭亲属网络、增强家庭交际能力有重要作用。

7. “大脚”与“小脚”不婚。屯堡人居于重要交通线上，为有效利用资源，形成了妇女力耕作、男子间贸易的生产格局。屯堡妇女在居所不仅从事家务、手工业生产，而且从事耕作，而使男子有时间和精力专门从事贸易。道光《安平县志》记载：“男子善贸易，女不缠脚，一切耕耘，皆以妇女为之。”20世纪50至70年代，九溪许多妇女还专门从事贸易，肩挑商品赶“转转场”。屯堡妇女的勤劳和能干是有名的，“力耕作”要求妇女从事田间工作，因此，“天足”成为生存的必要选择，故后来的汉移民“客家”将其称为“大脚妹”，“大脚”已成为屯堡妇女的标识。“大脚”与“小脚”不婚即带有屯堡人与非屯堡的汉移民不婚的含义。然而，随着封建社会的发展，屯堡人中富裕家庭的妇女也缠足，如本寨在清代时妇女缠足现象较为普遍。屯堡社会内部出现“大脚”与“小脚”之分是经济、社会发展不平衡及中原汉文化影响程度不同而引起的。屯堡社会内部“小脚”属社会上层，“大脚”属社会下层，“大脚”与“小脚”不婚是屯堡人中较富裕的“小脚”阶层与“力耕作”的相对贫穷的“大脚”阶层之间的经济差异所形成的，也是阶层婚姻的具体表现。

三、屯堡婚姻的缔结

屯堡人特别注重婚姻的缔结及整个仪式过程。婚姻是人的社会行为，注重婚礼意味着该社会强调亲属关系，婚姻双方必须得到双方的家族及亲属集团的认可。《礼记·昏义》记载：“敬慎重正而后亲之，礼之大体，而所以成男女有别，而立夫妇之义也。男女有别，而后夫妇有义；夫妇有义而后父子有亲；父子有亲而后君臣有正，故曰，昏礼者礼之本也。”婚礼的实质是婚姻当事人结合的社会批准程序，屯堡社会是一个充满“礼”的社会，对于极为重要的合两家（在更深层次上是家族和村落）之好的婚姻尤为重视。

在传统社会，屯堡主要实行包办婚姻。婚姻需“父母之命，媒妁之言”，所谓的自主也是父母许可、承认之下的自主择偶。屯堡人不像周边的少数民族，有专门的恋爱场所和自由恋爱习俗。屯堡人唱山歌（主体是情歌）需到山坡上无人时独自哼唱，被人听到视为不雅，尤其是女性。青年男女之间的婚姻由父母做主，一些妇女往往到结婚当天新郎掀开红盖头时才第一次看到自己的伴侣。由于屯堡妇女从小在“礼”的社会长大，对于恋爱是极害羞的，难以表达自己的情感。屯堡人更多地把婚姻看成两个家族的事，而非婚姻当事人的事情。屯堡人对婚姻礼仪十分讲究，婚礼完全可视为两个家族之间联盟的仪式。

屯堡人开亲，一般在有限的几个屯堡和家族之间进行。屯堡人十分注重亲缘关系，如九溪人常说：“一人亲，亲一家，一家亲，亲一寨。”他们看重家与家、寨与寨之间的亲缘关系。当男子成年可婚配时，父母如有中意的姑娘，就请媒人到女方家求婚。一般请能说会道且与女方家关系密切的年长妇女充当媒人。男方家求婚第一次要准备礼物，如食物果品之类。第一次备礼称之为“口信提篮”，即用礼物到女方家以探听女方家长的态度。女方收下礼物，表明接受男方的开亲请求。“口信提篮”

后双方开始互相来往。当条件成熟时，男方开始正式求婚，即“第二次提篮”。男方要准备较正规的礼物，提篮一般装有猪腿和猪尾巴，女方若同意求婚，则收下礼物，男方则带回猪尾巴，及女方送的黄豆几斤、鞋垫几双。猪腿和猪尾巴代表“一方一走”，男方带回猪尾巴，表示有头有终，酒后开亲。女方送黄豆表示“顺利”，开亲可成，而鞋垫则是女方同意的定信物。“第二次提篮”表示两家已基本同意婚事。当两家觉得婚事较成熟，可以准备成婚时，男方要准备较丰厚的重礼，称为“挑大提篮”。在准备“挑大提篮”前，男方需得到女方父母及其他亲属的同意，然后“挑大提篮”求婚。大提篮备的礼较重，需送糍粑、肉、衣服、鞋子等，女方回敬刺绣、鞋子、米、黄豆等。“挑大提篮”后，就是“报日子”，即决定结婚的日期。“报日子”之前，男女双方家长需请各自的亲戚商议并定下结婚的具体程序，准备好结婚的一切工作。结婚当天，新娘在上轿前要请一个属相相合的妇女为其梳头，称为“上头”，即将原来扎有发辫的姑娘头梳成屯堡妇女标识的“凤阳装”；新人开始由姑娘转换成妇女，服饰的转变标志着身份的转变。新娘上轿前还需与父母兄弟姐妹哭别，再由兄弟背起上轿。男方迎亲时需带一只黑鸭子、一只公鸡，然后带回公鸡，鸡代表积缘。新娘送亲的队伍要准备红蛋，在途中过河、过桥时要丢红蛋。屯堡婚姻仪式有“姑不接，姨不送”之说，即男方的姑母不参加迎亲，女方的姨妈不参与送亲。

屯堡人婚姻的礼物交换与婚姻仪式象征着男女双方家庭对婚姻以及合两家之好的重视程度。婚姻仪式不仅是男女结合的过渡（新娘必须“上头”即是由姑娘转化为妇女的标志），而且是两个家族结盟的仪式，因此，双方亲属都高度参与其中，而且扮演了极为重要的角色。

四、屯堡人婚姻习俗的变化

屯堡人传统择偶观遵循“同类匹配”和“邻近性”的原则。“同类匹配”即是与自己类似的人通婚。屯堡人在长期的生产生活中，形成了独特的共同体文化，如独特的信仰、习俗、服饰、娱乐等。屯堡妇女服饰不同于周边民族；普遍信仰佛教，育龄后的妇女全体崇佛；屯堡妇女一生至少要过一次“河”，她们认为过了“河”，才能圆满；妇女“力耕作”，并在生产劳动中形成了“换气”等互助形式。在娱乐、崇神方面，屯堡不仅有跳神（跳地戏），还有抬亭子（如九溪、鲍屯、吉昌屯、狗场屯兴抬汪公习俗）、跳花灯等。屯堡人有较强的族群认同，这一认同正是其生存的策略，在屯堡人的认同背景下，紧密团结，才使得他们历经磨难而仍屹立于“屯堡”这一沃土。屯堡人之所以一再强化其祖先历史记忆，即他们是由洪武年间“调北征南”而来，是因为想以此证明其族群身份的合法性，并加强内部之间的凝聚和团结。

屯堡人要保持自己的身份，维系族群所建构的文化认同标尺，就必须在血缘和文化上加固自身的纯正性。如大西桥镇的鲍屯“伤纪斁伦”碑就严格规定不准收养外姓人为子；此碑于清光绪二年（1876年）立，碑记：“盖闻五伦教于尚书，五服垂于典礼，则纪伦常自古，迄今莫能曲也。况我鲍氏籍肇南京，祖父以来也崇礼教……禁接外姓螟蛉……”屯堡人要强化族群认同，不仅需要建构自己独特的共同体文化，彰显自己与周边少数民族的不同，而且必须在内部强化自己的“类”，“非我族类，其心必异”是屯堡人对外族的内心真实写照。婚姻不仅是两个家族或村寨的认同，同时也是屯堡人的族群认同。屯堡人要保持自己族群的认同，首要就要遵循共同体的婚姻规则。

“同类匹配”即是人们倾向于选择与自己种族和文化类属相同或相似的配偶，这一形式是传统社会最为重要的择偶观。屯堡人传统婚俗即是严格在这一观念下所产生的婚俗，并对当前屯堡人的择偶观仍有较大影响，如下面的两个案例：

案例1：我觉得嫁给屯堡人和非屯堡的汉族都可以，屯堡人就是汉族，但不能与苗族或其他民族通婚。在我从小的想象中，少数民族就是野蛮，喜欢打架，做事不经过思考。对于各方面都优秀的少数民族小伙子，我也觉得不能接受，这已形成思维定式了。

案例2：在外地总觉得别扭，我们屯堡人与外面的习惯相差较远，与外地人结婚，无论在生活上还是习惯上都不适应。我很少到外面去，只熟悉本寨子，而且本寨子条件还可以，不想嫁到外地。

在田野调查中，笔者发现目前屯堡已有一部分人与非屯堡人通婚，包括苗族、仡佬族等少数民族。但屯堡人与少数民族通婚的情况一般是少数民族姑娘嫁到屯堡，很少有屯堡姑娘嫁到少数民族村寨。屯堡人与非屯堡的汉族通婚障碍已基本消除，大多屯堡人认为自己就是汉族，与汉族的差异只在于妇女的头饰和服装，而年轻人已基本改变日常穿着传统服饰这一行为了。

“邻近性”原则其实与人们的交往半径相关。婚姻双方居住较近，其交往的机会多，了解的信息也较为全面。施坚雅认为基层市场不仅具有经济交换功能，而且具有社会交往功能，农民生活的边界不是由他所住的村庄的狭窄范围决定，而是由他的基层市场区域的边界所决定。[①]基层市场为婚姻的完成提供了较大的方便，当然市场圈不一定与婚姻圈重合。[②]一个市场圈肯定在人们的交往半径之内，但人们的交往半径大于市场圈，所以人们可能由于拥有超出市场圈之外的亲戚朋友而使得婚姻半径达到这一圈外。

屯堡人传统婚姻一般按照“邻近性”原则，如：“九溪村现有家庭的婚姻联姻范围，90% 以上集中在安顺市西秀区与平坝县的屯堡社区内，其中，又有 40% 以上是村内通婚。”[③]屯堡传统婚姻主要是父母包办，因此，他们的婚姻圈依赖于父母所认识的亲戚朋友。屯堡妇女结群现象突出，闲暇时喜欢“串门子”，晚上妇女们大多三五成群集中于一家边做针线边聊天，生育后的妇女几乎都参加佛事活动。而妇女的结群有助于村庄内信息的传播，婚龄男女情况在妇女结群闲聊中得以了解，并由其中的妇女将其传播到娘家的村寨，如下案例：

案例 3：和她（妻子）认识是通过我姑妈，我姑妈嫁到她娘家的寨子。一次我姑妈与她妈在一起聊天，当聊到她时，我姑妈就将我介绍给她妈。我跟姑

---

① 关于施坚雅的市场体系理论，见其著的《中国农村的市场和社会结构》。

② 杜赞奇认为市场体系理论只能部分地解释联姻现象，集市辐射半径在限定联姻圈和其他社会圈方面都有着重要作用，但联姻圈有着自己独立的中心，并不一定与集市中心重合。参见杜赞奇的《文化、权力与国家：1900—1942 年的华北农村》。

③ 孙兆霞等：《屯堡乡民社会》，社会科学文献出版社，2005，第 149 页。

妈到她们寨子见过她一面，不怎么说话，人很老实，大家就同意了。

传统婚姻很少是建立在个人感情基础上的，婚姻的选择关键在于家庭。屯堡社会由于人们的结群使得每一家庭的经济状况及人品都为社会所了解，好家庭（经济状况和品行好）的子女在婚姻中有较大的选择余地；而差一点的家庭，其子女尽管很优秀，但在婚姻选择中的余地要小得多。

20 世纪 80 年代以来，东部沿海地区及安顺、贵阳等城市经济的发展吸引了大批屯堡剩余劳动力；与此同时，屯堡原有的人地矛盾随着人口的增长越来越突出。如九溪村至 2001 年全村人均占有耕地 0.74 亩，户均占有耕地 2.83 亩。[①] 屯堡内部的推力和东部及贵州城市经济的吸引力使屯堡人走出传统农村生产，一部分人脱离农业生产，到附近城镇从事个体经营；另一部分人到城市打工。

近年来一些学者对于改革开放以来乡村社会婚姻圈的变化进行了研究，部分学者认为婚姻圈随着人口的流动而扩大了；一部分学者认为在某些农村，婚姻圈不仅没有扩大反而是缩小。婚姻圈的大小与该区域人们的生产生活息息相关，在一些农村，由于实行联产承包责任制，姻亲关系日显重要，为获取更多的劳动力资源，相互扶助，人们往往就近联姻。富裕的村庄也有类似的状况，姑娘们宁愿留在本村，也不愿嫁到贫穷的村寨，因而导致婚姻圈缩小。但从全国范围来看，婚姻圈随着人们交往半径的扩大而扩大，跨省婚及打破民族内婚的现象越来越多。婚姻的缔结形式包括父母包办和自由恋爱，父母包办婚一般局限于原有的通婚圈，而自由恋爱既有可能在原有的通婚圈内，也可能突破原有的通婚圈。

屯堡人因青年人外出闯荡生活，脱离了原有的生产生活模式，同时随着社会的变迁，使年轻人在社区中的地位越来越重要，自主意识也随之增强。在婚姻方面，父母一般对子女婚姻不加干涉，认为只要年轻人自己喜欢就可以，如下案例：

---

① 孙兆霞等：《屯堡乡民社会》，社会科学文献出版社，2005，第 317 页。

案例4：现在年轻人找对象都是自己找，父母根本不管了。父母包办不好，双方合不来吵吵闹闹的，烦心；还不如让他们自己找，是好是坏都是自己找的。

案例5：我也是父母包办的，他（丈夫）很老实、勤劳，没有什么不好的，那时大家都是由父母包办，自己怎么找（意思是当时人们羞于男女交往，父母不找媒人介绍，根本不可能认识异性朋友）？现在不同了，就是想给孩子介绍对象，也无人搭理，找不着。只有靠他们自己找了。

社会的变迁，老年人在社会中逐渐失去了往日的地位，原有的社会网络被流动更甚的社会所打破，年轻人已挣脱了旧的关系网络，构建了不同的交往网络。老年人的生活圈子和年轻人完全不同，他们与年轻人存在代沟，在婚姻上很少有年轻人还靠老年人介绍对象的。自由恋爱，寻找自己合意的伴侣已成为屯堡年轻人的婚姻主导模式。

案例6：我们俩是在广东打工时认识的，我的一个朋友和她（妻子）在同一个厂里，大家都是老乡，因此经常往来。我回老家的次数多，经常去她家帮她捎些东西，两个人觉得在一起合意，跟双方父母说后，大家都同意了。我们刚结婚，打算在家做些小生意。

屯堡人婚姻习俗的变化在于原有社会结构出现变动。青年劳动力的外出，老年人与年轻人之间的隔阂增强，村寨内的老人对于年轻人已不大了解，各家主要管各家的事情，紧密的血缘、地缘网络随着时间的变化而日渐松弛。正如笔者在九溪所听到的："就是想管（年轻人的婚姻），也管不了！"这不是无奈，而是村民对当前社会变化的一种认同。

五、屯堡人择偶标准的变化

择偶标准是男女双方在选择自己的婚姻伴侣时所持的条件，择偶标准受特定的文化影响，不同的社会、不同的文化有不同的标准。屯堡传统择偶标准主要是“同类匹配”，而现代择偶标准则打破了“同类匹配”的准则，转变为以“资源交换”为主。“同类匹配”下的婚姻主要以父母包办为主，婚姻囿于传统的婚姻圈之内，择偶的标准最重要的是看重家庭而不是个人。“资源交换”主要根据对方所提供的资源是否有利于自己，选择标准既看对方所拥有的经济资源、社会资源，同时相貌也是人们择偶的重要标尺。“同类匹配”注重的是对象所属的类，“资源交换”看重的是对象自身所拥有的资源。

屯堡妇女在家庭经济中占有重要地位。随着社会的发展，妇女受教育程度提高，地位也提高了，使得屯堡择偶标准由从“家庭”向“个体”转化，即人们择偶标准更多的是看对方受教育的程度、职业、收入、相貌等，而忽视其家庭状况。

> 案例 7：我选择的标准首先是合得来，在职业和收入上我宁愿选择好的职业，相貌只要一般就行，关键是对方的人品，必须对我好。合不合得来主要是看两个人是否有共同语言、是否有感觉，如果没有共同语言和感觉，再优秀也没法生活。

现代屯堡人择偶标准最主要的是个人情感方面及对方自身的条件。较传统的姑娘一般重视对方是否对自己好以及职业、人品，而开放的姑娘的择偶标准主要是对方的相貌和收入，出现了完全不同的择偶标准。“同类匹配”即注重家庭状况的标准在屯堡人择偶观中已很少见，不过由于长期的屯堡内婚使得择偶一般在屯堡人的内部进行。九溪、鲍屯等均有与其邻近的苗族村寨通婚，年轻人之间的交往也增多。近几年出现了屯堡男青年与苗族姑娘结婚的情况，但很少有屯堡姑娘嫁到苗族村寨。这一状况一方面是因为屯堡经济状况比周边少数民族村寨好，屯堡女青年宁愿嫁到本寨也不愿嫁出去；另一方面也有文化心理的原因，屯堡人认为与少数民族开亲的家庭是社会地位相对低的，在屯堡很难找到对象，只能到少数民族村寨去找。

屯堡人原有的巫蛊禁忌已被打破，中华人民共和国成立以来经过扫除迷信的各种宣传、教育，屯堡人内部很少有巫蛊禁忌了。巫蛊禁忌是婚姻选择中最为严格的“同类匹配”原则。关系好、家族势力大、拥有良好社会资源的家庭属“干净”人家，而家族小、邻里关系不好的家庭往往被怀疑有蛊，“不干净”。在通婚选择中，有巫蛊的人家属社会底层，巫蛊家庭只能与巫蛊家庭通婚。如今在屯堡社会内部，很少听说巫蛊了，对于三十岁以下的年轻人几乎只知道周边的少数民族会“放药”，认为屯堡人都没有，都是“干净”人家，与屯堡人通婚已没有巫蛊方面的禁忌。

屯堡社会的流动性越来越强，亲缘关系在年青一代中其固有的地位逐渐丧失，人们更多地看重社会交往圈子，而不是原有的亲属网络。青年人择偶更多的是在自己的社交中自主地选择对象，婚姻媒介由父母、媒人转向自由恋爱。九溪、鲍屯等屯堡村寨近几年还出现了年轻人专门恋爱的场所，每到傍晚，年轻人聚集于“恋爱场”，畅谈各自的理想和人生规划。

屯堡社会传统婚姻习俗和择偶观在20世纪80年代以后逐渐发生变化。婚姻媒介由“媒人”转向“自由恋爱”，择偶的标准由注重“家庭”向注重“本人条件”转变。然而，屯堡人婚姻并没有完全摆脱经济条件的束缚，大多数屯堡人仍十分看重经济收入，而不是对象的个人品质及个人情感。

案例8：我选择男朋友的第一条标准是收入，只要收入高，两人生活才会幸福。相貌也很重要，不过比起收入来放在次要位置，当然既有较高收入，相貌也好就更好了。

在屯堡青年人中，男女择偶标准差异较大。男性对于女性很少看其家庭状况，最注重的是个人健康状况与相貌；而女性对于男性的家庭状况较为看重，最注重的是个人收入状况与人品。屯堡社会属欠发达农村社会，经济发展水平同质性较高，一个家庭的经济状况主要取决于双方自身的条件。男方收入状况是女方衡量对方能干的标准（在屯堡较能干的男人挣的收入相应较高），“个人情感固然重要，但没饭吃也不行”，屯堡女性一般要求对方有合适的经济基础。男性择偶主要根据女方的身体与相貌，“女方家庭条件好，其收入是她家的，又不是我家的”。女性是要嫁出去的，其家庭经济的好坏，对于双方今后的家庭影响不大。近几年，鲍屯就有一些男性青年娶了经济实力相对较弱的苗族姑娘，有的小伙子表示对方只要过得去（在身体和相貌上）就可以。

纵观屯堡婚姻习俗与择偶观的变迁，可以发现自20世纪80年代以来发生了较大的变化，即由过去注重家庭、亲缘关系转变到现代注重对方个体条件，这一转变突破了原有的亲属圈，且正向自身社交圈过渡。当然，由于经济的相对滞后，屯堡人的择偶观还不能完全摆脱对经济状况的考量。屯堡女性一般留在本村或流向城镇，很少有流向更贫困的少数民族村寨；留在屯堡的男性则因女性对象的缺乏，出现了一些从相对贫困的少数民族村寨寻求配偶的现象。目前，“恋爱场”的出现为屯堡男女双方所希望的建立在感情基础之上的婚姻提供了条件，屯堡人自由择偶提高了屯堡人的婚姻质量，只是因为经济的落后还制约着完全感情基础的婚姻模式的实现速度。

屯堡人择偶观的变迁，打破了原有婚姻圈及婚姻规则的限制，使婚姻呈现了多元化，婚姻质量也得到了提升。

屯堡地戏的人类学解读

张定贵

地戏是安顺屯堡文化的重要事象，也是黔中屯堡村寨的标志性文化。自1986年安顺蔡官地戏《薛丁山征西》代表屯堡地戏首次出访法国演出后，不少学者对屯堡地戏进行了较多的研究，有了不少成果。就这几十年的研究成果来看，着眼于文化事象表层的研究较多，进行深度研究的成果较少。研究者往往将地戏作为表演性特征突出的戏剧来研究，而不太注意其仪式性的一面，即使谈论仪式也仅仅将地戏演出前的“开箱”和演出后的“封箱”视为仪式，而未将最核心的“演出”（村民称“跳神”）作为仪式的重要步骤加以考量，从人类学的学科视野考察其仪式内信息到仪式外意义的成果更为罕见。

基于此，笔者以安顺市西秀区大西桥镇九溪村小堡地戏《四马投唐》为个案，采用民族志研究方法，从2001年7月至2007年5月，间接性驻村百天以上，对其仪式过程即“日常状态—仪式状态—日常状态”进行观察，深度访谈地戏队成员和村民。通过调查，笔者认为地戏是一种仪式性戏剧，它不同于镜框似的表演性戏剧，应将地戏展演置于屯堡社会中进行考察，需从村落、族群、国家（含历史上的“王朝”，下同）来解读其社会意义。

地戏仪式在村落中可分为如下两类：

一类是九溪村本村地戏队在村中展演的仪式。如2005年正月笔者对小堡地戏队的观察，其仪式过程是：“开箱”（包括“祝词”“打素坛”“请神”“点鸡”“无忌”“点将”“出马门”“开场”等环节）—演出（包括“设朝”和“跳神”这一核心环节）—“封箱”（包括“聊白”、“送神”、唱佛歌等环节）。

一类是其他屯堡村寨到村中来展演的仪式。如2006年正月苏吕堡《三国演义》

地戏队、高寨《薛丁山征西》地戏队、2005年农历七月鲍屯《薛刚反唐》地戏队到九溪演出，大致需要经历如下仪式过程：下帖子—择吉—辞寨—入村—“参桌子”—“跳神”—“接风”—“姑妈挂红”—演出结束（要参庙、参树、参水井、参土地等）—回村。当然，九溪到其他屯堡村寨去演出，大体也要经过这些程序。

笔者以地戏仪式过程为切入点，从地戏与村落、族群、国家的关联出发，尝试对九溪地戏仪式进行较深入的解读，并进行人类学方面的一些学理探讨。

一、地戏本身的文化内涵及其对村民心理塑造

1. 地戏内蕴的“忠义”指向，深刻影响村民的价值评判

地戏的仪式展演了历史，它通过赋予古代帝王将相以神性，使人的世界与神的世界直接相通，借“神”说人，借“神”说事，实现人神的共同在场，使人有敬畏之心。正如恩格斯所说：“一切宗教都不过是支配人们日常生活的外部力量在人们头脑中的幻想的反映，在这种反映中，人间的力量采取了超人间的力量的形式。”①

戏剧历来是统治者灌输其意志而又能被人们所接受的一种形式。对于统治者来说，这一形式可以很自然地将儒家思想的主流意识形态施加到底层大众的生产日常中去，从而培养他们的忠诚意识。“所有仪式都承担传递意义和制造效果的功能，可能其中一种在特定的仪式中更为重要。仪式的目的都在于生存、确立、再造和重申既定的价值和秩序，既为当下的行为提供模式，也为将来的行为提供方向。”“仪式政治传递的重要价值是社会的权力本位、政治的官本位和社会成员的义务本位，其核心是专制王权和等级制。”②

我们通过调查发现，地戏仪式的展演过程有着鲜明的价值指向，强调“忠义”，强调为大家所认可的正统皇权及其权力的代表。九溪的三堂地戏，小堡的《四马投唐》强调要忠于李唐天下，大堡的《封神演义》强调要忠于玉皇大帝，后街的《五

① 恩格斯：《反杜林论》，载中共中央马克思恩格斯列宁斯大林著作编译局编《马克思恩格斯选集（第三卷）》，人民出版社，1972，第354页。

② 马敏：《政治仪式：对帝制中国政治的解读》，《社会科学论坛》2003年第4期。

虎平南》强调要忠于赵宋江山。其他村寨的地戏都有类似特点，具有强烈的指向性。

即使王朝更迭，社会变迁，这种“忠义”思想对于屯堡人来说已经深深镌刻在族群的文化习惯中。从宏观层面上说，他们总是认同被大家所认可的现时政权及其权力的代表者；从与人打交道的中观层面上说，对国家的“忠”与对周围人群的“义”可以相互转化，强调对人要“忠”实际就是“义”。这种“忠义”思想经过年复一年的累积，使他们形成了对国家的绝对忠诚和对社会秩序的强烈认同。在九溪近六年的田野调查过程中，我们深切感受到村民对国家的“忠”和对周围人群的“义”，这已经成为他们评价人与物的价值准则。

2. 地戏隐含“等级”的观念，内化了村民的秩序意识

从小堡地戏《四马投唐》中，我们看到地戏内容表达出明显的等级关系。比如“设朝”时唐高祖李渊两旁站列文臣武将，与李渊形成了分明的等级关系；李世民与剧中“四马”——秦叔宝、尉迟恭、程咬金、罗成也是一种君臣关系（即便此时李世民还未登上皇位）。整个剧情都是在突出贤君明主、忠臣良将在正统秩序下的丰功伟绩，贤君明主的功勋是第一位的，其次才是忠臣良将。屯堡人的先辈来到远离政治中心的西南地区，在军营里必定要维持这样的等级秩序，才能担当起背负的使命，也才易于中央控制。这种现象反映于地戏中，又通过地戏传递到村民的日常生活里。

我们在九溪调查时，问及能够扮演贤君明主的人以及能够扮演忠臣良将的人分别是谁？用村民们的话说：“戴这些‘脸子’的人，不是哪一个都可以戴的，一是要看他长得像不像；二是平时为人处事要大套（大气）一点，有点威望的人做起来才像。”（张定贵 2007 年访顾之渊、袁继云、张世福等）实际上，这种关系移植到了生活中。比如，戴“秦王李世民”面具的顾之渊，很多村民说他在言行举止、为人处事上都像李世民，当村支书时说话就很有号召力，不少村民都愿意听他的指挥；即便后来不再任职，若要进行屯堡文化旅游开发的事，大多村民仍然听从作为屯堡文化研究会会长的顾之渊的工作安排。2002 年正月十二日，由顾之渊等担任总指挥，组织了两千多名村民乘着四十多辆车到安顺市区给市民拜年，被村民称为是九溪村自“调北征南”六百多年以来的第一次盛举。

“把人类社会的等级秩序在仪式上表现出来，并通过仪式赋予它与自然秩序一样的权威性和合理性，这样，仪式就有了特殊的意味。”① 九溪村的地戏仪式隐含着的“等级”观念，表现在村民的日常状态中，大家各就其位，形成了较为稳定的村落秩序。

3. 地戏呈现“历史”的信息，使村民保持着对国家“历史”的记忆

在九溪，村民们认为地戏上演的“历史”都是“正史”，故有“戏叙史册”“盘点古文（摆谈、梳理古代历史）”的说法。地戏年复一年地在村中上演，村民们受到所谓来自“官方历史”的影响至深，使他们保持着对国家“历史”的浓厚情感。

地戏对贤君明主、忠臣良将的“历史”的表演，使村民世世代代保持着对国家历史的社会记忆。村民对历史的了解并非来自课堂或书本，更多的是从地戏等村落传统形式的教育中掌握的。作为接受学校教育不多的甚至是不识字的村民，他们却能如数家珍地谈起中国历史上的王朝更替和社会兴衰，了解战争史实和英雄人物，知道战争与和平、谋略与奸术，明白历史掌故以及其中的伦理道德。正是在村落文化长期的“濡化”过程中，他们建构起自我认知的历史体系，保持着对国家“历史”的恒久记忆。尽管这些“历史”可能不完全是历史学家所认为的“历史”，但对于村民而言，经过地戏演绎的即为地地道道的“正史”。村民张世福说：“《隋唐演义》中的内容是很真实的历史，秦王得人心，受到大家的拥护。我扮演秦王，平时做事情倒不敢说像秦王，但我不斤斤计较，这样人家才会拥护，这几年好像我做哪样事情都还是顺当的。”（张定贵 2007 年访谈）张世福不仅认为《隋唐演义》中的内容是真实的，而且自己的行为也会受到秦王影响，自己办事情都比较顺利，实际上更认同他们所跳的“历史”的真实性。

我们在九溪的调查中，真真切切地感觉到地戏上演的“历史”延伸到生活的很多方面，感受到村民的强烈的“历史意识”和“历史兴趣”。如说唱书、言旨话、谚语等等都有大量的“历史”信息，指导着他们的生活。

---

① 葛兆光：《七世纪前中国的知识、思想与信仰世界 中国思想史 第一卷》，复旦大学出版社，1998，第 131 页。

二、地戏仪式过程中的村落、族群和国家

笔者在参与《屯堡乡民社会》一书的编纂中，仅从地戏的娱乐功能（娱己、娱神、娱人）、健身功能、道德教化功能、文化传承功能等方面来阐述，没有将其放在与村落、族群、国家的关联上进行考量。事实上，地戏仪式及仪式过程不仅仅是演员、村民、村落之间的简单表达，更是屯堡人将自身与村落、族群、国家进行深度勾连的具体表现。

1. 地戏仪式过程中的村落

地戏仪式给村民带来了狂欢的景象，增添了节日的欢乐气氛，使他们在平时忙碌的务农、经商、家务中得到放松。但“狂欢”之后我们应思考地戏仪式与日常生活的关联，我们认为地戏仪式是村民在生产生活与村落的日常运作中对诸多方面的呈现，戏即生活，生活即戏。

第一，地戏仪式过程表达了村落整体的精神诉求。

在九溪这样的传统农业社区里，不少人的生产是“靠天吃饭”，生活难有“闲钱剩米”，晚年依靠“养儿防老”，生病“靠挨（忍耐）”，经商纯属“小本生意”。在这样的情况下，总会遇上种种问题，在无能为力之下，只能借助仪式来表达他们良好的愿景。对于家境比较好的人家，也算不准会遇上什么事情，因此表达良好的愿望也成为他们逢年过节必做之事。用村支书张文顺的话说：“政府也好，村支书也好，做什么事情要求大家‘凑钱’，很多人会说是‘乱摊派’，但遇上‘修佛积德’的事情，要捐款，没有哪一家不捐的，没有哪一个敢打包票说他家不遇事。”（2007 年 4 月张定贵访谈）所以，在“开箱”“封箱”唱“恭贺言辞”的时候，村民的参与度都比较高，不管家境怎么样，不少村民都要来看一看，甚至要和地戏队演员、庙上的“老佛头”一起在“神（面具）”的面前唱唱吉利话，这表现出村落整体的精神诉求。

“汉民族的宗教信仰，受传统文化的积极入世的人文精神，以及儒家‘神道设教’思想的深刻影响，不把信奉宗教作为拯救灵魂和登上天国的必要途径。他们在出世和入世的关系上，注重入世，出世也是为了入世；在彼岸与此岸的关系上，注

重此岸，将彼岸极乐世界作为此岸苦难世界的慰藉；在超越与现实的关系上，立足现实，崇拜神灵也是对现实幸福生活的期待……广大的民间信仰，是期望在与神灵的交往中，得到神灵帮助改善个体生活状况，满足自身心理慰藉的需要，以及消灾免祸，治病去邪，发财致富，仕途顺利。”[①]“……理想生活内容的实现，作为普通老百姓，是难以凭借自己的力量去把握完成的。于是‘神灵’成为民众理想生活愿望的诉说对象；成为理想生活愿望达成的精神寄托。”[②]九溪地戏仪式上村民们的表现正是村落整体精神诉求的表达。

第二，地戏仪式过程连接了村落的其他文化样式。

地戏是九溪的标志性文化，它在村落的展演不仅对村民产生了很大的影响，而且潜在地与村落的其他文化样式发生联系。

九溪村的文化样式如“摆书”、“唱书”、花灯、孝歌、山歌与地戏的关系是十分密切的。以“摆书”“唱书”为例，我们可大体知道地戏与这些文化样式的关联。“摆书”“唱书”依据的题材主要就是地戏本子，既有本村所跳地戏的本子，也有其他村寨的地戏戏本。“摆书”“唱书”既可填补地戏演出之外的大段时间，也使人们加深了对地戏剧情的认识和对“历史”的理解。在村落里，即便人们接受的教育不多，但村民们可说得上是“通一经”或“通数经”的，他们的谈吐往往知书达理，不时语出惊人，形象、生动、幽默、深刻。

刘铁梁教授认为一个村落有其标志性文化，“它一般要具备以下三个条件：第一，能够反映这个地方特殊的历史进程，反映这里的民众对于自己民族、国家乃至人类文化所做出的特殊贡献；第二，能够体现一个地方民众的集体性格、共同气质，具有薪尽火传的内在生命力；第三，这一文化事象的内涵比较丰富，深刻地联系着一个地方社会中广大民众的生活方式，所以对于它的理解往往也需要联系当地其他

---

① 林兆荣：《汉民族宗教信仰的基本特征》，《世界宗教研究》2002 年第 4 期。

② 李新华：《村落中的“神”与“像”——山东民间臆造信仰的现存形态及其社会意义》，《民俗研究》2006 年第 3 期。

诸多的文化现象”[①]。

地戏不仅对村民有着深刻的影响，而且在村落众多的文化样式中，地戏与其他文化样式的关联十分显著，也突出了它在村落文化中作为标志性文化的地位。

第三，地戏仪式过程强化了村民与村落的关系。

九溪村是一个非宗族的传统乡村社区，家庭是社区构成的基本单位，公共空间和各类组织的存在使村落共同体的功能很突出，而宗族对村落的影响比较弱小。超越家族文化的村落文化事象和活动的多样性、丰富性，使礼俗社会在文化传承和创新的共同作用下渗透于社会，也扎根于社会的基层，形成从家庭到社区的文化网络。[②]

在村落公共空间里，地戏仪式成了各种重大事务不可缺少的民俗活动，是村落聚拢人气的重要形式。农历正月和七月，即是村里分别举行“迎春会”与“河灯节”的时候，没有地戏演出就达不到数千人（包括村外一些人员）规模，形成不了节庆活动的欢庆场面。如今经常有外面的重要客人到九溪，没有地戏演出村民们会感觉到九溪的文化没有展现出来，会没有面子。用村民冯军的话说：“九溪地戏出过省，出过国，地戏在村里村外为九溪赢得不少荣誉，如果没有地戏，村里的活动就没有喜庆的气氛，大家就会感觉很没有面子。有什么事情，地戏出来了，大家都会愿意上前做事情。”（张定贵 2004 年访谈冯军）地戏是屯堡村落的标志性文化，在村民心中有着崇高的地位。

地戏仪式演绎了村落的主流价值观，使村民们懂得了很多做人做事的道理，形成了为人处世的基本准则。村民们踊跃参与到涉及村落的重大事务的讨论与评价中，对村干部不正确的做法敢于直面指出。这几年，村里每逢大事，村委会办公室从晚上七点到十二点都有一两百个村民在讨论，并向村民们所称的“四大班子”——村党支部、村委会、屯堡文化研究会（简称“屯研会”）、老协会提出相关建议。在这里，最能体现“公理”就是准则，“四大班子”做的事情是正确的，村民们表现出很

① 刘铁梁：《“标志性文化统领式”民俗志的理论与实践》，《北京师范大学学报（哲学社会科学版）》2005 年第 6 期。

② 孙兆霞等：《屯堡乡民社会》，社会科学文献出版社，2005，第 302—304 页。

强的从众性，会积极地支持工作；如果做得不够好，也会有人站出来反对，其他村民附和参与，甚至成立组织来抵制。

2. 地戏仪式过程中的屯堡人群体

地戏不仅仅是村落内部的仪式展演，更是村民通过历史上征战故事的表达而形成的对其入黔先辈的族群记忆（仪式的类象功能）。这种记忆不仅仅是一个村落的个体表达，更是族群内部交往互动的文化纽带；它不仅仅是增强村落内聚力的文化样式，更是屯堡人族群认同的重要符号；它既是屯堡人族群内部活动的具体内容，更是确立了屯堡人与当地其他汉族和少数民族的族际边界。

第一，地戏仪式过程从纵向上保留了对屯堡先祖征战经历的族群记忆。

地戏全是上演历史上的征战故事，不演儿女情长的言情戏，不演《水浒传》之类的“反戏”，不演妖魔鬼怪戏（作为地戏剧目之一的《封神演义》，过滤了妖魔鬼怪的情节，主要体现打斗内容），不演元朝、清朝的戏，《说岳全传》不演“风波亭”，《三国演义》不演“走麦城”。就一个剧目而言，基本都是打斗的场景。可以看出，地戏的演出内容是做了许多过滤的，这种过滤应该是以村民们的价值取向为指导的，是屯堡人“复活”其先辈征战经历的社会记忆和族群记忆的一种想象。我们在九溪调查的时候，问及“为什么只跳一个剧目，不增加其他一些剧目？不可以更换其他剧目？”顾之渊说：“这是老辈人传下来的，哪个（人）敢！我们只负责在技术上改进一下，只负责把它传下去。《四马投唐》这堂戏祖祖辈辈都在跳，换了，怕自己家不顺，怕寨邻老幼不顺。到（不顺的）时候，哪个（人）负得了这个责任。像后街以前跳《封神演义》（进五关），改革开放以后和我们一道开始恢复的，因为难度大，后来改跳《粉妆楼》，不好跳，又换成现在的《五虎平南》，（20 世纪 80 年代初）这都是报大队党支部批准的。”（张定贵 2003 年访谈顾之渊）正是地戏剧目的稳定性，使地戏能代代相传从而保存了下来，也使村民们对其先辈的社会记忆恒久地储存了下来。

“我家老祖公（入黔始祖）是朱洪武（朱元璋）的时候，‘奉皇敕’，骑着高头大马来到贵州的”。类似这样的话在九溪和其他屯堡村寨常常能听到，村民们说这话时脸上是那样的自豪和荣耀。2006 年 8 月，在“中国 • 贵州黄果树瀑布节”期间，安顺市委在南京召开了一个旅游推介会，其间顾之渊率小堡地戏队的几个主要演员到明孝陵以及中华门各表演了一场地戏，又回到了他们的入黔始祖“骑着高头大马到贵州”的始发地。可以这样说，村民们普遍存在的这种社会记忆和族群记忆，使地戏得以在村寨中长久地保存下来；同样也由于地戏的存在，加深了他们的社会记忆和族群记忆。

第二，地戏相关仪式过程从横向上强化了屯堡人的交往互动、族群认同和族群边界。

除了本村地戏队在村内的“开箱”“跳神”“封箱”的仪式外，还有屯堡村落之间的一组横向仪式，即下帖子—择吉—辞寨—入村—“参桌子”——“跳神”—“接风”—“姑妈挂红”—演出结束（要参庙、参树、参水井、参土地等）—回村。其他屯堡村寨到九溪演出要经过这些仪式，九溪到别的屯堡村寨去演出大体也是如此。

地戏队的互访，使屯堡村寨之间增强了联系，互相传递了更多的信息。我们看到，苏吕堡地戏队到九溪来演出，在“参桌子”环节（九溪村根据对方所跳剧目出的题目，类似猜谜语），六个题目都回答不上，他们即认为九溪的确是寨大人多，人才济济，不敢小视，回村以后还是要将《三国演义》这部书读熟读精，以后不能这么丢面子。其他地戏队到九溪来演出，也会学到别的地戏队的好做法，这实际上是在族群内部的交往互动中自觉调适以缩小差距。同样，“姑妈挂红”也是族群内部加强交往互动的表现。鲍屯的地戏队到了九溪演出，嫁到九溪的“姑妈们”如果不表达一下对娘家村地戏队的慰问，九溪村的人会认为是“姑妈们”不太会做人做事；而且“姑妈们”回到娘家村——鲍屯后，也会遭到人们的议论，得到娘家亲戚的不好评价。“姑妈挂红”使这些从鲍屯嫁到九溪的妇女群体有了足够的“面子”，而鲍屯地戏队的演员们正是由于有了“姑妈们”的关注，从而在九溪村的演出中也会更加精神振奋，更加用心。

屯堡村寨同质性、传统性特征的形成有许多方面的原因，而族群内部的交往互动也应该是原因之一。试想，如果屯堡人群体内没有比较稳定的交往互动机制，那么异质性因素则长期或明或暗地侵入，就很有可能不会形成这一族群，或者会使其发展迟滞。同样，正是由于屯堡人族群的同质性特征得到不断强化，族群认同才有情感联系的纽带。尽管现在有较少的少数民族村寨由于受到周边屯堡村寨的影响，也学跳地戏，但屯堡人是不会将他们视为屯堡人的，因为他们的文化与屯堡文化还是有较大的差异。用九溪人的话说，他们只学得到形，学不到神。

地戏也像屯堡妇女的服饰一样，成为屯堡人区别于其他非屯堡人的汉族和少数民族族群边界的重要标识，是区分我群和他群的标志性文化事象。一直以来，屯堡人都是这样区分的，“不跳神的村寨不是屯堡村寨，跳神的才是”。即便有少数民族村寨将地戏引进，屯堡人也不会将其视为同类，认为他们学不到地戏的真髓。“有些少数民族村寨学跳地戏，但他们跳得不好，动作做得不像，他们理解不透，像‘参桌子’，要出题，他们不会。张老师呢，像你们不了解的，你咋过（怎么）出（题目）？”（张定贵 2004 年访谈刘继文）正如巴特的族界理论：“族群是一种人们自己或别人根据他们的出身和背景来推定的归属范畴。族群认同是族群最基本的构成要素，只要人们在互动中保持族群认同，就必然会产生辨认其成员的标准和标志其族界的方式。在这个意义上，族界和族群是由族群认同生成和维持的，那些用以区别族群的外在文化特征不过是族群认同和族界维持的一种牵涉或结果。”[①]

3. 地戏仪式过程中的国家

地戏仪式过程自始至终都存在“国家”在场的情形，国家在其中是以“国家符号”和“国家主导价值”而出现的。在演出中，作为国家符号的“帝王将相”是每堂地戏的主角，他们代表国家的权力，上打无道昏君，下打卖国奸臣。在“狂欢”之后的“日常”里，这些“帝王将相”作为国家符号深深地影响着村民的心理，甚至是屯堡人的族群心理。因为屯军将士当年也是作为国家符号来到贵州的，屯堡人以先祖的征战经历为荣耀，保持对国家的忠诚，屯堡人将“国家符号”和“祖先崇拜”紧密地统一在一起，在他们的族群记忆里已经深深地打上了“忠君敬祖”的烙

① 庄孔韶主编《人类学通论》，山西教育出版社，2004，第 345 页。

印。同样，国家的“在场”还表现为地戏演绎了国家主导价值，将儒家忠、孝、仁、义、智、信、礼、勇的道德理念渗透其中，使当年的屯军将士及其子孙不忘王朝的主流意识形态，不忘母源地的主体文化。“伴随国家政权强有力的移民行为，是移民社会的建构，文化的移植和流布，与之同步发生……就屯堡的形成而言，是明初大规模军事移民——国家教化和民间信仰结合——移民社会建构过程的一个典型事例。”[①] 通过地戏世代沿袭，屯堡子孙的头脑里保留着稳定的族群记忆，屯堡文化成为儒家文化延续到当代的民间表现形态，并且其中不少地戏所体现的儒家文化仍对今天的社会有益，也是如今社会所倡导的。

地戏虽然表现的是历史上的征战故事，但国家在场一直镌刻在“狂欢”之后的“日常”里，我们看到了“历史国家”在场，有时也看到“历史国家”和“现时国家”的共同在场。在九溪，每户村民家里，堂屋的正面墙壁上，以往神榜的正中都写上“天地君亲师位”几个大字，现在“君”已不存在了，几乎家家都变成“天地国亲师位”。“君”改为“国”，一字之改，意义大不一样，村民们头脑中的国家符号随着社会的变迁与时代的前移，也是在努力跟进的。在村民家的神榜上还书写有儒家的孔子、佛家的观音和反映家族来源的堂号等相关内容。

我们认为，不管是“历史国家”还是“现时国家”，都有一些共同的主导价值，它深深地将村民与国家连为一体，使社会经济的发展建立在其社会基础和文化网络之上。

三、地戏仪式过程：“结构—再结构—结构”

英国象征主义人类学大师特纳（Tunner）根据其对非洲部族的田野调查，写成了《仪式过程：结构与反结构》这一人类学的经典著作。特纳在该书中继承并改进了范·杰内普（Van Gennep）提出的“分离—阈限—重合”三步过程理论，认为仪式的阈限过程具有三个相互交叉又相互区分的要素：第一是神圣性的交流活动，比如

① 万明：《明代徽州汪公入黔考——兼论贵州屯堡移民社会的建构》，《中国史研究》2005年第1期。

展示唤起回忆或感情的器具、圣物，吟唱史诗，长者演说等；第二是进行组合游戏，也就是将文化分解成多种因素，然后以各种可能的方式将之任意组合，使其对现实进行扭曲，成为有悖于常理的事件，从而赋予仪式以神秘感；第三是共同的情感表达，人们又回到现实世界之中表达共同的情感。特纳认为，仪式存在一个“阈限前（日常状态）—阈限期（仪式状态）—阈限后（日常状态）”的过程，这是一个“结构—反结构—结构”的过程。在阈限前，社会结构存在于社会当中，规定着人们的社会地位、社会关系；在阈限期，社会结构是一种混沌状态，人们是一种“特殊的关系”，此时就表现出反结构的主要特征；阈限后，也就是仪式结束之后，社会结构又重新恢复，人们又回到常态，阈限期的“特殊关系”不复存在，从而使日常的社会结构得到重新确立。特纳认为，社会生活就是由结构和反结构来构成的，仪式的本质就在于它的反结构，通过仪式人们可以对日常生活的结构进行反思，体现人性的一面。

特纳的观点对人类学的贡献自有评价，或许是由于其研究的非洲部族与本文研究的屯堡村寨及其地戏有很大的不同，我们认为他所提的“结构—反结构—结构”的理论模式，若用之于解析九溪地戏仪式的某些方面似觉不够妥帖，在九溪地戏仪式过程中，地戏仪式要受到来自村落、族群与国家的影响，其过程并非完全符合“结构—反结构—结构”，而是“结构—再结构—结构”的过程。我们所说的“再结构”，是指在地戏仪式过程中，基于以往村落的社会结构，通过仪式展演再一次肯定和强化村落的主导价值，使村落社会结构进一步巩固的过程。因此，我们将其总结为“结构—再结构—结构”的理论模式：其一，在仪式展开前的日常生活，“社会结构”存在于社会当中，规定着社会关系和社会地位，这种“社会结构”的确立与以往每年展演的若干地戏仪式过程参与建构是密不可分的；其二，在地戏仪式展开的过程中，仪式与村民、村落、族群、国家一致的主导价值取向再一次得到强调，即每一次仪式的展开都是对现有“社会结构”的肯定和强化，是一种“再结构”的情形；其三，在地戏仪式结束之后，由于社区主导价值再一次得到强调，使原有的社会结构更加巩固，形成了一种超稳态的社会结构。而且，这一结构与仪式前的“结构”

是有所不同的。之所以说它不是“反结构”而是“再结构”，可从以下几方面展开说明：

第一，地戏仪式过程的结构性，表达了村民现实生活的精神诉求。

小堡地戏仪式的展演包括“开箱”—“跳神”—“封箱”三个步骤。“开箱”：请神下界，有着祈求消灾纳福、五谷丰登、清吉平安、国泰民安等祈愿内容。“跳神”：“神”在村落展现神力、展演“历史”，既增添娱己、娱神、娱人的欢庆场面，又教化村民，弘扬主导价值。“封箱”：送“神”归位，祈求来年顺利、完满。这些是村民来自现实生活的真实表达，在内容上是与仪式融合在一起的，生活反映在仪式上，仪式表达了生活，只不过是借助于仪式这一庄严、正式的形式而已。仪式之中如果有“反结构”也只是演出中角色的状态不同于日常状态，而就其价值指向而言并无“反结构”的存在。即便偶有如“开箱”中的两个小军、“封箱”中的“和尚”与“土地”讲一些插科打诨的俏皮话，但最终落脚点都要回到“五谷丰登、清吉平安、国泰民安”之类的恭贺言辞上。而且作为地戏仪式，是沿袭了以往若干年的传统而进行展演的，它已经形成了一套程式化的操作方法，由于他们对“神”的崇拜与敬畏，对“祖先”的尊崇与敬仰，断然没有谁敢于做出大的调整，使之处于一种“稳定”的状态。所以，1992 年正月谢振东先生对小堡地戏进行考察后，在《贵州省安顺市九溪村小堡地戏考察》一文中，对其仪式展演的描述与现在差别并不大，只是唱词略有不同，但仍是大同小异的，落脚点是一样的。[①] 我们访谈村民田应珍时也了解到：“不管咋过（怎么）唱，落尾（最后）的时候都要唱到‘五谷丰登’‘升官发财’‘清吉平安’‘点翰林’‘中状元’这些好听的‘恭贺言辞’上。”（张定贵 2007 年访谈田应珍）

第二，地戏仪式过程演绎了村落的主导价值。

地戏仪式通过展演“历史”，将传统中的忠、孝、仁、义、智、信、礼、勇的道德理念演绎呈现，成为若干年以来屯堡人普遍接受的村落主导价值。村民有一个评

① 王秋桂、沈福馨：《贵州安顺地戏调查报告集》，财团法人施合郑民俗文化基金会，1994。

判人与事的基本准则，当然也有一个评价地戏仪式的价值尺度。如果地戏演员跨越“戏叙史册”“语出有典”的规矩，进行游戏组合似的改造，那村民们会说“不合（戏本）”，是不会得到认可的。在九溪，有时某位演员动作做得不到位，都会有村民说出“做得不好”“做得不像”之类的话语，可以说村民们的价值判断更多的是来自地戏，已经与地戏仪式演绎的主导价值融为一体。因此，地戏仪式是不可能存在“反结构”的。

第三，地戏仪式过程固化了屯堡人族群对地戏的评判准则。

对于地戏而言，小堡地戏既是村落的，也是属于屯堡人族群的。每年都有其他村寨地戏队到访九溪，九溪的地戏队也会经常造访其他村寨，若干年的延续与互动，自成一套统一性的评判准则。同时，安顺的屯堡村寨还经常举行“地戏会演”，评优长，定等次，这关系到一个村的荣誉。在这样的交往互动中，如果某村地戏做出大的调整，不按规则出牌，族群内部的舆论会使之难以立足，屯堡人谓之“不懂礼数”“不懂规矩”。因此，族群内部的约束也使地戏不会存在“反结构”的情形。

第四，地戏仪式过程存在着“国家”的普同性准则，面对的是清晰的“国家”。

由于地戏的形成与国家政权有密切联系，屯堡人强烈的“国家意识”体现为地戏仪式中弘扬的主导价值，强调“国家”的在场，有些是“历史国家”的价值（王朝观念），而不少是在“历史国家”和“现时国家”都具有的普同性价值。如果在地戏仪式的展演中，暂时性地扭曲这些基本取向，也是得不到屯堡族群认同的。因此，从这个层面上说，地戏仪式也不可能有“反结构”的情形出现。

特纳的“反结构”理论让我们以理性的态度思考屯堡族群。随着社会的变迁与政权的更替，为什么屯堡族群还能延续至今，并且仍然传承着与母源地有诸多联系的、丰富的文化事象？我们通过分析地戏仪式过程，认为这与村民、村落、族群、国家结为一体有很大的关联，地戏仪式在其中起到了应有的作用，而这正可以从地戏仪式过程的“再结构”而不是“反结构”得到一些诠释。

结　语

通过对九溪小堡地戏仪式过程的研究，我们看到仪式与村落、族群、国家的关系，由此得出其中存在一个“结构—再结构—结构”的过程。在本文研究中，地戏仪式与村落的结构性、秩序性，促使我们思考传统乡村社会的小传统如何与国家大传统相统一。当然，由于时间、能力等诸方面的制约，本研究尚有许多不足，不少方面的问题还需要进一步研究。如对地戏仪式中的艺术成分进行专题研究；体现屯堡村寨之间横向互动交往的一套地戏仪式与本村地戏自己展开的主体仪式的关系；地戏“尚武”的主题与地戏队之间的博弈、村寨内部的博弈机制的关联；地戏仪式体现了“国家的在场”，那么地戏在国家提供的演出机会中，又是怎样以民间文化的身份“出场”的；等等。

参考文献

[1] 王兆乾．仪式性戏剧与观赏性戏剧 [M]// 胡忌．戏史辨（第二辑）．北京：中国戏剧出版社，2001.

[2] 高丙中．民间的仪式与国家的在场 [J]. 北京大学学报（哲学社会科学版），2001（1）：42-50.

[3] 彭兆荣．人类学仪式研究评述 [J]. 民族研究，2002（2）：88-96+109-110.

[4] 林兆荣．汉民族宗教信仰的基本特征 [J]. 世界宗教研究，2002（4）：95-104.

[5] 汪晓云．戏曲：神鬼人的共同在场 [J]. 民族艺术，2003（3）：73-79.

[6] 王胜华．关于中国仪式戏剧学说的简略回顾 [J]. 云南艺术学院学报，2003（4）：79-82.

[7] 马敏．政治仪式：对帝制中国政治的解读 [J]. 社会科学论坛，2003（4）：18-22.

[8] 万明．明代徽州汪公入黔考：兼论贵州屯堡移民社会的建构 [J]. 中国史研究，2005（1）：135-148.

[9] 段明 . 仪式戏剧的理论建构 [J]. 四川戏剧，2004（2）：38-40.

[10] 汪晓云 . 从鬼到神：神的发生学研究 [J]. 民族艺术，2005（3）：31-38.

[11] 汪晓云 . 从仪式到艺术：中国戏剧发生学 [J]. 民族艺术，2005（4）：25-36.

[12] 吴晓群，郭晓东 . 论仪式学视角下儒家礼乐思想的解读 [J]. 华东师范大学学报（哲学社会科学版），2005（4）：8-15+120.

[13] 李新华 . 村落的“神”与“像”：山东民间臆造神信仰的现存形态及其社会意义 [J]. 民俗研究，2006（3）：171-187.

[14] 王铭铭 . 威慑艺术：形象、仪式与“法”[J]. 民间文化论坛，2006（4）：34-43.

[15] 汪晓云 . 是戏剧还是仪式：论戏剧与仪式的分界 [J]. 上海大学学报（社会科学版），2007（1）：141-144.

[16] 周莲红 . 仪式与艺术的关系 [J]. 东南文化，2007（2）：88-90.

[17] 恩格斯 . 反杜林论 [M]// 中共中央马克思恩格斯列宁斯大林著作编译局 . 马克思恩格斯选集：第三卷 . 北京：人民出版社，1995.

[18] 陈来 . 古代宗教与伦理 [M]. 北京：生活 • 读书 • 新知三联书店，1996.

[19] 葛兆光 . 七世纪前中国的知识、思想与信仰世界 中国思想史 第一卷 [M]. 上海：复旦大学出版社，2001.

[20] 王秋桂，沈福馨 . 贵州安顺地戏调查报告集 [M]. 台北：财团法人施合郑民俗文化基金会，1994.

[21] 庄孔韶 . 人类学通论 [M]. 太原：山西教育出版社，2004.

[22] 孙兆霞等 . 屯堡乡民社会 [M]. 北京：社会科学文献出版社，2005.

[23] 徐杰舜 . 族群与族群文化 [M]. 哈尔滨：黑龙江人民出版社，2006.

[24] 维克多 • 特纳 . 仪式过程：结构与反结构 [M]. 黄剑波，柳博赟，译 . 北京：中国人民大学出版社，2006.

[25] 彭兆荣 . 人类学仪式的理论与实践 [M]. 北京：民族出版社，2007.

屯堡地戏中虚拟的历史观与民间意识形态的构建

李　晓

地戏所演绎的故事，其基本内容——从人物到情节，大多数来自明清时期的演义小说。这些以叙说历朝兴废和征战故事为主的大众读物，为满足广大民众认知程度和集体审美选择，本来就已经从历史变成了“演义”，并且逐步向与历史脱离的“传奇”方向发展。而以其为来源的地戏文本，经过进一步有倾向地选择和加工，就走得离历史更远，成为借助历史框架而表现的传奇。正如张兵所述：“从叙事模式看，明清英雄传奇也是史传传统的延伸。由于叙述对象的转变（由帝王将相转向较低阶层的英雄）以及非实录因素的大量增加，这类讲史作者被冠以‘英雄传奇’的名称而与‘历史演义’相区别。”[①] 所以，地戏文本虽有“人名关口要符合”的原则，所叙故事也往往依托于一定的历史框架，但它不是历史。与真正的历史事实相比，地戏文本所敷演的历史，只不过是一部想象的历史，浸透于地戏文本中的，实质上是一种虚拟的历史观。

这种虚拟的历史，在屯堡区域是家喻户晓，影响广泛，已经深深植根于广大屯堡人的思想观念中。屯堡人都相信地戏演绎的历史就是真正的历史，即使对于《封神演义》这类作品，即便文学史家已将其从演义小说中分离，归类为“神魔小说”的奇异传说，如土行孙遁土、哪吒剔骨还肉等离奇的情节，屯堡人仍从“跳神”的视角出发，认为其中的英雄如同《荷马史诗》里的主人公，是超凡脱俗的“神人”，因此深信不疑。多数屯堡人，包括那些目不识丁的老人和妇女，对地戏故事都非常熟悉，言谈中随口就能扯出刘关张桃园三结义、小罗成枪挑老杨林、穆桂英挂帅破

① 张兵：《张兵小说论集》，中国文史出版社，2005，第 395—396 页。

天门之类的“历史”。这种熟悉当然与这些英雄人物的形象在形成过程中本身就有民间的因素、寄寓了汉民族民间审美趋向有关，“明清英雄传奇中含有大量的非史学实录成分，但是，这些成分并非某一作者的向壁虚构，它们往往是在民间经过长期的‘口述文学’形态的演变、积累之后逐渐优化后定型的”①。对于屯堡人来说，他们不仅相信这些英雄和奸臣、帝王和将军真有其人，还相信，正是这些英雄和奸臣、帝王和将军的所作所为，才有了王朝的兴废、历史的变迁，并且这种英雄历史观念在屯堡人中根深蒂固，深入人心。这种假作真时真亦假的民间误读与错置，不能不引起我们的关注与思索，进而对地戏的功能（包括其文本功能）有了更深的认识。

地戏为什么独在屯堡村寨那么盛行？对此，研究者们不外有以下几种看法：一是演习武事、寓兵于农说，此说最早出现于《续修安顺府志》中。二是追慕祖先荣光、不忘祖宗功德说，此说似自前说演化而来。三是民俗传统说，即把地戏视为地方社火或庙会的内容之一，兼具娱神、娱人功能。综合起来看，以上几说都各有道理，却也未免有各执一端、以偏概全的不足；而且更重要的是，它们都过分着眼于表面。事实上，从深层来看，地戏之所以在屯堡聚落那么流行，是因为它以一种大众娱乐、大众参与的方式，承担了一种普及性的教化功能，以满足屯堡人的精神需求，强化其集体认同心理，增强自身的凝聚力。地戏文本通过其虚拟的历史观所宣扬、灌输的忠君观念、正统意识，以及强调君君臣臣、父父子子的封建伦理，在年复一年、日久天长的灌输和渲染中，这些观念深入人心，进而演变为规范屯堡人日常生活与行为的道德准则。在这个意义上，地戏文本和地戏演出的功能，实际上已经发挥了塑造符合屯堡人生存境遇需求的精神文化作用。这种精神文化，就其在屯堡社区所拥有的广泛影响和巨大作用来看，实质上已经成为一种普遍受到屯堡人尊奉的民间意识形态。

这里强调是一种民间意识形态，是因为它不是通过任何官方手段来推行和塑造的，而完全是来自民间的自我努力和自我构造。正如欧阳健先生所说：“当正统史学

---

① 张兵：《张兵小说论集》，中国文史出版社，2005，第396页。

将以‘稗史’面目出现的小说从自己神圣领地驱除出去的时候……却发生了一场来势极猛的相反的运动：新兴的市井艺人公然无忌地闯进了历史领域，几乎是随心所欲地对待历史素材，用小说形式自造了一个与‘正史’完全不同的历史世界，用来作为自娱的工具，并寄托自己的心志和情感。”①

众所周知，自从汉武帝“罢黜百家，独尊儒术”以来，在历代封建王朝的尊奉下，儒家思想逐渐成为封建统治者的正统思想。尤其是宋以后，经过朱熹集大成式的努力，儒学更是达到了至高无上的地位，成为不可动摇的官方意识形态。但是，这种官方意识形态作用于社会上层，是通过相应的典章、秩序、礼仪、职官等制度化的东西直接表现出来，而对于广大的下层社会和底层民众，除了朝廷的提倡、乡绅阶层的示范和表率，以及各种蒙学读物的普及与传播之外，它必须沿着经验化与世俗化的渠道，下渗民间，转化成为广大黎民百姓所遵从的风俗、礼仪、观念、行为。因此，儒家思想对上层社会和下层社会的影响是大不一样的。

对于当年的屯垦大军来讲，正如许多研究者所指出的那样，当他们奉命浩浩荡荡地开进贵州这块“蛮夷之地”并驻扎下来时，他们是带着一种征服者、胜利者的姿态而成为这块土地上的“主人”的。这样的姿态注定了他们的两种心理：一种是正统心理，自认为代表朝廷，奉命出征，是“中央军”；一种是“夷夏”之别的心理，自认为是堂堂的大汉民族，代表着正宗的优势文化。这种代天子出征的正统意识和大汉族主义的文化优越感，在军事化组织的制度编制中很容易得到表面的满足。但是，随着军屯体制的衰落、变异和废弛，屯堡人的身份和功能逐渐变化，他们的生存境遇发生了根本的改变，从统治的中心变为政治边缘，由国家武士转变为乡村农民，彻底地地方化、农民化。于是，正统心理变成了一种光荣的记忆，退缩为一种内心的精神支柱，而“夷夏”之别的问题倒成了很突出的现实问题。如果连自以为优越的那些文化传统都不能保住，那么变服易俗，被他们称为的“夷人”同化的结果就是难免的。这样一来，在远离中原、远离故土的情况下，在与朝廷的制度性

① 欧阳健：《古代小说与历史》，山西人民出版社，2005，第39页。

联系被切断之后，屯堡人必须依靠自己的力量，构建出一套适应于自身生存需要的民间意识形态体系，以维系自己的集体性生存并保障这一集体性的文化得以保存和延续。从这个角度来看，在各种地戏文本中反复出现的正统意识、唯忠为上的观念，其实是屯堡人为了强调自己的光荣历史和表现自己对朝廷的忠诚的一种集体无意识。

当然，这并不等于说构建这种民间意识形态体系全部由地戏承担。事实上，这是一种综合作用。当我们把关注的目光投向在屯堡地区同样十分盛行的其他文化风气时，我们意外地发现，构成地戏文本主体的那些英雄征战故事以及浸透于这些故事中忠于正统王朝的观念，它们在孝歌、佛歌中也十分流行。单就我们采集到的孝歌唱本看，就有《周瑜取西川》《诸葛吊孝》《罗成全集》《姜子牙下昆仑》《杨家将》《关羽》等孝歌唱本。据九溪村王厚福老先生介绍，孝歌、佛歌中出现最多的是三国故事，而且两种唱本常常互用，孝歌可以作为佛歌，佛歌也可以作为孝歌，两种实质上是一种（其实地戏文本本身也兼有说唱底本的功能）。这一现象表明，在屯堡人中，通过那些最具文化性质的活动来实现道德教化，从而构建出一种能调节其内部秩序（包括行为和观念）、满足其精神需要的民间意识形态体系，它恐怕就不是一种完全不自觉的行为，而更像是他们行为、意识体系的自我构建。从这样的角度去分析，似乎就更容易理解地戏及其文本的许多作用与特征。

首先，地戏被赋予很强烈的神性，跳地戏就叫“跳神”。地戏文本中的那些英雄——帝王和将军，常被赋予神性与神格。那些尘世英雄被神化，他们所代表的道统与正义也得到了彰显。屯堡人在身份由国家武士转变为农民之后，借助地戏这一形式不断强化“忠”的观念，保留并传承了作为正统王朝代表的集体记忆，同时固化屯堡人精神深处的那份自豪。

其次，无论是地戏文本还是地戏演出，都有很突出的模式化特征，不但如前所述的叙事结构模式化，而且在人物、观念乃至表演和演出方式上都是模式化的。这种模式化特征，固然有便于模仿和复制的优势，但更重要的是，地戏文本中的人物角色、事迹及其推崇的观念得到鲜明地突显。因此，模式化不仅是地戏的一种创作手法与表现手法，也是地戏形态的一种构成要素。运用这种手法的最明显效果是，它能以简单的二分法观念，即正与反、忠与奸、治与乱、好与坏等二元对立图式，使其所要弘扬的事迹和理念得以突显，以便于人们识别和遵从，同时唾弃和鞭挞反面角色及其行为。“文革”期间所提出的“三突出”原则，实际上在地戏中早就存在。地戏简单化、类型化、固定化的创作倾向和表现手法，既是其在艺术形态上显得粗陋、幼稚、不够成熟的表现，也与地戏所担负的特殊功能紧密相连。也可以说，地戏在艺术形态方面的发育不全，正是受到它所承担的道德教化功能的制约的结果。从这一角度看，贯穿在地戏文本中的那些虚拟的历史观，似乎就更容易理解其合理性。屯堡人为了构建其道德体系而刻意编织这种虚拟的历史观。

最后，地戏的仪式特点，同样是一个不容忽视的问题。屯堡村寨每年举行的“开箱”与“封箱”仪式，既是地戏神化的象征和必备环节，也是地戏复制机能的表现。这些隆重的祭祀过程不仅充满了神圣和敬畏的氛围，同时也给参与者留下了深刻的印象。而并不复杂的仪式，在年复一年的演示中，极易被人们牢记，也很容易为后来者的模拟与重现提供方便。当那些被赋予了神性的面具被一次次庄重的“请出”，又被一次次庄重的封存时，这种仪式本身就意味着这是一个需要不断被重复的过程。从“开箱”到“封箱”，这只是一个过程的结束，“封箱”的目的是再度“开箱”，终点回到起点，隐含着下一个过程的开始。在这种不断重复的过程中，地戏获得并实现了其自我生命的延续。屯堡文化的传统就是这样形成和延续的。

家园的守护者与有意义的生活

——对九溪妇女“佛事活动”的社会人类学考察

孙兆霞　张　建

在今贵州中部地区近千余平方千米的范围内，生活着一个特殊的汉民族族群，他们分布在三百多个村寨，集数十万人之众，自称是“老汉人”或“屯堡人”“南京族”。

屯堡族群的形成，与明初中央政府对西南的经营活动以及随后进行的大规模移民和军事屯田政策密切相关。时至今日，规模化的活文化形态留存下来的屯堡文化已经成为屯堡族群的一张闪亮名片，历史地理条件和在此基础之上的社会结构建构是屯堡文化产生的最重要的因素。

屯堡人的宗教生活的一个显著特点，是屯堡妇女的高度参与，即使在今天全球化浪潮冲击下，屯堡妇女修佛的活动仍经久不息，甚至愈演愈烈。修佛活动将汉族农村常见的多神崇拜和实用宗教观形式化为妇女社会性别的文化载体。同时，修佛活动将儒、道、释、巫等各路崇拜神的功用进行了以“修佛”为标识的语言符号整合，用以表达佛教从中原进入贵州偏僻乡野、落户屯堡社区的历史事实。以屯堡第一村——九溪村为对象，对屯堡妇女修佛现象进行社会人类学考察，研究它在屯堡人生活中的意义，正是本文的题中之义。

据 2007 年统计，九溪村有 1062 户，4200 余人。除 5 户是少数民族外，其余均为汉族。今日的九溪，严格意义上是一个地缘关系甚于血缘关系的非宗族社会，在婚姻制度上，屯堡族群实行内部通婚制，从而形成“家庭—村落社区—屯堡族群”的社会结构模式。九溪村的民间组织较为齐全，并有其赖以存在与发展的自组织机制。就经济结构而言，农业经济是根本，九溪占地面积为 10 余平方千米，耕地面积 2930

亩，其中旱地1079.1亩。不过由于人多地少，加之村落的区位优势较为明显，九溪一直是亦农亦副的经济结构，例如九溪百姓常常到集市做些小生意，如贩米、卖茶、卖服装等等，以此来弥补耕地收入的不足。作为典型的屯堡村寨，九溪的屯堡文化事象保存较为完整和系统。

一、九溪妇女的佛事活动

（一）个体视角

按屯堡习俗，凡妇女结伴朝山拜佛、在村内“做会”、忏拜吃斋等参加具有宗教内容的民俗活动都称为“做佛事”。严格意义上说，“佛事”已超出了佛教仪式及信仰的范畴，而泛指屯堡妇女个人及群体进行的具有宗教意义和内容的一切活动。因此，我们将此类现象作为研究对象时，对其进行了对应式表述，即“宗教生活”与“做佛事”或“佛事活动”在内涵和外延上等价。

在九溪，妇女参加佛事活动的传统始于何时已无从考察，但人们都相信这是老祖宗传下来的，认为中年以上妇女信佛修佛是生命历程中的必修功课。根据2001年“中国百村调查·九溪村”课题的问卷统计，九溪村被调查的828户人家中，40岁以上的妇女有531名，其中，481名参与佛事活动，占比高达91%。

作为开始佛事活动的“仪式”，第一次朝山一般要到屯堡族群居住社区中的名山大寺祭拜，由此标志着一个妇女宗教生活的“正式”开始。此后，以村外“朝山”或以村内“会口”的形式继续其宗教生活。屯堡地区的寺庙多建于山上，每逢观音、玉皇、东岳等各路神仙的祭日，屯堡妇女都邀约成群上山入寺祭拜，俗称“朝山”。几乎每一位九溪妇女，均有关于其参神拜佛的故事。牟金钗，是3个孩子的母亲，她的修佛经历是：

> 我40岁开始朝山，大家约着一起去。我第一次做会是去高峰山烧香、烧纸、听念佛。我们是包车去的，一天返回，求得一张票（签张）。第二次去跳登场的青峰山，之后，去云峰山—吊脚山—桃花山（六枝）—镇宁山—白云山—云

鹫山—狮子山—天台山—晓礼山—北斗山（四次）—云台山（三次）。跑完远门后，就在九溪坐禅，现在我有66张票。（访牟金钗，2001年7月）（注：本文不注明“访谈人”的，均为孙兆霞所做访谈）

一般说来，将屯堡社区的名山大寺朝拜得差不多后，就回到村里参加年复一年的6个“会口”活动，也有因为结伴的关系，村内与村外的佛事活动交叉进行。到村外名山游方朝拜的时间主要依据民间佛教纪念日，一年多则六七次，少则二三次。在村内，信徒一年参加常规性的6个“会口”的佛事活动，有3个大会和3个小会。大会有正月十五上元会、七月十五中元会、十月十五下元会；小会有二月某日的白龙会、六月十九雷神会/观音会、冬月十九太阳会。

九溪妇女一旦开始朝山拜佛，步入仪式性的宗教生活轨道，便不得中断和改弦更张，信奉其他非社区传统的宗教，如基督教等。据调查，历史上，九溪除了“修佛”，从来没有其他宗教进入。近几年开始有基督教进入，信众有七八位妇女，但屯堡人们并不赞同她们的这种行为。

作为参加佛事活动的凭据，签张（即印有当地寺庙标识或禅语的纸单）是十分重要的。求签张的意思是为一家人求得平安祥和、发财发富，同时也为自己来世投身为人积功德。因而，积的签张越多，说明她这一世修炼越多，功德越高。签张作为一种宗教符号有三种面向：一是对求签者而言的“他指”，这个“他”，是求签者的家人，签张证明着求签者祈祷家人平安，因而签张的神性彰显了求签者与家人血浓于水的关系；二是对家人而言的“她指”，求签者走出家门的每一次都离不开家人的理解和支持，因而家庭对“她”而言的现世幸福感成为她来世也做人的精神动力；三是对同类而言的“认同”，由于朝山拜佛均为集体行动，这些签张也就成为同伴们关于修佛活动的集体记忆和共同经历。签张就这样凭借神灵的庇护，把一个个家庭进行了高位的精神缝合。正是在这个意义上，妇女的宗教生活本质上是家庭生活向外部精神性生活的洞开。

九溪妇女个人宗教生活的日常性还表现为操持家中神龛供奉事务。修佛妇女要参与村落社区集体节庆的“佛事”活动和邻里间婚丧嫁娶仪式中的“佛事”环节。这些参与，一方面作为社会关系的承载体，将处于不同村落却同属屯堡人的妇女们进行了价值取向一致性的勾连；另一方面，作为约束机制，也告知人们如何才是有秩序、懂事理的生活和行为。“六百多年来，屯堡人家庭的衣、食、住、行的重担落在妇女的肩上，她们支撑着每一个家庭走向兴盛。稍有余暇，她们聚在一起，请识文断字的男性教念佛法。佛法使她们了解社会、学习历史、改变观念、提高伦理道德。”①

（二）村落视角

1. 宗教场所

宗教生活构成要素中，宗教场所是最基本的物质平台，因其宗教符号的功能，在神俗沟通中扮演重要的角色。

在九溪，具有宗教信仰功能的公共场所有多处，村庄边缘有村东老青山古刹崇德寺，村南九溪河锁水处建有文昌阁，村四周有 15 处土地庙，但最为重要的是村庄中的寺庙，这些宗教场所与九溪内部历史形成的 3 个片区，即大堡、小堡、后街的地缘格局相同构。九溪的寺庙现有 3 座，大堡有汪公庙，小堡有青龙禅院，后街有龙泉寺。这些寺庙与屯堡人母源地——江南地区的寺庙在外观上极为相似，然其供奉的神祇却包含各路神仙。例如汪公庙和五显庙，显然已超出佛的范畴，是屯堡人认同的神祇，甚至是“族徽”。庙中供奉的神灵种类繁多，热闹非凡。这些神灵包括“关帝”“孔圣”“汪公”“玉皇”“观音”“地藏菩萨”“释迦牟尼”“牛神”“马神”“韦陀”“西方三圣”“金童玉女”“财神赵公”“地藏王左右”等等。这些神像符号中，儒、道、释、巫皆有，既象征对现世秩序的儒家认同，还有对来世处境的选择求庇以及对异己巫鬼的安顿。在此，“宗教象征符号所引发的情绪和动机，与象征符号为人们系统表述的有关存在秩序的一般观念相遇，相互强化。在仪式中，生存世界与想象

---

① 《安顺市西秀区大西桥镇志》编委会编《安顺市西秀区大西桥镇志》，贵州人民出版社，2006，第 382 页。

世界借助单独一组象征符号形式得到融合，变成同一个世界”①。

在宗教生活的形式层面，男性并不以信众的身份参与，修佛只是女人的事，男人可以为其主持，提供后勤服务，但绝不是一个实践者。然而在寺庙的修建上，却贯穿着男性作为社区主导者的责任及精神。因此，寺庙的修建，体现出村落社区在社会性别上的整合。

寺庙作为文化传统中的物质符号，有如下特点：

第一，众神皆奉，体现出九溪宗教信仰的泛化性与实用性。

第二，社区共同性，寺庙是村落社区所有信佛妇女们举行常规佛事活动的场所，是公共精神整合的物质平台。

第三，男人负责寺庙的修建工作，这是社会性别在社区公共平台上互洽的对接点和纽带。

2. 佛事活动组织

九溪村在地域上可分为3个自然板块，村内仪式性佛事活动一般分3个片区独自进行，佛事组织也同构性地分为3个。3个庙的日常维护与整修，3个社区妇女们在村内的仪式性佛事活动等，均由这3个佛事组织来操作。佛事组织由佛头主持。佛头产生的机制是公众信任、家庭传统、自愿担任三者结合，每个佛事组织一般有七八位佛头。佛事组织在佛头们的带领和组织下，经年不断地举行传统和创新的活动。其中包括组织村内仪式性“会口”，主持寺庙维护、维修及日常香火，为社区老人去世守灵念佛，为祈祷社区平安、风调雨顺等组织传统仪式，组织参加村落重大传统节庆活动，为村落内家庭举办神秘仪式出力，以组织的形式参加村落最新公共活动。

可见，九溪妇女佛事组织具有如下特点：

第一，公益性大于功利性。

第二，自组织机制是佛事组织及活动得以展开的内生性资源。

---

① 克利福德·格尔兹：《文化的解释》，纳日碧力戈等译，王铭铭校，上海人民出版社，1999，第129页。

第三，是家庭与村落社区勾连最牢固的桥梁。

第四，是传统文化传承的重要载体。

（三）佛事事象与其他地方性知识的勾连

为便于呈现，我们将考察分为语言文本和活动文本两个部分进行。

1. 语言文本

在九溪，念佛、唱佛歌一般没有文字印本，主要原因是佛头们几乎都不识字。念佛的传承方式主要是靠做“会口”和信众们的口耳相传，“听多了，就记得了”。2002年清明节，我们在老青山碰到那里的一个佛头，谈起念佛，她说自己已经会念，但还是让读小学四年级的儿子用本子记下30余首佛经（歌）。听说我们想看，她便拿出随身携带的记录本，我们指着上面的单个字问她，她真是一个字不识，但提示一句，她立即就熟练地念出那一段及前后的段落。

不同的是，九溪有了王厚福这个乡间文人，他在20世纪80年代将地戏脚本、唱书本子、请佛书等当地口传文化分类整理成册，油印出售，使这些地方性非物质文化文本有了规模化的文字载体。就地方性知识的文字文本而言，九溪村几乎所有的文化形式——唱书、农谚、童谣、言旨话、山歌、花灯、地戏，包括各种祭文、祝词、对联、佛歌、孝歌等，其内容上不同程度地掺杂着由屯堡族群的文化选择机制遴选出的历史故事内容。

2001年在九溪村调查时，我们曾收集到100余本反映屯堡人地方性知识的油印小册子，通过小册子的封面标识和访谈当地妇女，我们总结出这100余本油印小册子中，经常用于念佛的有40余本，再按当地人的分类标准，又可分为以下几类：

第一，从形式上看，专门用于念佛的唱书有《请佛书》《喜堂念佛》等。

第二，与民间唱书、孝歌书交叉使用的念佛书有《封神选唱》中的《姜子牙下昆仑》、《白鹤传》中的《白蛇传》、《唐书》、《赵云保阿斗》、《秦琼哭孝》、《柳荫记》、《目莲救母》、《小乔哭夫》、《摇钱树》、《张五姐大闹东京》、《九龙珠》、《湘子·林英孝歌》、《朱氏割肝》、《随身宝》、《西厢记》等。

第三，以“佛经”形式出现的《血盆经》《血河经》《报恩经》《华严经》等。

第四，与地戏唱本一致的《三国演义》《周瑜探更》《关羽》等。

这些佛歌文本从形式上看，与屯堡社区的其他非物质文化文字文本几乎是重叠的。如过年或农闲时节夜晚农户家轮流聚集邻里参与的唱书，丧事过程中念唱的孝歌和佛歌，婚嫁、做大客时对唱的“喜堂歌”，建房修屋、礼仪交往的念词唱本，甚至无本可循的山歌，这些文本只是念唱的主体，出现的场合有所区别罢了。这一现象是九溪村丰富而精致、完整且系统的非物质文化事象的形式表现，包裹着文字文本的深层一致性。

下面是一首教怎样做人的佛歌：

西边山上一枝梅，红的红来青的青，千朵莲花共一树，万紫千红总是春；众亲来到喜堂内，开口念些古圣文，念些仁义礼智信，讲些忠孝道德文。家有金银无用处，有子送入学堂门，十年寒窗无人问，一举成名天下闻；读书要读《三字经》，写字要写上大人，大成至圣孔夫子，七十二贤在孔门。

八股文章学会写，诗书礼乐勤温习；琴棋书画般般学，吟诗作对样样精。

熟记唐诗三百首，不会作诗也会吟。今日喜堂会亲友，主人家辈辈有人在朝廷。佛来南无阿弥陀佛。

佛歌所张扬的，无非是屯堡人600多年来历经风雨所选择和固守的那些价值观和集体生存的智慧；所表达的，是他们的精神底蕴和文化诉求，以及为人处事、待人接物的标准。

2. 活动文本

九溪和其他屯堡村落一样，以村庄为单位的传统节庆活动每年均如期举行。这种活动一般具有神圣的包装，象征着人神天地间的相互护佑。以地戏演出为例，除“跳神”的部分，在“开箱”“封箱”等仪式过程中，都需要修佛妇女们的直接参与。修佛妇女的参与以其功能性的嵌入，使地戏的社区性得到仪式意义上的确认。她们以“神谕”持有者的身份，为村寨祈福，又为通过跳戏与神沟通的演员祈福。她们似乎是预言者，又是一个证人，预见并见证着地戏出演即将为村庄和村民带来的吉祥安宁。这样，地戏作为地方性知识，它所倡导的价值观和秩序性，潜移默化地影响了妇女个人“文化”谱系的建构过程；反过来，妇女参与地戏活动，也激励和推动着地戏向更高水平的追求，并使其因有规律性的社区性演出平台的支撑而得以生生不息地传承。

除了一年两次出演地戏，正月初九的“抬亭子”和七月半河灯节，十二年一次的“过河”等也是村落社区传统的重大活动。在这些活动中，均有仪式举行，神性的意义特别受到重视。这一切的背后，其实只有一个功能，即将来世的遭遇与现世的行为紧密地联系在一起，形成因果报应的关联。因而，现世的秩序、行为规范也是来世排序的根本依据，来世的遭遇完全掌控在现世“自我”的行为方式之中，而这一切不是个人化的、私密性的，而是全村所有成员都能见证的。这样，个人的修佛作为“日常”，村落节庆性的传统活动作为“节点”，整合出了一个“日常”与“节点”相勾连，个人与群体相互动的社区场域，这个场域是完整的，既凌驾于个人之上，又要求个人积极参与。这样一种文化精神的勾连，无疑对人们的行为方式产生深刻的影响。社区的认同、凝聚力的形成及传统的延续，都包含在这个社区场域之中。

二、家园的守护者与有意义的生活

（一）构建精神家园的社会文化基础

九溪妇女集体修佛现象的背后，其实隐藏的是屯堡族群600多年来在历史流变中对于族群生存选择的结构性塑造。这一现象基于其社会、经济、文化结构之上，构建了族群的精神家园，同时，这种“精神”力量又反过来强化了对这些基础的坚守，从而共同构建了屯堡社会和文化的有机整体。

1. 关于“意义”来源的分析

首先，屯堡人以核心家庭为主轴的夫妻关系[①]，强化了家庭层面的性别分工和村

① 夫妻关系成为家庭生活的主轴观点，是对费孝通先生关于父子主轴观点的转用。参见孙兆霞等：《屯堡乡民社会》，社会科学文献出版社，2005，第300—304页。

落社区层面的男女群体社会性别分工。男人先是承担起屯田和戍守的双重责任，随后又涉足商业领域，他们虽深深扎根于家庭，但所承载的责任感与使命感早已超越了家族的界限。留在家中的妻子，自然要承担起耕种的责任，并负责维持家庭的自然运转。然而，家庭生产需要经济的积累、信息的交流以及劳务的互助，随着农业生产从家庭层面上升到村落社区，这种生产方式逐渐形式化为妇女社会性别特征下的“共同生产”。这种生产分工结构使妇女的劳动与植物生长的节律及社区重大活动的联系更加紧密，易于在生产劳动和社区交往中形成一致的经验和感受。在此机制中，一方面会克隆出一个个相似的以家庭为单位的经济共同体；另一方面，平等的经济地位和互动关系，必然产生平等意识。

其次，从家庭层面上看，男性支持女性修佛，事实上是社区“习惯”与“传统”对家庭“再造”和“塑模”的结构化整合。因为妇女群体参与修佛活动，并不影响其恪守传统妇道，例如妇女对家庭的弃责任化；相反，妇女集体修佛不仅使她们在丈夫暂时离家时保持忠诚，还强化了丈夫永久离去后她们对家庭的坚守和操守。另一方面，妇女群体修佛也是在社区层面上发泄个体不良情绪的良方，她们通过周期性宗教活动的洗礼，释放个人的不适和紧张，在群体和神谕的场域中休整，调整好自我并重新回到“本来如此”的家庭中。

最后，妇女集体修佛最高位的支点，在于通过宗教的形式，使“国家”进入“家庭”，将妇女们的精神生活推到与男人一起“承担国家”的高位。不仅如此，用佛事活动将“国家”神圣化，将“国家”从此岸推向彼岸，一方面可以规避“国家”在历史流变中从屯堡人生活世界中地位下降的尴尬；另一方面，“国家”进入宗教，也可以使宗教的神圣性更有现世的力量。“家庭—村落—族群”的性别整合模式和精神超越，在“国家担当”的隐喻中得以实现。集体修佛传统中的核心要素，仍是国泰民安的诉求，强调由己及家及国相勾连的现实关系。由“国家”承载的中国传统文化的秩序感、做人的底线和人际交往的规则，又一次在屯堡人以农耕生活方式为基础的国家意识建构中得到整合，其合法性向宗教层次升华，其实恰好反映出生活意义是需要高位引领的。

2. 关于社区响应的分析

妇女修佛从家庭向村落和族群层级“上升”和整合的现象，除了以上视角的分析之外，更重要的还在于它结构于屯堡人的社会生活整体和变迁之中。

首先，它功能性地构成屯堡人社会结构的人群子系统。与以往同类研究中发现的传统农耕社会的社会结构构成不同，屯堡妇女在屯堡社会中，不是潜藏于家庭之中的社会失语者，也不是被以宗族血缘关系为主轴的强势社会结构遮蔽的弱势个体（在宗族血缘关系社会中，妇女难以形成社区层面的群体）。相反，屯堡社会结构中承载有经济、社会和文化意义的各种人群，如男人群、老人群、孩子群、妇女群等[①]，妇女群在组织形式、日常生活、佛事活动、村落交往、生产及娱乐等领域中，都有实质性的表现，都是社区生活中不可或缺地扎根于社会深层的重要力量。妇女群与屯堡其他群体组织，以不同的结构功能，逐层认同与构建，使屯堡社会变成“同一个社会”。

其次，屯堡社区的物质平台，如村庄自组织机制、寺庙、节庆、习俗等，对妇女佛事活动的开展和传承无疑也是结构化的因素。以社区来统摄个人和家庭，以公共空间的操作机制对各种资源进行功能整合和环节勾连，从而使得社会的稳定有结构性保障；反过来，社会的稳定是长期的生活预期的基础，人们能克服利益算计中短期遮蔽，从而使人际交往的视野更开阔。这一切，均使妇女佛事活动得到加强并在一次次的正反馈过程中提升其整合力。

最后，妇女佛事活动与其他地方性知识的相通互用，强化了屯堡社会的整体一致性，使屯堡社会拥有“同一种精神”。黄仁宇曾对“中华帝国”治理国家工具效用有过如下分析：“一统的中华帝国因在地方组织及技术设备的欠缺，只好用最低度的共通因素——抽象的观念和意识形态来治理国家。”[②] 陈柏峰认为这“揭示了意识形态对中国农耕社会的重要意义”[③]。屯堡妇女在修佛的实践中打通了与其他地方性知识

① 孙兆霞等：《屯堡乡民社会》，社会科学文献出版社，2005，第165—172页。

② 黄仁宇：《中国大历史》，生活·读书·新知三联书店，1997，第117页。

③ 陈柏峰《“气”与村庄生活的互动——皖北李圩村调查》，《开放时代》2007年第6期。

的知识阻隔，传承了经过历史冲刷所积淀的地方性知识承载的文化气脉。以有文化、有组织、有社区支持和“国家”责任为底蕴的宗教生活，无非是以彼岸的形式出演此岸的历史光影与精神坚守，因而九溪妇女能够懂事理、有底线、有秩序、有敬畏地生活着。

（二）“有意义的生活”的意义

以格尔兹的“宗教作为文化体系”理念看待九溪妇女宗教生活的形式，证明了“文化是一种通过符号在历史上代代相传的意义模式，它将传承的观念表现于象征形式之中。通过文化的符号体系，人与人得以相互沟通、绵延传续，并发展出对人生知识及对生命的态度”[①]。从生活意义和文化传承的角度解读屯堡妇女的宗教生活，我们认为以下三点特别重要。

1. 妇女的修佛活动参与了全社会生活意义的构建

第一，有意义的生活是九溪妇女以宗教活动为载体，全面向生活领域渗透的精神性生活的显著特征。正是在有意义的生活中，淘汰什么、选择什么和传承什么，均由集体的、历经几百年不变的平等互助和共渡难关的生活经验的神圣性来决定，一种群体人格也就构成了整个文化的发展倾向。在此，我们确实看到了有意义的生活对人的生存的意义。在以往有关屯堡妇女研究的成果中，作为社会底层结构和边缘地带的妇女群体，其群体贡献常常在本社会的意识形态塑造和社会思想形成的过程中被忽略。但通过对九溪妇女宗教生活的考察，足以说明屯堡社会思想和意识形态的形成和坚守，是根植于妇女个人生活与世俗宗教的互动过程的，妇女群体是社区性的结构性力量。

第二，通过妇女宗教生活而彰显的地方性知识，是社区教育与文化传承的有效载体。九溪妇女的文化是懂得人与人相处的大事理的文化，是懂历史、懂政治、懂危机处置、懂人生意义的文化。当这样的文化为广大妇女所掌握，并成为她们生活的精神依托时，社区的文化、孩子们的教育就有了深厚的文化土壤。当我们今天质疑乡

---

① 克利福德·格尔兹：《文化的解释·“格尔兹文化论丛”译序》，纳日碧力戈等译，王铭铭校，上海人民出版社，1999，第 11 页。

村教育缺乏根的底蕴之时，以妇女为载体的普泛性和根基性及其功能的屯堡文化，对我们重新思考我国乡村教育的机制和模式无疑是一种启示。

2. 屯堡文化相对稳定性的秘密所在

屯堡社会相对稳定性的秘密何在？屯堡文化何以创生并何以传承至今？这些问题长期以来，一直是屯堡研究的热点。本文以九溪妇女宗教生活为切入点，从妇女社会性别的角度考察其宗教生活，这是一个牵一发而动全身的敏感性研究领域。妇女宗教生活中所蕴含的意义，在屯堡文化的其他事象中，很容易就能捕捉到。例如，建筑的深层语法——秩序，服饰千篇一律的隐喻——平等的社会关系，语言中历史性内容的浓郁——族群来源的认同，男人帮助女人修庙的动机——让妇女群体在社区公共空间中定格，地戏对意识形态的彰显——让妇女的意识得到精神性的升华，如此等等。正是共同的价值观和族群际遇在精神层面进行了宗教意义的塑模，才使得九溪妇女除了拥有一致性的精神生活模式之外更有相同的精神内容。这种“结构力引发文化支配之后，文化又具有绝对的自主性”[①] 的文化力量，是我们理解屯堡社会相对稳定性秘密的一个更为根本性的方法。

3. 家园的守护者

九溪妇女的宗教生活成为社区社会资本形成和聚集的基础性因素。今天，现代化冲击下的农村社区的社会变迁，正以前所未有的速度和深度，消解着原有社会结构和精神文化的传统性内涵，屯堡人群中的年轻群体外出打工，新的就业和收益方式也日渐淡化他们与家乡的连接。然而，这一切对于屯堡中老年妇女并不影响，600多年来的族群和家庭经历早已写在她们日常咏念的佛经之中，将对儿孙的责任，对家园的守护转化为“与时俱进”的创新恰好是现代屯堡文化的精神内涵。

---

① 周怡：《解读社会——文化与结构的路径》，社会科学文献出版社，2004，第 192 页。

屯堡开发与利用

对安顺屯堡文化资源挖掘、开发、保护的思索

颜学丽

安顺地处黔中，文化丰富而悠久，厚重而古朴，具有独特的地域性。从远古的普定穿洞古人类文化，扑朔迷离的夜郎文化、牂牁文化，屯田戍边的屯堡文化，到现代国家安全战略调整出现的三线建设文化，等等，无不在安顺这块土地上深深地打下了历史的烙印。随着“沈万山后裔发现在天龙”、“夜郎王印现身镇宁”、“宁谷汉墓完整发掘”、黄果树瀑布节的举办，安顺文化亮点频频、高潮迭起，民族文化、宗教文化、旅游文化丰富多彩。文化需要传承、变革和创新，因此我们需要去梳理它、去挖掘其深层内涵、去研究其发展趋势。

屯堡文化所具有的文化资源潜力较大，保护、开发、利用好安顺的这块历史文化瑰宝，推动旅游业大发展，争创国家历史文化名城、全国优秀旅游城市，打造百万人口生态旅游城市，具有重要的现实意义和战略意义。屯堡源于明初中央政府“调北征南”的政治军事举措。《安顺府志·风俗志》载：“屯军堡子，皆奉洪武敕调北征南……散处屯堡各乡，家口随之至黔。”“屯堡人即明代屯军之裔嗣也。”征南大军及其家口从始发地带来的文化与当地文化融合，经过六百多年的传承、发展和演变，形成了独特的屯堡文化。在长期的发展过程中，屯堡文化既保留了中原文化、江南文化的特点，也吸收了黔中大地的养分，体现了黔中文化的重要内涵，成为安顺旅游发展不可或缺的组成部分。

一、安顺屯堡文化资源的挖掘、研究概况

（一）屯堡文化研究概况

20 世纪 80 年代中期，屯堡地戏走出国门。此后，以地戏事象作为切入点，引

发了国内外学者对屯堡文化研究的热潮，如对屯堡村寨与地戏的关系、屯堡人的来历、屯堡村寨的独特性展开了热烈的探讨。以地戏出国为标志，屯堡研究者的视野先是进入地戏，而后脱离地戏，直接进入以屯堡村寨丰富的文化事象作为主要研究对象的研究领域中。再后来，研究的触角从屯堡文化延伸到了屯堡村寨的经济、社会领域。

20世纪80年代至21世纪初，屯堡文化的研究成果颇多，在梳理这些成果时，我们发现其研究特点一方面体现在参与者的广泛性，即从地方学者到省外学者，再到国外学者全面介入，同时，研究课题也在持续扩展与深化。不同学者之间在学术积累、科研条件以及研究方式上存在差异，而且他们各有研究优势——地方学者熟悉“家门口”的田野情况，省外学者具备深厚的学科背景，外国学者擅于自由的选题研究。另一方面，已有的研究也存在不足，具体表现为：文化事象的研究较为丰富，对社会结构的研究相对匮乏；抽象的理论探讨多，实际田野工作较少；对历史来源的追溯较为普遍，但对现实问题的关照不足；定性讨论较多，而定量调查相对较少；个人案头研究较为常见，而集体合作的参与观察研究则较为稀缺；将屯堡文化孤立研究的情况较多，而将其置于更广阔时空背景下进行考察的研究较少；对表面现象的探索较多，而深入务实的研究和发掘较少。21世纪以来，屯堡文化研究出现了人员整合和学科整合的趋势，人员整合体现在学术团队和学术机构的成立，如安顺学院成立了屯堡文化研究中心；学科整合是指多学科多视野的研究不断出现，社会学、民族学、人类学、考古学、经济学不断介入屯堡文化研究，为屯堡文化的研究注入了新的活力。

（二）屯堡文化作为文化资源的研究概况

值得关注的是，到了21世纪初，在已有的研究成果中，几乎没有将屯堡文化作为文化资源进行的研究。无论是学者的学术研究，还是地方政府的开发构想，在发展上，屯堡村寨社区，似乎都还没有寻找到研究与开发的接洽点。屯堡文化的学术资源与物质资源还处于相互游离的状态。然而，从21世纪初到现在，屯堡文化作为文化资源的应用研究成果大量涌现。特别是在屯堡文化旅游开发等方面的应用研究得到了较大的发展，出现了欧廷木、吴晓萍的《屯堡重塑——贵州省的文化旅游与社会变迁》，孙兆霞的《试析文化建构性与乡村旅游开发需求指向的关系——以黔中屯堡为例》，袁葵的《屯堡旅游开发的基本原则与思路》，梁玉华的《贵州天龙屯堡文化旅游可持续发展研究——兼论文化生态脆弱区旅游业的可持续发展》，杨爱军和陈志永的《黔中安顺屯堡文化旅游开发初步研究》等文章，这些学者对屯堡文化的旅游开发做出了诸多思考与探索。

二、对安顺屯堡文化（资源）研究、开发和保护的思考

（一）对安顺屯堡文化研究的思考

屯堡文化是黔中的一大亮点，但就目前的研究状况来说，要想使之像徽学、潮州学、海南学、客家学、敦煌学、武汉学、上海学等形成一门地方学且成为这一地方的文化标识，尚有较大差距，这除了需要地方高校、有关部门及相关人员的积极努力之外，必须有地方党政机关的强力推动，才能使安顺屯堡文化研究上升到屯堡学的高度，成为一门在中国乃至世界有一定影响的地方学问，成为像黄果树瀑布、龙宫那样代表安顺的形象标识。目前可从以下几个方面着手。

1. 研究机构

目前，安顺屯堡文化的研究除了安顺学院有作为省级学会的、专门的屯堡文化研究中心之外，安顺市还没有一个具有政府编制的专门研究机构。而贵州省铜仁、黔东南苗族侗族自治州等地，已专设民族研究所对所在区域文化现象进行研究，在历史文化积淀丰厚的安顺却没有，这的确不能适应当今强调文化建设、文化产业发展的需要。就安顺目前的实际看，在高度重视安顺学院屯堡文化研究中心的同时，或可在安顺市级层面专门成立一个研究机构，或在安顺学院屯堡文化研究中心成立这一机构，实行多块牌子一套人马的管理模式，使资源的利用更加集中和高效。这一机构负责制定屯堡学研究的宏观规划，注意整合贵州省内、国内甚至国外的多种资源，注重屯堡学研究课题组织和实施，在多种力量的协作下循序渐进地推动屯堡学的研究进程。

2. 研究刊物

从学科发展的规律来看，一个学科也包括一个地方学要得到较好的发展，至少要有一份专门性的刊物。但目前来看，不仅没有与屯堡研究相关的刊物，甚至贵州省内的一些学术刊物专门开辟专栏的情形都很少。因此，我们需要创办一份刊物，使之成为研究这门学科的平台，通过它的持续运作来推动屯堡的深入研究和提升屯堡在国内外的影响力。抑或在条件还不成熟的情况下，至少办一份内部刊物或在某刊物上先开辟一专栏，条件基本具备后尽快办一份正式刊物。

3. 研究团队

从学科发展的规律来看，一个学科的发展必须要有个学科结构合理、稳定而又可持续的研究团队。屯堡研究涉及社会科学中的很多学科，甚至还涉及一些自然科学中的学科，这就需要主要研究机构和相关部门有多学科的人力资源储备，同时年龄结构要有一定梯队，要有学术上的领军人物、中间学术骨干和基本研究方阵，当然要有管理能力较强的人员去推动团队的正常、高效运作。总之，要尽量做到“贤者居上，能者居中，工者居下，智者居侧”的格局，大家各就各位，各谋其事，使之成为一个富有生机的研究团队。

4. 研究目标

研究目标要有微观目标和宏观目标。微观目标是针对具体研究课题设定的，且必须紧密围绕宏观目标展开；宏观目标就是要确立包括基础研究和应用研究在内的综合性学科——屯堡学。这一目标的设立旨在推动安顺社会科学的深入研究，为安顺乃至贵州树立起一面地方学研究的旗帜，并在全国地方学研究领域中产生一定的影响，从而提升安顺的整体形象；同时，为安顺地方党委和政府在屯堡文化及安顺社会经济发展决策方面提供研究支持，并为安顺“旅游兴市”战略提供学术支撑。

5. 研究保障

屯堡文化的研究是建立在田野实践基础上的学问，除了前述的研究团队这一人力资源的保障之外，还必须有物力、财力的基本保障。政府应设立专项经费，除了用适量经费鼓励课题研究之外，还应该加强专门研究机构在软件和硬件方面的建设，以确保其研究工作的顺利进行，并提升其在贵州省内乃至国内的研究水准。此外，还应多渠道地筹集资金，相信在有一定经费保障的前提下，经过扎实的田野调查，屯堡研究会出更多的、更好的成果。

6. 研究的可持续问题

一个学科要得到有力发展，必须注意培养下一代的读者和潜在的研究人员。因此，研究成果进课堂是一个很重要的方面，只有如此才能实现学科的可持续发展。建议有条件的各级各类地方学校，特别是高校应该在适当的时候将屯堡研究的成果引入课堂教学中去，这既是学校的办学特色，也是学科持续发展的需要。

旗帜就是方向，旗帜就是形象。如果安顺除了有黄果树瀑布、龙宫等物化的形象性标识之外，在屯堡文化的基础上进行提升，形成一门体现安顺文化大市的地方学——屯堡学，举起贵州省第一面地方学的旗帜（“贵州学”有人提过，但目前未见多少实际推动），这将使安顺市在全国的地方学领域中更加引人注目。

（二）开发、探索屯堡文化产业体系的发展

文化产业体系由娱乐业、演出业、音像业、网络文化业、文化旅游业、文物和艺术品业等组成。数量众多、遍布城乡、各种类型的文化企业和丰富多彩的文化产品和文化服务，能更好地满足广大人民群众日益增长的多元化、多层次的精神文化需求，促进社会文化生活的繁荣和发展。安顺屯堡文化内容丰富、精彩纷呈，不仅在贵州，在全国也特色鲜明、独树一帜，因此，其发展空间和潜力巨大。在今后一段时期，可着重发展以下方面：

1. 屯堡文化旅游产业

安顺旅游发展要重点突出“两人”（“屯堡人”“蜘蛛人”）。作为旅游文化资源的安顺屯堡文化目前已初具规模、渐成品牌，通过总体规划、整合资源、深度开发、优化线路、打造品牌，做强、做大不无可能。

2. 屯堡演出业

多个村寨的屯堡地戏队走出国门演出，花灯艺术节在普定开展有较好的基础，屯堡山歌节近几年在西秀区已举办过几届，以屯堡话、屯堡文化为背景的小品开始出现，这些有必要做大做强，往精细化方向发展，打造屯堡演出业。

3. 屯堡音像业

屯堡音像制品在 20 世纪 80 年代就开始在安顺城乡流行，以山歌为先。近年来，花灯、山歌、地戏、民俗活动的影碟制作更为便捷，但缺乏包装、精品、系列产品，未形成品牌，发展空间较大。

4. 屯堡文物和艺术品业

屯堡民间用具、装饰品、家具、民居木雕、妇女银饰等方面不乏文物价值和艺术性较高的佳作，目前安顺已有专人收藏，这将有利于安顺博物馆文化的建设以及艺术品业的发展。

（三）保护

1. 加强宣传，提高对屯堡文化的保护意识

通过广泛、深入、持久的宣传教育，包括编写通俗读物、拍摄电视专题片、在媒体上开设专栏专题等多种形式，我们旨在让更多的人了解屯堡文化，特别是让屯堡社区有屯堡文化的承载者、传播者。在屯堡乡镇的学校中，我们应该开设校本课程，做好中小学生的屯堡文化教育。同时，我们应该传承富有浓郁屯堡特色的民间风俗文化和礼仪文化，充分发挥传统节日的文化传承功能，开展丰富多样、健康有益的民间民俗文化活动，使优秀的传统文化更好地渗透和融入人们的工作、学习和日常生活之中，从而提高人们对屯堡文化保护的意识和主动性。

2. 开展对屯堡文化家底的盘点工作

安顺屯堡社区蕴藏了丰富的屯堡文化，有学者针对个别屯堡村落和文化事象进行典型调查和专题调查，但至今尚未有学者或团队对屯堡文化进行全面、系统的调查，这样不利于人们对屯堡文化整体风貌的了解。因此，我们需要制定规划，分阶段实施，并在一定时间内盘清屯堡家底。

3. 启动对屯堡村寨的规划保护措施

屯堡村落选址科学、布局合理，有规划理念，但近二十年来屯堡村落遭到破坏的现象日益突出，特别是一些已列入文物保护单位，或有实力、有可能申报文物保

护单位、国家级或省级历史文化名村的村落，缺乏保护意识，旧房改造迅速，导致典型的屯堡民居和屯堡村落整体风貌破坏日益严重。因此，有必要对有价值的屯堡民居和屯堡村落进行规划保护。

4. 加速高级别屯堡文化遗产的申报

屯堡文化遗产目前已列入国家级遗产名录，正全力以赴冲刺世界级遗产。提高屯堡文化遗产——无论是物质文化遗产还是非物质文化遗产的保护级别，提高安顺屯堡文化的知名度，对安顺的发展来说意义深远。

5. 屯堡文化生态保护

生态环境是生物包括文化得以植根、繁衍、生息的保证。因此，屯堡文化的保护，一方面需要加强对自然生态山、水（河、井、泉）、林以及整体小环境的保护，同时其文化生态语言、民俗、节庆、民间信仰的保护传承也是不可或缺的。

6. 探索对屯堡文化的数字化保护

推动屯堡文化的丰厚资源与现代数字、网络技术结合，利用录音、录像手段可以较好地保护屯堡物质文化和非物质文化。

7. 加强对文化传承人的可持续保护

屯堡民间地戏演员、山歌能手、花灯艺人、面具雕刻师、能工巧匠、念佛老太、“展言子”高手，以及民间的土专家、研究者往往是屯堡文化重要的传承人，需要加强传承保护。

乡村社群与社区和谐发展

——对黔中屯堡村落J村的社群研究

吕燕平　张定贵

“传统中国社会是一个有社群的社会，农村的宗法家族、城市中的同乡会馆，都是传统的社群，在一个天高皇帝远的古代社会里，这些社群在乡绅的领导下，在社会底层发挥了自组织功能。不过，晚清以后，现代化的国家权力不断地以一种‘内卷化’的方式向社会底层渗透，传统的社群遭到了很大的破坏。”[①] 社群的式微对社会公共事业的发展极为不利，尤其是广大的农村社区，人民公社化运动以后形成的社队集体组织，在改革开放后实行土地联产承包责任制过程中功能弱化，加之缺乏集体经济的支撑，当下许多农村的正式组织——村两委对村落公共事业的发展往往显得力不从心、难有作为。其中一个重要原因就是村落社群不发育，导致其社群在乡村发展过程中应有的经济、社会、文化基础和潜在的社会动员力作用未能充分发挥。然而，通过对黔中安顺的一个屯堡村寨——J村的田野研究，我们看到乡村社区往往蕴含有丰厚的社群资源，发育的社群在村落公共事业方面发挥着重要的作用，这不单为乡村社群的研究，也为农村社区的和谐发展提供了一个极有研究价值的个案参考。

一、社群的概念

中文语意中，“社群”易被理解为“社会群体”的简称，但两者的英文表述是明显不同的：前者是community，而后者是societygroup。“社群”（community）的核心

① 许纪霖：《从非典危机反思民族、社群和公民意识》，《天涯》2003年第4期。

是“共同”(common)。

“一般说来，社群是人类最直接的生活经验，对社群的感情算得上是人类的第二天性，历史上的大多数文化中，强调社群很自然，强调个人反而是一种变异。但社群的概念相当模糊，可包含家庭、村落、社区、社团、国家、种族，范围有大有小，很难清楚界定。”[①] 由于研究的角度各异，不同学科视野下的社群意涵解读差异明显。

在政治学中，社群是当代政治学社群主义的核心概念，其基本上导源于亚里士多德。亚里士多德把社群界定成为达到某种共同的善的目的而组成的关系或团体，在其名著《政治学》的开篇中他就指出：“我们见到每一个城邦（城市）各是某一种类的社会团体，一切社会团体的建立，其目的总是为了完成某种善业——所有人类的每一种作为，在他们自己看来，其本意总是在求取某一善果。”[②] 社群主义者把社群看作是一个拥有某种共同的价值、规范和目标的实体，其中每个成员都把共同的目标当作自己的目标。因此，在社群主义者的眼中，社群不仅仅是指一群人，它是一个整体，个人都是这个整体的成员，都拥有一种成员资格。社群主义的代表人物桑德尔特别强调社群对于其参与者的自我构成性质。实际上，社群主义者心目中的社群，即是亚里士多德所说的，为了达到最大和最高的善而组成的人类团体或人类关系，即政治社群。[③]

在社会学领域，德国社会学家费丁南德·滕尼斯（Ferdinand Tonnies）认为：社群是基于自然意志，如情感、习惯、记忆等，异于基于血缘、地缘和心态而形成的一种社会有机体，包括家庭、邻里、村落和城镇。这些组织的功能，犹如生命有机体，其中的每个人各自拥有自己的成员资格，并扮演不同的角色，在这些社群中寻求各自的归属感。社会学对“社会群体”的定义：“由两个或两个以上的具有共同认同和团结感的人所组成的人的集合，群体内的成员相互作用和影响，共享着特定的

① 顾忠华：《民主社会中的个人与社群》，载刘军宁等编《自由与社群》，生活·读书·新知三联书店，1998，第100—101页。

② 亚里士多德：《政治学》，吴寿彭译，徐大同选编，商务印书馆，2006，第1页。

③ 俞可平：《社群主义》，中国社会科学出版社，1998，第65页。

目标和期望。”[①] 从社会组织的角度，有学者认为社群是在社会内部由于人们之间的相互作用而形成的一种特殊的活动方式，是基于人们的共同利益而形成并相互作用的各种组织的总称。诸如生产企业和行业集团、学校和科研单位、政治组织和机构、阶级和阶层等等，都是具体的社群构成体。[②] 有的学者则认为不然，社群与我们平时所熟悉的公司、机关、学校等这些按照现代市场和科层管理原则组织起来的单位不一样，它没有具体的、功能性目的，社群是一种情感性的团体。社群有各种各样的形式，大到一个民族国家，小到一个志愿者团体，都属于社群。物以类聚，人以群分，由于一群人彼此分享共同的文化历史背景、信仰和爱好，或者血缘、族群和地缘基础，或者自愿，或者天然地聚集在一起，这样的团体就被称为社群。[③]

在人类学史上，从马林诺夫斯基开创田野调查先河以来，人类学对社区研究用力尤深。“社区”与“社群”在英文里同属单词“community”，在实用上已近相同，虽然目前的人类学教科书中鲜有“社群”的直接提法和界定，但人类学对人类群体的关注和研究却是一个不争的事实。以社群为单位观察人类社会是拥有田野工作传统的人类学赖以支撑的方法论基石，社会学、民俗学以及语言（方言）研究都有一些诠释社群文化的经验[④]，这些可以共享的学术资源，满足所观察的文化具备深层次知识的要求。这种为理解所需的知识，是解读包括心态在内的社群思想和行为的他山之石。[⑤] 人类学中的社会群体是“按照一定的角色关系稳定地结合在一起的人们共同体。同一个群体的成员具有共同的目标和期望，有‘自觉为我’的认同感，相互之间的凝聚成稳定的社会关系，并担任不同的群体角色，构成角色丛”[⑥]。可视为等同于“社群”了。

---

① 尹保华、魏晨：《通识社会学》，吉林人民出版社，2004，第 301 页。

② 王中宪：《试论社会与社群的概念界限》，《学习与探索》2000 年第 5 期。

③ 许纪霖：《从非典危机反思民族、社群和公民意识》，《天涯》2003 年第 4 期。

④ 华勒斯坦等：《开放社会科学：重建社会科学报告书》，生活·读书·新知三联书店，1997，第 23 页。

⑤ 小田：《社群心态的解读——围绕 1933 年的浙江乡村调查而展开》，《社会科学》2004 年第 7 期。

⑥ 徐杰舜主编《人类学教程》，上海文艺出版社，2005，第 108 页。

从相关学科的定义看，政治学的核心概念是权利，因此，对社群的定义强调社群的政治性；社会学的核心概念是组织，对社群概念侧重从社群的结构、功能考虑；从人类学的角度看社群，则较着重体现其文化性。因此，社群可以看作是基于某种认同而形成、并由持续的交流互动维系的人们公共体。这里有三层含义：其一，社群是一种人们公共体，强烈的认同感使其成员有“一荣俱荣，一损俱损”之感；其二，社群形成的基础有血缘、地缘、业缘、情缘、文化关系、政治、社会等，其中一个或几个方面都有可能成为社群认同的基础；其三，持续的交往互动是社群存在的必要条件，否则易解体。认同和交流互动是社群的基本要素，对于一个社群而言，这不可或缺。

二、J 村社群概况

1. J 村落背景

J 村是位于贵州安顺的一个有着 600 多年历史的屯堡村寨，以其丰厚而完整的屯堡文化事象和住户数量过千的人口规模被誉为“屯堡第一村寨”。该村的创建源于明初“调北征南”的军事政治行动。公元 1381 年，朱元璋派大将军傅友德等率军平定云南元梁王的叛乱后，就地设屯立堡、屯耕戍边，J 村的大堡片区即发端于此。其后移民增多，渐次形成小堡、后街两个片区，至明朝天顺年间，由大堡、小堡、后街所组成的 J 村即正式得名。如今这里仍生活着大量明朝屯军的后裔。从历史渊源看，J 村有历史上军事组织化的传统，其社会结构呈现非宗族的特征，因而导致社区认同和村落内部互助的横向关系较为发达。又因其具有地戏（有三个地戏队）、花灯、山歌、秧歌、说唱书、服饰、建筑、民间信仰（寺庙较多）等丰富的屯堡文化事象，使村落丰富而频繁的民俗性节日、庆典活动有深厚的文化依托，为 J 村社群的发育、发展提供了历史文化基础。

J 村距安顺城区 27 千米，有 4000 多人口，土地面积约 12 平方千米。河面宽阔、水量充盈的 J 河穿村而过，不但能灌溉良田，还蕴藏一定的水能资源，也给村庄增添许多美景。村民们多从事半农半商活动，素有经商和手工业传统，“煮酒、熬糖、推

（磨）豆腐”，制糖、烤酒、制鞋、服装加工等在当地颇有名气，安顺一带所卖的米糖主要由该村所产。J 村所在的屯堡区市场（集市）较为发达，村民素有赶场（集）的习惯，还有人专门从事赶场经商活动，俗称“赶转转场”。J 村的“米贩子”在屯堡区素有盛名。改革开放以来，由于城市的开放、交通的发展，许多年轻人外出务工和经商，成为 J 村重要的一项收入来源。J 村集体经济薄弱，村发电厂是唯一的企业，但已承包给个人，年承包费收入不到 1.5 万元；荒山和茶园承包有一点收入。村民办有几个家庭作坊式企业：榨油厂、家具厂、服装加工店、碾米厂等；有几个私人诊所、理发店和较多的杂货店；主街上有村民摆设的菜摊和肉摊，购买者为本村村民。农业以种植水稻、玉米、油菜为主，人均耕地 0.8 亩（含旱地和水田）。由于实行承包地 30 年不变的政策，有的家庭增人不增地，所以仅靠农业，难以维持家庭温饱，但是总体上全村已经解决温饱问题。2001 年，据村委会统计，全村人均年纯收入 1985 元，比较而言，J 村的经济虽然在黔中安顺一带还算可以，当地曾有“嫁到 J 村就相当于是考入一个中专”之说。但是，也只能说处于温饱有余、富裕不足的状态。J 村的发展面临着许多问题：一是有不少人外出找不到工作和做生意的路子，返回村庄后，处于徘徊、犹豫、苦闷状态；二是村庄发展缺乏资金和技术；三是村民从农业上获得的收入越来越少，甚至务农亏本[①]；四是被认为有发展潜力的屯堡文化旅游开发步履蹒跚，村落的发展前景不明。这些问题困扰着 J 村的新农村建设。

2. J 村社群的构成

J 村寨人口规模大，全村共有 1000 余住户，4000 多人，这样的环境自然容易使人们分化，形成不同的群体，正所谓“物以类聚，人以群分”。在 J 村，人们有“人上一百，形形色色”之说。通过对 J 村的田野考察，我们分析了地缘、血缘、业缘、情缘、文化、政治、经济等诸多因素，J 村内部的社群构成如下表所示。

① 王春光、孙兆霞、罗布龙等：《村民自治的社会基础和文化网络——对贵州省安顺市 J 村农村公共空间的社会学研究》，《浙江学刊》2004 年第 1 期。

类型	名称	人数（人）	活动及功能	形成时间	备注
地缘性	大堡	1152	历史形成的村内地缘认同	明初	
	小堡	912	历史形成的村内地缘认同	明初	
	后街	1248	历史形成的村内地缘认同	明末	
政治性	村党支部	48	村政治领导核心	1954 年成立	党员社群
	村委会	5	村行政领导核心	1984 年成立	
	村妇女会	3	妇女工作	1953 年成立	
	村团支部	100	青年工作	1954 年	
	村民兵连	50	民兵训练、参与处理突发事件	1980 年	
公益性	老协会	351	老年人日常交流、民事调解	1989 年 12 月	有活动场所
	屯堡文化研究会	50	组织大型文化活动	2002 年	
	残疾人协会	70	处理涉及本村残疾人有关事宜	20 世纪 90 年代中期	
文化娱乐性	大堡地戏队	30	正月、七月地戏表演、开财门	旧时已有	
	小堡地戏队	18	正月、七月地戏表演、开财门	旧时已有	
	后街地戏队	15	正月、七月地戏表演、开财门	旧时已有	
	花灯组	25	正月、七月花灯表演	1990 年	
	舞龙队	30	村内文娱活动表演	2000 年	
	老年秧歌队	100	村内文娱活动表演	2002 年	
	大堡秧歌队	70	村内文娱活动表演	2002 年	
	小堡秧歌队	50	村内文娱活动表演	2002 年	
	后街秧歌队	70	村内文娱活动表演	2002 年	
	篮球队	15	代表本村参加比赛	20 世纪 90 年代	
	儿童仪仗队	40	村内文娱活动表演		

续表

类型	名称	人数（人）	活动及功能	形成时间	备注
宗教性	大堡佛事会	150	周期性会□活动、寺庙维护	旧时已有	
	小堡佛事会	130	周期性会□活动、寺庙维护	旧时已有	
	后街佛事会	160	周期性会□活动、寺庙维护	旧时已有	
	天主教会	20	礼拜、丧事活动	1998 年	
经济性	老人会	不详	会员父母丧事筹集会资	旧时已有	
	提篮会	不详	组织参加外嫁女儿满月活动	旧时已有	
	喜事会	不详	建房、办婚事筹集资金	旧时已有	
	钱会	不详	每月收集会资、民间融资	旧时已有	
	米会	不详	办婚事筹集粮食	旧时已有	
生产性	换气会	不详	农忙时节生产互助	旧时已有	
	生产队	14	集体时期组织生产、行政管理	1965 年	1985 年后改为村民小组
	运输联组	100	为集体活动提供交通服务	20 世纪 90 年代	
历史性	哥老会（袍哥会）	不详	处理村内纠纷“仁”“义”两堂	1947 年成立	1948 年解散
	兵役会	不详	协调人力服兵役	民国时期	
	青年联谊会	不详	参与村内公共事务、对外联络	1989 年成立	1995 年解散
	青山文学社	50	文学创作、编辑内刊《老青山》	1985 年成立	1992 年解散
其他	在外打工同乡会	200	联系在外打工者、为活动筹资	2004 年	
	在外工作联谊会	100	联系在外工作者、为活动筹资	2004 年	

注：人口数数据源于 2004 年统计的资料。

3. J 村社群在村落公共事务中的表现

J 村社群在村落内部所发挥的作用是多方面的，其中尤以在村落公共事务中的表现值得关注。

（1）村落公共卫生运动

2002 年 3 月，为了营造村落良好的发展环境，J 村组织了一次历时一周的公共卫生运动，即对全村的垃圾进行清除。在公共卫生运动前，村办公室召开了几百人参加的筹备会，人太多，屋里坐不下的，就在外面听。会议持续了 15 天，大家争先恐后地发言，最后产生动员全村开展一次环境卫生运动的想法。在活动中全村上阵，每家每户除清扫自家门前的垃圾外，对全村的几十个公共垃圾点也进行了彻底的清除。此次公共卫生运动，不但直接清除了几十年以来的堆积物，还充分展示了社群基于公共利益而对全村人进行的整合，也对村民素质、公共秩序、自我组织、自我管理进行了潜在能力的提升。

（2）非典防治运动

2003 年上半年，J 村开展的非典防疫工作，再一次体现了社群的参与对村落公共卫生运动的影响。非典期间的防治工作，由村委会、屯研会、老协会分工协作，组织成立非典防治小组。村主任任组长，主要工作由村防疫医生来抓。老协会负责村内卫生，配合村委会写一些宣传标语。屯研会成立了一个非典应急小组，负责村里的卫生、消毒和进村人员管控等工作，每天 24 小时值班。由于动员了村落内部有效的组织资源和社群的广泛参与，4000 多人的 J 村得以顺利完成非典防治运动。①

（3）社区大型集体活动——“大拜年活动”

2002 年农历正月十二，为了打出“屯堡第一村”的牌子，向安顺城区人民展示 J 村屯堡文化风采和抓机遇、求发展的决心，J 村组织了上千余名村民到安顺城区游行拜年。游行队伍分为三个阵容：第一阵容是巨幅标语和横标群；第二阵容是“彩亭”车队；第三阵容为步行方阵，包括舞龙队、学生鼓乐队、青年妇女秧歌队、老年妇

---

① 孙兆霞等：《屯堡乡民社会》，社会科学文献出版社，2005，第 283—284 页。

女秧歌队、屯堡工艺品肩挑展演队、老协会女会员队、一般村民队、三个地戏队、花灯队。[①]

J村的“大拜年”活动是由外界策划、由村落负责运作的一次全村性的大型活动，其出人意料的效果固然令人惊叹，然而村落社群资源的支撑尤为值得关注。

4. J村社群的功能分析

（1）整合村落内部资源，强化村落集体认同

在农村社区的发展中，村落内部整合是一个难题，也是一个重要的问题，因为社区是村落各个阶层、片区利益得以实现的基础和载体，整合差异后力量和资源更为强大。无论是社区中的家庭、个人，还是片区层面的群体分类，其发展都必须依托村落社区。在J村，村民在经济资源需求上，主要通过亲戚、朋友的支持和“来会”进行资金的筹集；技术和信息主要来自社区频繁而广泛的社会交往和社会活动；劳动力不足的问题则可通过社区内的“换气”得以解决。[②]因此，“钱会”和“换气”等社群能够协调村落内部的发展资源，从而使村落内部得以整合。同时，丰富的社群活动不断强化村落的集体认同。

（2）形成村落民间组织，促进社区发展

J村社群繁多，其中一些还形成村落内部的民间组织，在村寨的公共事务扮演重要角色。这些民间组织，从功能角度来看可以分为以下几类。[③]

分类	组织	功能
公益性	老协会	社会公益
互助性	老人会、独子会、喜事会	劳动互助
经济性	钱会	筹资

① 孙兆霞等：《屯堡乡民社会》，社会科学文献出版社，2005，第283—284页。

② 孙兆霞等：《屯堡乡民社会》，社会科学文献出版社，2005，第283—284页。

③ 王春光、孙兆霞、罗布龙等：《村民自治的社会基础和文化网络——对贵州省安顺市J村农村公共空间的社会学研究》，《浙江学刊》2004年第1期。

续表

分类	组织	功能
准企业性	屯研会	村落发展
传统文化	地戏队、花灯组、佛事会	文化、娱乐

通过对J村的社群考察可以发现，社群进一步发育形成的民间组织成为J村社会公共空间的载体，从不同的层面介入村落的发展。

三、J村个案对乡村社群功能研究的启示

1. 传统乡村社群的一般性功能

传统社会中有宗教、家庭、家族等各种社群存在，社群中的人际关系不是利益交换的关系，而是靠感情、信念和公共文化作为枢纽发挥作用。[①] 因此，传统社群的功能更多体现在互助救助（如宗族的功能）、对文化传统的传承发展等方面。

2. 现代乡村社群的特殊性功能

（1）发育的社群促进乡村公共空间的发育，形成村落社会资本、文化资本

美国的罗伯特·帕特南提出了“社会资本”的概念，法国的皮埃尔·布迪厄提出了“文化资本”的概念。“例如，我们现在谈天，‘谈天’决不会不被看作‘文化资本’，我们之间，通过谈天，增加了解，互通信息，这是资源和积累，如果我们发表这个谈话，引起其他的人再谈，在无形之中就增加了美国华人社会的资本。一个社群，乃至一个国家，假如没有复杂的社会资本，它就不能很好地发展。”[②] 社会资本是指社会组织的特征，例如信任、规范和网络，它们能够通过推动协调和行动来提高社会效率。社会资本提高了投资于物质资本和人力资本的收益。乡村社群的发育，不单有利于促进乡村公共空间的发育，同时还能调动和积累社区发展所需的社会资

---

① 许纪霖：《民族情感与社群作用——关于非典危机的深层反思》，《学习月刊》2003年第7期。

② 许纪霖、黄万盛、杜维明：《当前学界的回顾与展望——许纪霖、黄万盛、杜维明三人谈》，《开放时代》2003年第1期。

本、文化资本，促进农村社区发展。

（2）超血缘、地缘、情缘、业缘的社群形成，对村落治理能够发挥积极的作用

中国缺乏现代化社群的观念。儒家有社群观念，但它的基础是宗法家族、地域和文化传统，这些社群的观念，是在一个流动有限的农业社会中发挥作用的。如何在人口高度流动的现代化社会中重建社群，并且与现代人的权利观念不冲突？[①] 在乡村社区，超血缘、地缘、情缘、业缘的社群形成，可以避免传统村落治理存在的一些消极因素，发挥积极的作用。

（3）制约国家，为个人提供价值和归宿感

在发达国家的社会生活中，社群具有重要的意义。有学者甚至认为在美国感受最强烈的不是自由与民主，而是社群。美国的经验告诉我们，在个人和国家之间，还有社群。社群有各种各样的，有按照利益结合起来的，有共同的价值观作为纽带的，有地域性的、社区性的、行业性的，也有价值性的、兴趣性的。美国社会的特点并不是它众多的结社出于“共同的关怀”，而在于它的结社的多元化和多样化，以至于任何一个社会团体如果不与其他的团体妥协合作，就无法保障自己的利益。[②] 在我国广大的乡村社区，乡村社群同样扮演着重要的角色，村民的权益往往靠个人的努力无法得到保障，多元化的乡村社群可以为个人提供价值和归宿感。

公共事业的发展是新农村建设的重要方面，这需要与之配套的社会文化基础——社群。在农村社区，社群不单是村落历史文化的传承者，还是作为村落文化资源的支撑和村落发展的重要基础；同时，社群也是村落文化活动开展的重要基础。显然，多元社群形成的社群网络资源能使村落健康发展，它具有以下优势：①乡村的现代化适应的媒介；②加强与国家、市场的联系；③对乡村治理和发展公共事业具有积极的作用；④对乡村生活具有重要的意义，如为社区生活提供服务；⑤在乡村社会文化变迁的背景下，社群对传统文化的承载具有重要意义。

---

① 许纪霖：《民族情感与社群作用——关于非典危机的深层反思》，《学习月刊》2003 年第 7 期。

② 东来：《对社群概念的进一步讨论——与许纪霖先生对话》，《开放时代》2003 年第 3 期。

结　语

乡村社区的发展不仅是经济的发展，也是经济、社会、文化和自然的协调发展，若忽视了这种协调性，就会造成社会的不可持续性问题，损害经济增长，甚至有更严重的后果——信任的瓦解、人际关系紧张、精神空虚等等。在J村，众多的文化社群，承载着厚重的屯堡社区传统文化，使村民的生活丰富多彩，也让村民对生活获得了意义和价值的表达。这一个案还体现了现代乡村社群功能的拓展，展现了现代乡村社群应起到的作用——连接了村落与市场，连接村落与外部资源，形塑有文化、懂技术、会经营的新型农民。同时，通过对乡村社群功能的考察，我们可以看到，乡村社群在社区和谐发展中是不可或缺的，如何引导、培育乡村社群，不单是新农村建设、农村社区和谐发展需要研究的课题，也是亟待思考探究的难题。

乡村传统组织资源在新农村建设中的作用探析

——以贵州安顺“屯堡第一村寨”九溪村为例

吴　羽

一、研究背景

历经六百多年积淀下来的屯堡文化是贵州省安顺市独具特色的汉民族地域文化，属目前国内最具特色的汉民族亚文化。九溪村位于安顺市西秀区，是一个行政村，有一千余住户，四千多人，是活态的屯堡文化保存最为完整的村落之一。

屯堡村寨明显有别于其他的汉族村寨和少数民族村寨，传统文化资源仍然起着较为重要的作用，具有极强的凝聚力和资源整合力。“明初大规模军事移民的国家行为，伴随着文化移植和文化认同的过程，国家观念通过文化传播深入民间社会，同时民间信仰起了社会整合作用。文化在国家和社会二者之间架起了沟通之桥，不仅参与了移民社会的建构，而且产生了一种令人震撼的力量，延续至今。”[①] 在九溪等屯堡村寨中，传统的组织资源在国家与村落社区的关系中，在村落社区社会结构的稳定上，在屯堡文化的传承、建构和族群的认同中，同样起到了重要的作用。这些组织资源并不是一成不变地恪守传统，只能对现代性的因素做出消极的反应，而是可以在传统与现代的碰撞过程中，经过接触、解读、消化、吸收与转化，不断地适应社会的发展，在传统资源与现代发展之间找到很好的结合点。

已有的组织研究，如较为经典的韦伯式的“科层制”组织理论、米歇尔斯提出

① 万明：《明代徽州汪公入黔考——兼论贵州屯堡移民社会的建构》，《中国史研究》2005 年第 1 期。

的“目标替代”理论等主要是对现代组织进行的研究，缺乏对乡村传统组织资源的深入研究。我们认为，这种理论缺位不利于农村的建设与发展。为了探索农村传统组织在新农村建设中的作用，本文力图通过对贵州安顺屯堡村寨——九溪村的个案分析，阐明农村传统组织资源及其在建构乡村和谐社会中的作用方式与途径。

二、九溪组织资源及特点

1. 九溪组织资源

在九溪，存在着一个以诸多功能不同的、内容丰富的组织为基本构架的组织系统。除了政治行政组织如村两委外，主要有以下几种类型的组织。

A. 宗教组织：佛事会，以庙为单位，九溪村的三处庙宇共有三个佛事会，每个佛事会均有数量不等的几个“老佛头”，并以此为核心形成“参佛”妇女自己的组织。

B. 文化娱乐组织：地戏队、花灯组、秧歌队、舞龙队、山歌组、篮球队等。

C. 经济互助性组织：外婆会、老人会、四老会、喜事会、钱会、建筑工程队、养殖协会。

D. 互益性兼社会公益性的民间组织：老协会、青年联谊会。

E. 互益性兼经济公益性的民间组织：屯堡文化研究会。

F. 临时组织：指平时不以组织形式出现，只有在有特殊任务或目标需求时专门组建的办事机构。如每年为迎春会和河灯会举行而成立的运作班子，或村民们为办丧事而成立的“治丧委员会及执事班子”，等等。

九溪的组织资源既有从历史上传承下来的，也有在新的历史时期，通过传统与现代需求整合而成的组织资源。比如地戏组织、宗教组织等是九溪原有的组织，而老协会、屯堡文化研究会等组织则是在新的形势下，由传统资源发展而成的。从来源上看，九溪的这两种组织资源均源自传统资源，并且在传统资源的基础上不断衍生而成。其依托的主要是传统的社会基础和文化网络，因此，我们可以将九溪的组织资源均称为传统组织资源。这些组织的产生、运作、规章制度、成员之间的关系、组织合法性和社会评价等方面均是基于村落内部个人、家庭、村落和族群的需求，并由此形成了一套较为完整的运行系统。

2. 九溪传统组织资源的特点

九溪的传统组织资源不但极为丰富，而且具有较为典型的特征。

首先，结构完善。九溪的内生性资源是结构性的，包括了社会、经济、文化、生活等各个方面的内容，而且相互之间形成有机的联系，可以解决社区内不同人群所面临的诸多问题，使得村落社区内部具有较大的自足性。同时九溪的内生性组织资源是一个相对村落而言的宏观、中观、微观相结合的有机结构。宏观部分主要是屯研会、老协会等组织，可以整合社区内部资源和吸纳外部资源；中观部分包括地戏队、花灯队、佛事组织等，可以协调村落内各个群体的相互关系；微观部分包括钱会（帮扶会）、老人会、“换气”等组织，可以解决家庭生产和生活中出现的困难，如婚丧嫁娶等私人事务。这样一个宏观、中观、微观相结合，立体构架的资源系统，既能解决村落社区较大的问题，又能解决部分群体的问题，也能介入社区中个体的事务，可以对村落的方方面面进行建构与整合。

其次，类型丰富。从性别上看，男人的组织有地戏、花灯，女人的组织有佛事活动组织、秧歌队等。从年龄上看，老人有老协会，儿童有仪仗队，中年人有地戏队、花灯队、篮球队、建筑队等；妇女的秧歌队也分为老年队和青年队。从社区内部的小区域来看，一般都有各片区的民间组织，例如九溪，三个片区的大堡、小堡、后街，各有自己的地戏队、秧歌队、佛事组织，这些类型化的组织使不同的人有所归依，而且类型不一，还可以互相帮助。

再次，功能全面。围绕“核心家庭——村落社区”的社会结构特点而生成组织及功能。例如，围绕家庭生活中重大事件、需要社会性帮助的方面，均有相应的“会”进行制度性保障。妇女生小孩，有“鸡蛋会”送来的贵重食品；家中有人结婚，早有本人或父母结好的“喜事会”资金垫补；盖新房、上大梁可预先约起“钱会”做基础；老人去世，更有“四老会”“外婆会”“老人会”出钱又出力的参与。在生产方面，男人如经商需要或要做小额的项目投资，有各种“钱会”机制响应。妇女在家做农活，在农忙季节，有长期换工形成的“换气”小组搞突击。这些功能组织井然有序地面对村庄中一家一户的突发事件、重大人生礼仪和日常生活需要，再大、再难的事于村庄已有的组织机制和经验等资源而言，都只不过是照章办理。九溪村近千户人家有“来会”组织七八十个，一般的人家“在会”多则六七个，少的也有一两个。这些具有生产和生活互助功能的自治组织，成为村落社会结构的必要组分。

最后，动态发展。九溪的内生性组织资源并非一成不变，而是随着发展不断被建构，外部资源在适当的情况下，在其文化的精神内核不变的情况下，可以由村民有选择地进行调整。比如屯堡研究会、篮球协会等就是九溪在现实社会的发展进程中，在原有的组织资源的基础上，产生的具有更大调控功能的组织，这并不是“新”的组织，而是将传统的社会资源以新的形式展示出来，是传统资源在不断适应社会的发展中进行自身的调整。这种调整是一种文化适应、文化调适的结果，它使得九溪组织资源的作用得以彰显。

三、九溪传统组织资源的运行机制及功能分析

1. 九溪传统内生性组织资源的运行机制——自组织机制

A. 社区活动表征的组织运行机制。

九溪的社区组织活动主要有三类：第一类是周期性的民间民俗节日庆典活动，如正月初九的“抬亭子”，七月间的“跳米花神”“河灯节”等活动。第二类是村内较小型，但仍经常举行的民间仪式活动，现如今屯堡妇女每逢斋日在村中举行的以坐忏、拜佛和村民家庭婚丧嫁娶、生育、建房、读书、当兵等为主题的重大仪式活动。第三类是欢迎或告别仪式，一般是为外来者到来或告别而举行的盛大仪式。

2000 年以来，九溪举办的大型活动已经有几十次。其中规模最大、影响最大的当属 2002 年的“大拜年”活动。2002 年正月初十，九溪村向安顺市公安局递送申请报告，正月十一开始准备，正月十二就到安顺城区进行“给安顺人民拜年”大游行。游行有四十多辆车，近两千人参加，调动了舞龙队、学生鼓乐队、青年妇女秧歌队、老年妇女秧歌队、老协会女会员队、三个地戏队、花灯队、佛事会等相关组织，组

成了安全保卫组、总务组、后勤组、计财组、编导组、纸扎组等活动功能组织，其资源整合能力令人惊叹。九溪之所以能在短时间内组织这样一次大规模的活动，不仅在于九溪全体村民的大力支持，老协会的全力配合，更在于九溪传统组织资源发挥的巨大作用，通过九溪的各种组织整合了全村的资源。

在九溪村热闹非凡、井然有序的各类活动背后，从参加活动的个人身上我们总能发现“组织”的因素。正是九溪村比较健全的组织系统，涉及政治、经济、宗教信仰、社区娱乐、社会互助、行业及发展等各个方面，全方位地对应、服务于社区人们的各种需要。正是在由各类组织单独或联合主持的社区活动中，我们看到，每个人在组织、在活动中的位置，组织的人力和资源配置方式，似乎已经形成了一种“潜规则”，使九溪的组织具有强大的凝聚力和整合力。

B. 组织的运行机制——自组织机制。

九溪组织的运行动力主要源于九溪内部，针对这样的特点，我们用“自组织机制”概念对九溪的组织运作进行分析。[①]“自组织机制”概念源于自然哲学对复杂性系统核心运行机理的表述，它认为：“自组织系统无需外界指令而能自行组织、自行创生、自行演化，即能自主地从无序走向有序。而他组织恰好与自组织系统相对应，是指那些不能自行组织、自行创生、自行演化，即不能自主地从无序走向有序，而只能在外界指令的推动下组织和演化，从而被动地从无序走向有序。一般而言，自组织系统的演化要优于他组织系统的演化：自组织系统的演化动力在系统内部，是系统内部子系统的相互作用推动了系统的演化，因此，系统整体和内部各个子系统都具有活力。”[②]我们将演化动力在系统内部，由系统内部子系统的相互作用推动系统的演化，使得系统整体和内部各个子系统都具有活力的机制称为“自组织机制”。在九溪，所谓自组织机制就是村民在共同生活中所内生出的一种组织运行机制，它通过村民对村落事务的自我组织、自我管理，调集并整合资源，以实现村落的自我目标。九溪传统内生性组织资源的运行机制——自组织机制，通过自身对内部资源的整

---

① 杜应国先生于2003年首先提出此看法。

② 高春凤、朱启臻：《自组织视角下的农村社区合作组织》，《理论导刊》2006年第9期。

合，形成结构性的整合力，使内部分散的资源形成有机的组合，其能量不是资源的简单相加，而是呈级数增长的趋势，从而全方位、系统化、结构化地对村落社区的内生性资源进行整合。比如九溪的“大拜年”活动，表面上看只是九溪各个组织的一次联合展演，但其影响显然要大于各个组织展演本身。

学界一般认为中国的农村普遍缺乏有利于村落发展的自组织机制，村落的发展多数是依赖于外部强势资源的导入来推动。但这种导入基本上没有考虑村落内部的文化网络和社会基础，因而效果不是很明显。而像九溪这样的村落，其自组织机制的作用表现在村民能够整合村落内部的相关资源，通过自我组织和自我管理来实现村落的自我发展。当国家外部强势资源正向进入时，这种自组织机制有可能被激活与被放大，进而帮助村落突破原有的效能边界，实现更大的发展。九溪的自组织机制承担了村落的多种事务，并且每一次活动所累积的资源又促使民间组织功能的完善和发展。同时，根据村落自我发展的需求，自组织机制又能衍生出相对应的民间组织，使村落内部的组织系统趋于完善。

2. 传统组织资源的功能

九溪传统的组织资源对九溪村落社区的建设有着重要的作用。这种资源不但整合了村落社区内部的资源，而且促进了外部资源的引入。其主要功能如下：

A. 勾连了家庭、村落、族群，加强了族群认同，促进文化传承。

九溪内生的传统组织资源勾连了家庭、村落、族群，加强了族群认同，促进了文化传承。丰富的组织资源满足了社区内各家庭、群体的利益需求，每个人、每个家庭、每个群体均能在不同的组织找到自己的位置，找到自己意愿表达的空间，从而加强对社区和族群的认可。各种组织通过“个人—家庭—社区—族群”的勾连模式，将社区利益进行了升华，任何个人、家庭、群体的利益指向都必须与社区的利益指向相一致。

比如地戏组织，在个人层面上，地戏组织成员在村落内部的社会地位较高。在家庭层面上，地戏组织要为村民修房建屋“开财门”，保佑大吉大利。地戏组织成员所在的家庭有事、有困难，大家都上前帮忙。他们当中不管是谁生病，大家都会凑钱去看望，他们的家庭若有纠纷，大家都前来调解。屯堡社区中，一户人家只要有一个人在跳神，人们对这一家的评价都比较高。在村落社区层面上，当本片区的佛事组织做“会口”时，地戏组织要提供后勤服务以及参与村落的其他事务。在屯堡族群层面上，有时候地戏组织要到别的屯堡村寨进行地戏表演，以及在表演过程中举行“姑妈挂红”仪式等，要为不同的屯堡村落之间的和睦相处做努力。屯堡组织将家庭与社区、历史与现实、仪式与情感、角色与整体整合为有血有肉的有机整体，创造着、绵延着这生生不息的群体社会。

B. 九溪组织的多样性或差异性促使社会结构更加稳定。

九溪的组织资源是互为构建、互为补充的，多样性促使社会结构更为稳定。九溪内生性组织资源的差异性形成了结构性的互补，促进了村落社区的和谐发展。

“组织在资源环境里彼此竞争，如果它们失败了就消失，或者（如果可能的话）迁移到一个它们能够生存的新的资源环境里去。”[①] 九溪的多数组织之间都存在博弈现象，通过博弈而产生的社会舆论形成一个自发的修复机制，使得不适应村落社区发展的组织自行消失，生存下来的组织则形成更好的结构，并进一步推进村落社区的和谐发展。如九溪三个片区的地戏博弈，没有使任何一个片区放弃地戏表演，而是通过对地戏剧目、剧本等方面的修改与完善，通过积极参与村庄的公共事务，使地戏文化得以更好地传承，也促进了屯堡社区更加和谐。

C. 整合社区资源，促进外部资源的利用。

各种组织在屯堡社区中扮演着不同的角色。屯研会、老协会的精英们是屯堡社区活动的策划者、组织者，地戏队、花灯队、舞龙队、秧歌队等组织则是屯堡社区活动的实施者。大众群体从表面上看只是众多活动的“观众”或“看客”，实际上他们才是九溪屯堡社区活动最重要的组成部分，因为这一群体是屯堡社区规则与秩序的制定者和所有活动的主体。当组织能够代表村落社区及大众的利益时，其合法性得到认可，村落社区内部的资源便会得以整合和利用；当组织不能代表社区利益时，

① 特纳：《社会学理论的结构 上册》，邱泽奇等译，华夏出版社，2001，第 117 页。

大众会通过社区舆论的方式，对其进行干涉，甚至重新选择，村落社区内部的资源便会得以重组和更新。各个组织在屯堡社区的活动或事务中都起着不可或缺的作用，只不过受到各种因素的影响，它们以不同的方式在不同的层面上发生作用，从而最终促进了村落社区内部的各种资源和力量的整合。另一方面，组织代表社区与外部世界进行了有效的勾连，促进了社区内部资源和外部资源的双向融合，提高了对外部资源的利用能力。

D. 弥补正式组织的不足。

九溪村自发性民间组织的产生、发展源于其拥有的历史文化资源、社会基础及其产生的自组织机制。因此，对于乡村建设而言，其“传统资源”能够更好地使村落真正地实现自我组织、自我教育、自我服务和自我发展的现实需求。九溪和一般的村落一样，需要具有一定独立性和自治性的民间组织来弥补国家权力和法律无法规范和约束之处，起到维护社会稳定的作用。民间组织既能促进村落发展，又能改变村两委的领导方式，提高治理效率，这些组织对九溪村落社区规范及秩序的形成和制度化有着重要的作用。

四、乡村传统组织资源对建构乡村和谐社会的启示

九溪的组织及其运作告诉我们：在农村的传统和现代之间，并不存在不可跨越的鸿沟，相反，充分利用传统资源，可以实现传统与现代的正向融合和共生发展，从而能更好地促进乡村建设。九溪村在这方面的经验给我们带来了诸多启示。

启示之一：传统组织资源是乡村的社会基础和文化网络与外部资源联系的纽带，是促进乡村社会稳定发展的平台。传统组织资源是在乡村社会的社会基础和文化网络的基础上形成的，传统组织的特质被社会基础和文化网络所规定，且要为社会基础和文化网络服务。正是因为如此，传统组织资源获得了天然的“合法性”，从而具有极为强大的生命力和整合力。但是时下的乡村建设似乎更强调外部资源的进入和村寨正式组织的选举，而忽视农民的自身组织及其在乡村发展中的作用，使得乡村建设缺乏本土资源的有力支撑，削弱了乡村建设政策、资金的作用效能。正如杜赞

奇所言："因为'现代化'过程中的国家政权完全忽视了文化网络中的各种资源，而企图在文化网络之外建立新的政治体系。在'现代化'意识形态偏见影响之下，国家政权力图斩断其同传统的，甚至被认为是'落后的'文化网络的联系。其结果必然是，尽管乡村精英领导有与国家利益结为一体的雄心，但文化网络在国家范围内赋予乡村精英领导作用的能力却在丧失。"[①] 其实，在我国广大的农村地区，许多乡村都和九溪一样，都有自己的内生性传统组织资源，只不过这些资源不如九溪村的资源那样被特别地凸显出来，常常处于被忽视的闲置状态。只要将这些组织资源充分利用，搭建起使乡村社会基础和文化网络与外来资源相对接、沟通及整合的一个良好的平台，就一定会促进新农村建设的健康发展。

启示之二：传统组织资源在维护乡村的稳定与秩序、促进村民进行有序的政治参与方面有积极作用。传统组织资源是在村民需求的基础上产生的，可以收集组织成员的意见，实现政府与个体成员的有效沟通，扩大社会成员对政治的有序参与，减少、化解社会矛盾，实现社会的稳定。而这些恰恰是现存的正式组织难以做到的。传统组织资源可以使村民在互助互惠、情感相依、精神寄托等方面有"根"的依托与"家园"的指认，对维系农村社会的稳定与秩序，建设社会主义新农村具有积极的作用。

启示之三：传统组织资源具有有效的社会动员能力和社会组织力，能在很大程度上弥补正式组织的不足。目前，在新农村建设过程中，由于更重视外部的资金、管理、技术等现代性资源，导致了现代化对农村传统文化的强大冲击，诸多农村社区出现了经济、社会、文化发展的失衡，导致了大量农村村落社区的社会整合力、动员力的弱化。目前，农村建设迫切需要提升社会动员力，以使新农村建设得到更深入和可持续的发展。农村传统组织是由村落发展需求产生的，依托的是传统的社会基础和文化网络，在社区内具有天然的"合法性"，所以能够更有效地动员乡村社区的社会力量和社会资源，满足乡村建设中提升社会动员力的迫切需要，更好地促进新农村建设的健康发展。

---

① 杜赞奇：《文化、权力与国家——1900—1942年的华北农村》，江苏人民出版社，1996，第235页。

启示之四：传统组织资源的监督与博弈机制对新农村建设有着重要的作用。目前农村建设中往往缺乏有效的监督，如外来资源、社会福利等。新农村建设过程中引入的现代化外部资源、社会福利运作体系往往要求配备能体现现代民主的诸多条件，如有效的监督等，而目前乡村建设中却恰恰缺乏有效的监督。具有本土化特质的传统组织资源凭借对村落社区活动的充分了解，依托传统组织本身具有的博弈与监督机制，更能有效地对相关的事宜进行有力和直接的监督。

另一方面，具有本土化特质的传统组织多由本土的村民或村民代表组成。村民们的各种政治民主诉求可以通过组织得到表达和实施。这样，传统组织就满足了外部资源所要求的诸种条件，促进了外部资源的效能发挥。

总之，传统组织通过有效的监督与博弈，可以调节社区内部人与人的关系、家庭间的关系，调节社区内部政治、经济和文化的协调发展；可以使农村更好地面对现代化的冲击，能使农村社区更好地承接国家政策、资金对农村的渗透与输入，促进新农村建设的有序、健康发展。

参考文献

[1] 孙兆霞等．屯堡乡民社会 [M]. 北京：社会科学文献出版社，2005.

[2] 周雪光．组织社会学十讲 [M]. 北京：社会科学文献出版社，2003.

[3] 程同顺．中国农民组织化研究初探 [M]. 天津：天津人民出版社，2003.

[4] 徐秀丽．中国农村治理的历史与现状：以定县、邹平和江宁为例 [M]. 北京：社会科学文献出版社，2004.

[5] 仝志辉等．农村民间组织与中国农村发展：来自个案的经验 [M]. 北京：社会科学文献出版社，2005.

[6] 王铭铭．村落视野中的文化与权力：闽台三村五论 [M]. 北京：生活•读书•新知三联书店，1997.

[7] 杜赞奇．文化、权力与国家：1900—1942 年的华北农村 [M]. 南京：江苏人民出版社，2018.

“弃新复旧”：村寨旅游开发中的新景观

——以贵州省平坝县天龙屯堡为例[①]

陈玉平

当村寨作为旅游点进行开发后，最明显的变迁便是民居和相关建筑等静态的景观。村寨已不仅仅是村民日常生活的空间，同时又变成了一个旅游目的地，其空间性质发生了改变。村寨对于当地居民来说，是他们生产、生活的空间；对于游客（作为消费者、异乡人、城市人）来说才是“景观”与“风景”。游客从审美的（aesthetic）角度而非实用的（practical）角度来看待村寨及建筑，所以景观（landscape）是从“他者”立场所建构的概念。作为旅游点的村寨正是以游客（他者）为导向，完善村中的旅游设施，修建新的景观，以满足游客的需要。游客事实上把村寨作为休闲娱乐的场所，他们来到这里体验田园风光和民族风情。而对本地人来说，他们的住房、村庄，并不是作为风景来看待和观赏的，而是与他们生产和生活密切相关的。

我认为，由于天龙屯堡进行旅游开发，村寨在“传统景观”和“现代景观”的基础上出现了人工复原或仿古的景观。在主观上，人们想修复和保持屯堡村寨及建筑景观的古旧面貌，但由于受多方面因素的影响，这种行为却创造了一种特殊的、新的景观。

一、天龙屯堡村寨及建筑概况

天龙屯堡古镇地处贵州平坝县境内，全镇有1250个住户，5000多人口，全为

① 2004年8月我（陈玉平）对郑锦贤先生的访谈材料。

汉族（屯堡人）。天龙村位于天龙镇政府所在地。这里有天龙中学、天龙小学。贵（阳）黄（果树）公路开通前，这里是贵阳至安顺的必经之道，交通便利，贵昆铁路亦从村旁经过。据天龙《陈氏族谱》称，天龙原称“饭笼铺”。入黔始祖陈典，故居为应天府都司巷高坎子，时任通政大夫。洪武十四年“调北征南”，举家随军入黔，在西进途中仍然负责军政公文、邮务传递。时在平坝卫与普定卫之间大量屯田，创设两个站铺，陈公与同来的张、沈、郑三公遂协力共创饭笼铺。先划拨有“火把田”（官田）约20亩，岁收稻谷20石做站铺驻守人员生活之用，然后于村北建塘房五间，做公文交接及过往官员食宿之所。又于其左围杆山（烟堆山）建风火台一座，于龙洞坡之小屯筑碉屯兵以监控南面动静，于大井旁垒营盘做练兵演武之用。并沿龙眼山、大河山、铺头山、龙洞坡一带开垦出一片长方形土地，状如一个饭笼，故以“饭笼铺”名。四姓便“插标为记”，依次为沈家园、张家园、郑家园、小井园（陈姓），陈姓又发展到大井园、新房园及哨上3处。按明制，站铺系卫所邮传系统，若再细分，转送粮饷者为站，传递军报者为铺。饭笼铺隶属于平坝卫，其主要功能当然是邮传，包括军情，故筑有烽火台；也有瞭望防御功能，有驻军，故有营盘。其供给，除划拨官田外，也要开垦屯田。①

天龙屯堡民居的坐向，既有朝南的，也有朝北的，并不完全朝一个方向，而是以村中的小河为中心进行布局。天龙屯堡有一条横贯东西的主街道，其他多是南北向的小巷道。天龙的老房屋集中在九道坎。这里的房屋有燕窝式建筑，有三合院和四合院建筑。墙上有许多孔，用于射击和观察敌情，有很强的防御功能。过去建房时，大多用较大的石头砌墙，一般要砌三尺厚的墙根，后来改用砖砌，或者墙体下半部为石头，上半部为砖——具体根据主人家的经济条件而定。虽然一般来说买砖比较贵，比使用石头的成本高，不过砖的承重量小。传统建筑都是石木结构，墙体是用石头“干砌”，不放灰砂，内部结构则为木架。

较大的家族建有祭祀用的祠堂，现在尚存郑家宗祠、陈家宗祠。这里有一座寺

① 范增如：《安顺屯堡史话》，《安顺师专学报》2001年第4期。

庙叫“三教寺”，集佛教、道教和儒教于一寺。距离天龙1.5千米的天台山上，是建于1590年的五龙寺（2001年批准为全国重点文物保护单位），寺庙建筑群是屯堡建筑的典范。天台山背后有明朝军队的兵器加工场遗址，烟堆山有明代烽火台残垒，清朝“咸同之乱”时修建有垛口、炮台、瞭望哨的龙眼山屯残垣尚存。天龙屯堡村寨及建筑一直处于变化之中，改革开放后所发生的变化最快。从建筑形态上说，尽管经历了漫长的历史岁月，一部分老建筑保存了下来。但随着村民收入的不断提高，许多村民对旧房屋进行了改造，房屋式样、结构、材料都突破了传统的屯堡建筑。如不再建合院式房屋，完全没有了战争防御的功能；内部不再是纯木结构；房间结构也与以前大为不同。建筑材料由过去的石、木转变为石、水泥砖、烧制的红泥砖。房屋的墙体不再用不规则的石块砌墙，而将石块打制成宽、高相等的规则的方形，然后用水泥做辅料砌筑；有的人家也会用购买来的水泥砖砌墙；有的人家则用烧制的泥砖。房顶或用规则的薄石板盖，或用钢筋混凝土建成平顶。有的人家对墙面进行了装饰，大多贴上白色瓷砖。不过仅装饰房屋的正面墙，房屋两侧及后墙大多不装饰。

二、旅游开发后天龙屯堡村寨及建筑的变迁

天龙屯堡自2001年开始进行旅游开发，由三人投资，成立贵州省平坝县旅游投资开发有限公司（2006年该公司改名为贵州省平坝县天龙旅游投资开发有限公司）。公司成立后面临一系列问题，首先是如何得到村民的支持，因为村寨及村民建筑的产权不属于旅游公司。在这种情况下，公司探索了一条路子，即“政府＋公司＋农户＋农民旅游协会”，理顺了各方面的关系，尤其是让村民参与到旅游开发中来，并从中获得收益。这一模式受到广泛关注。

自旅游开发后，村中的绿化、街道都发生了较大变化。在原来的基础上完善或新增了一些基础设施，如修整了村中的水沟，新修了沟上的小拱桥，村中的路面铺上石板。过去，村中的主路也是石头铺的。桥是石头搭成的，没有拱。原来路旁有一个大塘，位于井坎（“屯堡客栈”的门口）。20世纪80年代中后期，修整了河道，

填水塘了，砌起了河道的堡坎。

后来村中的路面打了一道水泥，用石头把底下的路盖了，再后来在石头上铺上一层水泥。开发旅游后，又重新用石板铺路面。原来河道上的桥为平桥，中间一个石墩，用厚条子石横担在河道上。在2002年改造的时候，河中不再搭桥墩，统一建成拱桥。

天龙屯堡最大的改造项目是民俗馆（原天龙小学）。这里本是文物保护单位，有礼堂、教室、图书楼、宿舍楼、伙房等，至今仍然保留着明末清初的四合院建筑风格，为屯堡人典型的石木结构建筑。民俗馆是旅游公司与学校置换来的，公司另给天龙小学建了一栋40多万元的教学楼，2003年花了10万元来翻修民俗馆，更换了楼板，房顶换了新石板，院子内铺砌了十字形路面。

为增加景观，村子入口处新修了几个门楼，建了茶房。茶房内还有身着明代“凤阳汉装”的屯堡妇女当炉烹茶，用老式陶碗给游客免费提供茶水。后来农民旅游协会与村民协商，让公司租用主街道旁的废旧地基，并修建“劳作坊”。村寨东面是规划中的住宅新区，现在陆续有人往新规划的区域建房子。但因修建这些房子会占村民的农田，有一些问题尚待解决。村中的主街道，除了修路面及用石头砌“河帮”（即河岸）外，并没有多少变化。原来河水很脏，是条臭水沟，以前有很多鱼，后来河水变脏后就没有鱼了。旅游开发后，整治了两次河道，第一次是2001年，弄得不成功，2002年又重新弄一次。原来管子堵塞大，水都往外流，不往里面走，河床上没有水，河床上的水都流到管子里面去了，一堵全都是污水。2002年由当地政府拨款10多万元，重新修整了一次。村中的建筑已发生了一些变化，比如，地戏艺人陈先松家屋面贴上小石板，和原来的建筑不一样了，原来是砌石块，现在墙面上贴石块，墙是用砖砌的，但山头（即房屋的两侧）和后墙是用石头砌的。

屯堡建筑是该村寨最重要的旅游景观之一，但村中在改革开放后新建了不少砖房，房顶变为钢筋混凝土的平顶，正墙面贴上了瓷砖。为了保持传统建筑景观的一致性，农民旅游协会通过与村民做思想工作，将墙面的瓷砖打掉，重新贴上石板，每平方米补助15元。据农民旅游协会会长郑锦贤先生说，2003年天龙村的人均收入比上年提高了 300 元左右。村民由于从村寨旅游开发中得到了实惠，所以对房屋的改造给予支持。但因涉及面太宽，对新房屋的改造分“当街”和“背街”两步走。村寨旅游线路两旁的新房屋，先集中改造，背街的，不在旅游线路上的，放在后面来治理。我们在调查时，看到另外一种改造方式，即用带树皮的杉树条来覆盖墙面，使房屋外观显得古朴一些。旅游开发后新修的房屋有了规定和要求，如用石块砌屋墙，或在砖墙外面贴上石板，但各家的建筑式样和结构差异较大。

三、天龙屯堡村寨及建筑景观的“弃新复旧”

为了开发旅游，当地人试图让自己的村寨在整体上保持其传统性和古旧性。然而，在现代化和全球化语境中，这是相当困难的。屯堡村寨的聚落模式、公共设施、建筑材料、房屋式样与功能随社会的发展而发生了变化，并逐步趋向城镇化。无论怎么保护，只要不是放置在博物馆里，而是以活态的形式存在，它就要发生变化。当然，通过一定方式确实能在某些局部或某些层次将文化的传统面貌保存下来，但不可能保存一个民族或族群的文化整体。

古旧景观的复原只是局部的、人工的，以旅游为目的的。景观的保护和复原是为了他人，而不是自己，当然从一定程度上看，是为了保存祖先创造的文化遗产，同时通过旅游开发获取一定的经济收入。村寨作为人生活于其中的活态空间，复原本身就是一种特殊形态的变迁，而且不仅仅是复原，也增加了不少设施，这样村寨更具有主题公园的特点。

天龙村为天龙镇政府所在地，村寨东侧是天龙中学，北侧是繁华的商业街，加上各个家庭经济收入不一，整个天龙村呈现出相当的异质性。而从旅游开发或文化保护的角度，则是企图保持村寨景观的同质性。

为了维持文化遗产的原貌，在旅游开发中往往将文化遗产的集中地划定范围，对之进行公园式开发和管理。从村寨的总体景观上，就有了传统文化遗产保护区和居民新区的划分。由于老房屋是村民个人私有财产，不是村寨的，更不是旅游开发公司的，村民是否愿意配合，取决于村民参与旅游的程度以及从中获取利益的多少。

正因为如此，我们看到许多村民在传统民居区建起了新房子。各方人士对此持严厉的批评态度。事实上，很多人以“客位”的立场来看待屯堡村寨，而不是从村民的角度来考虑问题。其次，一些屯堡村寨的管理和开发还没有到位，要避免修建新式房屋破坏原来的景观，那就要为村民考虑建新房的地点、购买新地基的费用或补贴，还要考虑传统建筑的自然衰朽问题。保护需要资金，而开发更需要投入，并要考虑收益。现实情况是：并不是有保护价值的建筑和屯堡村寨都能进行有效的保护，都能获得开发的效益。贵州民族村寨的开发，其模式大致都是“主题公园式”的开发。“生态博物馆”也具有这种特征。主题公园式开发有一个基本明确的范围，有足够的资金注入，有相应的管理措施，有在短时间内经过编排、压缩的表演节目，有餐饮、住宿甚至娱乐服务，村民要在旅游开发中获取一定的经济收入。

在中国经济社会文化变迁的大背景下，没有作为旅游点开发的另一个屯堡村寨——周官屯（属安顺市西秀区刘官乡）也发生了巨大的变迁。但因地理位置较偏，道路条件不良等因素，没有进行旅游开发，但该村却以面具雕刻闻名于贵州省内外。周官屯村寨规模比天龙要大，保存下来的石头建筑比天龙更多。但周官屯缺少天龙的旅游开发条件。后者靠近贵阳至黄果树瀑布的高速公路，而且在镇政府所在地，投资商选择了这里。

周官屯因不是作为旅游景点进行开发，所以原来的屯堡建筑可以随意拆除，当然目前还有很多保存下来，因为一些人家还没有经济条件建新房。有条件的人家在村寨的外围已建起了许多新房。新房子大多是砖混结构，也有用打制成方块的石头来砌墙的（传统屯堡建筑以不规则的石块砌墙），屋顶是用钢筋水泥来浇灌的。有的人家建了新房，并不拆掉老房。新房子一般建在交通方便的地方，沿公路建，老房子用来搁置农具和储存粮食，因为新建房屋的地面和楼板都是水泥浇灌，存放粮食容易发霉。

天龙屯堡村寨的变迁具有一般村寨变迁所具有的特点，即随着社会发展、村民经济收入的增长，以及城市生活方式对农村的影响，村民陆续拆掉传统民居，使用新材料修建新式民居。要拆要建均是村民个人的意愿。但由于天龙作为旅游景点，其村寨和建筑景观又有着特殊的变迁方式，即“逆向”变迁：一方面尽可能地保持传统建筑，另一方面将旅游开发前新修的房屋和村寨设施进行复旧或仿古改造。如村中的河道按照江南水乡屯堡居民的来源地的模式来修建，试图营造一种小桥流水人家的景象。由于开发旅游后有了资金注入，于是就有了条件来修建和增加这些景观和设施，改善村中的环境，完善旅游设施，展现村寨的传统形态和历史面貌，同时也从整体面貌上使村寨保持一致的格调。不过这些新增的景观只是整个村寨景观的次要部分，或叫辅助性景观。尽管有不少人对这些新增的建筑和设施提出异议和批评，但这是作为旅游景点所必需的，也是对村寨的一种旅游包装。

天龙旅游公司和天龙农民旅游协会至今仍在致力于房屋的改造（将贴了瓷砖的屋面改为贴石板），但似乎还有一些人家保持着瓷砖屋面，不过，天龙农民旅游协会会长郑锦贤先生说：房屋的改造分几步走，先改主街道两旁的，再改那些不沿街的，而且要不断地给村民做思想工作。无论新房改造的结果如何，也无论这种改造具有什么样的意义，有一点是值得肯定的，那就是在旅游开发中逐步培养了村民的保护意识，相关的保护措施可以得到有效地实施。

总之，无论怎样仿古和复旧，都会使村寨增加一种新的景观，使村寨面貌更具有多样性特征。

四、屯堡村寨及建筑景观在旅游开发中的模仿与真实性问题

长期专注于贵州旅游与民族文化关系的美国科罗拉多大学地理系欧挺木（Timothy Oakes）博士指出：在村寨，中国旅游业的模仿特征体现得最深刻。村寨先复制自己，然后在“原始品”本身的实际地创造主题公园景点。对村民们而言，模仿在界定旅游开发的本质方面具有重要作用。村寨依靠自己模仿的模型来发展旅游。然而，对村民及当地旅游开发者而言，这种模式的重要之处在于复制是为了模拟“现代旅游景点”，即主题公园。这并不是复制“原始品”（“传统村庄”），甚至连体现“原始品”这一理念都未做到，只是复制了主题公园所代表的现代性；“真实再现”是在边远村庄内复制现代性。村寨主题公园，当然就可以简单地被看作旅游业需要对其产

品进行标准化而带来的产物。我认为，这样模仿就在他们头脑中根深蒂固了。其结果，对“真实性”这一概念的认识也就发生了变化。旅游业在这些村寨的发展，实际上是模仿现代性的表演。

在真实性与模仿之间，确有很多值得探讨的问题。彭兆荣教授认为，游客往往追求一种景观上的“客观性真实”(Objectiveauthenticity)，但事实上各地景观大多只具有“建构性真实”(Constructiveauthenticity)，即在对真实的建构中既包含了旅游行为本身的客观性，同时又浸透了一些其他因素，包括诸如想象、期待、偏爱、信仰、权力等，使之成为一个类似的“生产者”。以此为出发点，旅游中的真实性就包括了客观和主观的关系结构。这样，旅游中的“客体”也就事实上成了一种“象征性真实”。“客观性真实”是很困难的，主要原因之一是旅游活动渗透了大量现代社会“文化商品化”的东西和意识。“建构性真实”是按其原型再生产的结果，是对原始景观的“形象复制”，是“建构”出来的，因此，可以说是一种“真实的制造”。一方面，它被认为是对客观真实的概括性反映和再现；另一方面，它又在反映和再现的过程中进行着刻意的“制造”和“人为”的作用。① 天龙屯堡显然具备了建构性的真实。孤立地看，开发旅游的村寨破坏了真实性。但是如果我们对比一下，那些因交通不便、景观不具典型性、无人投资旅游开发的村寨，是不是就完全具备了真实性了呢？没有进行旅游开发的村寨也会随着其经济收入的增长及整个社会的变迁而发生改变。比如天龙屯堡附近的村寨，也许它们的发展比天龙屯堡慢些，但他们完全可以按照自己的想法拆掉旧房，修建新房。他们不必按照旅游景点的要求规范村寨的景观。如果把这种状况认定为真实的，那么，这种真实性对旅游有多大意义？

其实“复旧”的程度是有限的，基本上只体现在民居的建筑的外墙面和村寨内的局部景观。通过“弃新复旧”，使村寨及建筑景观保持古旧性和视觉上的完整性，不至于给旅客造成“不伦不类”或“不原汁原味”的感觉。

---

① 彭兆荣：《旅游人类学》，民族出版社，2004，第 159 页。

结　　语

在社会文化变迁的大背景下，各屯堡村寨都有相似的变迁历程，但作为旅游景点来开发的天龙屯堡，却有自己的特殊性，那就是努力保持传统屯堡建筑的原貌，对新修的建筑采取复旧的措施，此外，还模拟江南水乡的某些传统景观新修了一些村寨设施。这些复旧和仿古措施是一般屯堡村寨所没有的，这种景观的修建体现了天龙屯堡独特的变迁形态，它表现为一种“逆向”的变迁过程。这种变迁的意义在于企图使整个村寨的风格更加一致，是将村寨作为旅游产品所进行的一种包装。在修建的过程中，事实上包含了对游客要求的某种想象。它的出现为村寨增添了一种新的景观。

说明：本文在写作过程中得到美国科罗拉多大学地理系欧挺木（Timothy Oakes）博士的指导，谨致谢意！

面对凝视："屯堡人"的选择与适应

——对贵州中部汉族亚文化族群人际传播特征的人类学研究

陈　瑶

一、旅游·文化·被"凝视"

当今世界的极速发展使得各式各样的旅游逐渐成为人们的生活方式之一。在现代化快节奏的"压力"之下，旅游及与之相关的"高峰体验"或许只能在包含时间、精力、金钱等现代人无法挣脱的现实生活模式与不可多得之闲暇的夹缝中生存。

尽管真正的旅游无法在此一一述清，但我们仍能通过对旅游行为的考察，提出与旅游相关的诸多特性。其一即是，在充斥着金钱与物质的现代生活世界中喘不过气来的时候，越来越多的人渴望一种异样体验，一种有别于日常生活模式的心灵体验，即寻找具有差异的他文化。旅游——作为一种寻找他文化的行为，不可避免地具有了文化的特性。提供旅游资源的"地理"在文化研究里是一种空间的隐喻，"通过文化地理学的方式，文化除了被解释为其他的东西以外，还可以被理解为一种不同的空间、地点和景观的问题"[①]。川卡尔·索尔（1925）揭示出"文化"通过时间作用于"自然景观"并且形成多种形式的混合物（人口、房屋、生产和交往等）——结合起来即形成"文化景观"[②]。于是，我们可以将旅游行为纳入文化研究的范畴之内。约

---

① 阿雷恩·鲍尔德温等：《文化研究导论（修订版）》，陶东风等译，高等教育出版社，2004，第133页。

② 阿雷恩·鲍尔德温等：《文化研究导论（修订版）》，陶东风等译，高等教育出版社，2004，第139页。

翰·厄里竭尽全力将旅游列入文化研究日程。他认为，凝视是旅游经验的中心，通过符号建立的旅游者的凝视——通常指向那些与旅游者通常所遇到的不同的、富有特色的东西，而这些富有特色的东西被复制在照片、明信片之类的东西中，于是，更多的视觉活动支配或组织了体验的范围。[①]约翰·厄里将其所揭示的“旅游者的凝视”放置在可能到来的后现代社会或文化的背景之下。不论他所关注的“后旅游”（post-tourism）时代是否在发展之中，不论我们是否真正进入一个不折不扣的“后现代社会”，当今（现代）社会的旅游活动仍带有某些现代旅游或者延续着现代旅游的某些“后旅游”的色彩。在这样的凝视活动中，被凝视的符号是极其重要的，只是，由这些符号所建构出的新文化系统——可能已经，至少是部分失真。在空间所营造出的奇观性氛围和强大的视觉刺激的包围中，如果观看成为民主的（事实上必须是民主的），旅游者们或许也不再苛求其真实性，只要这种体验与日常生活具备了差异性，并为其带来某种奇观效应，让自己忘我地参与到这样一种“旅游游戏”中，真实可信——或许已在某种程度上变得不再关键。

当然，是否进入“后旅游”时代并非本文所涉及的范畴。聚焦国内，随着旅游的大众化与普遍化，“快餐式”旅游、走马观花的团队旅游等，都将这种以视觉实践为主体的旅游活动演绎得淋漓尽致。旅游的“符号化”倾向越来越明显，且不论这种“符号化旅游”是否对旅游及本土文化构成危机，这终究是现代社会无法规避且客观存在的社会现实。国内旅游的发展，终究也避免不了这种“符号化”倾向。媒体为文化景观建构出无数可供旅游者想象的文化符号：西藏苍茫的高原景象，宁静纯净的高原湖泊，藏民纯洁的笑容和对宗教的虔诚，等等——共同构筑了一种名叫“西藏”的文化意象，对旅游者来说，导游带着大家跳起锅庄舞就说明进藏了。在旅游手册中，乡村的田园牧歌式的想象，代替了其或许被看作的另外一面——单调、贫穷与落后。

如此看来，作为建构符号的旅游地一方，面对旅游者的凝视——这样的视觉凝视

① 阿雷恩·鲍尔德温等：《文化研究导论（修订版）》，陶东风等译，高等教育出版社，2004，第387页。

似乎不需要真实可信的深度体验，类似于演几场“原生态歌舞”的旅游游戏便简单许多了。但是，事实并非如此。旅游者的凝视不仅仅是“看”而已，他们会与所承载着独特文化的当地人进行沟通，无处不在的“传播”充斥着整个旅游活动。伴随着这种面对面（facetoface）的人际传播（interpersonal communication），双方甚至多方的文化开始了复杂的跨文化传播（intercultural communication）过程。在某种程度上说，符号仅仅是一个引子。

在国内旅游手册中，并不富裕甚至贫瘠的西部，更多的是表征着美丽与神秘。正是这种难以到达的神秘性，才将这种文化构建出不同于传统乡村现实的意象。在这样的背景之下，本文将进入贵州中部屯堡乡村，去探寻这样一种由多方完成的文化传播过程。

二、符号化的景观，“被凝视”的九溪

1. 走进九溪

位于贵州省安顺市西秀区东部的九溪村，距安顺城区 27 千米，总面积约 10 平方千米。九溪村是安顺市最大的村寨。从其地理区位上来看，九溪位于县道关（帝庙）双（堡）公路上，北距贵黄公路约 5 千米，南距 320 国道 21 千米，西面与雷（屯）九（溪）公路相连。九溪村由于与城市紧密相连，应是处于城乡中间地带的农村。除此之外，九溪置于贵州中部纵横交错的喀斯特地理环境中，又地处“交通线”与“田坝区”的交通要道①，地理位置上的特殊性既利于文化的保护，又因加强了文化间的沟通交流，从而为特殊文化的现代生存提出了更加艰深的命题。但是，正因

① 交通线，田坝区：如将贵州省安顺屯堡区视为一个自然地理单元，其内部的自然条件也略有差异。以中部老罗坡山脉为界，以北地区为浅丘槽谷地貌，主要交通线多经过其中，村镇密集，人口众多，与外界联系紧密，多以经商为主，称之为“交通线”；以南地区为丘陵盆地地貌，地势平缓，“坝子”数量多，面积大，可利用土地资源较多，故生产方式以农耕为主，成为“田坝区”。各个不同的屯堡村落因地理位置的不同（分别位于交通线上或田坝区内）而建构出不同的特点。

为如此，九溪却因保留非常丰富和典型的屯堡文化资源[①]，在300余屯堡村寨中脱颖而出，被誉为“屯堡第一村寨”[②]。

进入九溪，呈现出的是典型的物质文化符号与精神文化符号深受传统汉文化影响。在黔中喀斯特环境中，因地制宜地建筑房屋，并呈现出军事防卫特征的碉堡，显示出屯堡的建筑文化。屯堡服饰、语言、习俗都在九溪人身上最大程度地保存了下来。在所有屯堡村寨中，九溪村堪称民俗活动的聚集地，诸如有跳地戏、过河会、七月半河灯节、正月初九抬亭子等。从文化传承上来说，每年各种各样的民俗活动，同时也是传承传统文化、教育子女、加强团体凝聚力的机会。对于外界来说，这样特殊的、极富特色的民俗节庆，自然成为九溪的旅游资源之一。以九溪为代表的屯堡文化旅游区是对安顺原有的自然旅游资源的补充，九溪由于丰厚的历史文化、人文优势，在2002年完成的《贵州省旅游发展总体规划》中被评为A级资源[③]。如此看来，九溪在安顺屯堡旅游区中是占有重要地位的。

目前，九溪的旅游业尚处于初期，其与周边其他屯堡村寨（如云峰八寨、天龙等）相比，不但缺少专业的旅游公司进行规划，更缺少稳定的旅游团队市场，仍以个体旅游者、研究者或摄影发烧友为主。九溪虽然在贵州省（尤其是黔中地区）旅游文化资源中的地位不低，但由于其文化资源多为人文资源，而自然资源，或者说资源的可看性、视觉性并不显著。在如今的“视觉支配”的凝视旅游游戏中，或许隐含的人文历史优势并不易发挥出来，“到九溪来看什么？”这个问题可能更难以回答。这样的文化资源更尚待挖掘与整合。但是，正因为如此，其出现的旅游行为的萌芽才更需要善加对待，由于九溪在黔中学术界的地位不浅，容易吸纳更多更新的思想，研究当地居民与旅游者的互动，可能会为找到一种更为有效的发展模式提供

---

① 屯堡，为贵州省中部特殊文化类型。因明朝朱元璋及其后为控制西南地区而实施的一系列“调北征南”“调北填南”等军事政治举措而引发的后续移民而产生，黔中安顺作为明王朝卫所屯田制的重要实施地，由此形成了人地相横、时空相构的屯堡族群。因空间聚落、人文心理等因素而使屯堡文化在600多年来不断被建构、传承。

② 孙兆霞等：《屯堡乡民社会》，社会科学文献出版社，2005，第63页。

③ 孙兆霞等：《屯堡乡民社会》，社会科学文献出版社，2005，第63—64页。

一些思考。

九溪举办的传统祭祖仪式——七月半河灯节，成为旅游资源的民俗仪式，同时为东道主与游客等外来者的相互交流和互动提供机会。

2. 当景观成为符号

我们进入九溪，可以看到许多贴上传统屯堡文化标签的文化符号被建构出来：碉楼式的屯堡活动用房，石板铺就的公厕，典型屯堡庙堂结构的接待中心，妇女的节日盛装，供出售的地戏脸子（面具），等等。用以安排活动和九溪老年协会办公的屯堡活动用房，即是建成碉楼式样，外墙用石板铺就，这是最典型的屯堡建筑特征。尽管九溪人新建的房屋大多沾有或多或少的现代化痕迹，但外来者初来乍到，被村口一条笔直的石板路引向九溪村落的中心地带——大操场时，第一时间映入眼帘的，即是这座九溪村最高的建筑——碉楼式样的屯堡活动用房，在某种意义上说，这也是九溪，甚至是屯堡文化旅游资源的标志。当我走进村落（虽然我已不是第一次来到此地），一位老人热情地带我走进大操场，那里正在为河灯节开幕仪式做准备。老人指着活动用房，向我介绍："这是我们屯堡最典型的建筑——碉楼。你可以去那里拍照。"

可见，不论这座建筑是否真正代表了屯堡文化，也不论这座建筑的真正意义（作用）何在，或者说表面上模仿了屯堡建筑的些许特征，但加之屯堡建筑之上的历史积淀是无法模仿的，或许这才是人文资源的历史价值所在，活动用房已作为文化符号被当地人所认同，继而向外界推介此符号所指代的文化特质。

另一个极具符号化特征的是同样位于操场边的公厕。公厕外墙全由石板铺就，房顶也同样被铺上了薄石板。但在公厕外，却立有一块黑板，上面写着"如要使用，请找管理员"字样，一看，公厕的门紧锁着。显然，这座位于大操场旁（一般来说，九溪的大型活动都在此地举行）的公厕（公共服务设施）是不向九溪人（当地人）开放的，服务对象显然是只在节庆活动举行时到来的旅游者。毫无疑问，象征着屯堡建筑文化特征的公厕外表，以及"需要才服务"的标语、紧锁的大门，都表征出明确的服务对象，将外来者与本地人区隔开来。

除此之外，按照屯堡庙堂特征开工建设的位于九溪河边的屯堡接待中心，据九溪老协会干部称，打算用于接待来访者，包括旅游者、来访学者和记者等。依托于此，农家乐等乡村旅游也可以逐步开展。我在调查过程中，看到正在建设中的接待中心已初具规模，歇山顶、梁架结构、立柱，都显示出中国传统汉文化中建筑文化的特征，亦与屯堡庙堂特征相呼应。只是，这已经不是九溪人的庙堂，也不再具有“庙堂”的功能，只是又一处象征着屯堡庙堂的旅游资源。

节庆期间“盛装”的妇女则更不必说，无论年长与否都穿着传统的“大袖子”与“凤阳汉装”，平时只有中年以上的妇女才会穿。村内一家专做地戏脸子（面具）的人家也将自己手工制作的脸子展示出来，此时的操场成了九溪人“秀自己”的大舞台。

如此看来，作为旅游一方的“东道主”已将另一个象征着并且依托于屯堡文化（至少是部分的）的文化符号系统再生产出来：包括具有屯堡建筑特色的办公地、接待中心与公共服务设施、身着传统服饰的妇女、失去了使用价值的手工艺品等等。

旅游的另外一方，是包括纷至沓来的旅游者，他们手持相机、DV，游乐之余，将镜头对准那些他们认为独特的景象，即使这些景象在作为东道主的当地人看来并无新鲜之处，这些独特的景象业已以文化符号的形式展现在他们眼前。于是，来到九溪，他们将镜头对准碉楼式的活动用房——即使他们并不知道这座楼房的真正用途，身穿“大袖子”的屯堡妇女，以及花白胡子叼着烟杆从容不迫抽烟的屯堡老人……这些“很特别”的景象随即成为旅游者们的凝视焦点。然而，这些文化符号所指代的种种信息：诸如“大袖子”的来历、历史以及各种配饰的意义，碉楼的历史意义等等，他们或许不需要知道。眼球的刺激、凝视的快感以及拍照这种视觉经验支配或组织了旅游体验。

三、当东道主“被凝视”

这里的“东道主”特指九溪村中面对旅游者等外来者的当地人，广义上包括旅游专业人员。屯堡文化研究中心，屯堡本土专家学者以及当地居民等，面对旅游者的凝视，他们是怎样应对的呢？害羞地躲避？还是从容不迫地面对镜头？由于身份不同，恐怕其反应也不尽相同。但有一点是共通的，他们都在不同程度、不同方式地与旅游者进行着面对面（facetoface）的人际传播。当然，属于社会传播现象之一的人际传播过程模式是复杂的、多样的，即使传播者为同一人，每次人际传播过程都可能因为时间、地点、对象的不同而千差万别。但我们仍可以从一般的（多数的）传播现象中提取最基本的要素予以解析。传播学者拉斯韦尔于1948年提出的5W模式即可为我们分析旅游活动中的人际传播过程提供一些基本要素上的参考。

所谓5W，即：谁（who）→说什么（says what）→通过什么渠道（in what channel）→对谁（to whom）→取得了什么效果（with what effects）。[①] 也就是说，基本传播过程应该至少具有五要素：传播者、讯息（传播内容）、媒介、受者、效果。当然，拉斯韦尔的5W模式是有着不可规避的缺陷的，典型线性模式、单向传播以及缺少社会背景等[②]，但我们仍可提取这五个传播过程中的基本要素，从要素层面来浅析传播过程的特点。

1. 人际传播：居民与旅游者的互动

毫无疑问，旅游者来到当地的目的是寻找差异——与自我日常生活模式不尽相同甚至千差万别的文化要素，他们往往会对可能已经濒临灭绝的传统文化进行一定程度的“文化干涉”——出于好奇心理，以商业的态度对待当地文化中逐渐消亡或已经垂死的因素[③]，他们携带资本而来，当然也会产生效应。旅游地的东道主很可能因为旅游者的“注意力”及之后的资本而使一些濒临灭绝的因素“复活”，这一过程实际上与东道主和旅游者之间的人际传播相重合。只是，这里的传播过程基本上是双向的，传播者同时也是受者。

在九溪，对于那些非旅游专业人员但却与旅游地的旅游活动密不可分的当地居民——传播者I来说，他们的服饰、风俗甚至他们自己很可能已经作为文化符号的一

① 张国良主编《传播学原理》，复旦大学出版社，1995，第32页。

② 张国良主编《传播学原理》，复旦大学出版社，1995，第33—34页。

③ 谢彦君：《基础旅游学》，中国旅游出版社，1999，第41页。

分子被纳入到“屯堡文化旅游圈”中，他们或多或少地参与着新时代下“屯堡文化身份”的建构。起初，旅游者——传播者Ⅱ来到旅游地，他们可能被大众媒介的宣传所吸引，或者是从其他渠道得知与旅游地相关的信息。他们带着好奇、资本，寻找差异，进行不同层面上的“文化干涉”。相应地，屯堡居民（主要是妇女）就穿上了代表“屯堡”的服饰——“大袖子”（也称“凤阳汉装”），梳上了代表屯堡已婚妇女的发髻（梅花管簪）[①]，而且三三两两对各自梳的发髻进行评价。据ZAQ介绍，她们几年前已经不梳这种“麻烦”的头饰了，早就用上了城里买回来的发卡，但是近几年搞旅游，政府要求她们尽量都梳这种发髻，于是她们又开始恢复以前的做法。只是梳头的工序复杂，再加上已有一段时间“失传”，所以村里会梳发髻的妇女已经不多。尽管如此，我发现妇女们在“打平伙”[②]时，往往会由一人开始想要“梳头”，之后几个人争相梳着发髻。梳好了便问我（旅游者）：好看吗？我当然对其表示认同，她们照着镜子欣赏自己的“新发型”。在这里，经过居民与多个旅游者（或者广义上的外来者）之间的不断互动，本已消失的传统发髻逐渐在旅游者的“呼唤”下重新焕发出生命力，继而成为屯堡妇女群体中的流行与时尚。当然，发髻的“复活”和政府的倡导密不可分，但如何保持，甚至逐渐成为新的流行事物则有赖于居民与旅游者之间的持续互动。旅游者寻找差异，当地居民将差异建构出来并向旅游者传播与差异相关的讯息，旅游者接收到并对其做出反馈（在旅游这样一个神圣过程中，旅游者可能一般是赞美差异而不是嗤之以鼻），当地居民在接收到旅游者的反馈信息后，进而更加对自身的文化产生一种自豪感，使一些传统民俗复活。在这里，当地居民与旅游者都各自享有传播者与受者的双重身份。除此之外，“大袖子”的“复活”也与“梅花管簪”的“重获新生”过程相类似，都是由政府倡导，进而在当地

---

① 屯堡妇女的头饰有着严格限定，已婚妇女通过复杂的工序将头发盘在脑后，戴上玉质的“梅花管簪”，额头再用青色、黑色或白色的布发带裹住。而未婚的年轻女性则梳一条长辫，发尾扎红绳。

② “打平伙”显示了屯堡人群体交流的“以年龄组、性别组为区分”的特点，中年以上的妇女常聚在一起，每人凑上相同的价钱，相约到一家做客。每次聚会都有专门人负责采购食品、准备中餐晚餐、收款等各项事宜。这样的场域成了妇女们忙里偷闲、交流情感话家常的绝好时机。

居民与旅游者的互动中逐步强化。正如库利所说的“镜中我”(looking-glass self) 效应，人们总是在与他人的交往中形成自我的观念，一个人对自己的认识总是他人(与之交往的人) 关于自己的看法的反应，换句话说，他“面对着”的人对他自己的评价、看法，在一定程度上决定了他对自我的认识及接下来的行为。九溪人也在根据旅游者对其的看法逐步加强对自身文化的认知，逐步达到其对自身的文化认同(cultural identification)。试问如果旅游者对其文化要素并不欣赏，甚至毫不在意，或者说，由旅游地东道主“建构”出来的文化系统并不能令旅游者“满意”，又怎样激发出当地居民的认同？调查中了解到，九溪中年以上的妇女大多数都会绣花鞋，有旅游者进门时这些手工制作的绣花鞋就可能成为旅游商品，出售给旅游者。在九溪目前仍以个体旅游者为主的旅游活动中，虽未形成商业规模，但毕竟已出现了售卖模式，若旅游业形成一定规模，旅游商品的规模也指日可待。

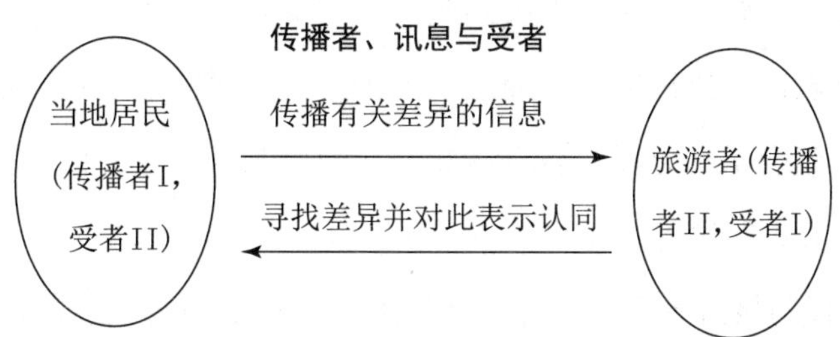

在九溪，当地居民如果见到外地打扮的旅游者，一般都会邀请其进家中做客。我也被 WJS 邀请到他家，他的妻子在家中做手工活，身穿“大袖子”，是一位典型的“屯堡妇女”，交谈之余，她主动请我们观看她们外出游玩的 VCD，她告诉我，她们每隔一段时间便会由村里组织或者自发组织外出游玩，请专人拍摄并制成 VCD 保存下来。我注意到 VCD 中的“屯堡妇女”全部身穿“大袖子”，统一着装，统一行动步调。想必无论在任何旅游地，这样的景象都是一道独特的风景。无疑，这又是由屯堡人自己再生产出来的“文化景象”：VCD 中的服饰、景点、游玩的过程等，甚至这些符号所表征的种种讯息，诸如快乐、团结、凝聚力以及独特的文化等等。除了出游 VCD 之外，WJS 家保留有每年九溪举办河灯节时拍摄录制的 VCD，毫无疑问，这是传统民俗的一种利用现代媒介手段的“生存方式”——当地居民正在主动地向旅游者（外来者）推介这种表征着传统民俗的景象，这可能是传统民俗在现代媒介社会中所找到的一种生存方式，这种生存方式可能成为一种大众媒介化的“新民俗”。

既然是传播，就一定会产生效果。但是，在旅游过程中，人际传播的效果是难以测量的。但是，从以上的分析中，我们可以初步看出，在九溪，当地居民与旅游者（外来者）的传播已经产生了一定的效果——使九溪人对自己的文化产生一定的“文化认同”（cultural identity），使一些本已消失的文化因素复活，重新成为人们生活不可或缺的一部分，有些已产生经济效益，借以获得“现代生存”的动力与方式。然而，效果有正有负，有大有小，这些效果究竟如何测量、如何评价，并不是本文所能解决的问题。除传播者、讯息、受众及传播效果外，传播过程要想顺利进行，就会依靠各种传播媒介，人际传播虽然是面对面的传播，但对于一些特殊的人际传播，尤其是不同文化背景的族群之间的跨文化传播（intercultural communication），必须依靠一定的媒介、桥梁才能将两者联结起来。也就是说，需要一种特殊的媒介将旅游地的差异文化表征、建构或者“翻译”过来。就文化旅游来说，前文所谈到的符号化过程就必不可少了，无疑，被符号化、建构出来的文化系统，包括具有当地建筑文化特征的“新式”建筑、公共服务设施、服饰、民俗活动以及“新民俗”等等，业已成为当地居民与旅游者之间的跨文化传播所必不可少的传播媒介。

2. 另一类人际传播：“意见领袖”与外来者

我们知道，在传播学中，由媒体而来的信息往往不是一次性到达受者，而是经过两级流动（two-step flow）甚至多级流动（multistep flow）才能由“意见领袖”（opinionleaders）传递给同事或接受其影响的追随者（follows）。[①] 在旅游活动中，同样存在可能更多接触外界世界、在地方性事务上有更多了解与影响的“意见领袖”，在某种程度上与社会阶层中的“精英”重合。虽然大众传播学中的“意见领袖”是从与大众媒介的接触情况而来，但既然身为社会精英，更多的接触媒介，可能便意味着更多地接触相对现代化的“外面的世界”，某些时候，他们具有群体内部以及对

① 沃纳·赛佛林、小詹姆斯·坦卡德：《传播理论：起源、方法与应用（第四版）》，郭镇之、孟颖等译，华夏出版社，2000，第 228 页。

外的话语权威。

其实，在很多人际传播，特别是一些文化背景相差极大的跨文化传播中，同样存在类似的“两级流动传播”(two-step flow of communication）甚至多级流动传播（multistep flow of communication)，也同样存在拥有更多话语权的“意见领袖”。

在九溪，这样的“两级（多级）流动传播”同样存在。其中，“意见领袖”即是前文所提到的从事旅游业及对外接待事宜的老年协会，与安顺市屯堡学者合作建立的屯堡文化研究中心成员及屯堡本土专家学者。当然，这里的旅游者的范畴应该有些改变，与这些“意见领袖”接触的通常为因为熟人介绍进入九溪的外来者，他们的目的可能是旅游，也可能是研究、拍片、采访等。因此，在这里，旅游者的范畴可以拓展到外来者，此类人际传播的主体也可以拓展到东道主与外来者了。

由于“意见领袖”更为熟悉本土文化，负有宣传本土文化的重任，更负有帮助当地居民“建构”本土文化的重任，因此，他们可能更懂得外来者需要什么，或者更为谙熟自身的差异性以及这些差异性的价值。因此，与他们接触，外来者可能可以更为深层次地了解该地的文化，而不只是视觉接触与表面地拍照。

只是，悖论在于，“意见领袖”在向外来者传递讯息的时候，很可能将刻板印象（stereotype）运用到其中，而将原本平常的行为理解为文化的独特性。例如，一位本土屯堡文化专家 YYW 告诉我，屯堡人非常喜欢看体育节目、武打电视剧，原因是他们的祖先（征南大军）带有尚武的传统，但是，当我向当地人了解时，喜欢看电视剧、新闻的人却比比皆是。可见，“意见领袖”无疑向我传递了这样一个讯息：屯堡人的传统文化是无处不在的。无疑，这也是一个由“意见领袖”导演的符号化过程。他们在外来者的“凝视”之下注意到了“尚武”这个文化符号，并且不自觉地建构着“屯堡文化”。

结　　语

本文是传播学与旅游人类学的一次尝试，试图关注旅游行为中的各种人际传播，从自己的所看所感中剖析传播过程中的要素与特征。九溪这个样本的选择是基于此地的文化历史价值与刚刚起步的旅游，或者，在九溪，真正意义上的现代旅游活动虽未形成规模，但以旅游为目的，或者以参观访问等为目的的“外来者进入”行为已经不少。也就是说，在九溪，外来者与东道主的人际传播（跨文化传播）已经非常丰富与复杂，我们可以从这些各种人际传播活动中借鉴些许成功经验，或者为未来的文化保护或者旅游业提供一些有益的参考。例如，我们在开发旅游的过程中是否注意到当地居民的主动性与传播能力？他们应是文化中最具活力的部分，如果由他们来主动传播、传承自身的文化，那么文化的保护是不是可以更加有效？如何让他们主动认同自身的传统文化？又如，“意见领袖”的作用不可忽视，然而，怎样的“意见领袖”才能真正做到负责任的传播？

再如，文化认同可能是危险的，我们可能忽视了一些文化的强弱对比，面对携带资本同时代表着主导文化的旅游者，一些弱小的族群，或者文化自觉意识不足、内部动力不强的族群，还未真正明白事情的原委，便将自己的全部文化通通拿出来交换，为了迎合游客们不断增长的需要，或者为了达到官方和政府对旅游目的地所下达的各项指标，旅游地一方通常必须改变他们原生性状态（primordialstatement），甚至包括生产方式和生态环境。[①] 我们通常所说的“商业化”，可能使一些原本纯净的地方变得不再那么可爱。丽江古城中家庭客栈的疯长（据了解，如今丽江古城的客栈已不下400间，其真正的利用率是值得怀疑的，再者，这些客栈多数已由外地人经营，承载着本土文化的当地居民多数已搬进“现代化”的丽江新城，而将自己的客栈租给外地人），无视传统建筑的价值而肆意改造民宅，欺诈行为的泛滥，等等，都给此地抹上了一笔悲观的色彩。一种文化能真正得到族群内部的认同，能使当地居民具有强烈的文化归属感，我想这应当是这种文化的核心生命力。唯有如此，在文化变迁如此迅速的今天，传统文化方能找到某种方式生存下去。

我们可以看到，至少在此方面，屯堡人（至少是九溪人）是具有强大的文化动力的，当地居民的主动性往往在文化传播中占有大部分比例，这可能也是屯堡文化

---

① 彭兆荣：《“东道主”与“游客”：一种现代性悖论的危险——旅游人类学的一种诠释》，《思想战线》2002年第6期。

之所以存在600多年了生命力依然顽强的原因之一。

当然，九溪的故事刚刚开始，旅游在继续，文化也在变迁中行走。如今，现代化、地球村等等，都表明了不可规避的文化变迁。屯堡文化是否还能继续，是否还能继续保有强大的文化自觉的动力，未来的屯堡文化该向何处去？尽其能之余，似乎需要留待时间的检验了。

后　　记

贵州安顺有着“黔之腹、滇之喉”之誉。在安顺周边有三百多个古老的村落，居住着数十万不同于当地后汉族移民及世居少数民族的“屯堡人”，他们自谓为“老汉人”或“南京族”。六百多年前，随着明初中央“调北征南”的军事举措，大批军士及其眷属，自内地来到西南边陲，就地屯戍，设屯立堡，汉文化渐次落地生根。数百年来，朝代兴衰更替，他们依然“习俗多与汉人同，与各苗迥异”。他们执着地承袭着明代江南地区的诸多传统文化习俗，形成了汉民族独特的亚文化系统。如今，屯堡文化作为强势文化在迁徙环境下传承、流变、建构的典型范例，屯堡人群与当地世居人群迥然有异的文化传统昭垂绵延，明清江南文化的流风余绪至现代尚未绝响。屯堡文化以其丰厚的文化内蕴，成为人类学、社会学、历史学、地理学、民俗学、经济学和文学等诸多学科进行学术研究的重要内容。

对屯堡文化的关注，肇始于1902年日本学者鸟居龙藏在黔中地区对屯堡人进行的人类学考察。对屯堡族群文化传统及其诸多文化事象进行理性探索和较多研究则是在20世纪80年代中期之后，国内外学者从多种视野展开对屯堡的田野研究，形成了不少著述。百年来，从屯堡文化研究的学术史来看，屯堡文化还有极大的空间和诸多问题值得更多的有识之士去研究。值得关注的是，在现代化与市场化的强劲冲击下，屯堡文化已出现衰变的现象，面临着变异、解构的威胁，这种变化程度与速度在近数十年来，已远远超过了历史上的数百年。在此背景下，屯堡文化的研究也有可能丧失原初形态及意蕴，这些情况增加了研究的现实性和紧迫性，某种意义上甚至有抢救性研究的必要。

安顺学院作为屯堡区域内的最高学府，设有贵州省屯堡文化研究中心（原安顺学院屯堡文化研究中心）和经贵州省社会科学界联合会、贵州省民政厅批准设立的贵州省屯堡研究会这两个专司屯堡研究的学术机构，责无旁贷地应为推动屯堡研究、黔中地域文化研究和地方社会经济协调发展做出贡献。本书就是这两个组织成立和"转正"（屯堡文化研究中心以前没有正式编制）之初，对屯堡文化研究的一份献礼。

本书是对百年来屯堡文化研究成果的回顾与集中展示，主要将不同时期具有代表性的研究成果结集出版。在选择文章时，我们充分考虑了研究者、研究对象、研究观点、研究方法与视野等方面的涵盖面，设"理论与研究综述""屯堡历史与文化""屯堡文化事象研究""屯堡开发与利用"四个板块。所选的文章并非都具有极高的学术水准，但应该能够较客观全面地反映不同时期的研究特点，有利于梳理屯堡文化研究基本脉络，以促进研究资料、成果的相互利用，为今后的屯堡文化研究视野、方法等提供线索，为进一步深入屯堡文化研究提供一个集成的成果概览。

衷心感谢钱理群先生为本书欣然作序，钱先生高度关注屯堡文化的研究，本书付梓前还请钱先生拨冗指导。衷心感谢贵州省文化厅厅长徐圻先生，身为教授和博导的徐厅长十分关注屯堡文化的研究，对贵州省屯堡研究中心的成立给予了大力的支持。尤其要感谢廖小安先生，本书从策划到付梓均凝聚着他的心血。

感谢所有关心支持和从事屯堡文化研究的人们！

李建军

2008 年冬

修订版后记

时光流转十五载，《学术视野下的屯堡文化研究》一书即将迎来它的再版。本书出版以来，得到了广大读者的关注和支持，也收到了许多宝贵的反馈和建议。本书的再版不仅让我们有机会修订和更新书中的内容，更重要的是，它提供了一个机会，让我们重新审视屯堡文化，重新认知屯堡文化的价值与意义。

十五年前，屯堡文化研究还处于一个相对边缘化的状态，关注屯堡文化的人并不多，研究者也有限，屯堡文化的影响也主要局限在贵阳、安顺一带。然而，经过我们不懈地努力研究，屯堡文化逐渐得到了更广泛的关注，研究队伍也逐渐壮大。现在，屯堡文化的影响也已经超越了地域限制，成为更多人研究和探讨的热点话题。本书主要是通过对百年来屯堡文化研究成果的回顾与集中展示，引发人们对已经面临着变异、解构威胁的屯堡文化的关注。目前，屯堡文化已经与阳明文化、红色文化、少数民族文化共同列入贵州省“四大文化工程”，成为贵州文化重要的组成部分。屯堡文化关于国家与地方的互动关系，在贵州发展中的历史地位和当代价值得以凸显，屯堡文化迎来了最好的研究和发展时期。我们要利用好屯堡文化来繁荣多彩贵州特色文化，推进文化自信，讲好贵州故事。

《学术视野下的屯堡文化研究》再版之际，要感谢所有支持和关注本书的读者。根据读者的反馈和建议，我们对书中的一些疏漏和不足之处进行了修正和完善。再版的过程中，我们也得到了许多专家学者的宝贵建议和支持，他们的专业意见使得本书的学术性有了显著的提升。本书精选了不同时期具有代表性的研究成果，较客观全面地反映了不同时期的研究特点，系统梳理了屯堡文化研究的基本脉络，希望能促进屯堡文化的深入研究、广泛传播与有效转化。

衷心感谢钱理群先生！钱理群先生撰写了本书和《屯堡文丛•专题研究书系》序言，两个序都充分表达了钱先生对屯堡文化的关注和对我们的关爱。十五年前，钱先生提出屯堡文化有助于“重建关于中国叙述的国家、地方文化知识体系”“通过对屯堡文化的研究与开发，‘在传统与现代之间’寻找‘一条可通达的桥梁’”的想法，提出了建立“屯堡学”的思考。十五年后，钱先生又提出：屯堡文化实际上是一个“大文化”，它把文化的国家性、民族性、地方性、民间性、主流性、边缘性全都融为一体，构建了一个独特的“多元文化”谱系，使屯堡文化具有“贵州—中国—世界”的三重价值与意义。钱先生总结了屯堡文化研究的本质：既立足“地方”(贵州安顺)，又联结“全国”与“全球”，最后通向“自我”，为屯堡文化的发展指明方向的同时，也对本书提出了更高的要求。

本书的学术意义是有限的，但仍希望本书的再版能让更多的人关注和了解屯堡文化。最后，我认为用钱先生的一段话加以自勉是最合适不过的：“不要忘记就在你们身边的乡土文化，特别是屯堡文化资源。要从‘土地里生长出来’的历史与文化里，寻找‘变’中的‘不变’……更要投身于屯堡文化研究，在屯堡文化‘再出发’中发挥自己这一代人的独特作用。”

吴　羽

2024 年春

西秀区七眼桥镇本寨寨门（李建军拍摄）

著名学者钱理群先生（左一）等人考察屯堡村寨（吴羽拍摄）

2008 年春节凝冻期间的云山屯和云鹫山（李立洪拍摄）

2008 年国庆节云山屯大寨门的孩子们（李立洪拍摄）

西秀区大西桥镇九溪村地戏演出（李立洪拍摄）

西秀区七眼桥镇本寨春色（李立洪拍摄）

2002年大年十七，鲍家屯抬汪公活动中，喜出望外的屯堡姨妈们（李立洪拍摄）

西秀区七眼桥镇本寨碉楼（李立洪拍摄）

屯堡老人（李立洪拍摄）

西秀区七眼桥镇九溪村表演地戏的孩子（李立洪拍摄）